AF590784

VADE-MECUM

DE

L'ORFÉVRE ET DU BIJOUTIER,

CONTENANT

LE COMPTE FAIT

DE PLUS DE 50,000 OPÉRATIONS

RELATIVES A L'ORFÉVRERIE ET A LA BIJOUTERIE;

Ouvrage indispensable aux Fabricans et Marchands Orfévres, Joailliers, Bijoutiers, Marchands d'Or, Changeurs, Commissaires-Priseurs, Commissionnaires aux Monts-de-Piété, etc.;

PAR E. FESSART,

ORFÉVRE-JOAILLIER-BIJOUTIER;

APPROUVÉ

PAR LA SOCIÉTÉ D'ENCOURAGEMENT

POUR L'INDUSTRIE NATIONALE.

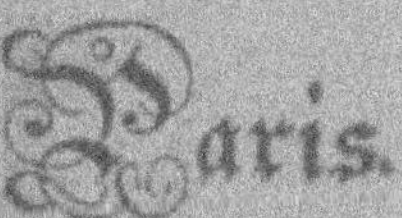

IMPRIMERIE DE J. SMITH,

RUE MONTMORENCY, N° 16.

1832.

VADE-MECUM

DE

L'ORFÉVRE ET DU BIJOUTIER.

Se trouve à Paris :

Chez L'AUTEUR, rue du Four-Saint-Honoré, N° 11 ;
SMITH, Imprimeur-Libraire, rue Montmorency, N° 16 ;
LECOUR, Essayeur du commerce, rue Saint-Martin, passage de la Réunion, N° 5 ;
MODOU, Bijoutier, rue Saint-Martin, N° 151 ;
LANGLET, Orfèvre, rue Bourg-l'Abbé, N° 32 ;
BINGANT, Bijoutier, rue Quincampoix, N° 47 ;
NAUDIN, Orfèvre, place Dauphine, N° 6 ;
COSSON, Bijoutier, rue Sainte-Avoye, N° 18 ;
BALTAZARD, Orfèvre, rue du Cimetière-Saint-Nicolas, N° 10.

Le *Guide de l'Orfèvre et du Bijoutier dans les ventes aux Monts-de-Piété* se vend séparément.

N. B. Les lettres non affranchies ne seront pas reçues.

VADE-MECUM

DE

L'ORFÉVRE ET DU BIJOUTIER,

CONTENANT

LE COMPTE FAIT DE PLUS DE 50,000 OPÉRATIONS

RELATIVES A L'ORFÉVRERIE ET A LA BIJOUTERIE;

Ouvrage indispensable aux Fabricans et Marchands Orfévres, Joailliers, Bijoutiers, Marchands d'Or, Changeurs, Commissaires-Priseurs, Commissionnaires aux Monts-de-Piété, etc.;

PAR E. FESSART,

ORFÉVRE-JOAILLIER-BIJOUTIER.

APPROUVÉ

PAR LA SOCIÉTÉ D'ENCOURAGEMENT

POUR L'INDUSTRIE NATIONALE;

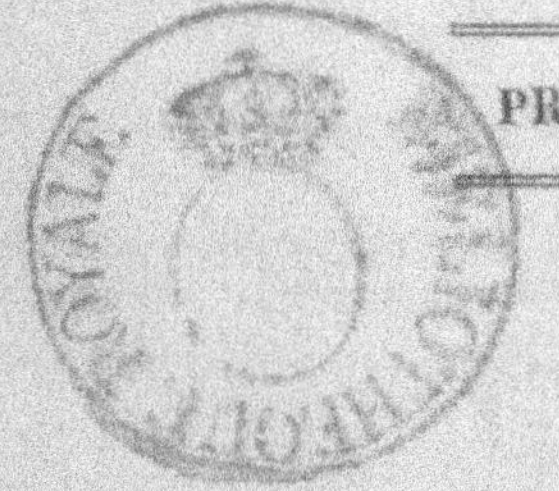

PRIX : 4 FRANCS.

PARIS.

IMPRIMERIE DE J. SMITH,

RUE MONTMORENCY, N° 16.

1832.

A Monsieur

Le Président de la Société d'Encouragement

Pour l'Industrie Nationale.

Monsieur,

J'ai l'honneur, connaissant tout l'intérêt que vous portez à l'industrie et au commerce, de vous adresser et de soumettre à votre approbation un ouvrage sur les Matières d'Or et d'Argent; cet ouvrage auquel j'ai consacré un temps assez considérable, et auquel j'ai donné tous les soins qu'exigent les matières importantes qui y sont traitées, mérite, je le pense, de fixer votre attention.

Cet ouvrage, tout en secondant les intentions du Gouvernement qui, en ce moment même, prend des mesures de police pour assurer dans le commerce l'emploi des poids décimaux, rendra un service important aux Marchands et Fabricans, Orfèvres et Bijoutiers qui depuis long-temps éprouvent le besoin d'un ouvrage qui leur facilite, d'après le système décimal, les ventes et achats de matières d'Or et d'Argent, et leurs opérations de fabrique.

A l'aide de cet ouvrage, ils apprendront facilement à connaître les poids décimaux, et à s'en servir sans rompre tout-à-coup avec leurs anciennes habitudes, ayant eu soin de donner sur la même ligne la solution de chaque opération, soit d'après le système décimal, soit d'après le système des poids de marc, afin qu'ils pussent en connaître les rapports exacts.

Daignez agréer, Monsieur, l'assurance, &c.

E. Fessart.

Paris, le 5 Février 1831.

SOCIÉTÉ D'ENCOURAGEMENT

POUR L'INDUSTRIE NATIONALE.

Extrait du Procès-verbal de la Séance du Conseil d'Administration du 23 Mars 1831.

Au nom du Comité des arts chimiques, M. Bussy lit le Rapport suivant sur un ouvrage manuscrit, présenté par M. Fessart, ayant pour titre : *Vade-mecum de l'Orfèvre et du Bijoutier.*

Messieurs,

L'ouvrage manuscrit dont la Société nous a chargé de lui rendre compte contient :

1° Un Tarif donnant la valeur d'un objet en or depuis 1 centigramme jusqu'à 250 grammes, gramme par gramme, d'après les prix suivans de l'once d'or, 88f, 80f, 76f, 74f, 72f, 68f, et 60f, qui sont les prix le plus généralement en usage dans le commerce. Le même Tableau contient également, sur la même colonne horizontale, la réduction des poids nouveaux en poids anciens, c'est-à-dire des grammes en marcs, onces, gros, grains et fractions de grain, depuis 1 centigramme jusqu'à 250 grammes, toujours de gramme en gramme.

2° Un Tarif donnant la valeur d'un objet en argent, depuis 1 centigramme jusqu'à 8 kilogrammes, gramme par gramme, avec la conversion des grammes en marcs, onces, etc., la valeur de l'argent correspondante aux prix suivans du marc, savoir : 55f, 54f 10c, 51f 80c, 50f, 48f, 44f, 42f et 40f.

3° Un Tarif des droits perçus par le bureau de garantie, tant pour le contrôle des bijoux d'or et d'argent que pour les ouvrages d'orfèvrerie.

4° Un Tarif pour le doré, donnant, millième par millième, la valeur d'un lingot d'or, de doré et d'argent, d'après les prix suivans de l'once d'or fin, savoir : 105f, 105f 25c, 105f 50c, 105f 75c, 106f, 106f 25c et 106f 50c, et pour l'argent d'après les prix suivans du marc, 54f, 53f 75c, 53f 50c, 53f 25c et 53f. Le même Tableau contient la conversion des millièmes en karats et trente-deux pour l'or, et en deniers, grains et demi-grains pour l'argent.

5° Un Tarif des droits perçus pour les frais de départ des dorés et petits dorés, depuis 1 centigramme jusqu'à 4 kilogrammes.

6° Un Tarif donnant la réduction des marcs, onces gros et grains, en grammes, avec la valeur correspondante d'un objet en or du même poids, pour les différens prix de l'or déjà indiqués.

7° Un Tarif donnant comme ci-dessus la réduction des marcs en grammes, avec la valeur correspondante d'un objet en argent du même poids, d'après les différens prix de l'argent déjà indiqués.

Cet ouvrage, le plus complet et le plus étendu de ce genre, renferme, comme on le voit, la solution de toutes les questions d'arithmétique qui peuvent intéresser le commerce des matières d'or et d'argent; c'est une espèce de barême ou de compte fait, à l'inspection duquel un vendeur ou un acheteur savent sur le champ ce qu'ils doivent recevoir ou payer, dès qu'ils connaissent le poids de la matière exprimé en mesures anciennes ou nouvelles, le titre exprimé en millièmes ou en karats ou en deniers.

Un des avantages les plus certains de l'ouvrage dont nous rendons compte serait d'introduire l'usage des poids métriques dans le commerce de la bijouterie, et de mettre les personnes peu versées dans ces sortes de transactions à même de connaître et de débattre elles-mêmes leurs intérêts. Ainsi lorsqu'une personne a de l'or à vendre provenant de différentes origines, tels que résidus de fabrication, vieux bijoux, elle se trouve, pour ainsi dire, à la discrétion de l'acheteur, surtout lorsque le titre du lingot qu'elle possède sort du titre habituel du commerce; à l'aide des tableaux de cet ouvrage, elle pourra connaître précisément la valeur de l'objet qu'elle voudra vendre.

Sous le rapport de l'exécution des calculs et de leur précision, l'ouvrage sort des attributions du Comité des arts chimiques, nous dirons toutefois que, sans nous porter garant de leur exactitude, nous en avons vérifié plusieurs, que nous avons trouvés justes.

En conséquence, nous avons l'honneur de vous proposer d'insérer le présent rapport dans le Bulletin, afin de propager la connaissance d'un ouvrage que nous considérons comme très utile.

Le Conseil approuve le rapport et en adopte les conclusions.

Pour copie conforme :

LE COMTE DE LASTEYRIE.

N. B. Encouragé par l'approbation donnée à cet ouvrage, je l'ai augmenté de plusieurs chapitres relatifs aux alliages, et du *Guide de l'Orfèvre et du Bijoutier*, voulant qu'il ne laisse, sous aucun rapport, rien à désirer.

TABLE DES MATIÈRES

CONTENUES DANS CET OUVRAGE.

TABLE DES MATIÈRES.

GUIDE DE L'ORFÈVRE ET DU BIJOUTIER

DANS LES VENTES AUX MONTS-DE-PIÉTÉ.

FIN DE LA TABLE.

DÉNOMINATION DES POIDS DÉCIMAUX.

Milligramme.	Millième partie du Gramme.
Centigramme.	Centième partie du Gramme.
Décigramme.	Dixième partie du Gramme.
Gramme.	Millième partie du Kilogramme.
Décagramme.	Dix Grammes.
Hectogramme.	Cent Grammes.
Kilogramme.	Mille Grammes.
Myriagramme.	Dix mille Grammes.

CHAPITRE PREMIER.

DE LA CONVERSION DES POIDS DÉCIMAUX EN POIDS DE MARC, ET DE LEURS DIFFÉRENTES VALEURS D'APRÈS LES PRIX DU GROS D'OR, QUI SONT LE PLUS EN USAGE DANS LE COMMERCE.

DE 1 CENTIGRAMME A 9 DÉCIGRAMMES.

Conversion des CENTIGRAMMES et DÉCIGRAMMES en grains, poids de MARC, suivie des différentes valeurs d'un ou plusieurs objets en OR à l'un des poids ci-dessous.

CENTIGR.	CONVERSION.					DIVERSES VALEURS DU CENTIGRAMME ET DU DÉCIGRAMME D'APRÈS LES PRIX SUIVANS DU GROS D'OR							
	Marcs.	Onces.	Gros.	Grains.	Centièmes.	contrôlé à 11f	non contr. à 10f	à 9f 50c	à 9f 25c	à 9f [illegible]c	à 8f 50c	à 8f [illegible]c	à 7f 50c
						fr. c.	fr. c.	fr. c.	fr. c.	fr. c.	fr. c.	fr. c.	fr. c.
1	»	»	»	»	19	0 03	0 03	0 02	0 02	0 02	0 02	0 02	0 02
2	»	»	»	»	38	0 06	0 05	0 05	0 05	0 05	0 04	0 04	0 04
3	»	»	»	»	56	0 09	0 08	0 07	0 07	0 07	0 07	0 06	0 06
4	»	»	»	»	75	0 12	0 11	0 10	0 10	0 09	0 09	0 08	0 08
5	»	»	»	»	94	0 14	0 13	0 12	0 12	0 12	0 11	0 10	0 10
6	»	»	»	1.	13	0 17	0 16	0 15	0 13	0 14	0 13	0 13	0 12
7	»	»	»	1.	32	0 20	0 18	0 17	0 17	0 16	0 16	0 15	0 14
8	»	»	»	1.	51	0 23	0 21	0 20	0 19	0 19	0 18	0 17	0 16
9	»	»	»	1.	69	0 26	0 24	0 22	0 22	0 21	0 20	0 19	0 18
Décig													
1	»	»	»	1.	88	0 29	0 26	0 25	0 24	0 24	0 22	0 21	0 20
2	»	»	»	3.	76	0 58	0 52	0 50	0 48	0 47	0 45	0 42	0 39
3	»	»	»	5.	65	0 86	0 78	0 75	0 73	0 71	0 67	0 63	0 59
4	»	»	»	7.	53	1 15	1 05	0 99	0 97	0 94	0 89	0 84	0 78
5	»	»	»	9.	41	1 44	1 31	1 24	1 21	1 18	1 11	1 05	0 98
6	»	»	»	11.	29	1 73	1 57	1 49	1 45	1 41	1 33	1 26	1 18
7	»	»	»	13.	17	2 01	1 83	1 74	1 69	1 65	1 56	1 46	1 37
8	»	»	»	15.	6	2 30	2 09	1 99	1 93	1 88	1 78	1 67	1 57
9	»	»	»	16.	94	2 59	2 35	2 24	2 18	2 12	2 00	1 88	1 77

Conversion des GRAMMES en poids de MARC, suivie des différentes valeurs d'un ou plusieurs objets en OR à l'un des poids ci-dessous.

GRAMMES.	CONVERSION.						DIVERSES VALEURS DU GRAMME D'APRÈS LES PRIX SUIVANS DU GROS D'OR							
	Marcs.	Onces.	Gros.	Demi-Gros.	Grains.	Dixièmes.	contrôlé à 11f	non contr. à 10f	à 9f 50c	à 9f 25c	à 9f »c	à 8f 50c	à 8f »c	à 7f 50c
							fr. c.	fr. c.	fr. c.	fr. c.	fr. c.	fr. c.	fr. c.	fr. c.
1	»	»	»	»	18.	8	2 87	2 61	2 48	2 41	2 35	2 22	2 09	1 96
2	»	»	»	½	1.	6	5 75	5 22	4 96	4 83	4 70	4 44	4 18	3 92
3	»	»	»	½	20.	5	8 62	7 84	7 45	7 25	7 06	6 66	6 27	5 88
4	»	»	1.	»	3.	3	11 50	10 45	9 93	9 67	9 41	8 89	8 36	7 84
5	»	»	1.	»	22.	1	14 38	13 07	12 42	12 09	11 76	11 11	10 45	9 80
6	»	»	1.	½	5.	»	17 25	15 68	14 90	14 51	14 12	13 33	12 55	11 76
7	»	»	1.	½	23.	3	20 13	18 30	17 38	16 93	16 47	15 55	14 64	13 72
8	»	»	2.	»	6.	6	23 01	20 91	19 87	19 35	18 82	17 78	16 73	15 68
9	»	»	2.	»	25.	4	25 88	23 53	22 35	21 76	21 18	20 00	18 82	17 63
10	»	»	2.	½	8.	3	28 76	26 14	24 84	24 18	23 53	22 22	20 91	19 61
11	»	»	2.	½	27.	1	31 63	28 76	27 32	26 60	25 88	24 44	23 01	21 57
12	»	»	3.	»	9.	9	34 51	31 37	29 80	29 02	28 24	26 67	25 10	23 53
13	»	»	3.	»	28.	7	37 39	33 99	32 29	31 44	30 59	28 89	27 19	25 49
14	»	»	3.	½	11.	6	40 26	36 60	34 77	33 86	32 94	31 11	29 28	27 45
15	»	»	3.	½	30.	4	43 14	39 22	37 26	36 28	35 30	33 33	31 37	29 41
16	»	»	4.	»	13.	2	46 02	41 83	39 74	38 70	37 65	35 56	33 47	31 37
17	»	»	4.	»	32.	1	48 89	44 [illegible]	42 [illegible]	41 11	40 00	[illegible]	[illegible]	[illegible]
18	»	»	4.	½	14.	9	51 77	47 06	44 71	43 53	42 36	40 00	37 63	35 30
19	»	»	4.	½	33.	7	54 65	49 68	47 19	45 95	44 71	42 22	39 74	37 26
20	»	»	5.	»	16.	5	57 52	52 29	49 68	48 37	47 06	44 45	41 83	39 22
21	»	»	5.	»	35.	4	60 40	54 91	52 16	50 79	49 42	46 67	43 92	41 18
22	»	»	5.	½	18.	2	63 27	57 52	54 65	53 21	51 77	48 89	46 02	43 14
23	»	»	6.	»	1.	»	66 15	60 14	57 13	55 63	54 12	51 12	48 11	45 10
24	»	»	6.		19.	8	69 03	62 75	59 61	58 05	56 48	53 34	50 20	47 06
25	»	»	6.	½	2.	7	71 90	65 37	62 10	60 46	58 83	55 56	52 29	49 02
26	»	»	6.	½	21.	5	74 78	67 98	64 58	62 88	61 18	57 78	54 38	50 99
27	»	»	7.	»	4.	5	77 66	70 60	67 07	65 30	63 54	60 01	56 48	52 94
28	»	»	7.	»	23.	2	80 53	73 21	69 55	67 72	65 89	62 23	58 57	54 91
29	»	»	7.	½	6.	»	83 41	75 83	72 03	70 14	68 24	64 45	60 66	56 87
30	»	»	7.	½	24.	8	86 29	78 44	74 52	72 56	70 60	66 67	62 75	58 83
31	»	1.	»	»	7.	6	89 16	81 06	77 00	74 98	72 95	68 90	64 84	60 79
32	»	1.	»	»	26.	5	92 04	83 67	79 49	77 40	75 30	71 12	66 94	62 75
33	»	1.	»	½	9.	3	94 91	86 29	81 97	79 81	77 66	73 34	69 03	64 71
34	»	1.	»	½	28.	1	97 79	88 90	84 46	82 23	80 01	75 56	71 12	66 67
35	»	1.	1.	»	10.	9	100 67	91 52	86 94	84 65	82 36	77 79	73 21	68 63
36	»	1.	1.	»	29.	8	103 55	94 13	89 42	87 07	84 72	80 01	75 30	70 60

DE 37 A 72 GRAMMES.

Conversion des GRAMMES en poids de MARC, suivie des différentes valeurs d'un ou plusieurs objets en OR à l'un des poids ci-dessous.

GRAMMES.	CONVERSION. (Marcs. Onces. Gros. 1/2 Demi-Gros. Grains. Dixièmes.)	DIVERSES VALEURS DU GRAMME D'APRÈS LES PRIX SUIVANS DU GROS D'OR							
		contrôlé à 11f	non contr. à 10f	à 9f 50c	à 9f 25c	à 9f »c	à 8f 50c	à 8f »c	à 7f 50c
		fr. c.	fr. c.	fr. c.	fr. c.	fr. c.	fr. c.	fr. c.	fr. c.
37	« 1. 1. ½ 12. 6	106 42	96 75	91 91	89 49	87 07	82 25	77 40	72 56
38	« 1. 1. ½ 31. 4	109 30	99 36	94 39	91 91	89 42	84 46	79 49	74 52
39	« 1. 2. « 14. 5	112 17	101 98	96 88	94 33	91 78	86 68	81 58	76 48
40	« 1. 2. « 33. 1	115 05	104 59	99 36	96 75	94 13	88 90	83 67	78 44
41	« 1. 2. ½ 15. 9	117 93	107 21	101 84	99 16	96 48	91 12	85 76	80 40
42	« 1. 2. ½ 34. 7	120 80	109 82	104 33	101 58	98 84	93 35	87 85	82 36
43	« 1. 3. « 17. 6	123 68	112 43	106 81	104 00	101 19	95 57	89 95	84 32
44	« 1. 3. ½ « 4	126 55	115 05	109 30	106 42	103 54	97 79	92 04	86 29
45	« 1. 3. ½ 19. 2	129 43	117 66	111 78	108 84	105 90	100 01	94 13	88 25
46	« 1. 4. « 2. «	132 31	120 28	114 26	111 26	108 25	102 24	96 22	90 21
47	« 1. 4. « 20. 9	135 18	122 89	116 75	113 68	110 60	104 46	98 31	92 17
48	« 1. 4. ½ 3. 7	138 06	125 51	119 23	116 10	112 96	106 68	100 41	94 13
49	« 1. 4. ½ 22. 5	140 94	128 12	121 72	118 51	115 31	108 90	102 50	96 09
50	« 1. 5. « 5. 4	143 81	130 74	124 20	120 93	117 66	111 13	104 59	98 05
51	« 1. 5. « 24. 2	146 69	133 35	126 69	123 35	120 02	113 35	106 68	100 01
52	« 1. 5. ½ 7. «	149 57	135 97	129 17	125 77	122 37	115 57	108 77	101 98
53	« 1. 5. ½ 25. 8	152 44	138 58	131 65	128 19	124 72	117 79	110 87	103 94
54	« 1. 6. « 8. 7	155 32	141 20	134 14	130 61	127 08	120 02	112 96	105 90
55	« 1. 6. « 27. 5	158 19	143 81	136 62	133 03	129 43	122 24	115 05	107 86
56	« 1. 6. ½ 10. 3	161 07	146 43	139 11	135 45	131 78	124 46	117 14	109 82
57	« 1. 6. ½ 29. 1	163 95	149 04	141 59	137 86	134 14	126 69	119 23	111 78
58	« 1. 7. « 12. «	166 82	151 66	144 07	140 28	136 49	128 91	121 33	113 74
59	« 1. 7. « 30. 8	169 70	154 27	146 56	142 70	138 84	131 13	123 42	115 70
60	« 1. 7. ½ 13. 6	172 58	156 89	149 04	145 12	141 20	133 35	125 51	117 66
61	« 1. 7. ½ 32. 3	175 45	159 50	151 53	147 54	143 55	135 58	127 60	119 63
62	« 2. « « 15. 3	178 33	162 12	154 01	149 96	145 90	137 80	129 69	121 59
63	« 2. « « 34. 1	181 21	164 73	156 50	152 38	148 26	140 02	131 78	123 55
64	« 2. « ½ 16. 9	184 08	167 35	158 98	154 70	150 61	142 24	133 88	125 51
65	« 2. « ½ 35. 8	186 96	169 96	161 46	157 21	152 96	144 47	135 97	127 47
66	« 2. 1. « 18. 6	189 83	172 58	163 95	159 63	155 32	146 69	138 06	129 43
67	« 2. 1. ½ 1. 4	192 71	175 19	166 43	162 05	157 67	148 91	140 15	131 39
68	« 2. 1. ½ 20. 2	195 59	177 81	168 92	164 47	160 02	151 13	142 24	133 35
69	« 2. 2. « 3. 1	198 46	180 42	171 40	166 89	162 38	153 36	144 34	135 32
70	« 2. 2. « 21. 9	201 34	183 04	173 88	169 31	164 73	155 58	146 43	137 28
71	« 2. 2. ½ 4. 7	204 22	185 65	176 37	171 73	167 08	157 80	148 52	139 24
72	« 2. 2. ½ 23. 5	207 09	188 27	178 85	174 15	169 44	160 02	150 61	141 20

DE 73 A 108 GRAMMES.

Conversion des GRAMMES en poids de MARC, suivie des différentes valeurs d'un ou plusieurs objets en OR à l'un des poids ci-dessous.

GRAMMES.	CONVERSION. (Marcs. Onces. Gros. Demi-Gros. Grains. Dixièmes.)	DIVERSES VALEURS DU GRAMME D'APRÈS LES PRIX SUIVANS DU GROS D'OR							
		contrôlé à 11f	non contr. à 10f	à 9f 50c	à 9f 25c	à 9f »c	à 8f 50c	à 8f »c	à 7f 50c
		fr. c.	fr. c.	fr. c.	fr. c.	fr. c.	fr. c.	fr. c.	fr. c.
73	» 2. 3. » 6. 4	209 97	190 88	181 34	176 56	171 79	162 25	152 70	143 16
74	» 2. 3. » 25. 2	212 85	193 50	183 82	178 98	174 15	164 47	154 80	145 12
75	» 2. 3. ½ 8. »	215 72	196 11	186 30	181 40	176 50	166 69	156 89	147 08
76	» 2. 3. ½ 26. 9	218 60	198 73	188 79	183 82	178 85	168 92	158 98	149 04
77	» 2. 4. » 9. 7	221 47	201 34	191 27	186 24	181 21	171 14	161 07	151 00
78	» 2. 4. » 28. 3	224 35	203 96	193 76	188 66	183 56	173 36	163 16	152 97
79	» 2. 4. ½ 11. 5	227 23	206 57	196 24	191 08	185 91	175 58	165 25	154 93
80	» 2. 4. ½ 30. 2	230 10	209 19	198 73	193 50	188 27	177 81	167 35	156 89
81	» 2. 5. » 13. »	232 98	211 80	201 21	195 91	190 62	180 03	169 44	158 85
82	» 2. 5. » 31. 8	235 86	214 42	203 69	198 33	192 97	182 25	171 53	160 81
83	» 2. 5. ½ 14. 6	238 73	217 03	206 18	200 75	195 33	184 47	173 62	162 77
84	» 2. 5. ½ 33. 3	241 61	219 64	208 66	203 17	197 68	186 70	175 71	164 73
85	» 2. 6. » 16. 3	244 49	222 26	211 15	205 59	200 03	188 92	177 81	166 69
86	» 2. 6. » 35. 1	247 36	224 87	213 63	208 01	202 39	191 14	179 90	168 65
87	» 2. 6. ½ 18. »	250 24	227 49	216 11	210 43	204 74	193 36	181 99	170 62
88	» 2. 7. » » 8	253 11	230 10	218 60	212 85	207 09	195 59	184 08	172 58
89	» 2. 7. » 19. 6	255 99	232 72	221 08	215 26	209 45	197 81	186 17	174 54
90	» 2. 7. ½ 2. 4	258 87	235 33	223 57	217 68	211 80	200 03	188 27	176 50
91	» 2. 7. ½ 21. 3	261 74	237 95	226 05	220 10	214 15	202 25	190 36	178 46
92	» 3. » » 4. 1	264 62	240 56	228 53	222 52	216 51	204 48	192 45	180 42
93	» 3. » » 22. 9	267 50	243 18	231 02	224 94	218 86	206 70	194 54	182 38
94	» 3. » ½ 5. 7	270 37	245 79	233 50	227 36	221 21	208 92	196 63	184 34
95	» 3. » ½ 24. 6	273 25	248 41	235 99	229 78	223 57	211 15	198 73	186 31
96	» 3. 1. » 7. 4	276 13	251 02	238 47	232 20	225 92	213 37	200 82	188 27
97	» 3. 1. » 26. 2	279 00	253 64	240 96	234 61	228 27	215 59	202 91	190 23
98	» 3. 1. ½ 9. 1	281 88	256 25	243 44	237 03	230 63	217 81	205 00	192 19
99	» 3. 1. ½ 27. 9	284 75	258 87	245 92	239 45	232 98	220 04	207 09	194 15
100	» 3. 2. » 10. 7	287 63	261 48	248 41	241 87	235 33	222 26	209 18	196 11
101	» 3. 2. » 29. 5	290 51	264 10	250 89	244 29	237 69	224 48	211 28	198 07
102	» 3. 2. ½ 12. 4	293 38	266 71	253 38	246 71	240 04	226 70	213 37	200 03
103	» 3. 2. ½ 31. 2	296 26	269 33	255 86	249 13	242 39	228 93	215 46	201 99
104	» 3. 3. » 14. »	299 14	271 94	258 34	251 55	244 75	231 15	217 55	203 96
105	» 3. 3. » 32. 8	302 01	274 56	260 83	253 96	247 10	233 37	219 64	205 92
106	» 3. 3. ½ 15. 7	304 89	277 17	263 31	256 38	249 45	235 59	221 74	207 88
107	» 3. 3. ½ 34. 5	307 77	279 79	265 80	258 80	251 81	237 82	223 83	209 84
108	» 3. 4. » 17. 3	310 64	282 40	268 28	261 22	254 16	240 04	225 92	211 80

Conversion des GRAMMES en poids de MARC, suivie des différentes valeurs d'un ou plusieurs objets en OR à l'un des poids ci-dessous.

GRAMMES.	CONVERSION.						DIVERSES VALEURS DU GRAMME D'APRÈS LES PRIX SUIVANS DU GROS D'OR							
	Marcs.	Onces.	Gros.	Demi-Gros.	Grains.	Dixièmes.	contrôlé à 11f	non contr. à 10f	à 9f 50c	à 9f 25c	à 9f »c	à 8f 50c	à 8f »c	à 7f 50c
							fr. c.	fr. c.	fr. c.	fr. c.	fr. c.	fr. c.	fr. c.	fr. c.
109	»	3.	4.	½	»	1	313 52	285 02	270 76	263 64	256 51	242 26	228 01	213 76
110	»	3.	4.	½	19.	»	316 39	287 63	273 25	266 06	258 87	244 48	230 10	215 72
111	»	3.	5.	»	1.	8	319 27	290 25	275 73	268 48	261 22	246 71	232 20	217 68
112	»	3.	5.	»	20.	6	322 15	292 86	278 22	270 90	263 57	248 93	234 29	219 64
113	»	3.	5.	½	3.	5	325 02	295 48	280 70	273 31	265 93	251 15	236 38	221 61
114	»	3.	5.	½	22.	3	327 90	298 09	283 19	275 75	268 28	253 38	238 47	223 57
115	»	3.	6.	»	5.	1	330 78	300 71	285 67	278 15	270 63	255 60	240 56	225 53
116	»	3.	6.	»	23.	9	333 65	303 32	288 15	280 57	272 99	257 82	242 66	227 49
117	»	3.	6.	½	6.	8	336 53	305 94	290 64	282 99	275 34	260 04	244 75	229 45
118	»	3.	6.	½	25.	6	339 41	308 55	293 12	285 41	277 69	262 27	246 84	231 41
119	»	3.	7.	»	8.	4	342 28	311 17	295 61	287 83	280 05	264 49	248 93	233 37
120	»	3.	7.	»	27.	2	345 16	313 78	298 09	290 25	282 40	266 71	251 02	235 33
121	»	3.	7.	½	10.	1	348 03	316 40	300 57	292 66	284 75	268 93	253 11	237 30
122	»	3.	7.	½	28.	9	350 91	319 01	303 06	295 08	287 11	271 16	255 21	239 26
123	»	4.	»	»	11.	7	353 79	321 63	305 54	297 50	289 46	273 38	257 30	241 22
124	»	4.	»	»	30.	6	356 66	324 24	308 03	299 92	291 81	275 60	259 39	243 18
125	»	4.	»	½	13.	4	359 54	326 86	310 51	302 34	294 17	277 83	261 48	245 14
126	»	4.	»	½	32.	2	362 42	329 47	313 00	304 76	296 52	280 05	263 57	247 10
127	»	4.	1.	»	15.	»	365 29	332 08	315 48	307 18	298 87	282 27	265 67	249 06
128	»	4.	1.	»	33.	9	368 17	334 70	317 96	309 60	301 23	284 49	267 76	251 02
129	»	4.	1.	½	16.	7	371 05	337 31	320 45	312 01	303 58	286 72	269 85	252 98
130	»	4.	1.	½	35.	5	373 92	339 93	322 93	314 43	305 93	288 94	271 94	254 95
131	»	4.	2.	»	18.	3	376 80	342 54	325 42	316 85	308 29	291 16	274 03	256 91
132	»	4.	2.	½	1.	2	379 67	345 16	327 90	319 27	310 64	293 38	276 13	258 87
133	»	4.	2.	½	20.	»	382 55	347 77	330 38	321 69	312 99	295 61	278 22	260 83
134	»	4.	3.	»	2.	8	385 43	350 39	332 87	324 11	315 33	297 83	280 31	262 79
135	»	4.	3.	»	21.	7	388 30	353 00	335 36	326 53	317 70	300 05	282 40	264 75
136	»	4.	3.	½	4.	5	391 18	355 62	337 84	328 95	320 05	302 27	284 49	266 71
137	»	4.	3.	½	23.	3	394 06	358 23	340 32	331 36	322 41	304 50	286 59	268 67
138	»	4.	4.	»	6.	1	396 93	360 85	342 80	333 78	324 76	306 72	288 68	270 64
139	»	4.	4.	»	25.	»	399 81	363 46	345 29	336 20	327 11	308 94	290 77	272 60
140	»	4.	4.	½	7.	8	402 69	366 08	347 77	338 62	329 47	311 16	292 86	274 56
141	»	4.	4.	½	26.	6	405 56	368 69	350 26	341 04	331 82	313 39	294 95	276 52
142	»	4.	5.	»	9.	4	408 44	371 31	352 74	343 46	334 17	315 61	297 04	278 48
143	»	4.	5.	»	28.	3	411 31	373 92	355 23	345 88	336 53	317 83	299 14	280 44
144	»	4.	5.	½	11.	1	414 19	376 54	357 71	348 30	338 88	320 06	301 23	282 40

Conversion des GRAMMES en poids de MARC, suivie des différentes valeurs d'un ou plusieurs objets en OR à l'un des poids ci-dessous.

GRAMMES.	CONVERSION.						DIVERSES VALEURS DU GRAMME D'APRÈS LES PRIX SUIVANS DU GROS D'OR							
	Marcs.	Onces.	Gros.	Demi-Gros.	Grains.	Dixièmes.	contrôlé à 11f	non contr. à 10f	à 9f 50c	à 9f 25c	à 9f »c	à 8f 50c	à 8f »c	à 7f 50c
							fr. c.	fr. c.	fr. c.	fr. c.	fr. c.	fr. c.	fr. c.	fr. c.
145	»	4.	5.	½	29.	9	417 07	379 15	360 19	350 71	341 24	322 28	303 32	284 36
146	»	4.	6.	»	12.	8	419 94	381 77	362 68	353 13	343 59	324 50	305 41	286 32
147	»	4.	6.	»	31.	6	422 82	384 38	365 16	355 55	345 94	326 72	307 50	288 29
148	»	4.	6.	½	14.	4	425 70	387 00	367 65	357 97	348 30	328 95	309 60	290 25
149	»	4.	6.	½	33.	2	428 57	389 61	370 13	360 39	350 65	331 17	311 69	292 21
150	»	4.	7.	»	16.	1	431 45	392 23	372 61	362 81	353 00	333 39	313 78	294 17
151	»	4.	7.	»	34.	9	434 33	394 84	375 10	365 23	355 36	335 61	315 87	296 13
152	»	4.	7.	½	17.	7	437 20	397 46	377 58	367 65	357 71	337 84	317 96	298 09
153	»	5.	»	»	»	8	440 08	400 07	380 07	370 06	360 06	340 06	320 06	300 05
154	»	5.	»	»	19.	4	442 96	402 69	382 55	372 48	362 42	342 28	322 15	302 01
155	»	5.	»	½	2.	2	445 83	405 30	385 05	374 90	364 77	344 50	324 24	303 97
156	»	5.	»	½	21.	»	448 71	407 92	387 52	377 32	367 12	346 73	326 33	305 94
157	»	5.	1.	»	3.	9	451 58	410 53	390 00	379 74	369 48	348 95	328 42	307 90
158	»	5.	1.	»	22.	7	454 46	413 15	392 49	382 16	371 83	351 17	330 52	309 86
159	»	5.	1.	½	5.	5	457 34	415 76	394 97	384 58	374 18	353 39	332 61	311 82
160	»	5.	1.	½	24.	3	460 21	418 38	397 46	387 00	376 54	355 62	334 70	313 78
161	»	5.	2.	»	7.	2	463 09	420 99	399 94	389 41	378 89	357 84	336 79	315 74
162	»	5.	2.	»	26.	»	465 97	423 61	402 42	391 83	381 24	360 06	338 88	317 70
163	»	5.	2.	½	8.	8	468 84	426 22	404 91	394 25	383 60	362 29	340 97	319 66
164	»	5.	2.	½	27.	6	471 72	428 84	407 39	396 67	385 95	364 51	343 07	321 63
165	»	5.	3.	»	10.	5	474 59	431 45	409 88	399 09	388 30	366 73	345 16	323 59
166	»	5.	3.	»	29.	3	477 47	434 07	412 36	401 51	390 66	368 95	347 25	325 55
167	»	5.	3.	½	12.	1	480 35	436 68	414 84	403 93	393 01	371 18	349 34	327 51
168	»	5.	3.	½	31.	»	483 22	439 29	417 33	406 35	395 36	373 40	351 43	329 47
169	»	5.	4.	»	13.	8	486 10	441 91	419 81	408 76	397 72	375 62	353 53	331 43
170	»	5.	4.	»	32.	6	488 98	444 52	422 30	411 18	400 07	377 84	355 62	333 39
171	»	5.	4.	½	15.	4	491 85	447 14	424 78	413 60	402 42	380 07	357 71	335 36
172	»	5.	4.	½	34.	3	494 73	449 75	427 26	416 02	404 78	382 29	359 80	337 31
173	»	5.	5.	»	17.	1	497 61	452 37	429 75	418 44	407 13	384 51	361 89	339 28
174	»	5.	5.	»	35.	9	500 48	454 98	432 23	420 86	409 48	386 73	363 98	341 24
175	»	5.	5.	½	18.	7	503 36	457 60	434 72	423 28	411 84	388 96	366 08	343 20
176	»	5.	6.	»	1.	6	506 23	460 21	437 20	425 70	414 19	391 18	368 17	345 16
177	»	5.	6.	»	20.	4	509 11	462 83	439 69	428 11	416 54	393 40	370 26	347 12
178	»	5.	6.	½	3.	2	511 99	465 44	442 17	430 53	418 90	395 62	372 35	349 08
179	»	5.	6.	½	22.	1	514 86	468 06	444 65	432 95	421 25	397 85	374 45	351 04
180	»	5.	7.	»	4.	9	517 74	470 67	447 14	435 37	423 60	400 07	376 54	353 00

Conversion des GRAMMES en poids de MARC, suivie des différentes valeurs d'un ou plusieurs objets en OR à l'un des poids ci-dessous.

GRAMMES.	CONVERSION.						DIVERSES VALEURS DU GRAMME D'APRÈS LES PRIX SUIVANS DU GROS D'OR															
							contrôlé à 11f		non contr. à 10f		à 9f 50c		à 9f 25c		à 9f »c		à 8f 50c		à 8f »c		à 7f 50c	
	Marcs.	Onces.	Gros.	Demi-Gros.	Grains.	Dixièmes.	fr.	c.	fr.	c.	fr.	c.	fr.	c.	fr.	c.	fr.	c.	fr.	c.	fr.	c.
181	»	5.	7.	»	25.	7	520	62	473	29	449	62	437	79	425	96	402	29	378	63	354	96
182	»	5.	7.	½	6.	5	523	49	475	90	452	11	440	21	428	31	404	52	380	72	356	93
183	»	5.	7.	½	25.	4	526	37	478	52	454	59	442	63	430	66	406	74	382	81	358	89
184	»	6.	»	»	8.	2	529	23	481	13	457	07	445	05	433	02	408	96	384	90	360	85
185	»	6.	»	»	27.	»	532	12	483	75	459	56	447	46	435	37	411	18	387	00	362	81
186	»	6.	»	½	9.	8	535	00	486	36	462	04	449	88	437	72	413	41	389	09	364	77
187	»	6.	»	½	28.	7	537	87	488	98	464	53	452	30	440	08	415	63	391	18	366	73
188	»	6.	1.	»	11.	5	540	75	491	59	467	01	454	72	442	43	417	85	393	27	368	69
189	»	6.	1.	»	30.	3	543	63	494	21	469	50	457	14	444	78	420	07	395	36	370	65
190	»	6.	1.	½	13.	2	546	50	496	82	471	98	459	56	447	14	422	30	397	46	372	62
191	»	6.	1.	½	32.	»	549	38	499	44	474	46	461	98	449	49	424	52	399	55	374	58
192	»	6.	2.	»	14.	8	552	26	502	05	476	95	464	40	451	84	426	74	401	64	376	54
193	»	6.	2.	»	33.	6	555	13	504	67	479	43	466	81	454	20	428	96	403	73	378	50
194	»	6.	2.	½	16.	5	558	01	507	28	481	92	469	23	456	55	431	19	405	82	380	46
195	»	6.	2.	½	35.	3	560	89	509	90	484	40	471	65	458	90	433	41	407	92	382	42
196	»	6.	3.	»	18.	1	563	76	512	51	486	88	474	07	461	26	435	63	410	01	384	38
197	»	6.	3.	½	»	9	566	64	515	13	489	37	476	49	463	61	437	85	412	10	386	34
198	»	6.	3.	½	19.	8	569	51	517	74	491	85	478	91	465	96	440	08	414	19	388	30
199	»	6.	4.	»	2.	6	572	39	520	36	494	34	481	33	468	32	442	30	416	28	390	27
200	»	6.	4.	»	21.	4	575	27	522	97	496	82	483	75	470	67	444	52	418	38	392	23
201	»	6.	4.	½	4.	3	578	14	525	59	499	30	486	16	473	02	446	75	420	47	394	19
202	»	6.	4.	½	23.	1	581	02	528	20	501	79	488	58	475	38	448	97	422	56	396	15
203	»	6.	5.	»	5.	9	583	90	530	82	504	27	491	00	477	73	451	19	424	65	398	11
204	»	6.	5.	»	24.	7	586	77	533	43	506	76	493	42	480	08	453	41	426	74	400	07
205	»	6.	5.	½	7.	6	589	65	536	05	509	24	495	84	482	44	455	64	428	83	402	03
206	»	6.	5.	½	26.	4	592	53	538	66	511	73	498	26	484	79	457	86	430	93	403	99
207	»	6.	6.	»	9.	2	595	40	541	28	514	21	500	68	487	14	460	08	433	02	405	96
208	»	6.	6.	»	28.	»	598	28	543	89	516	69	503	10	489	50	462	30	435	11	407	92
209	»	6.	6.	½	10.	9	601	15	546	50	519	18	505	51	491	85	464	52	437	20	409	88
210	»	6.	6.	½	29.	7	604	03	549	12	521	66	507	93	494	20	466	75	439	29	411	84
211	»	6.	7.	»	12.	5	606	91	551	73	524	15	510	35	496	56	468	97	441	39	413	80
212	»	6.	7.	»	31.	3	609	78	554	35	526	63	512	77	498	91	471	19	443	48	415	76
213	»	6.	7.	½	14.	2	612	66	556	96	529	11	515	19	501	26	473	42	445	57	417	72
214	»	6.	7.	½	33.	»	615	54	559	58	531	60	517	61	503	62	475	64	447	66	419	68
215	»	7.	»	»	15.	8	618	41	562	19	534	08	520	03	505	97	477	86	449	75	421	64
216	»	7.	»	»	34.	7	621	29	564	81	536	57	522	45	508	33	480	08	451	85	423	61

Conversion des GRAMMES en poids de MARC, suivie des différentes valeurs d'un ou plusieurs objets en OR à l'un des poids ci-dessous.

GRAMMES.	CONVERSION.						DIVERSES VALEURS DU GRAMME D'APRÈS LES PRIX SUIVANS DU GROS D'OR							
	Marcs.	Onces.	Gros.	Demi-Gros.	Grains.	Dixièmes.	contrôlé à 11f	non contr. à 10f	à 9f 50c	à 9f 25c	à 9f »c	à 8f 50c	à 8f »c	à 7f 50c
							fr. c.	fr. c.	fr. c.	fr. c.	fr. c.	fr. c.	fr. c.	fr. c.
217	»	7.	»	½	17.	5	624 17	567 42	539 06	524 86	510 68	482 31	453 94	425 57
218	»	7.	1.	»	»	3	627 04	570 04	541 53	527 28	513 03	484 53	456 03	427 53
219	»	7.	1.	»	19.	1	629 92	572 65	544 02	529 70	515 39	486 76	458 12	429 49
220	»	7.	1.	½	2.	»	632 79	575 27	546 50	532 12	517 74	488 98	460 21	431 45
221	»	7.	1.	½	20.	8	635 67	577 88	548 99	534 54	520 09	491 20	462 30	433 41
222	»	7.	2.	»	3.	6	638 55	580 50	551 47	536 96	522 45	493 42	464 40	435 37
223	»	7.	2.	»	22.	4	641 42	583 11	553 96	539 38	524 80	495 64	466 49	437 33
224	»	7.	2.	½	5.	3	644 30	585 73	556 44	541 80	527 15	497 87	468 58	439 29
225	»	7.	2.	½	24.	1	647 18	588 34	558 92	544 21	529 51	500 09	470 67	441 26
226	»	7.	3.	»	6.	9	650 05	590 96	561 41	546 63	531 86	502 31	472 76	443 22
227	»	7.	3.	»	25.	8	652 93	593 57	563 89	549 05	534 21	504 53	474 86	445 18
228	»	7.	3.	½	8.	6	655 81	596 19	566 38	551 47	536 57	506 76	476 95	447 14
229	»	7.	3.	½	27.	4	658 68	598 80	568 86	553 89	538 92	508 98	479 04	449 10
230	»	7.	4.	»	10.	2	661 56	601 42	571 34	556 31	541 27	511 20	481 13	451 06
231	»	7.	4.	»	29.	1	664 43	604 03	573 83	558 73	543 63	513 42	483 22	453 02
232	»	7.	4.	½	11.	9	667 31	606 65	576 31	561 15	545 98	515 65	485 32	454 98
233	»	7.	4.	½	30.	7	670 19	609 26	578 80	563 56	548 33	517 87	487 41	456 95
234	»	7.	5.	»	13.	5	673 06	611 88	581 28	565 98	550 69	520 09	489 50	458 91
235	»	7.	5.	»	32.	4	675 94	614 49	583 76	568 40	553 04	522 31	491 59	460 87
236	»	7.	5.	½	15.	2	678 82	617 11	586 25	570 82	555 39	524 54	493 68	462 83
237	»	7.	5.	½	34.	»	681 69	619 72	588 73	573 24	557 75	526 76	495 78	464 79
238	»	7.	6.	»	16.	9	684 57	622 34	591 22	575 66	560 10	528 98	497 87	466 75
239	»	7.	6.	»	35.	7	687 45	624 95	593 70	578 08	562 45	531 21	499 96	468 71
240	»	7.	6.	½	18.	5	690 32	627 57	596 19	580 50	564 81	533 43	502 05	470 67
241	»	7.	7.	»	1.	3	693 20	630 18	598 67	582 91	567 16	535 65	504 14	472 63
242	»	7.	7.	»	20.	2	696 07	632 80	601 15	585 33	569 51	537 87	506 23	474 60
243	»	7.	7.	½	3.	»	698 95	635 41	603 64	587 75	571 87	540 10	508 33	476 56
244	»	7.	7.	½	21.	8	701 83	638 03	606 12	590 17	574 22	542 32	510 42	478 52
245	1.	»	»	»	4.	7	704 70	640 64	608 61	592 59	576 57	544 54	512 51	480 48
246	1.	»	»	»	23.	5	707 58	643 26	611 09	595 01	578 93	546 76	514 60	482 44
247	1.	»	»	½	6.	3	710 46	645 87	613 58	597 43	581 28	548 99	516 69	484 40
248	1.	»	»	½	25.	1	713 33	648 49	616 06	599 85	583 63	551 21	518 79	486 36
249	1.	»	1.	»	8.	»	716 21	651 10	618 54	602 26	585 99	553 43	520 88	488 32
250	1.	»	1.	»	26.	8	719 09	653 72	621 03	604 68	588 34	555 66	522 97	490 29

CHAPITRE II.

DE LA CONVERSION DES POIDS DE MARC EN POIDS DÉCIMAUX, ET DE LEURS DIFFÉRENTES VALEURS D'APRÈS LES PRIX DU GROS D'OR, QUI SONT LE PLUS EN USAGE DANS LE COMMERCE.

La colonne des centigrammes représente tout à la fois les décigrammes et centigrammes; ainsi quand je dis 15 centigrammes, c'est comme si je disais 1 décigramme 5 centigrammes.

DE 1 A 24 GRAINS.

Conversion des GRAINS, poids de marc, en CENTIGRAMMES et GRAMMES, suivie des differentes valeurs d'un ou plusieurs objets en OR, à l'un des poids ci-dessous.

GRAINS.	CONVERS.		DIVERSES VALEURS DES GRAINS D'APRÈS LES PRIX SUIVANS DU GROS D'OR							
	Grammes.	Centigram.	contrôlé à 11f	non contr. à 10f	à 9f 50c	à 9f 25c	à 9f »c	à 8f 50c	à 8f »c	à 7f 50c
			fr. c.	fr. c.	fr. c.	fr. c.	fr. c.	fr. c.	fr. c.	fr. c.
1	»	5	0 15	0 14	0 13	0 13	0 12	0 12	0 11	0 10
2	»	10	0 31	0 28	0 26	0 26	0 25	0 24	0 22	0 21
3	»	15	0 46	0 42	0 40	0 39	0 37	0 35	0 33	0 31
4	»	21	0 61	0 56	0 53	0 51	0 50	0 47	0 44	0 42
5	»	26	0 76	0 69	0 66	0 64	0 62	0 59	0 56	0 52
6	»	31	0 92	0 83	0 79	0 77	0 75	0 71	0 67	0 62
7	»	37	1 07	0 97	0 92	0 90	0 87	0 83	0 78	0 73
8	»	42	1 22	1 11	1 06	1 03	1 00	0 94	0 89	0 83
9	»	47	1 37	1 25	1 19	1 16	1 12	1 06	1 00	0 94
10	»	53	1 54	1 39	1 32	1 29	1 25	1 18	1 11	1 04
11	»	58	1 68	1 53	1 45	1 41	1 37	1 30	1 22	1 15
12	»	63	1 83	1 67	1 58	1 54	1 50	1 41	1 33	1 25
13	»	69	1 99	1 81	1 72	1 67	1 62	1 53	1 44	1 35
14	»	74	2 14	1 94	1 85	1 80	1 75	1 65	1 56	1 46
15	»	79	2 29	2 08	1 98	1 93	1 87	1 77	1 67	1 56
16	»	85	2 44	2 22	2 11	2 06	2 00	1 89	1 78	1 67
17	»	90	2 60	2 36	2 24	2 18	2 12	2 03	1 89	1 77
18	»	95	2 75	2 50	2 38	2 31	2 25	2 13	2 00	1 87
19	1.	00	2 90	2 64	2 51	2 44	2 37	2 24	2 11	1 98
20	1.	06	3 06	2 78	2 64	2 57	2 50	2 36	2 22	2 08
21	1.	11	3 21	2 92	2 77	2 70	2 62	2 48	2 33	2 19
22	1.	16	3 36	3 06	2 90	2 83	2 75	2 60	2 44	2 29
23	1.	22	3 51	3 19	3 04	2 96	2 87	2 72	2 56	2 40
24	1	27	3 67	3 33	3 17	3 08	3 00	2 83	2 67	2 50

Conversion des DEMI-GROS et GRAINS en GRAMMES et CENTIGRAMMES, suivie des différentes valeurs d'un ou plusieurs objets en OR, à l'un des poids ci-dessous.

GRAINS.	CONVERS.		DIVERSES VALEURS DES DEMI-GROS ET GRAINS D'APRÈS LES PRIX SUIVANS DU GROS D'OR							
	Grammes.	Centigram.	contrôlé à 11f	non contr. à 10f	à 9f 50c	à 9f 25c	à 9f »c	à 8f 50c	à 8f »c	à 7f 50c
			fr. c.	fr. c.	fr. c.	fr. c.	fr. c.	fr. c.	fr. c.	fr. c.
25	1.	32	3 82	3 47	3 30	3 21	3 12	2 95	2 78	2 60
26	1.	38	3 97	3 61	3 43	3 34	3 25	3 07	2 89	2 71
27	1.	43	4 12	3 75	3 56	3 47	3 37	3 19	3 00	2 81
28	1.	48	4 28	3 89	3 70	3 60	3 50	3 31	3 11	2 92
29	1.	54	4 43	4 03	3 83	3 73	3 62	3 42	3 22	3 02
30	1.	59	4 58	4 17	3 96	3 85	3 75	3 54	3 33	3 12
31	1.	64	4 74	4 31	4 09	3 98	3 87	3 66	3 44	3 23
32	1.	69	4 89	4 44	4 22	4 11	4 00	3 78	3 56	3 33
33	1.	75	5 04	4 58	4 36	4 24	4 12	3 90	3 67	3 44
34	1.	80	5 19	4 72	4 49	4 37	4 25	4 01	3 78	3 54
35	1.	85	5 35	4 86	4 62	4 50	4 37	4 13	3 89	3 65
Demi-gros.										
½ »	1.	91	5 50	5 00	4 75	4 62	4 50	4 25	4 00	3 75
½ 1	1.	96	5 65	5 14	4 88	4 75	4 62	4 37	4 11	3 85
½ 2	2.	01	5 81	5 28	5 01	4 88	4 75	4 48	4 22	3 96
½ 3	2.	07	5 96	5 42	5 15	5 01	4 87	4 60	4 33	4 06
½ 4	2.	12	6 11	5 56	5 28	5 14	5 00	4 72	4 44	4 17
½ 5	2.	17	6 26	5 69	5 41	5 27	5 12	4 84	4 56	4 27
½ 6	2.	23	6 42	5 83	5 54	5 40	5 25	4 96	4 67	4 37
½ 7	2.	28	6 57	5 97	5 67	5 52	5 37	5 08	4 78	4 48
½ 8	2.	33	6 72	6 11	5 81	5 65	5 50	5 19	4 89	4 58
½ 9	2.	38	6 88	6 25	5 94	5 78	5 62	5 31	5 00	4 69
½ 10	2.	44	7 03	6 39	6 07	5 91	5 75	5 43	5 11	4 79
½ 11	2.	49	7 18	6 53	6 20	6 04	5 87	5 55	5 22	4 90
½ 12	2.	54	7 33	6 67	6 33	6 17	6 00	5 67	5 33	5 00
½ 13	2.	60	7 49	6 81	6 47	6 27	6 12	5 78	5 44	5 10
½ 14	2.	65	7 64	6 94	6 60	6 42	6 25	5 90	5 56	5 21
½ 15	2.	70	7 79	7 08	6 73	6 55	6 37	6 02	5 67	5 31
½ 16	2.	76	7 94	7 22	6 86	6 68	6 50	6 14	5 78	5 42
½ 17	2.	81	8 10	7 36	6 99	6 81	6 62	6 26	5 89	5 52
½ 18	2.	86	8 25	7 50	7 13	6 94	6 75	6 38	6 00	5 62
½ 19	2.	92	8 40	7 64	7 26	7 07	6 87	6 49	6 11	5 73
½ 20	2.	97	8 56	7 78	7 39	7 19	7 00	6 61	6 22	5 83
½ 21	3.	02	8 71	7 92	7 52	7 32	7 12	6 73	6 33	5 94
½ 22	3.	07	8 86	8 06	7 65	7 45	7 25	6 85	6 44	6 04
½ 23	3.	13	9 01	8 19	7 78	7 58	7 37	6 97	6 56	6 15

Conversion des ***DEMI-GROS, GROS, ONCES*** *et* ***MARCS*** *en* ***GRAMMES*** *et* ***CENTIGRAMMES****, suivie des différentes valeurs d'un ou plusieurs objets en* ***OR****, à l'un des poids ci-dessous.*

POIDS de MARC.	CONVERS.		DIVERSES VALEURS DES DEMI-GROS, GROS, ONCES ET MARCS D'APRÈS LES PRIX SUIVANS DU GROS D'OR							
	Grammes.	Centigramm.	contrôlé à 11f	non contr. à 10f	à 9f 50c	à 9f 25c	à 9f »c	à 8f 50c	à 8f »c	à 7f 50c
			fr. c.	fr. c.	fr. c.	fr. c.	fr. c.	fr. c.	fr. c.	fr. c.
½ 24	3.	18	9 17	8 33	7 92	7 71	7 50	7 08	6 67	6 25
½ 25	3.	24	9 32	8 47	8 05	7 84	7 62	7 20	6 78	6 35
½ 26	3.	29	9 47	8 61	8 18	7 96	7 75	7 32	6 89	6 46
½ 27	3.	34	9 63	8 75	8 31	8 09	7 87	7 43	7 00	6 56
½ 28	3.	39	9 78	8 89	8 44	8 22	8 00	7 56	7 11	6 67
½ 29	3.	45	9 93	9 03	8 58	8 35	8 12	7 67	7 22	6 77
½ 30	3.	50	10 08	9 17	8 71	8 48	8 25	7 79	7 33	6 87
½ 31	3.	55	10 24	9 31	8 84	8 60	8 37	7 91	7 44	6 98
½ 32	3.	61	10 39	9 44	8 97	8 74	8 50	8 03	7 56	7 08
½ 33	3.	66	10 54	9 58	9 10	8 86	8 62	8 15	7 67	7 19
½ 34	3.	71	10 69	9 72	9 24	8 99	8 75	8 26	7 78	7 29
½ 35	3.	77	10 83	9 86	9 37	9 12	8 87	8 38	7 89	7 40
Gros.										
1	3.	82	11 00	10 00	9 50	9 25	9 00	8 50	8 00	7 50
2	7.	64	22 00	20 00	19 00	18 50	18 00	17 00	16 00	15 00
3	11.	47	33 00	30 00	28 50	27 75	27 00	25 50	24 00	22 50
4	15.	29	44 00	40 00	38 00	37 00	36 00	34 00	32 00	30 00
5	19.	12	55 00	50 00	47 50	46 25	45 00	42 50	40 00	37 50
6	22.	94	66 00	60 00	57 00	55 50	54 00	51 00	48 00	45 00
7	26.	76	77 00	70 00	66 50	64 75	63 00	59 50	56 00	52 50
Onces.										
1	30.	59	88 00	80 00	76 00	74 00	72 00	68 00	64 00	60 00
2	61.	18	176 00	160 00	152 00	148 00	144 00	136 00	128 00	120 00
3	91.	78	264 00	240 00	228 00	222 00	216 00	204 00	192 00	180 00
4	122.	37	352 00	320 00	304 00	296 00	288 00	272 00	256 00	240 00
5	152.	97	440 00	400 00	380 00	370 00	360 00	340 00	320 00	300 00
6	183.	56	528 00	480 00	456 00	444 00	432 00	408 00	384 00	360 00
7	214.	15	616 00	560 00	532 00	518 00	504 00	476 00	448 00	420 00
Marcs.										
1	244.	75	704 00	640 00	608 00	592 00	576 00	544 00	512 00	480 00
2	489.	50	1408 00	1280 00	1216 00	1184 00	1152 00	1088 00	1024 00	960 00
3	734.	25	2112 00	1920 00	1824 00	1776 00	1728 00	1632 00	1536 00	1440 00
4	979.	01	2816 00	2560 00	2432 00	2368 00	2304 00	2176 00	2048 00	1920 00

CHAPITRE III.

DE LA CONVERSION DES POIDS DÉCIMAUX EN POIDS DE MARC, ET DE LEURS DIFFÉRENTES VALEURS D'APRÈS LES PRIX DU MARC D'ARGENT, QUI SONT LE PLUS EN USAGE DANS LE COMMERCE.

J'ai donné dans ce chapitre le prix du marc d'argent à 950 millièmes (1er titre) d'après le cours de 54 fr. le marc de fin; comme ce prix est basé sur le cours du fin, il ne peut varier au plus que de quelques centimes.

Les prix du marc d'argent à 800 millièmes (2e titre), contrôlé et non contrôlé, portés dans ce chapitre, sont ceux que le fabricant est dans l'usage de compter et qui sont reçus dans le commerce, et non ceux basés sur le titre de 800 millièmes à raison de 54 fr. le fin, qui donne 43 fr. 20 cent. le marc non contrôlé. La raison de cette différence, entre le prix du fabricant et celui basé sur le cours du fin, est que les façons de la petite partie d'argent sont extrêmement bornées, et conséquemment le fabricant de cette partie est obligé, pour ne pas y être du sien, de compter le marc d'argent au 2e titre quelque chose au-dessus de sa valeur réelle, pour se couvrir de certains frais de fabrication.

DE 1 CENTIGRAMME A 9 DÉCIGRAMMES.

*Conversion des **CENTIGRAMMES** et **DÉCIGRAMMES** en poids de **MARC**, suivie des différentes valeurs d'un ou plusieurs objets en **ARGENT** à l'un des poids ci-dessous.*

CENTIGR.	CONVERSION.					DIVERSES VALEURS DU CENTIGRAMME ET DU DÉCIGRAMME D'APRÈS LES PRIX SUIVANS DU MARC D'ARGENT															
						à 55f »c		1er Titre contrôlé 54f 40c		1er Titre non contr. 51f 30c		à 50f »c		2e Titre contrôlé 48f »c		2e Titre non contr. 44f »c		à 42f »c		à 40f »c	
	Marcs.	Onces.	Gros.	Grains.	Centièmes.	fr.	c.	fr.	c.	fr.	c.	fr.	c.	fr.	c.	fr.	c.	fr.	c.	fr.	c.
1	»	»	»	»	19	0	0	0	0	0	0	0	0	0	0	0	0	0	0	0	0
2	»	»	»	»	38	0	0	0	0	0	0	0	0	0	0	0	0	0	0	0	0
3	»	»	»	»	56	0	1	0	1	0	1	0	1	0	1	0	0	0	0	0	0
4	»	»	»	»	75	0	1	0	1	0	1	0	1	0	1	0	1	0	1	0	1
5	»	»	»	»	94	0	1	0	1	0	1	0	1	0	1	0	1	0	1	0	1
6	»	»	»	1.	13	0	1	0	1	0	1	0	1	0	1	0	1	0	1	0	1
7	»	»	»	1.	32	0	2	0	2	0	1	0	1	0	1	0	1	0	1	0	1
8	»	»	»	1.	51	0	2	0	2	0	2	0	2	0	2	0	1	0	1	0	1
9	»	»	»	1.	69	0	2	0	2	0	2	0	2	0	2	0	2	0	2	0	1
Décig.																					
1	»	»	»	1.	88	0	2	0	2	0	2	0	2	0	2	0	2	0	2	0	2
2	»	»	»	3.	76	0	4	0	4	0	4	0	4	0	4	0	4	0	3	0	3
3	»	»	»	5.	65	0	7	0	7	0	6	0	6	0	6	0	5	0	5	0	5
4	»	»	»	7.	53	0	9	0	9	0	8	0	8	0	8	0	7	0	7	0	7
5	»	»	»	9.	41	0	11	0	11	0	10	0	10	0	10	0	9	0	9	0	8
6	»	»	»	11.	29	0	13	0	13	0	13	0	12	0	12	0	11	0	10	0	9
7	»	»	»	13.	17	0	16	0	15	0	15	0	14	0	14	0	13	0	12	0	11
8	»	»	»	15.	06	0	18	0	18	0	17	0	16	0	16	0	14	0	14	0	13
9	»	»	»	16.	94	0	20	0	20	0	19	0	18	0	18	0	16	0	15	0	15

Conversion des GRAMMES en poids de MARC, suivie des différentes valeurs d'un ou plusieurs objets en ARGENT à l'un des poids ci-dessous.

GRAMMES.	CONVERSION.	DIVERSES VALEURS DU GRAMME D'APRÈS LES PRIX SUIVANS DU MARC D'ARGENT							
	Marcs. Onces. Gros. Demi-Gros. Grains. Dixièmes.	à 55f »c	1er Titre contrôlé 54f 10c	1er Titre non contr. 51f 50c	à 50f »c	2e Titre contrôlé à 48f »c	2e Titre non contr. à 44f »c	à 42f »c	à 40f »c
		fr. c.	fr. c.	fr. c.	fr. c.	fr. c.	fr. c.	fr. c.	fr. c.
1	» » » » 18. 8	0 22	0 22	0 20	0 20	0 19	0 18	0 17	0 16
2	» » » ½ 1. 6	0 44	0 44	0 41	0 40	0 39	0 35	0 34	0 32
3	» » » ½ 20. 5	0 67	0 66	0 62	0 61	0 58	0 53	0 51	0 49
4	» » 1 » 3. 3	0 89	0 88	0 83	0 81	0 78	0 71	0 68	0 65
5	» » 1. » 22. 1	1 12	1 10	1 04	1 02	0 98	0 89	0 85	0 81
6	» » 1. ½ 5. »	1 34	1 32	1 25	1 22	1 17	1 07	1 02	0 98
7	» » 1. ½ 23. 8	1 57	1 54	1 46	1 43	1 37	1 25	1 20	1 14
8	» » 2. » 6. 6	1 79	1 76	1 67	1 63	1 56	1 43	1 37	1 30
9	» » 2. » 25. 4	2 02	1 98	1 88	1 83	1 76	1 61	1 54	1 47
10	» » 2. ½ 8. 3	2 24	2 21	2 09	2 04	1 96	1 79	1 71	1 63
11	» » 2. ½ 27. 1	2 47	2 43	2 30	2 24	2 15	1 97	1 88	1 79
12	» » 3. » 9. 9	2 69	2 65	2 51	2 45	2 35	2 15	2 05	1 96
13	» » 3. » 28. 7	2 92	2 87	2 72	2 65	2 54	2 33	2 23	2 12
14	» » 3. ½ 11. 6	3 14	3 09	2 93	2 86	2 74	2 51	2 40	2 28
15	» » 3. ½ 30. 4	3 37	3 31	3 14	3 06	2 94	2 69	2 57	2 45
16	» » 4. » 13. 2	3 59	3 53	3 35	3 26	3 13	2 87	2 74	2 61
17	» » 4. » 32. 1	3 82	3 75	3 57	3 47	3 33	3 05	2 91	2 77
18	» » 4. ½ 14. 9	4 04	3 97	3 77	3 67	3 53	3 23	3 08	2 94
19	» » 4. ½ 33. 7	4 26	4 19	3 99	3 88	3 72	3 41	3 26	3 10
20	» » 5. » 16. 5	4 49	4 42	4 19	4 08	3 92	3 59	3 43	3 26
21	» » 5. » 35. 4	4 71	4 64	4 40	4 29	4 11	3 77	3 60	3 43
22	» » 5. ½ 18. 2	4 94	4 86	4 61	4 49	4 31	3 95	3 77	3 59
23	» » 6. » 1. »	5 16	5 08	4 82	4 69	4 51	4 13	3 94	3 75
24	» » 6. » 19. 8	5 39	5 30	5 05	4 90	4 70	4 31	4 11	3 92
25	» » 6. ½ 2. 7	5 61	5 52	5 24	5 10	4 90	4 49	4 29	4 08
26	» » 6. ½ 21. 5	5 84	5 74	5 44	5 31	5 09	4 67	4 46	4 24
27	» » 7. » 4. 3	6 06	5 96	5 68	5 51	5 29	4 85	4 63	4 41
28	» » 7. » 23. 2	6 29	6 18	5 86	5 72	5 49	5 03	4 80	4 57
29	» » 7. ½ 6. »	6 51	6 41	6 07	5 92	5 68	5 21	4 97	4 73
30	» » 7. ½ 24. 8	6 74	6 63	6 28	6 12	5 88	5 39	5 14	4 90
31	» 1. » » 7. 6	6 96	6 85	6 49	6 33	6 07	5 57	5 31	5 06
32	» 1. » » 26. 5	7 19	7 07	6 70	6 53	6 27	5 75	5 49	5 22
33	» 1. » ½ 9. 3	7 41	7 29	6 91	6 74	6 47	5 93	5 66	5 39
34	» 1. » ½ 28. 1	7 64	7 51	7 12	6 94	6 66	6 11	5 83	5 55
35	» 1. 1. » 10. 9	7 86	7 73	7 35	7 15	6 86	6 29	6 00	5 72
36	» 1. 1. » 29. 8	8 08	7 95	7 57	7 35	7 06	6 47	6 17	5 88

Conversion des GRAMMES en poids de MARC, suivie des différentes valeurs d'un ou plusieurs objets en ARGENT à l'un des poids ci-dessous.

GRAMMES.	CONVERSION. Marcs. Onces. Gros. Demi-Gros. Grains. Dixièmes.	DIVERSES VALEURS DU GRAMME D'APRÈS LES PRIX SUIVANS DU MARC D'ARGENT — à 55f »c	1er Titre contrôlé 54f 10c	1er Titre non contr. 51f 30c	à 50f »c	2e Titre contrôlé à 48f »c	2e Titre non contr. à 44f »c	à 42f »c	à 40f »c
		fr. c.	fr. c.	fr. c.	fr. c.	fr. c.	fr. c.	fr. c.	fr. c.
37	» 1. 1. ½ 12. 6	8 31	8 17	7 75	7 55	7 25	6 65	6 34	6 04
38	» 1. 1. ½ 31. 4	8 53	8 39	7 96	7 76	7 45	6 83	6 52	6 21
39	» 1. 2. » 14. 3	8 76	8 62	8 17	7 96	7 64	7 01	6 69	6 37
40	» 1. 2. » 33. 1	8 98	8 84	8 38	8 17	7 84	7 19	6 86	6 53
41	» 1. 2. ½ 15. 9	9 21	9 06	8 59	8 37	8 04	7 37	7 03	6 70
42	» 1. 2. ½ 34. 7	9 43	9 28	8 80	8 58	8 23	7 55	7 20	6 86
43	» 1. 3. » 17. 6	9 66	9 50	9 10	8 78	8 43	7 73	7 37	7 02
44	» 1. 3. ½ » 4	9 88	9 72	9 22	8 98	8 62	7 90	7 55	7 19
45	» 1. 3. ½ 19. 2	10 11	9 94	9 43	9 19	8 82	8 08	7 72	7 35
46	» 1. 4. » 2. »	10 33	10 16	9 64	9 39	9 02	8 26	7 89	7 51
47	» 1. 4. » 20. 9	10 56	10 38	9 85	9 60	9 21	8 44	8 06	7 68
48	» 1. 4. ½ 3. 7	10 78	10 60	10 06	9 80	9 41	8 62	8 23	7 84
49	» 1. 4. ½ 22. 5	11 01	10 83	10 27	10 01	9 60	8 80	8 40	8 00
50	» 1. 5. » 5. 4	11 23	11 05	10 48	10 21	9 80	8 98	8 58	8 17
51	» 1. 5. » 24. 2	11 46	11 27	10 68	10 41	10 00	9 16	8 75	8 33
52	» 1. 5. ½ 7. »	11 68	11 49	10 89	10 62	10 19	9 34	8 92	8 49
53	» 1. 5. ½ 25. 8	11 91	11 71	11 10	10 82	10 39	9 52	9 09	8 66
54	» 1. 6. » 8. 7	12 13	11 93	11 31	11 03	10 59	9 70	9 26	8 82
55	» 1. 6. » 27. 5	12 36	12 15	11 52	11 23	10 78	9 88	9 43	8 98
56	» 1. 6. ½ 10. 3	12 58	12 37	11 73	11 44	10 98	10 06	9 60	9 15
57	» 1. 6. ½ 29. 1	12 80	12 59	11 94	11 64	11 17	10 24	9 78	9 31
58	» 1. 7. » 12. »	13 03	12 82	12 15	11 84	11 37	10 42	9 95	9 47
59	» 1. 7. » 30. 8	13 25	13 04	12 36	12 05	11 57	10 60	10 12	9 64
60	» 1. 7. ½ 13. 6	13 48	13 26	12 57	12 25	11 76	10 78	10 29	9 80
61	» 1. 7. ½ 32. 5	13 70	13 48	12 78	12 46	11 96	10 96	10 46	9 96
62	» 2. » » 15. 3	13 93	13 70	12 99	12 66	12 15	11 14	10 63	10 13
63	» 2. » » 34. 1	14 15	13 92	13 20	12 87	12 35	11 32	10 81	10 29
64	» 2. » ½ 16. 9	14 38	14 14	13 41	13 07	12 55	11 50	10 98	10 45
65	» 2. » ½ 35. 8	14 60	14 36	13 62	13 27	12 74	11 68	11 15	10 62
66	» 2. 1. » 18. 6	14 83	14 58	13 83	13 48	12 94	11 86	11 32	10 78
67	» 2. 1. ½ 1. 4	15 05	14 80	14 04	13 68	13 14	12 04	11 49	10 94
68	» 2. 1. ½ 20. 2	15 28	15 03	14 25	13 89	13 33	12 22	11 66	11 11
69	» 2. 2. » 3. 1	15 50	15 25	14 46	14 09	13 53	12 40	11 84	11 27
70	» 2. 2. » 21. 9	15 73	15 47	14 67	14 30	13 72	12 58	12 01	11 44
71	» 2. 2. ½ 4. 7	15 95	15 69	14 88	14 50	13 92	12 76	12 18	11 60
72	» 2. 2. ½ 23. 5	16 17	15 91	15 09	14 70	14 12	12 94	12 35	11 76

Conversion des GRAMMES en poids de MARC, suivie des différentes valeurs d'un ou plusieurs objets en ARGENT à l'un des poids ci-dessous.

GRAMMES.	CONVERSION. Marcs.	Onces.	Gros.	Demi-Gros.	Grains. Dixièmes.	DIVERSES VALEURS DU GRAMME D'APRÈS LES PRIX SUIVANS DU MARC D'ARGENT — à 55f »c	1er Titre contrôlé. 54f 40c	1er Titre non contr. 51f 30c	à 50f »c	2e Titre contrôlé 48f »c	2e Titre non contr. 44f »c	à 42f »c	à 40f »c
						fr. c.	fr. c.	fr. c.	fr. c.	fr. c.	fr. c.	fr. c.	fr. c.
73	»	2.	3.	»	6.4	16 40	16 15	15 30	14 91	14 31	13 12	12 52	11 93
74	»	2.	3.	»	25.2	16 62	16 38	15 51	15 11	14 51	13 30	12 69	12 09
75	»	2.	3.	½	8. »	16 85	16 57	15 72	15 32	14 70	13 48	12 87	12 25
76	»	2.	3.	½	26.9	17 07	16 79	15 92	15 52	14 90	13 66	13 04	12 42
77	»	2.	4.	»	9.7	17 30	17 01	16 13	15 73	15 10	13 84	13 21	12 58
78	»	2.	4.	»	28.3	17 52	17 24	16 34	15 93	15 29	14 02	13 38	12 74
79	»	2.	4.	½	11.5	17 75	17 46	16 55	16 13	15 49	14 20	13 55	12 91
80	»	2.	4.	½	30.2	17 97	17 68	16 76	16 34	15 68	14 38	13 72	13 07
81	»	2.	5.	»	13. »	18 20	17 90	16 97	16 54	15 88	14 56	13 89	13 23
82	»	2.	5.	»	31.8	18 42	18 12	17 18	16 75	16 08	14 74	14 07	13 40
83	»	2.	5.	½	14.6	18 65	18 34	17 39	16 95	16 27	14 92	14 24	13 56
84	»	2.	5.	½	33.3	18 87	18 56	17 60	17 16	16 47	15 10	14 41	13 72
85	»	2.	6.	»	16.3	19 10	18 78	17 81	17 36	16 67	15 28	14 58	13 89
86	»	2.	6.	»	35.1	19 32	19 00	18 02	17 56	16 86	15 46	14 75	14 05
87	»	2.	6.	½	18. »	19 55	19 23	18 23	17 77	17 06	15 63	14 92	14 21
88	»	2.	7.	»	» 8	19 77	19 45	18 44	17 97	17 25	15 81	15 10	14 38
89	»	2.	7.	»	19.6	20 00	19 67	18 65	18 18	17 45	15 99	15 27	14 54
90	»	2.	7.	½	2.4	20 22	19 89	18 86	18 38	17 65	16 17	15 44	14 70
91	»	2.	7.	½	21.3	20 44	20 11	19 07	18 59	17 84	16 35	15 61	14 87
92	»	3.	»	»	4.1	20 67	20 33	19 28	18 79	18 04	16 53	15 78	15 03
93	»	3.	»	»	22.9	20 89	20 55	19 49	18 99	18 23	16 71	15 95	15 19
94	»	3.	»	½	5.7	21 12	20 77	19 70	19 20	18 43	16 89	16 13	15 36
95	»	3.	»	½	24.6	21 34	20 99	19 91	19 40	18 63	17 07	16 30	15 52
96	»	3.	1.	»	7.4	21 57	20 21	20 12	19 61	18 82	17 25	16 47	15 68
97	»	3.	1.	»	26.2	21 79	21 44	20 33	19 81	19 02	17 43	16 64	15 85
98	»	3.	1.	½	9.1	22 02	21 66	20 54	20 02	19 21	17 61	16 81	16 01
99	»	3.	1.	½	27.9	22 24	21 88	20 75	20 22	19 41	17 79	16 98	16 17
100	»	3.	2.	»	10.7	22 47	22 10	20 96	20 42	19 61	17 97	17 16	16 34
101	»	3.	2.	»	29.5	22 69	22 32	21 16	20 63	19 80	18 15	17 33	16 50
102	»	3.	2.	½	12.4	22 92	22 54	21 37	20 83	20 00	18 33	17 50	16 66
103	»	3.	2.	½	31.2	23 14	22 76	21 58	21 04	20 20	18 51	17 67	16 83
104	»	3.	3.	»	14. »	23 37	22 98	21 79	21 24	20 39	18 69	17 84	16 99
105	»	3.	3.	»	32.8	23 59	23 20	22 00	21 45	20 59	18 87	18 01	17 16
106	»	3.	3.	½	15.7	23 82	23 43	22 21	21 65	20 78	19 05	18 18	17 32
107	»	3.	3.	½	34.5	24 04	23 65	22 42	21 85	20 98	19 23	18 36	17 48
108	»	3.	4.	»	17.3	23 26	23 87	22 63	22 06	21 18	19 41	18 53	17 65

Conversion des GRAMMES en poids de MARC, suivie des différentes valeurs d'un ou plusieurs objets en ARGENT à l'un des poids ci-dessous.

GRAMMES.	CONVERSION. (Marcs. Onces. Gros. Demi-Gros. Grains. Dixièmes.)	DIVERSES VALEURS DU GRAMME D'APRÈS LES PRIX SUIVANS DU MARC D'ARGENT — à 55f »c	1er Titre contrôlé 54f 40c	1er Titre non contr. 51f 30c	à 50f »c	2e Titre contrôlé à 48f »	2e Titre non contr. à 44f »	à 42f »c	à 40f »c
		fr. c.	fr. c.	fr. c.	fr. c.	fr. c.	fr. c.	fr. c.	fr. c.
109	» 3. 4. ½ » 1	24 49	24 09	22 84	22 26	21 37	19 59	18 70	17 81
110	» 3. 4. ½ 19. »	24 71	24 31	23 05	22 47	21 57	19 77	18 87	17 97
111	» 3. 5. » 1. 8	24 94	24 53	23 26	22 67	21 76	19 95	19 04	18 14
112	» 3. 5. » 20. 6	25 16	24 75	23 47	22 88	21 96	20 13	19 21	18 30
113	» 3. 5. ½ 3. 5	25 39	24 97	23 68	23 08	22 16	20 31	19 39	18 46
114	» 3. 5. ½ 22. 3	25 61	25 19	23 89	23 28	22 35	20 49	19 56	18 63
115	» 3. 6. » 5. 1	25 84	25 41	24 10	23 49	22 55	20 67	19 73	18 79
116	» 3. 6. » 23. 9	26 06	25 64	24 31	23 69	22 74	20 85	19 90	18 95
117	» 3. 6. ½ 6. 8	26 29	25 86	24 52	23 90	22 94	21 03	20 07	19 12
118	» 3. 6. ½ 25. 6	26 51	26 08	24 73	24 10	23 14	21 21	20 24	19 28
119	» 3. 7. » 8. 4	26 74	26 30	24 94	24 31	23 33	21 39	20 42	19 44
120	» 3. 7. » 27. 2	26 96	26 52	25 15	24 51	23 53	21 57	20 59	19 61
121	» 3. 7. ½ 10. 1	27 19	26 74	25 36	24 71	23 73	21 75	20 76	19 77
122	» 3. 7. ½ 28. 9	27 41	26 96	25 57	24 92	23 92	21 93	20 93	19 93
123	» 4. » » 11. 7	27 64	27 18	25 78	25 12	24 12	22 11	21 10	20 10
124	» 4. » » 30. 6	27 86	27 40	25 99	25 33	24 31	22 29	21 27	20 26
125	» 4. » ½ 13. 4	28 08	27 63	26 20	25 53	24 51	22 47	21 45	20 42
126	» 4. » ½ 32. 2	28 31	27 85	26 40	25 74	24 71	22 65	21 62	20 59
127	» 4. 1. » 15. »	28 53	28 07	26 61	25 94	24 90	22 83	21 79	20 75
128	» 4. 1. » 33. 9	28 76	28 29	26 82	26 14	25 10	23 01	21 96	20 91
129	» 4. 1. ½ 16. 7	28 98	28 51	27 03	26 35	25 29	23 19	22 13	21 08
130	» 4. 1. ½ 35. 5	29 21	28 73	27 24	26 55	25 49	23 37	22 30	21 24
131	» 4. 2. » 18. 3	29 43	28 95	27 45	26 76	25 69	23 54	22 47	21 40
132	» 4. 2. ½ 1. 2	29 66	29 17	27 66	26 96	25 88	23 72	22 65	21 57
133	» 4. 2. ½ 20. »	29 88	29 39	27 87	27 17	26 08	23 90	22 82	21 73
134	» 4. 3. » 2. 8	30 11	29 61	28 08	27 37	26 28	24 08	22 99	21 89
135	» 4. 3. » 21. 7	30 33	29 84	28 29	27 57	26 47	24 26	23 16	22 06
136	» 4. 3. ½ 4. 5	30 56	30 06	28 50	27 78	26 67	24 44	23 33	22 22
137	» 4. 3. ½ 23. 3	30 78	30 28	28 71	27 98	26 86	24 62	23 50	22 38
138	» 4. 4. » 6. 1	31 01	30 50	28 92	28 19	27 06	24 80	23 68	22 55
139	» 4. 4. » 25. »	31 23	30 72	29 13	28 39	27 26	24 98	23 85	22 71
140	» 4. 4. ½ 7. 8	31 46	30 94	29 34	28 60	27 45	25 16	24 02	22 88
141	» 4. 4. ½ 26. 6	31 68	31 16	29 55	28 80	27 65	25 34	24 19	23 04
142	» 4. 5. » 9. 4	31 91	31 38	29 76	29 00	27 84	25 52	24 36	23 20
143	» 4. 5. » 28. 3	32 13	31 60	29 97	29 21	28 04	25 70	24 53	23 37
144	» 4. 5. ½ 11. 1	32 35	31 82	30 18	29 41	28 24	25 88	24 71	23 53

Conversion des GRAMMES en poids de MARC, suivie des différentes valeurs d'un ou plusieurs objets en ARGENT à l'un des poids ci-dessous.

GRAMMES.	CONVERSION.						DIVERSES VALEURS DU GRAMME D'APRÈS LES PRIX SUIVANS DU MARC D'ARGENT							
	Marcs.	Onces.	Gros.	Demi-Gros.	Grains.	Dixièmes.	à 55f »c	1er Titre contrôlé 54f 10c	1er Titre non contr. 51f 30c	à 50f »c	2e Titre contrôlé à 48f »c	2e Titre non contr. à 44f »c	à 42f »c	à 40f »c
							fr. c.	fr. c.	fr. c.	fr. c.	fr. c.	fr. c.	fr. c.	fr. c.
145	»	4.	5.	½	29.	9	32 58	32 06	30 39	29 62	28 43	26 06	24 88	23 69
146	»	4.	6.	»	12.	8	32 80	32 27	30 60	29 82	28 63	26 24	25 05	23 86
147	»	4.	6.	»	31.	6	33 03	32 49	30 81	30 03	28 82	26 42	25 22	24 02
148	»	4.	6.	½	14.	4	33 25	32 71	31 02	30 23	29 02	26 60	25 39	24 18
149	»	4.	6.	½	33.	2	33 48	32 93	31 23	30 45	29 22	26 78	25 56	24 35
150	»	4.	7.	»	16.	1	33 70	33 15	31 44	30 64	29 41	26 96	25 74	24 51
151	»	4.	7.	»	34.	9	33 93	33 37	31 64	30 84	29 61	27 14	25 91	24 67
152	»	4.	7.	½	17.	7	34 15	33 59	31 85	31 05	29 81	27 32	26 08	24 84
153	»	5.	»	»	».	5	34 38	33 81	32 06	31 25	30 00	27 50	26 25	25 00
154	»	5.	»	»	19.	4	34 60	34 04	32 27	31 46	30 20	27 68	26 42	25 16
155	»	5.	»	½	2.	2	34 83	34 26	32 48	31 66	30 39	27 86	26 59	25 33
156	»	5.	»	½	21.	»	35 05	34 48	32 69	31 86	30 59	28 04	26 76	25 49
157	»	5.	1.	»	3.	9	35 28	34 70	32 90	32 07	30 79	28 22	26 94	25 65
158	»	5.	1.	»	22.	7	35 50	34 92	33 11	32 27	30 98	28 40	27 11	25 82
159	»	5.	1.	½	5.	5	35 73	35 14	33 32	32 48	31 18	28 58	27 28	25 98
160	»	5.	1.	½	24.	3	35 95	35 36	33 53	32 68	31 37	28 76	27 45	26 14
161	»	5.	2.	»	7.	2	36 17	35 58	33 74	32 89	31 57	28 94	27 62	26 31
162	»	5.	2.	»	26.	»	36 40	35 80	33 95	33 09	31 77	29 12	27 79	26 47
163	»	5.	2.	½	8.	8	36 62	36 02	34 16	33 29	31 96	29 30	27 97	26 63
164	»	5.	2.	½	27.	6	36 85	36 25	34 37	33 50	32 16	29 48	28 14	26 80
165	»	5.	3.	»	10.	5	37 07	36 47	34 58	33 70	32 35	29 66	28 31	26 96
166	»	5.	3.	»	29.	3	37 30	36 69	34 79	33 91	32 55	29 84	28 48	27 12
167	»	5.	3.	½	12.	1	37 52	36 91	35 00	34 11	32 75	30 02	28 65	27 29
168	»	5.	3.	½	31.	»	37 75	37 13	35 21	34 32	32 94	30 20	28 82	27 45
169	»	5.	4.	»	13.	8	37 97	37 35	35 42	34 52	33 14	30 38	29 00	27 61
170	»	5.	4.	»	32.	6	38 20	37 57	35 63	34 72	33 34	30 56	29 17	27 78
171	»	5.	4.	½	15.	4	38 42	37 79	35 84	34 93	33 53	30 74	29 34	27 94
172	»	5.	4.	½	34.	3	38 65	38 01	36 05	35 13	33 73	30 92	29 51	28 10
173	»	5.	5.	»	17.	1	38 87	38 23	36 26	35 34	33 92	31 10	29 68	28 27
174	»	5.	5.		35.	9	39 10	38 46	36 47	35 54	34 12	31 27	29 85	28 43
175	»	5.	5.	½	18.	7	39 32	38 68	36 68	35 75	34 32	31 45	30 03	28 60
176	»	5.	6.	»	1.	6	39 55	38 90	36 88	35 95	34 51	31 63	30 20	28 76
177	»	5.	6.	»	20.	4	39 77	39 12	37 09	36 15	34 71	31 81	30 37	28 92
178	»	5.	6.	½	3.	2	40 00	39 34	37 30	36 36	34 90	31 99	30 54	29 09
179	»	5.	6.	½	22.	1	40 22	39 56	37 51	36 56	35 10	32 17	30 71	29 25
180	»	5.	7.	»	4.	9	40 44	39 78	37 72	36 77	35 30	32 35	30 88	29 41

Conversion des GRAMMES *en poids de* MARC, *suivie des différentes valeurs d'un ou plusieurs objets en* ARGENT *à l'un des poids ci-dessous.*

GRAMMES.	CONVERSION. Marcs. Onces. Gros. Demi-Gros. Grains. Dixièmes.	DIVERSES VALEURS DU GRAMME D'APRÈS LES PRIX SUIVANS DU MARC D'ARGENT à 55f »c	1er Titre contrôlé 54f 10c	1er Titre non contr. 51f 30c	à 50f »c	2e Titre contrôlé à 48f »c	2e Titre non contr. à 44f »c	à 42f »c	à 40f »c
		fr. c.	fr. c.	fr. c.	fr. c.	fr. c.	fr. c.	fr. c.	fr. c.
181	» 5. 7. » 23. 7	40 67	40 00	37 93	36 97	35 49	32 53	31 06	29 58
182	» 5. 7. ½ 6. 5	40 89	40 22	38 14	37 18	35 69	32 71	31 23	29 74
183	» 5. 7. ½ 25. 4	41 12	40 45	38 35	37 38	35 88	32 89	31 40	29 90
184	» 6. » » 8. 2	41 34	40 67	38 56	37 58	36 08	33 07	31 57	30 07
185	» 6. » » 27. »	41 57	40 89	38 77	37 79	36 28	33 25	31 74	30 23
186	» 6. » ½ 9. 8	41 79	41 11	38 98	37 99	36 47	33 43	31 91	30 39
187	» 6. » ½ 28. 7	42 02	41 33	39 19	38 20	36 67	33 61	32 08	30 56
188	» 6. 1. » 11. 5	42 24	41 55	39 40	38 40	36 87	33 79	32 26	30 72
189	» 6. 1. » 30. 3	42 47	41 77	39 61	38 61	37 06	33 97	32 43	30 89
190	» 6. 1. ½ 13. 2	42 69	41 99	39 82	38 81	37 26	34 15	32 60	31 05
191	» 6. 1. ½ 32. »	42 92	42 21	40 03	39 01	37 45	34 33	32 77	31 21
192	» 6. 2. » 14. 8	43 14	42 43	40 24	39 22	37 64	34 51	32 94	31 37
193	» 6. 2. » 33. 6	43 37	42 66	40 45	39 42	37 85	34 69	33 11	31 54
194	» 6. 2. ½ 16. 5	43 59	42 88	40 66	39 63	38 04	34 87	33 29	31 70
195	» 6. 2. ½ 35. 3	43 82	43 10	40 87	39 83	38 24	35 05	33 46	31 86
196	» 6. 3. » 18. 1	44 04	43 32	41 08	40 04	38 43	35 23	33 63	32 03
197	» 6. 3. ½ » 9	44 26	43 54	41 29	40 24	38 63	35 41	33 80	32 19
198	» 6. 3. ½ 19. 8	44 49	43 76	41 50	40 44	38 83	35 59	33 97	32 36
199	» 6. 4. » 2. 6	44 71	43 98	41 71	40 65	39 03	35 77	34 14	32 52
200	» 6. 4. » 21. 4	44 94	44 20	41 92	40 85	39 22	35 95	34 32	32 68
201	» 6. 4. ½ 4. 3	45 16	44 42	42 12	41 06	39 42	36 13	34 49	32 84
202	» 6. 4. ½ 23. 1	45 39	44 65	42 33	41 26	39 61	36 31	34 66	33 01
203	» 6. 5. » 5. 9	45 61	44 87	42 54	41 47	39 81	36 49	34 83	33 17
204	» 6. 5. » 24. 7	45 84	45 09	42 75	41 67	40 00	36 67	35 00	33 33
205	» 6. 5. ½ 7. 6	46 06	45 31	42 96	41 87	40 20	36 85	35 17	33 50
206	» 6. 5. ½ 26. 4	46 29	45 53	43 17	42 08	40 40	37 03	35 34	33 66
207	» 6. 6. » 9. 2	46 51	45 75	43 38	42 28	40 59	37 21	35 52	33 83
208	» 6. 6. » 28. »	46 74	45 97	43 59	42 49	40 79	37 39	35 69	33 99
209	» 6. 6. ½ 10. 9	46 96	46 19	43 80	42 69	40 98	37 57	35 86	34 15
210	» 6. 6. ½ 29. 7	47 19	46 41	44 01	42 90	41 18	37 75	36 03	34 32
211	» 6. 7. » 12. 5	47 41	46 63	44 22	43 10	41 38	37 93	36 20	34 48
212	» 6. 7. » 31. 3	47 64	46 86	44 43	43 30	41 57	38 11	36 37	34 64
213	» 6. 7. ½ 14. 2	47 86	47 08	44 64	43 51	41 77	38 29	36 55	34 81
214	» 6. 7. ½ 33. »	48 09	47 30	44 85	43 71	41 96	38 47	36 72	34 97
215	» 7. » » 15. 8	48 31	47 52	45 06	43 92	42 16	38 65	36 89	35 13
216	» 7. » » 34. 7	48 53	47 74	45 27	44 12	42 36	38 83	37 06	35 30

Conversion des GRAMMES en poids de MARC, suivie des différentes valeurs d'un ou plusieurs objets en ARGENT, à l'un des poids ci-dessous.

GRAMMES.	CONVERSION. Marcs.	Onces.	Gros.	Demi-Gros.	Grains.	Centièmes.	DIVERSES VALEURS DU GRAMME D'APRÈS LES PRIX SUIVANS DU MARC D'ARGENT — à 55f »c	1er Titre contrôlé 54f 10c	1er Titre non contr. 51f 30c	à 50f »c	2e Titre contrôlé 48f »c	2e Titre non contr. 44f »c	à 42f »c	à 40f »c
							fr. c.	fr. c.	fr. c.	fr. c.	fr. c.	fr. c.	fr. c.	fr. c.
217	»	7.	»	½	17.	5	48 76	47 96	45 48	44 33	42 56	39 01	37 23	35 46
218	»	7.	1.	»	»	3	48 98	48 18	45 69	44 53	42 75	39 18	37 40	35 62
219	»	7.	1.	»	19.	1	49 21	48 40	45 90	44 73	42 95	39 36	37 58	35 78
220	»	7.	1.	½	2.	»	49 43	48 62	46 11	44 94	43 14	39 54	37 75	35 95
221	»	7.	1.	½	20.	8	49 66	48 84	46 32	45 14	43 34	39 72	37 92	36 11
222	»	7.	2.	»	3.	6	49 88	49 07	46 53	45 35	43 53	39 90	38 09	36 28
223	»	7.	2.	»	22.	4	50 11	49 29	46 74	45 55	43 73	40 08	38 26	36 44
224	»	7.	2.	½	5.	3	50 33	49 51	46 95	45 76	43 93	40 26	38 43	36 60
225	»	7.	2.	½	24.	1	50 56	49 73	47 16	45 96	44 12	40 44	38 61	36 77
226	»	7.	3.	»	6.	9	50 78	49 95	47 36	46 16	44 32	40 62	38 78	36 93
227	»	7.	3.	»	25.	8	51 01	50 17	47 57	46 37	44 51	40 80	38 95	37 09
228	»	7.	3.	½	8.	6	51 23	50 39	47 78	46 57	44 71	40 98	39 12	37 26
229	»	7.	3.	½	27.	4	51 46	50 61	47 99	46 78	44 91	41 16	39 29	37 42
230	»	7.	4.	»	10.	2	51 68	50 83	48 20	46 98	45 10	41 34	39 46	37 58
231	»	7.	4.	»	29.	1	51 91	51 06	48 41	47 19	45 30	41 52	39 63	37 75
232	»	7.	4.	½	11.	9	52 13	51 28	48 62	47 39	45 49	41 70	39 81	37 91
233	»	7.	4.	½	30.	7	52 35	51 50	48 83	47 59	45 69	41 88	39 98	38 07
234	»	7.	5.	»	13.	5	52 58	51 72	49 04	47 80	45 89	42 06	40 15	38 24
235	»	7.	5.	»	32.	4	52 80	51 94	49 25	48 00	46 08	42 24	40 32	38 40
236	»	7.	5.	½	15.	2	53 03	52 16	49 46	48 21	46 28	42 42	40 49	38 56
237	»	7.	5.	½	34.	»	53 25	52 38	49 67	48 41	46 48	42 60	40 66	38 73
238	»	7.	6.	»	16.	9	53 48	52 60	49 88	48 62	46 67	42 78	40 84	38 89
239	»	7.	6.	»	35.	7	53 70	52 83	50 09	48 82	46 87	42 96	41 01	39 06
240	»	7.	6.	½	18.	5	53 93	53 04	50 30	49 02	47 06	43 14	41 18	39 22
241	»	7.	7.	»	1.	3	54 15	53 27	50 51	49 23	47 26	43 32	41 35	39 38
242	»	7.	7.	»	20.	2	54 38	53 49	50 72	49 43	47 46	43 50	41 52	39 55
243	»	7.	7.	½	3.	»	54 60	53 71	50 93	49 64	47 65	43 68	41 69	39 71
244	»	7.	7.	½	21.	8	54 83	53 93	51 14	49 84	47 85	43 86	41 87	39 87
245	1.	»	»	»	4.	7	55 05	54 15	51 35	50 05	48 04	44 04	42 04	40 04
246	1.	»	»	»	23.	5	55 28	54 37	51 56	50 25	48 24	44 22	42 21	40 20
247	1.	»	»	½	6.	3	55 50	54 59	51 77	50 45	48 44	44 40	42 38	40 36
248	1.	»	»	½	25.	1	55 73	54 81	51 98	50 66	48 63	44 58	42 55	40 53
249	1.	»	1.	»	8.	»	55 95	55 03	52 19	50 86	48 83	44 76	42 72	40 69
250	1.	»	1.	»	26.	8	56 17	55 26	52 40	51 07	49 02	44 94	42 90	40 85
251	1.	»	1.	½	9.	6	56 40	55 48	52 60	51 27	49 22	45 12	43 07	41 02
252	1.	»	1.	½	28.	4	56 62	55 70	52 81	51 48	49 42	45 30	43 24	41 18

Conversion des GRAMMES en poids de MARC, suivie des différentes valeurs d'un ou plusieurs objets en ARGENT à l'un des poids ci-dessous.

GRAMMES.	CONVERSION. Marcs. Onces. Gros. Demi-Gros. Grains. Dixièmes.	DIVERSES VALEURS DU GRAMME D'APRÈS LES PRIX SUIVANS DU MARC D'ARGENT à 55f »c	1er Titre contrôlé 54f 40c	1er Titre non contr. 51f 30c	à 50f »c	2e Titre contrôlé à 48f »c	2e Titre non contr. à 44f »c	à 42f »c	à 40f »c
		fr. c.	fr. c.	fr. c.	fr. c.	fr. c.	fr. c.	fr. c.	fr. c.
253	1. » 2. » 11. 5	56 85	55 92	53 02	51 68	49 61	45 48	43 41	41 34
254	1. » 2. » 30. 1	57 07	56 14	53 23	51 89	49 81	45 66	43 58	41 51
255	1. » 2. ½ 12. 9	57 30	56 36	53 44	52 09	50 01	45 84	43 75	41 67
256	1. » 2. ½ 31. 7	57 52	56 58	53 65	52 29	50 20	46 02	43 92	41 83
257	1. » 3. » 14. 6	57 75	56 80	53 86	52 50	50 40	46 20	44 10	42 00
258	1. » 3. » 33. 4	57 97	57 02	54 07	52 70	50 59	46 38	44 27	42 16
259	1. » 3. ½ 16. 2	58 20	57 24	54 28	52 91	50 79	46 56	44 44	42 32
260	1. » 3. ½ 35. 1	58 42	57 47	54 49	53 11	50 99	46 74	44 61	42 49
261	1. » 4. » 17. 9	58 65	57 69	54 70	53 31	51 18	46 91	44 78	42 65
262	1. » 4. ½ » 7	58 87	57 91	54 91	53 52	51 38	47 09	44 95	42 81
263	1. » 4. ½ 19. 5	59 10	58 13	55 12	53 72	51 57	47 27	45 13	42 98
264	1. » 5. » 2. 4	59 32	58 35	55 33	53 93	51 77	47 45	45 30	43 14
265	1. » 5. » 21. 2	59 55	58 57	55 54	54 13	51 97	47 63	45 47	43 30
266	1. » 5. ½ 4. »	59 77	58 79	55 75	54 34	52 16	47 81	45 64	43 47
267	1. » 5. ½ 22. 8	60 00	59 01	55 96	54 54	52 36	47 99	45 81	43 63
268	1. » 6. » 5. 7	60 22	59 23	56 17	54 74	52 56	48 17	45 98	43 79
269	1. » 6. » 24. 5	60 44	59 45	56 38	54 95	52 75	48 35	46 16	43 96
270	1. » 6. ½ 7. 3	60 67	59 68	56 59	55 15	52 95	48 53	46 33	44 12
271	1. » 6. ½ 26. 2	60 89	59 90	56 80	55 36	53 14	48 71	46 50	44 28
272	1. » 7. » 9. »	61 12	60 12	57 01	55 56	53 34	48 89	46 67	44 45
273	1. » 7. » 27. 8	61 34	60 34	57 22	55 77	53 54	49 07	46 84	44 61
274	1. » 7. ½ 10. 6	61 57	60 56	57 43	55 97	53 73	49 25	47 01	44 77
275	1. » 7. ½ 29. 5	61 79	60 78	57 64	56 18	53 93	49 43	47 19	44 94
276	1. 1. » » 12. 3	62 02	61 00	57 84	56 38	54 12	49 61	47 36	45 10
277	1. 1. » » 31. 1	62 24	61 22	58 05	56 58	54 32	49 79	47 53	45 27
278	1. 1. » ½ 13. 9	62 47	61 44	58 26	56 79	54 52	49 97	47 70	45 43
279	1. 1. » ½ 32. 8	62 69	61 67	58 47	56 99	54 71	50 15	47 87	45 59
280	1. 1. 1. » 15. 6	62 92	61 89	58 68	57 20	54 91	50 33	48 04	45 76
281	1. 1. 1. » 34. 4	63 14	62 11	58 89	57 40	55 10	50 51	48 21	45 92
282	1. 1. 1. ½ 17. 2	63 37	62 33	59 10	57 60	55 30	50 69	48 39	46 08
283	1. 1. 2. » » 1	63 59	62 55	59 31	57 81	55 50	50 87	48 56	46 25
284	1. 1. 2. » 18. 9	63 82	62 77	59 52	58 01	55 69	51 05	48 73	46 41
285	1. 1. 2. ½ 1. 7	64 04	62 99	59 73	58 22	55 89	51 23	48 90	46 57
286	1. 1. 2. ½ 20. 6	64 26	63 21	59 94	58 42	56 09	51 41	49 07	46 74
287	1. 1. 3. » 3. 4	64 49	63 43	60 15	58 63	56 28	51 59	49 24	46 90
288	1. 1. 3. » 22. 2	64 71	63 65	60 36	58 83	56 48	51 77	49 42	47 06

Conversion des GRAMMES en poids de MARC, suivie des différentes valeurs d'un ou plusieurs objets en ARGENT à l'un des poids ci-dessous.

GRAMMES.	CONVERSION. (Marcs. Onces. Gros. Demi-Gros. Grains. Dixièmes.)	DIVERSES VALEURS DU GRAMME D'APRÈS LES PRIX SUIVANS DU MARC D'ARGENT							
		à 55f »c	1er Titre contrôlé 54f 10c	1er Titre non contr. 51f 30c	à 50f »c	2e Titre contrôlé à 48f »c	2e Titre non contr. à 44f »c	à 42f »c	à 40f »c
		fr. c.	fr. c.	fr. c.	fr. c.	fr. c.	fr. c.	fr. c.	fr. c.
289	1. 1. 3. ½ 5. »	64 94	63 88	60 57	59 03	56 67	51 95	49 59	47 23
290	1. 1. 3. ½ 23. 9	65 16	64 10	60 78	59 24	56 87	52 13	49 76	47 39
291	1. 1. 4. » 6. 7	65 39	64 32	60 99	59 44	57 07	52 31	49 93	47 55
292	1. 1. 4. » 25. 5	65 61	64 54	61 20	59 64	57 26	52 49	50 10	47 72
293	1. 1. 4. ½ 8. 3	65 84	64 76	61 41	59 85	57 46	52 67	50 27	47 88
294	1. 1. 4. ½ 27. 2	66 06	64 98	61 62	60 06	57 65	52 85	50 45	48 04
295	1. 1. 5. » 10. »	66 29	65 20	61 83	60 26	57 85	53 03	50 62	48 21
296	1. 1. 5. » 28. 8	66 51	65 42	62 04	60 46	58 05	53 21	50 79	48 37
297	1. 1. 5. ½ 11. 7	66 74	65 64	62 25	60 67	58 24	53 39	50 96	48 53
298	1. 1. 5. ½ 30. 5	66 96	65 86	62 46	60 87	58 44	53 57	51 13	48 70
299	1. 1. 6. » 13. 5	67 19	66 08	62 67	61 08	58 63	53 75	51 30	48 86
300	1. 1. 6. » 32. 1	67 41	66 31	62 88	61 28	58 83	53 93	51 48	49 02
301	1. 1. 6. ½ 15. »	67 64	66 53	63 08	61 49	59 03	54 11	51 65	49 18
302	1. 1. 6. ½ 33. 8	67 86	66 75	63 29	61 69	59 22	54 29	51 82	49 35
303	1. 1. 7. » 16. 6	68 08	66 97	63 50	61 89	59 42	54 47	51 99	49 51
304	1. 1. 7. » 35. 4	68 31	67 19	63 71	62 10	59 62	54 65	52 16	49 68
305	1. 1. 7. ½ 18. 3	68 53	67 41	63 92	62 30	59 81	54 83	52 33	49 84
306	1. 2. » » 1. 1	68 76	67 63	64 13	62 51	60 01	55 00	52 50	50 00
307	1. 2. » » 19. 9	68 98	67 85	64 34	62 71	60 20	55 18	52 68	50 17
308	1. 2. » ½ 2. 8	69 21	68 08	64 55	62 92	60 40	55 36	52 85	50 33
309	1. 2. » ½ 21. 6	69 43	68 30	64 76	63 12	60 60	55 54	53 02	50 49
310	1. 2. 1. » 4. 4	69 66	68 52	64 97	63 32	60 79	55 72	53 19	50 66
311	1. 2. 1. » 23. 2	69 88	68 74	65 18	63 53	60 99	55 90	53 36	50 82
312	1. 2. 1. ½ 6. 1	70 11	68 96	65 39	63 73	61 18	56 08	53 53	50 99
313	1. 2. 1. ½ 24. 9	70 33	69 18	65 60	63 94	61 38	56 26	53 71	51 15
314	1. 2. 2. » 7. 7	70 56	69 40	65 81	64 14	61 58	56 44	53 88	51 31
315	1. 2. 2. » 26. 5	70 78	69 62	66 02	64 35	61 77	56 62	54 05	51 48
316	1. 2. 2. ½ 9. 4	71 01	69 84	66 23	64 55	61 97	56 80	54 22	51 64
317	1. 2. 2. ½ 28. 2	71 23	70 06	66 44	64 75	62 16	56 98	54 39	51 80
318	1. 2. 3. » 11. »	71 46	70 29	66 65	64 96	62 36	57 16	54 56	51 97
319	1. 2. 3. » 29. 8	71 68	70 51	66 86	65 16	62 56	57 34	54 74	52 13
320	1. 2. 3. ½ 12. 7	71 91	70 73	67 07	65 37	62 75	57 52	54 91	52 29
321	1. 2. 3. ½ 31. 5	72 13	70 95	67 28	65 57	62 95	57 70	55 08	52 46
322	1. 2. 4. » 14. 3	72 35	71 17	67 49	65 78	63 15	57 88	55 25	52 62
323	1. 2. 4. » 33. 2	72 58	71 39	67 70	65 98	63 34	58 06	55 42	52 78
324	1. 2. 4. ½ 16. »	72 80	71 61	67 91	66 18	63 54	58 24	55 59	52 95

Conversion des GRAMMES en poids de MARC, suivie des différentes valeurs d'un ou plusieurs objets en ARGENT à l'un des poids ci-dessous.

GRAMMES.	CONVERSION.	DIVERSES VALEURS DU GRAMME D'APRÈS LES PRIX SUIVANS DU MARC D'ARGENT							
	Marcs. Onces. Gros. Demi-Gros. Grains. Dixièmes.	à 55f »c	1er Titre contrôlé 54f 10c	1er Titre non contr. 51f 30c	à 50f »c	2e Titre contrôlé à 48f »c	2e Titre non contr. à 44f »c	à 42f »c	à 40f »c
		fr. c.	fr. c.	fr. c.	fr. c.	fr. c.	fr. c.	fr. c.	fr. c.
325	1. 2. 4. ½ 34. 8	73 05	71 83	68 12	66 39	63 73	58 42	55 77	53 11
326	1. 2. 5. » 17. 6	73 28	72 05	68 32	66 59	63 93	58 60	55 94	53 27
327	1. 2. 5. ½ » 5	73 48	72 28	68 53	66 80	64 13	58 78	56 11	53 44
328	1. 2. 5. ½ 19. 5	73 70	72 50	68 74	67 00	64 32	58 96	56 28	53 60
329	1. 2. 6. » 2. 1	73 93	72 72	68 95	67 21	64 52	59 14	56 45	53 76
330	1. 2. 6. » 21. »	74 15	72 94	69 16	67 41	64 71	59 32	56 62	53 93
331	1. 2. 6. ½ 5. 8	74 38	73 16	69 37	67 61	64 91	59 50	56 79	54 09
332	1. 2. 6. ½ 22. 6	74 60	73 38	69 58	67 82	65 11	59 68	56 97	54 25
333	1. 2. 7. » 5. 4	74 83	73 60	69 79	68 02	65 30	59 86	57 14	54 42
334	1. 2. 7. » 24. 3	75 05	73 82	70 00	68 23	65 50	60 04	57 31	54 58
335	1. 2. 7. ½ 7. 1	75 28	74 04	70 21	68 43	65 70	60 22	57 48	54 74
336	1. 2. 7. ½ 25. 9	75 50	74 26	70 42	68 64	65 89	60 40	57 65	54 91
337	1. 3. » » 8. 7	75 73	74 49	70 63	68 84	66 09	60 58	57 82	55 07
338	1. 3. » » 27. 6	75 95	74 71	70 84	69 05	66 28	60 76	58 00	55 23
339	1. 3. » ½ 10. 4	76 17	74 93	71 05	69 25	66 48	60 94	58 17	55 40
340	1. 3. » ½ 29. 2	76 40	75 15	71 26	69 45	66 68	61 12	58 34	55 56
341	1. 3. 1. » 12. 1	76 62	75 37	71 47	69 66	66 87	61 30	58 51	55 72
342	1. 3. 1. » 30. 9	76 85	75 59	71 68	69 86	67 07	61 48	58 68	55 89
343	1. 3. 1. ½ 13. 7	77 07	75 81	71 89	70 07	67 26	61 66	58 85	56 05
344	1. 3. 1. ½ 32. 5	77 30	76 03	72 10	70 27	67 46	61 84	59 03	56 21
345	1. 3. 2. » 15. 4	77 52	76 25	72 31	70 48	67 66	62 02	59 20	56 38
346	1. 3. 2. » 34. 2	77 75	76 47	72 52	70 68	67 85	62 20	59 37	56 54
347	1. 3. 2. ½ 17. »	77 97	76 70	72 74	70 88	68 05	62 38	59 54	56 71
348	1. 3. 2. ½ 35. 8	78 20	76 92	72 94	71 09	68 24	62 56	59 71	56 87
349	1. 3. 3. » 18. 7	78 42	77 14	73 15	71 29	68 44	62 73	59 88	57 03
350	1. 3. 3. ½ 1. 5	78 65	77 36	73 36	71 50	68 64	62 91	60 06	57 20
351	1. 3. 3. ½ 20. 3	78 87	77 58	73 58	71 70	68 83	63 09	60 23	57 36
352	1. 3. 4. » 3. 1	79 10	77 80	73 77	71 91	69 03	63 27	60 40	57 52
353	1. 3. 4. » 22. »	79 32	78 02	73 98	72 11	69 23	63 45	60 57	57 69
354	1. 3. 4. ½ 4. 8	79 55	78 24	74 19	72 31	69 42	63 63	60 74	57 85
355	1. 3. 4. ½ 23. 6	79 77	78 46	74 40	72 52	69 62	63 81	60 91	58 01
356	1. 3. 5. » 6. 5	80 00	78 69	74 61	72 72	69 81	63 99	61 08	58 18
357	1. 3. 5. » 25. 3	80 22	78 91	74 82	72 93	70 01	64 17	61 26	58 34
358	1. 3. 5. ½ 8. 1	80 44	79 13	75 03	73 13	70 21	64 35	61 43	58 50
359	1. 3. 5. ½ 26. 9	80 67	79 35	75 24	73 34	70 40	64 53	61 60	58 67
360	1. 3. 6. » 9. 8	80 89	79 57	75 45	73 54	70 60	64 71	61 77	58 83

Conversion des GRAMMES en poids de MARC, suivie des différentes valeurs d'un ou plusieurs objets en ARGENT à l'un des poids ci-dessous.

GRAMMES.	CONVERSION. Marcs. Onces. Gros. Demi-Gros. Grains. Dixièmes.	DIVERSES VALEURS DU GRAMME D'APRÈS LES PRIX SUIVANS DU MARC D'ARGENT à 55f »c	1er Titre contrôlé. 54f 40c	1er Titre non contr. 51f 30c	à 50f »c	2e Titre contrôlé 48f »c	2e Titre non contr. 44f »c	à 42f »c	à 40f »c
		fr. c.	fr. c.	fr. c.	fr. c.	fr. c.	fr. c.	fr. c.	fr. c.
361	1. 3. 6. » 23. 6	81 12	79 79	75 60	73 74	70 79	64 89	61 94	58 99
362	1. 3. 6. ½ 11. 4	81 34	80 01	75 87	73 95	70 99	65 07	62 11	59 16
363	1. 3. 6. ½ 30. 2	81 57	80 23	76 08	74 16	71 19	65 25	62 29	59 32
364	1. 3. 7. » 13. 1	81 79	80 45	76 29	74 36	71 38	65 43	62 46	59 48
365	1. 3. 7. » 31. 9	82 02	80 67	76 50	74 56	71 58	65 61	62 63	59 65
366	1. 3. 7. ½ 14. 7	82 24	80 90	76 71	74 77	71 77	65 79	62 80	59 81
367	1. 3. 7. ½ 33. 6	82 47	81 12	76 92	74 97	71 97	65 97	62 97	59 97
368	1. 4. » » 16. 4	82 69	81 34	77 13	75 17	72 17	66 15	63 14	60 14
369	1. 4. » » 35. 2	82 92	81 56	77 34	75 38	72 36	66 33	63 32	60 30
370	1. 4. » ½ 18. »	83 14	81 78	77 55	75 58	72 56	66 51	63 49	60 46
371	1. 4. 1. » » 9	83 37	82 00	77 76	75 79	72 76	66 69	63 66	60 63
372	1. 4. 1. » 19. 7	83 59	82 22	77 97	75 99	72 95	66 87	63 83	60 79
373	1. 4. 1. ½ 2. 5	83 82	82 44	78 18	76 20	73 15	67 05	64 00	60 95
374	1. 4. 1. ½ 21. 3	84 04	82 66	78 39	76 40	73 34	67 23	64 17	61 12
375	1. 4. 2. » 4. 2	84 26	82 89	78 60	76 60	73 54	67 41	64 35	61 28
376	1. 4. 2. » 23. »	84 49	83 11	78 80	76 81	73 74	67 59	64 52	61 44
377	1. 4. 2. ½ 5. 8	84 71	83 33	79 01	77 01	73 93	67 77	64 69	61 61
378	1. 4. 2. ½ 24. 7	84 94	83 55	79 22	77 22	74 13	67 95	64 86	61 77
379	1. 4. 3. » 7. 5	85 16	83 77	79 43	77 42	74 32	68 13	65 03	61 93
380	1. 4. 3. » 26. 3	85 39	83 99	79 64	77 63	74 52	68 31	65 20	62 10
381	1. 4. 3. ½ 9. 1	85 61	84 21	79 85	77 83	74 72	68 49	65 37	62 26
382	1. 4. 3. ½ 28. »	85 84	84 43	80 06	78 03	74 91	68 67	65 55	62 43
383	1. 4. 4. » 10. 8	86 06	84 65	80 27	78 24	75 11	68 85	65 72	62 59
384	1. 4. 4. » 29. 6	86 29	84 87	80 48	78 44	75 30	69 03	65 89	62 75
385	1. 4. 4. ½ 12. 5	86 51	85 10	80 69	78 65	75 50	69 21	66 06	62 92
386	1. 4. 4. ½ 31. 3	86 74	85 32	80 90	78 85	75 70	69 39	66 23	63 08
387	1. 4. 5. » 14. 1	86 96	85 54	81 11	79 06	75 89	69 57	66 40	63 24
388	1. 4. 5. » 32. 9	87 19	85 76	81 32	79 26	76 09	69 75	66 58	63 41
389	1. 4. 5. ½ 15. 8	87 41	85 98	81 53	79 46	76 29	69 93	66 75	63 57
390	1. 4. 5. ½ 34. 6	87 64	86 20	81 74	79 67	76 48	70 11	66 92	63 73
391	1. 4. 6. » 17. 4	87 86	86 42	81 95	79 87	76 68	70 29	67 09	63 90
392	1. 4. 6. ½ » 2	88 09	86 64	82 16	80 08	76 87	70 46	67 26	64 06
393	1. 4. 6. ½ 19. 1	88 31	86 86	82 37	80 28	77 07	70 64	67 43	64 22
394	1. 4. 7. » 1. 9	88 53	87 08	82 58	80 49	77 27	70 82	67 61	64 39
395	1. 4. 7. » 20. 7	88 76	87 31	82 79	80 69	77 46	71 00	67 78	64 55
396	1. 4. 7. ½ 3. 6	88 98	87 53	83 00	80 89	77 66	71 18	67 95	64 71

DE 397 A 432 GRAMMES.

Conversion des GRAMMES en poids de MARC, suivie des différentes valeurs d'un ou plusieurs objets en ARGENT à l'un des poids ci-dessous.

GRAMMES.	CONVERSION. (Marcs. Onces. Gros. Demi-Gros. Grains. Dixièmes.)	DIVERSES VALEURS DU GRAMME D'APRÈS LES PRIX SUIVANS DU MARC D'ARGENT à 55f »c	1er Titre contrôlé 54f 40c	1er Titre non contr. 51f 30c	à 50f »c	2e Titre contrôlé à 48f »c	2e Titre non contr. à 44f »c	à 42f »c	à 40f »c
		fr. c.	fr. c.	fr. c.	fr. c.	fr. c.	fr. c.	fr. c.	fr. c.
397	1. 4. 7. ½ 22. 4	89 21	87 73	83 21	81 00	77 85	71 36	68 12	64 88
398	1. 5. » » 5. 2	89 43	87 97	83 42	81 30	78 06	71 54	68 29	65 04
399	1. 5. » » 24. »	89 66	88 19	83 63	81 51	78 25	71 72	68 46	65 20
400	1. 5. » ½ 6. 9	89 88	88 41	83 84	81 71	78 44	71 90	68 64	65 37
401	1. 5. » ½ 25. 7	90 11	88 63	84 04	81 92	78 64	72 08	68 81	65 53
402	1. 5. 1. » 8. 5	90 33	88 85	84 25	82 12	78 84	72 26	68 98	65 69
403	1. 5. 1. » 27. 3	90 56	89 07	84 46	82 32	79 03	72 44	69 15	65 86
404	1. 5. 1. ½ 10. 2	90 78	89 30	84 67	82 53	79 23	72 62	69 32	66 02
405	1. 5. 1. ½ 29. »	91 01	89 52	84 88	82 73	79 42	72 80	69 49	66 18
406	1. 5. 2. » 11. 8	91 23	89 74	85 09	82 94	79 62	72 98	69 66	66 35
407	1. 5. 2. » 30. 6	91 46	89 96	85 30	83 14	79 82	73 16	69 84	66 51
408	1. 5. 2. ½ 13. 5	91 68	90 18	85 51	83 35	80 01	73 34	70 01	66 67
409	1. 5. 2. ½ 32. 3	91 91	90 40	85 72	83 55	80 21	73 52	70 18	66 84
410	1. 5. 3. » 15. 1	92 13	90 62	85 93	83 75	80 40	73 70	70 35	67 00
411	1. 5. 3. » 34. »	92 35	90 84	86 14	83 96	80 60	73 88	70 52	67 16
412	1. 5. 3. ½ 16. 8	92 58	91 06	86 35	84 16	80 80	74 06	70 69	67 33
413	1. 5. 3. ½ 35. 6	92 80	91 28	86 56	84 37	80 99	74 24	70 87	67 49
414	1. 5. 4. » 18. 4	93 03	91 51	86 77	84 57	81 19	74 42	71 04	67 66
415	1. 5. 4. ½ 1. 3	93 25	91 73	86 98	84 78	81 38	74 60	71 21	67 82
416	1. 5. 4. ½ 20. 1	93 48	91 95	87 19	84 98	81 58	74 78	71 38	67 98
417	1. 5. 5. » 2. 9	93 70	92 17	87 40	85 18	81 78	74 96	71 55	68 15
418	1. 5. 5. » 21. 7	93 93	92 39	87 61	85 39	81 97	75 14	71 72	68 31
419	1. 5. 5. ½ 4. 6	94 15	92 61	87 82	85 59	82 17	75 32	71 90	68 47
420	1. 5. 5. ½ 23. 4	94 38	92 83	88 03	85 80	82 37	75 50	72 07	68 64
421	1. 5. 6. » 6. 2	94 60	93 05	88 24	86 00	82 56	75 68	72 24	68 80
422	1. 5. 6. » 25. »	94 83	93 27	88 45	86 21	82 76	75 86	72 41	68 96
423	1. 5. 6. ½ 7. 9	95 05	93 49	88 66	86 41	82 95	76 04	72 58	69 13
424	1. 5. 6. ½ 26. 7	95 28	93 72	88 87	86 61	83 15	76 22	72 75	69 29
425	1. 5. 7. » 9. 5	95 50	93 94	89 08	86 82	83 35	76 40	72 93	69 45
426	1. 5. 7. » 28. 4	95 73	94 16	89 28	87 02	83 54	76 58	73 10	69 62
427	1. 5. 7. ½ 11. 2	95 95	94 38	89 49	87 23	83 74	76 76	73 27	69 78
428	1. 5. 7. ½ 30. »	96 17	94 60	89 70	87 43	83 93	76 94	73 44	69 94
429	1. 6. » » 12. 8	96 40	94 82	89 91	87 64	84 13	77 12	73 61	70 11
430	1. 6. » » 31. 7	96 62	95 04	90 12	87 84	84 33	77 30	73 78	70 27
431	1. 6. » ½ 14. 5	96 85	95 26	90 33	88 04	84 52	77 48	73 95	70 43
432	1. 6. » ½ 33. 3	97 07	95 48	90 54	88 25	84 72	77 66	74 13	70 60

Conversion des GRAMMES en poids de MARC, suivie des différentes valeurs d'un ou plusieurs objets en ARGENT, à l'un des poids ci-dessous.

GRAMMES.	CONVERSION. (Marcs. Onces. Gros. Demi-Gros. Grains, Centièmes.)	DIVERSES VALEURS DU GRAMME D'APRÈS LES PRIX SUIVANS DU MARC D'ARGENT — à 55f »c	1er Titre contrôlé 54f 40c	1er Titre non contr. 51f 30c	à 50f »c	2e Titre contrôlé 48f »c	2e Titre non contr. 44f »c	à 42f »c	à 40f »c
		fr. c.	fr. c.	fr. c.	fr. c.	fr. c.	fr. c.	fr. c.	fr. c.
433	1. 6. 1. » 16. 1	97 30	95 71	90 75	88 45	84 91	77 84	74 30	70 76
434	1. 6. 1. » 35. »	97 52	95 93	90 96	88 66	85 11	78 02	74 47	70 92
435	1. 6. 1. ½ 17. 8	97 75	96 15	91 17	88 86	85 31	78 19	74 64	71 09
436	1. 6. 2. » » 6	97 97	96 37	91 38	89 07	85 50	78 37	74 81	71 25
437	1. 6. 2. » 19. 5	98 20	96 59	91 59	89 27	85 70	78 55	74 98	71 41
438	1. 6. 2. ½ 2. 3	98 42	96 81	91 80	89 47	85 90	78 73	75 16	71 58
439	1. 6. 2. ½ 21. 1	98 65	97 03	92 01	89 68	86 09	78 91	75 33	71 74
440	1. 6. 3. » 3. 9	98 87	97 25	92 22	89 88	86 29	79 09	75 50	71 90
441	1. 6. 3. » 22. 8	99 10	97 47	92 43	90 09	86 48	79 27	75 67	72 07
442	1. 6. 3. ½ 5. 6	99 32	97 69	92 64	90 29	86 68	79 45	75 84	72 23
443	1. 6. 3. ½ 24. 4	99 55	97 92	92 85	90 50	86 88	79 63	76 01	72 39
444	1. 6. 4. » 7. 3	99 77	98 14	93 06	90 70	87 07	79 81	76 19	72 56
445	1. 6. 4. » 26. 1	100 00	98 36	93 27	90 90	87 27	79 99	76 36	72 72
446	1. 6. 4. ½ 8. 9	100 22	98 58	93 48	91 11	87 46	80 17	76 53	72 88
447	1. 6. 4. ½ 27. 7	100 44	98 80	93 69	91 31	87 66	80 35	76 70	73 05
448	1. 6. 5. » 10. 6	100 67	99 02	93 90	91 52	87 86	80 53	76 87	73 21
449	1. 6. 5. » 29. 4	100 89	99 24	94 11	91 72	88 05	80 71	77 04	73 38
450	1. 6. 5. ½ 12. 2	101 12	99 46	94 32	91 93	88 25	80 89	77 22	73 54
451	1. 6. 5. ½ 31. »	101 34	99 68	94 52	92 13	88 44	81 07	77 39	73 70
452	1. 6. 6. » 13. 9	101 57	99 91	94 73	92 33	88 64	81 25	77 56	73 87
453	1. 6. 6. » 32. 7	101 79	100 13	94 94	92 54	88 84	81 43	77 73	74 03
454	1. 6. 6. ½ 15. 5	102 02	100 35	95 15	92 74	89 03	81 61	77 90	74 19
455	1. 6. 6. ½ 34. 4	102 24	100 57	95 36	92 95	89 23	81 79	78 07	74 36
456	1. 6. 7. » 17. 2	102 47	100 79	95 57	93 15	89 43	81 97	78 24	74 52
457	1. 6. 7. ½ » »	102 69	101 01	95 78	93 36	89 62	82 15	78 42	74 68
458	1. 6. 7. ½ 18. 8	102 92	101 23	95 99	93 56	89 82	82 33	78 59	74 85
459	1. 7. » » 1. 7	103 14	101 45	96 20	93 76	90 01	82 51	78 76	75 01
460	1. 7. » » 20. 5	103 37	101 67	96 41	93 97	90 21	82 69	78 93	75 17
461	1. 7. » ½ 3. 3	103 59	101 89	96 62	94 17	90 41	82 87	79 10	75 34
462	1. 7. » ½ 22. 1	103 82	102 12	96 83	94 38	90 60	83 05	79 27	75 50
463	1. 7. 1. » 5. »	104 04	102 34	97 04	94 58	90 80	83 23	79 45	75 66
464	1. 7. 1. » 23. 8	104 26	102 56	97 25	94 79	90 99	83 41	79 62	75 83
465	1. 7. 1. ½ 6. 6	104 49	102 78	97 46	94 99	91 19	83 59	79 79	75 99
466	1. 7. 1. ½ 25. 4	104 71	103 00	97 67	95 19	91 39	83 77	79 96	76 15
467	1. 7. 2. » 8. 3	104 94	103 22	97 88	95 40	91 58	83 95	80 13	76 32
468	1. 7. 2. » 27. 1	105 16	103 44	98 09	95 60	91 78	84 13	80 30	76 48

Conversion des GRAMMES en poids de MARC, suivie des différentes valeurs d'un ou plusieurs objets en ARGENT à l'un des poids ci-dessous.

GRAMMES.	CONVERSION. Marcs. Onces. Gros. Demi-Gros. Grains. Dixièmes.	DIVERSES VALEURS DU GRAMME D'APRES LES PRIX SUIVANS DU MARC D'ARGENT à 55f »c	1er Titre contrôlé 54f 10c	1er Titre non contr. 51f 30c	à 50f »c	2e Titre contrôlé à 48f »c	2e Titre non contr. à 44f »c	à 42f »c	à 40f »c
		fr. c.	fr. c.	fr. c.	fr. c.	fr. c.	fr. c.	fr. c.	fr. c.
469	1. 7. 2. ½ 9. 9	105 39	103 66	98 30	95 81	91 98	84 31	80 48	76 64
470	1. 7. 2. ½ 28. 8	105 61	103 88	98 51	96 01	92 17	84 49	80 65	76 81
471	1. 7. 3. » 11. 6	105 84	104 10	98 72	96 22	92 37	84 67	80 82	76 97
472	1. 7. 3. » 30. 4	106 06	104 33	98 93	96 42	92 56	84 85	80 99	77 13
473	1. 7. 3. ½ 13. 2	106 29	104 55	99 14	96 62	92 76	85 03	81 16	77 30
474	1. 7. 3. ½ 32. 1	106 51	104 77	99 35	96 83	92 96	85 21	81 33	77 46
475	1. 7. 4. » 14. 9	106 74	104 99	99 56	97 03	93 15	85 39	81 51	77 62
476	1. 7. 4. » 33. 7	106 96	105 21	99 76	97 24	93 35	85 57	81 68	77 79
477	1. 7. 4. ½ 16. 5	107 19	105 43	99 97	97 44	93 54	85 75	81 85	77 95
478	1. 7. 4. ½ 35. 4	107 41	105 65	100 18	97 65	93 74	85 93	82 02	78 11
479	1. 7. 5. » 18. 2	107 64	105 87	100 39	97 85	93 94	86 10	82 19	78 28
480	1. 7. 5. ½ 1. »	107 86	106 09	100 60	98 05	94 13	86 28	82 36	78 44
481	1. 7. 5. ½ 19. 9	108 08	106 32	100 81	98 26	94 33	86 46	82 53	78 60
482	1. 7. 6. » 2. 7	108 31	106 54	101 02	98 46	94 52	86 64	82 71	78 77
483	1. 7. 6. » 21. 5	108 53	106 76	101 23	98 67	94 72	86 82	82 88	78 93
484	1. 7. 6. ½ 4. 3	108 76	106 98	101 44	98 87	94 92	87 00	83 05	79 10
485	1. 7. 6. ½ 23. 2	108 98	107 20	101 65	99 08	95 11	87 18	83 22	79 26
486	1. 7. 7. » 6. »	109 21	107 42	101 86	99 28	95 31	87 36	83 39	79 42
487	1. 7. 7. » 24. 8	109 43	107 64	102 07	99 48	95 51	87 54	83 56	79 59
488	1. 7. 7. ½ 7. 6	109 66	107 86	102 28	99 69	95 70	87 72	83 74	79 75
489	1. 7. 7. ½ 26. 5	109 88	108 08	102 49	99 89	95 90	87 90	83 91	79 91
490	2. » » » 9. 3	110 11	108 30	102 70	100 10	96 09	88 08	84 08	80 08
491	2. » » » 28. 1	110 33	108 53	102 91	100 30	96 29	88 26	84 25	80 24
492	2. » » ½ 10. 9	110 56	108 75	103 12	100 51	96 49	88 44	84 42	80 40
493	2. » » ½ 29. 8	110 78	108 97	103 33	100 71	96 68	88 62	84 59	80 57
494	2. » 1. » 12. 6	111 01	109 19	103 54	100 91	96 88	88 80	84 77	80 73
495	2. » 1. » 31. 4	111 23	109 41	103 75	101 12	97 07	88 98	84 94	80 89
496	2. » 1. ½ 14. 3	111 46	109 63	103 96	101 32	97 27	89 16	85 11	81 06
497	2. » 1. ½ 33. 1	111 68	109 85	104 17	101 53	97 47	89 34	85 28	81 22
498	2. » 2. » 15. 9	111 91	110 07	104 38	101 73	97 66	89 52	85 45	81 38
499	2. » 2. » 34. 7	112 13	110 29	104 59	101 94	97 86	89 70	85 62	81 55
500	2. » 2. ½ 17. 6	112 35	110 52	104 80	102 14	98 06	89 88	85 80	81 71
501	2. » 3. » » 4	112 58	110 74	105 00	102 34	98 25	90 06	85 97	81 87
502	2. » 3. » 19. 2	112 80	110 96	105 21	102 55	98 45	90 24	86 14	82 04
503	2. » 3. ½ 2. »	113 03	111 18	105 42	102 75	98 64	90 42	86 31	82 20
504	2. » 3. ½ 20. 9	113 25	111 40	105 63	102 96	98 84	90 60	86 48	82 36

Conversion des GRAMMES en poids de MARC, suivie des différentes valeurs d'un ou plusieurs objets en ARGENT à l'un des poids ci-dessous.

GRAMMES.	CONVERSION.						DIVERSES VALEURS DU GRAMME D'APRÈS LES PRIX SUIVANS DU MARC D'ARGENT							
	Marcs.	Onces.	Gros.	Demi-Gros.	Grains.	Dixièmes.	à 55f »c	1er Titre contrôlé 54f 10c	1er Titre non contr. 51f 30c	à 50f »c	2e Titre contrôlé 48f »c	2e Titre non contr. 44f »c	à 42f »c	à 40f »c
							fr. c.	fr. c.	fr. c.	fr. c.	fr. c.	fr. c.	fr. c.	fr. c.
505	2.	»	4.	»	3.	7	113 48	111 62	105 84	103 16	99 04	90 78	86 65	82 53
506	2.	»	4.	»	22.	5	113 70	111 84	106 05	103 37	99 23	90 96	86 82	82 69
507	2.	»	4.	½	5.	4	113 93	112 06	106 26	103 57	99 43	91 14	87 00	82 85
508	2.	»	4.	½	24.	2	114 15	112 28	106 47	103 77	99 62	91 32	87 17	83 02
509	2.	»	5.	»	7.	»	114 38	112 50	106 68	103 98	99 82	91 50	87 34	83 18
510	2.	»	5.	»	25.	8	114 60	112 73	106 89	104 18	100 02	91 68	87 51	83 34
511	2.	»	5.	½	8.	7	114 83	112 95	107 10	104 39	100 21	91 86	87 68	83 51
512	2.	»	5.	½	27.	5	115 05	113 17	107 31	104 59	100 41	92 04	87 85	83 67
513	2.	»	6.	»	10.	5	115 28	113 39	107 52	104 80	100 60	92 22	88 03	83 83
514	2.	»	6.	»	29.	1	115 50	113 61	107 73	105 00	100 80	92 40	88 20	84 00
515	2.	»	6.	½	12.	»	115 73	113 83	107 94	105 20	101 00	92 58	88 37	84 16
516	2.	»	6.	½	30.	8	115 95	114 05	108 15	105 41	101 19	92 76	88 54	84 32
517	2.	»	7.	»	13.	6	116 17	114 27	108 36	105 61	101 39	92 94	88 71	84 49
518	2.	»	7.	»	32.	5	116 40	114 49	108 57	105 82	101 59	93 12	88 88	84 65
519	2.	»	7.	½	15.	3	116 62	114 71	108 78	106 02	101 78	93 30	89 06	84 82
520	2.	»	7.	½	34.	1	116 85	114 94	108 99	106 23	101 98	93 48	89 23	84 98
521	2.	1.	»	»	16.	9	117 07	115 16	109 20	106 43	102 17	93 66	89 40	85 14
522	2.	1.	»	»	35.	8	117 30	115 38	109 41	106 63	102 37	93 83	89 57	85 31
523	2.	1.	»	½	18.	6	117 52	115 60	109 62	106 84	102 57	94 01	89 74	85 47
524	2.	1.	1.	»	1.	4	117 75	115 82	109 83	107 04	102 76	94 19	89 91	85 63
525	2.	1.	1.	»	20.	2	117 97	116 04	110 04	107 25	102 96	94 37	90 09	85 80
526	2.	1.	1.	½	3.	1	118 20	116 26	110 24	107 45	103 15	94 55	90 26	85 96
527	2.	1.	1.	½	21.	9	118 42	116 48	110 45	107 66	103 35	94 73	90 43	86 12
528	2.	1.	2.	»	4.	7	118 65	116 70	110 66	107 86	103 55	94 91	90 60	86 29
529	2.	1.	2.	»	23.	5	118 87	116 93	110 87	108 06	103 74	95 09	90 77	86 45
530	2.	1.	2.	½	6.	4	119 10	117 15	111 08	108 27	103 94	95 27	90 94	86 61
531	2.	1.	2.	½	25.	2	119 32	117 37	111 29	108 47	104 13	95 45	91 11	86 78
532	2.	1.	3.	»	8.	»	119 55	117 59	111 50	108 68	104 33	95 63	91 29	86 94
533	2.	1.	3.	»	26.	9	119 77	117 81	111 71	108 88	104 53	95 81	91 46	87 10
534	2.	1.	3.	½	9.	7	120 00	117 93	111 92	109 09	104 72	95 99	91 63	87 27
535	2.	1.	3.	½	28.	5	120 22	118 25	112 13	109 29	104 92	96 17	91 80	87 43
536	2.	1.	4.	»	11.	3	120 44	118 47	112 34	109 49	105 12	96 35	91 97	87 59
537	2.	1.	4.	»	30.	2	120 67	118 69	112 55	109 70	105 31	96 53	92 14	87 76
538	2.	1.	4.	½	13.	»	120 89	118 91	112 76	109 90	105 51	96 71	92 32	87 92
539	2.	1.	4.	½	31.	8	121 12	119 14	112 97	110 11	105 70	96 89	92 49	88 08
540	2.	1.	5.	»	14.	7	121 34	119 36	113 18	110 31	105 90	97 07	92 66	88 25

Conversion des GRAMMES en poids de MARC, suivie des différentes valeurs d'un ou plusieurs objets en ARGENT, à l'un des poids ci-dessous.

GRAMMES.	CONVERSION.						DIVERSES VALEURS DU GRAMME D'APRÈS LES PRIX SUIVANS DU MARC D'ARGENT							
	Marcs.	Onces.	Gros.	Demi-Gros.	Grains.	Centièmes.	à 55f »c	1ᵉʳ Titre contrôlé 54f 10c	1ᵉʳ Titre non contr. 51f 30c	à 50f »c	2ᵉ Titre contrôlé 48f »c	2ᵉ Titre non contr. 44f »c	à 42f »c	à 40f »c
							fr. c.	fr. c.	fr. c.	fr. c.	fr. c.	fr. c.	fr. c.	fr. c.
541	2.	1.	5.	»	33.	5	121 57	119 58	113 39	110 52	106 10	97 25	92 83	88 41
542	2.	1.	5.	½	16.	3	121 79	119 80	113 60	110 72	106 29	97 43	93 00	88 57
543	2.	1.	5.	½	35.	1	122 02	120 02	113 81	110 92	106 49	97 61	93 17	88 74
544	2.	1.	6.	»	18.	»	122 24	120 24	114 02	111 13	106 68	97 79	93 35	88 90
545	2.	1.	6.	½	»	8	122 47	120 46	114 23	111 33	106 88	97 97	93 52	89 06
546	2.	1.	6.	½	19.	6	122 69	120 68	114 44	111 54	107 08	98 15	93 69	89 23
547	2.	1.	7.	»	2.	4	122 92	120 90	114 65	111 74	107 27	98 33	93 86	89 39
548	2.	1.	7.	»	21.	3	123 14	121 12	114 86	111 95	107 47	98 51	94 03	89 55
549	2.	1.	7.	½	4.	1	123 37	121 35	115 07	112 15	107 66	98 69	94 20	89 72
550	2.	1.	7.	½	22.	9	123 59	121 57	115 28	112 35	107 86	98 87	94 38	89 88
551	2.	2.	»	»	5.	8	123 82	121 79	115 48	112 56	108 06	99 05	94 55	90 04
552	2.	2.	»	»	24.	6	124 04	122 01	115 69	112 76	108 25	99 23	94 72	90 21
553	2.	2.	»	½	7.	4	124 26	122 23	115 90	112 97	108 45	99 41	94 89	90 37
554	2.	2.	»	½	26.	2	124 49	122 45	116 11	113 17	108 65	99 59	95 06	90 54
555	2.	2.	1.	»	9.	1	124 71	422 67	116 32	113 38	108 84	99 77	95 23	90 70
556	2.	2.	1.	»	27.	9	124 94	122 89	116 53	113 58	109 04	99 95	95 40	90 86
557	2.	2.	1.	½	10.	7	125 16	123 11	116 74	113 78	109 23	100 13	95 58	91 03
558	2.	2.	1.	½	29.	5	125 39	123 34	116 95	113 99	109 43	100 31	95 75	91 19
559	2.	2.	2.	»	12.	4	125 61	123 56	117 16	114 19	109 63	100 49	95 92	91 35
560	2.	2.	2.	»	31.	2	125 84	123 78	117 37	114 40	109 82	100 67	96 09	91 52
561	2.	2.	2.	½	14.	»	126 06	124 00	117 58	114 60	110 02	100 85	96 26	91 68
562	2.	2.	2.	½	32.	8	126 29	124 22	117 79	114 81	110 21	101 03	96 45	91 84
563	2.	2.	3.	»	15.	7	126 51	124 44	118 00	115 01	110 41	101 21	96 61	92 01
564	2.	2.	3.	»	34.	5	126 74	124 66	118 21	115 21	110 61	101 39	96 78	92 17
565	2.	2.	3.	½	17.	3	126 96	124 88	118 42	115 42	110 80	101 57	96 95	92 33
566	2.	2.	4.	»	»	2	127 19	125 10	118 63	115 62	111 00	101 75	97 12	92 50
567	2.	2.	4.	»	19.	»	127 41	125 32	118 84	115 83	111 20	101 92	97 29	92 66
568	2.	2.	4.	½	1.	8	127 64	125 55	119 05	116 03	111 39	102 10	97 46	92 82
569	2.	2.	4.	½	20.	6	127 86	125 77	119 26	116 24	111 59	102 28	97 64	92 99
570	2.	2.	5.	»	3.	5	128 08	125 99	119 47	116 44	111 78	102 46	97 81	93 15
571	2.	2.	5.	»	22.	3	128 31	126 21	119 68	116 64	111 98	102 64	97 98	93 31
572	2.	2.	5.	½	5.	1	128 53	126 43	119 89	116 85	112 18	102 82	98 15	93 48
573	2.	2.	5.	½	23.	9	128 76	126 65	120 10	117 05	112 37	103 00	98 32	93 64
574	2.	2.	6.	»	6.	8	128 98	126 87	120 31	117 26	112 57	103 18	98 49	93 80
575	2.	2.	6.	»	25.	6	129 21	127 09	120 52	117 46	112 76	103 36	98 67	93 97
576	2.	2.	6.	½	8.	4	129 43	127 31	120 72	117 67	112 96	103 54	98 84	94 13

Conversion des ***GRAMMES*** *en poids de* ***MARC****, suivie des différentes valeurs d'un ou plusieurs objets en* ***ARGENT*** *à l'un des poids ci-dessous.*

GRAMMES.	CONVERSION.	DIVERSES VALEURS DU GRAMME D'APRÈS LES PRIX SUIVANS DU MARC D'ARGENT							
	Marcs. Onces. Gros. Demi-Gros. Grains. Dixièmes.	à 55f »c	1er Titre contrôlé 54f 10c	1er Titre non contr. 51f 30c	à 50f »c	2e Titre contrôlé à 48f »c	2e Titre non contr. à 44f »c	à 42f »c	à 40f »c
		fr. c.	fr. c.	fr. c.	fr. c.	fr. c.	fr. c.	fr. c.	fr. c.
577	2. 2. 6. ½ 27. 3	129 66	127 54	120 95	117 87	113 16	103 72	99 01	94 29
578	2. 2. 7. » 10. 1	129 88	127 76	121 14	118 07	113 36	103 90	99 18	94 46
579	2. 2. 7. » 28. 9	130 11	127 98	121 35	118 28	113 55	104 08	99 35	94 62
580	2. 2. 7. ½ 11. 7	130 33	128 20	121 56	118 48	113 74	104 26	99 52	94 78
581	2. 2. 7. ½ 30. 6	130 56	128 42	121 77	118 69	113 94	104 44	99 69	94 95
582	2. 3. » » 13. 4	130 78	128 64	121 98	118 89	114 14	104 62	99 87	95 11
583	2. 3. » » 32. 2	131 01	128 86	122 19	119 10	114 35	104 80	100 04	95 27
584	2. 3. » ½ 15. 1	131 23	129 08	122 40	119 30	114 55	104 98	100 21	95 44
585	2. 3. » ½ 33. 9	131 46	129 30	122 61	119 50	114 73	105 16	100 38	95 60
586	2. 3. 1. » 16. 7	131 68	129 52	122 82	119 71	114 92	105 34	100 55	95 76
587	2. 3. 1. » 35. 5	131 91	129 75	123 03	119 91	115 12	105 52	100 72	95 93
588	2. 3. 1. ½ 18. 4	132 13	129 97	123 24	120 12	115 31	105 70	100 90	96 09
589	2. 3. 2. » 1. 2	132 35	130 19	123 45	120 32	115 51	105 88	101 07	96 26
590	2. 3. 2. » 20. »	132 58	130 41	123 66	120 53	115 71	106 06	101 24	96 42
591	2. 3. 2. ½ 2. 8	132 80	130 63	123 87	120 73	115 90	106 24	101 41	96 58
592	2. 3. 2. ½ 21. 7	133 03	130 85	124 08	120 93	116 10	106 42	101 58	96 75
593	2. 3. 3. » 4. 5	133 25	131 07	124 29	121 14	116 29	106 60	101 75	96 91
594	2. 3. 3. » 23. 3	133 48	131 29	124 50	121 34	116 49	106 78	101 93	97 07
595	2. 3. 3. ½ 6. 2	133 70	131 51	124 71	121 55	116 69	106 96	102 10	97 24
596	2. 3. 3. ½ 25. »	133 93	131 73	124 92	121 75	116 88	107 14	102 27	97 40
597	2. 3. 4. » 7. 8	134 15	131 96	125 13	121 96	117 08	107 32	102 44	97 56
598	2. 3. 4. » 26. 6	134 38	132 18	125 34	122 16	117 27	107 50	102 61	97 73
599	2. 3. 4. ½ 9. 5	134 60	132 40	125 55	122 36	117 47	107 68	102 78	97 89
600	2. 3. 4. ½ 28. 3	134 83	132 62	125 76	122 57	117 67	107 86	102 96	98 05
601	2. 3. 5. » 11. 1	135 05	132 84	125 96	122 77	117 86	108 04	103 13	98 22
602	2. 3. 5. » 29. 9	135 28	133 06	126 17	122 98	118 06	108 22	103 30	98 38
603	2. 3. 5. ½ 12. 8	135 50	133 28	126 38	123 18	118 26	108 40	103 47	98 54
604	2. 3. 5. ½ 31. 6	135 73	133 50	126 59	123 39	118 45	108 58	103 64	98 71
605	2. 3. 6. » 14. 4	135 95	133 72	126 80	123 59	118 65	108 76	103 81	98 87
606	2. 3. 6. » 33. 2	136 17	133 95	127 01	123 79	118 84	108 94	103 98	99 03
607	2. 3. 6. ½ 16. 1	136 40	134 17	127 22	124 00	119 04	109 12	104 16	99 20
608	2. 3. 6. ½ 34. 9	136 62	134 39	127 43	124 20	119 24	109 30	104 33	99 36
609	2. 3. 7. » 17. 7	136 85	134 61	127 64	124 41	119 43	109 47	104 50	99 52
610	2. 3. 7. ½ » 6	137 07	134 83	127 85	124 61	119 63	109 65	104 67	99 69
611	2. 3. 7. ½ 19. 4	137 30	135 05	128 06	124 82	119 82	109 83	104 84	99 85
612	2. 4. » » 2. 2	137 52	135 27	128 27	125 02	120 02	110 01	105 01	100 01

Conversion des GRAMMES en poids de MARC, suivie des différentes valeurs d'un ou plusieurs objets en ARGENT à l'un des poids ci-dessous.

GRAMMES.	CONVERSION.						DIVERSES VALEURS DU GRAMME D'APRÈS LES PRIX SUIVANS DU MARC D'ARGENT							
	Marcs.	Onces.	Gros.	Demi-Gros.	Grains.	Dixièmes.	à 55f »c	1er Titre contrôlé 54f 10c	1er Titre non contr. 51f 30c	à 50 »c	2e Titre contrôlé 48f »c	2e Titre non contr. 44f »c	à 42f »c	à 40f »c
							fr. c.	fr. c.	fr. c.	fr. c.	fr. c.	fr. c.	fr. c.	fr. c.
613	2.	4.	»	»	21.	»	137 75	135 49	128 48	125 22	120 22	110 19	105 19	100 18
614	2.	4.	»	½	3.	9	137 97	135 71	128 69	125 43	120 41	110 37	105 36	100 34
615	2.	4.	»	½	22.	7	138 20	135 93	128 90	125 63	120 61	110 55	105 53	100 50
616	2.	4.	1.	»	5.	6	138 42	136 16	129 11	125 84	120 80	110 73	105 70	100 67
617	2.	4.	1.	»	24.	5	138 65	136 38	129 32	126 04	121 00	110 91	105 87	100 83
618	2.	4.	1.	½	7.	2	138 87	136 60	129 53	126 25	121 20	111 09	106 04	100 99
619	2.	4.	1.	½	26.	»	139 10	136 82	129 74	126 45	121 39	111 27	106 22	101 16
620	2.	4.	2.	»	8.	8	139 32	137 04	129 95	126 66	121 59	111 45	106 39	101 32
621	2.	4.	2.	»	27.	7	139 55	137 26	130 16	126 86	121 79	111 63	106 56	101 49
622	2.	4.	2.	½	10.	5	139 77	137 48	130 37	127 06	121 98	111 81	106 73	101 65
623	2.	4.	2.	½	29.	5	140 00	137 70	130 58	127 27	122 18	111 99	106 90	101 81
624	2.	4.	3.	»	12.	1	140 22	137 92	130 79	127 47	122 37	112 17	107 07	101 98
625	2.	4.	3.	»	31.	»	140 44	138 15	131 00	127 68	122 57	112 35	107 25	102 14
626	2.	4.	3.	½	13.	8	140 67	138 37	131 20	127 88	122 77	112 53	107 42	102 30
627	2.	4.	3.	½	32.	6	140 89	138 59	131 41	128 08	122 96	112 71	107 59	102 47
628	2.	4.	4.	»	15.	4	141 12	138 81	131 62	128 29	123 16	112 89	107 76	102 63
629	2.	4.	4.	»	34.	3	141 34	139 03	131 83	128 49	123 35	113 07	107 93	102 79
630	2.	4.	4.	½	17.	1	141 57	139 25	132 04	128 70	123 55	113 25	108 10	102 96
631	2.	4.	4.	½	35.	9	141 79	139 47	132 25	128 90	123 75	113 43	108 27	103 12
632	2.	4.	5.	»	18.	7	142 02	139 69	132 46	129 11	123 94	113 61	108 45	103 28
633	2.	4.	5.	½	1.	6	142 24	139 91	132 67	129 31	124 14	113 79	108 62	103 43
634	2.	4.	5.	½	20.	4	142 47	140 13	132 88	129 51	124 34	113 97	108 79	103 61
635	2.	4.	6.	»	3.	2	142 69	140 36	133 09	129 72	124 53	114 15	108 96	103 77
636	2.	4.	6.	»	22.	1	142 92	140 58	133 30	129 92	124 73	114 33	109 13	103 94
637	2.	4.	6.	½	4.	9	143 14	140 80	133 51	130 13	124 92	114 51	109 30	104 10
638	2.	4.	6.	½	23.	7	143 37	141 02	133 72	130 33	125 12	114 69	109 48	104 26
639	2.	4.	7.	»	6.	5	143 59	141 24	133 93	130 54	125 32	114 87	109 65	104 43
640	2.	4.	7.	»	25.	4	143 82	141 46	134 14	130 74	125 51	115 05	109 82	104 59
641	2.	4.	7.	½	8.	2	144 04	141 68	134 35	130 94	125 71	115 23	109 99	104 75
642	2.	4.	7.	½	27.	»	144 26	141 90	134 56	131 15	125 90	115 41	110 16	104 92
643	2.	5.	»	»	9.	9	144 49	142 12	134 77	131 35	126 10	115 59	110 33	105 08
644	2.	5.	»	»	28.	7	144 71	142 34	134 98	131 56	126 30	115 77	110 51	105 24
645	2.	5.	»	½	11.	5	144 94	142 57	135 19	131 76	126 49	115 95	110 68	105 41
646	2.	5.	»	½	30.	3	145 16	142 79	135 40	131 97	126 69	116 13	110 85	105 57
647	2.	5.	1.	»	13.	2	145 39	143 01	135 61	132 17	126 88	116 31	111 02	105 73
648	2.	5.	1.	»	32.	»	145 61	143 23	135 82	132 37	127 08	116 49	111 19	105 90

Conversion des GRAMMES en poids de MARC, suivie des différentes valeurs d'un ou plusieurs objets en ARGENT à l'un des poids ci-dessous.

GRAMMES.	CONVERSION.						DIVERSES VALEURS DU GRAMME D'APRÈS LES PRIX SUIVANS DU MARC D'ARGENT							
	Marcs.	Onces.	Gros.	Demi-Gros.	Grains.	Primes.	à 55f »c	1er Titre contrôlé 54f 10c	1er Titre non contr. 51f 30c	à 50f »c	2e Titre contrôlé 48f »c	2e Titre non contr. 44f »c	à 42f »c	à 40f »c
							fr. c.	fr. c.	fr. c.	fr. c.	fr. c.	fr. c.	fr. c.	fr. c.
649	2.	5.	1.	½	14.	8	145 84	143 45	136 03	132 58	127 28	116 67	111 36	106 06
650	2.	5.	1.	½	33.	6	146 06	143 67	136 24	132 78	127 47	116 85	111 54	106 22
651	2.	5.	2.	»	16.	5	146 29	143 89	136 44	132 99	127 67	117 03	111 71	106 39
652	2.	5.	2.	»	35.	3	146 51	144 11	136 65	133 19	127 87	117 21	111 88	106 55
653	2.	5.	2.	½	18.	1	146 74	144 33	136 86	133 40	128 06	117 38	112 05	106 71
654	2.	5.	3.	»	1.	»	146 96	144 56	137 07	133 60	128 26	117 56	112 22	106 88
655	2.	5.	3.	»	19.	8	147 19	144 78	137 28	133 80	128 45	117 74	112 39	107 04
656	2.	5.	3.	½	2.	6	147 41	145 00	137 49	134 01	128 65	117 92	112 56	107 21
657	2.	5.	3.	½	21.	4	147 64	145 22	137 70	134 21	128 85	118 10	112 74	107 37
658	2.	5.	4.	»	4.	5	147 86	145 44	137 91	134 42	129 04	118 28	112 91	107 53
659	2.	5.	4.	»	23.	1	148 08	145 66	138 12	134 62	129 24	118 46	113 08	107 70
660	2.	5.	4.	½	5.	9	148 31	145 88	138 33	134 83	129 43	118 64	113 25	107 86
661	2.	5.	4.	½	24.	7	148 53	146 10	138 54	135 03	129 65	118 82	113 42	108 02
662	2.	5.	5.	»	7.	6	148 76	146 32	138 75	135 23	129 83	119 00	113 59	108 19
663	2.	5.	5.	»	26.	4	148 98	146 54	138 96	135 44	130 02	119 18	113 77	108 35
664	2.	5.	5.	½	9.	2	149 21	146 77	139 17	135 64	130 22	119 36	113 94	108 51
665	2.	5.	5.	½	28.	1	149 43	146 99	139 38	135 85	130 41	119 54	114 11	108 68
666	2.	5.	6.	»	10.	9	149 66	147 21	139 59	136 05	130 61	119 72	114 28	108 84
667	2.	5.	6.	»	29.	7	149 88	147 43	139 80	136 26	130 81	119 90	114 46	109 00
668	2.	5.	6.	½	12.	5	150 11	147 65	140 01	136 46	131 00	120 08	114 62	109 17
669	2.	5.	6.	½	31.	4	150 33	147 87	140 22	136 67	131 20	120 26	114 80	109 33
670	2.	5.	7.	»	14.	2	150 56	148 09	140 43	136 87	131 40	120 44	114 97	109 49
671	2.	5.	7.	»	33.	»	150 78	148 31	140 64	137 07	131 59	120 62	115 14	109 66
672	2.	5.	7.	½	15.	8	151 01	148 53	140 85	137 28	131 79	120 80	115 31	109 82
673	2.	5.	7.	½	34.	7	151 23	148 75	141 06	137 48	131 98	120 98	115 48	109 98
674	2.	6.	»	»	17.	5	151 46	148 98	141 27	137 69	132 18	121 16	115 65	110 15
675	2.	6.	»	½	»	3	151 68	149 20	141 48	137 89	132 38	121 34	115 83	110 31
676	2.	6.	»	½	19.	1	151 91	149 42	141 69	138 10	132 57	121 52	116 00	110 47
677	2.	6.	1.	»	2.	»	152 13	149 64	141 90	138 30	132 77	121 70	116 17	110 64
678	2.	6.	1.	»	20.	8	152 36	149 86	142 10	138 50	132 96	121 88	116 34	110 80
679	2.	6.	1.	½	3.	6	152 58	150 08	142 31	138 71	133 16	122 06	116 51	110 96
680	2.	6.	1.	½	22.	5	152 80	150 30	142 52	138 91	133 36	122 24	116 68	111 13
681	2.	6.	2.	»	5.	3	153 03	150 52	142 73	139 12	133 55	122 42	116 85	111 29
682	2.	6.	2.	»	24.	1	153 25	150 74	142 94	139 32	133 75	122 60	117 03	111 45
683	2.	6.	2.	½	6.	9	153 48	150 97	143 15	139 53	133 94	122 78	117 20	111 62
684	2.	6.	2.	½	25.	8	153 70	151 19	143 36	139 73	134 14	122 96	117 37	111 78

Conversion des ***GRAMMES*** *en poids de* ***MARC****, suivie des différentes valeurs d'un ou plusieurs objets en* ***ARGENT*** *à l'un des poids ci-dessous.*

GRAMMES.	CONVERSION. (Marcs. Onces. Gros. Demi-Gros. Grains. Dixièmes.)	DIVERSES VALEURS DU GRAMME D'APRÈS LES PRIX SUIVANS DU MARC D'ARGENT — à 55f »c	1er Titre contrôlé 54f 10c	1er Titre non contr. 51f 30c	à 50f »c	2e Titre contrôlé à 48f »c	2e Titre non contr. à 44f »c	à 42f »c	à 40f »c
		fr. c.	fr. c.	fr. c.	fr. c.	fr. c.	fr. c.	fr. c.	fr. c.
685	2. 6. 3. » 8. 6	153 93	151 41	143 57	139 94	134 34	123 14	117 54	111 94
686	2. 6. 3. » 27. 4	154 15	151 63	143 78	140 14	134 53	123 32	117 71	112 11
687	2. 6. 3. ½ 10. 2	154 38	151 85	143 99	140 34	134 73	123 50	117 88	112 27
688	2. 6. 3. ½ 29. 1	154 60	152 07	144 20	140 55	134 93	123 68	118 06	112 43
689	2. 6. 4. » 11. 9	154 83	152 29	144 41	140 75	135 12	123 86	118 23	112 60
690	2. 6. 4. » 30. 7	155 05	152 51	144 62	140 96	135 32	124 04	118 40	112 76
691	2. 6. 4. ½ 13. 6	155 28	152 73	144 83	141 16	135 51	124 22	118 57	112 93
692	2. 6. 4. ½ 32. 4	155 50	152 95	145 04	141 36	135 71	124 40	118 74	113 09
693	2. 6. 5. » 15. 2	155 73	153 18	145 25	141 57	135 91	124 58	118 91	113 25
694	2. 6. 5. » 34. »	155 95	153 40	145 46	141 77	136 10	124 76	119 08	113 42
695	2. 6. 5. ½ 16. 9	156 17	153 62	145 67	141 98	136 30	124 94	119 26	113 58
696	2. 6. 5. ½ 35. 7	156 40	153 84	145 88	142 18	136 49	125 11	119 43	113 74
697	2. 6. 6. » 18. 5	156 62	154 06	146 09	142 39	136 69	125 29	119 60	113 91
698	2. 6. 6. ½ 1. 3	156 85	154 28	146 30	142 59	136 89	125 47	119 77	114 07
699	2. 6. 6. ½ 20. 2	157 07	154 50	146 51	142 79	137 08	125 65	119 94	114 23
700	2. 6. 7. » 3. »	157 30	154 72	146 72	143 00	137 28	125 83	120 12	114 40
701	2. 6. 7. » 21. 8	157 52	154 94	146 92	143 20	137 48	126 01	120 29	114 56
702	2. 6. 7. ½ 4. 6	157 75	155 17	147 13	143 41	137 67	126 19	120 46	114 72
703	2. 6. 7. ½ 23. 5	157 97	155 39	147 34	143 61	137 87	126 37	120 63	114 89
704	2. 7. » » 6. 3	158 20	155 61	147 55	143 82	138 06	126 55	120 80	115 05
705	2. 7. » » 25. 1	158 42	155 83	147 76	144 02	138 26	126 73	120 97	115 21
706	2. 7. » ½ 8. »	158 65	156 05	147 97	144 22	138 46	126 91	121 14	115 38
707	2. 7. » ½ 26. 8	158 87	156 27	148 18	144 43	138 65	127 09	121 32	115 54
708	2. 7. 1. » 9. 6	159 10	156 49	148 39	144 63	138 85	127 27	121 49	115 70
709	2. 7. 1. » 28. 4	159 32	156 71	148 60	144 84	139 04	127 45	121 66	115 87
710	2. 7. 1. ½ 11. 3	159 55	156 93	148 81	145 04	139 24	127 63	121 83	116 03
711	2. 7. 1. ½ 30. 1	159 77	157 15	149 02	145 25	139 44	127 81	122 00	116 19
712	2. 7. 2. » 12. 9	160 00	157 38	149 23	145 45	139 63	127 99	122 17	116 36
713	2. 7. 2. » 31. 7	160 22	157 60	149 44	145 65	139 83	128 17	122 35	116 52
714	2. 7. 2. ½ 14. 6	160 44	157 82	149 65	145 86	140 02	128 35	122 52	116 68
715	2. 7. 2. ½ 33. 4	160 67	158 04	149 86	146 06	140 22	128 53	122 69	116 85
716	2. 7. 3. » 16. 2	160 89	158 26	150 07	146 27	140 42	128 71	122 86	117 01
717	2. 7. 3. » 35. 1	161 12	158 48	150 28	146 47	140 61	128 89	123 03	117 17
718	2. 7. 3. ½ 17. 9	161 34	158 70	150 49	146 68	140 81	129 07	123 20	117 34
719	2. 7. 4. » » 7	161 57	158 92	150 70	146 88	141 01	129 25	123 38	117 50
720	2. 7. 4. » 19. 5	161 79	159 14	150 91	147 08	141 20	129 43	123 55	117 66

Conversion des GRAMMES en poids de MARC, suivie des différentes valeurs d'un ou plusieurs objets en ARGENT à l'un des poids ci-dessous.

GRAMMES.	CONVERSION. Marcs. Onces. Gros. Demi-Gros. Grains. Dixièmes.	DIVERSES VALEURS DU GRAMME D'APRÈS LES PRIX SUIVANS DU MARC D'ARGENT à 55f »c	1er Titre contrôlé. 54f 10c	1er Titre non contr. 51f 30c	à 50f »c	2e Titre contrôlé 48f »c	2e Titre non contr. 44f »c	à 42f »c	à 40f »c
		fr. c.	fr. c.	fr. c.	fr. c.	fr. c.	fr. c.	fr. c.	fr. c.
721	2. 7. 4. ½ 2. 4	162 02	159 36	151 12	147 29	141 40	129 61	123 72	117 83
722	2. 7. 4. ½ 21. 2	162 24	159 59	151 33	147 49	141 59	129 79	123 89	117 99
723	2. 7. 5. » 4. »	162 47	159 81	151 54	147 70	141 79	129 97	124 06	118 15
724	2. 7. 5. » 23. 6	162 69	160 03	151 75	147 90	141 99	130 15	124 23	118 32
725	2. 7. 5. ½ 5. 7	162 92	160 25	151 96	148 11	142 18	130 33	124 41	118 48
726	2. 7. 5. ½ 24. 5	163 14	160 47	152 16	148 31	142 38	130 51	124 58	118 65
727	2. 7. 6. » 7. 5	163 37	160 69	152 37	148 51	142 57	130 69	124 75	118 81
728	2. 7. 6. » 26. 2	163 59	160 91	152 58	148 72	142 77	130 87	124 92	118 97
729	2. 7. 6. ½ 9. »	163 82	161 13	152 79	148 92	142 97	131 05	125 09	119 14
730	2. 7. 6. ½ 27. 8	164 04	161 35	153 00	149 13	143 16	131 23	125 26	119 30
731	2. 7. 7. » 10. 6	164 26	161 58	153 21	149 33	143 36	131 41	125 43	119 46
732	2. 7. 7. » 29. 5	164 49	161 80	153 42	149 54	143 56	131 59	125 61	119 63
733	2. 7. 7. ½ 12. 3	164 71	162 02	153 63	149 74	143 75	131 77	125 78	119 79
734	2. 7. 7. ½ 31. 1	164 94	162 24	153 84	149 94	143 95	131 95	125 95	119 95
735	3. » » » 13. 9	165 16	162 46	154 05	150 15	144 14	132 13	126 12	120 12
736	3. » » » 32. 8	165 39	162 68	154 26	150 35	144 34	132 31	126 29	120 28
737	3. » » ½ 15. 6	165 61	162 90	154 47	150 56	144 54	132 49	126 46	120 44
738	3. » » ½ 34. 4	165 84	163 12	154 68	150 76	144 73	132 67	126 64	120 61
739	3. » 1. » 17. 3	166 06	163 34	154 89	150 97	144 93	132 85	126 81	120 77
740	3. » 1. ½ » 1	166 29	163 56	155 10	151 17	145 12	133 02	126 98	120 93
741	3. » 1. ½ 18. 9	166 51	163 79	155 31	151 37	145 32	133 20	127 15	121 10
742	3. » 2. » 1. 7	166 74	164 01	155 52	151 58	145 52	133 38	127 32	121 26
743	3. » 2. » 20. 6	166 96	164 23	155 73	151 78	145 71	133 56	127 49	121 42
744	3. » 2. ½ 3. 4	167 19	164 45	155 94	151 99	145 91	133 74	127 67	121 59
745	3. » 2. ½ 22. 2	167 41	164 67	156 15	152 19	146 10	133 92	127 84	121 75
746	3. » 3. » 5. »	167 64	164 89	156 36	152 40	146 30	134 10	128 01	121 91
747	3. » 3. » 23. 9	167 86	165 11	156 57	152 60	146 50	134 28	128 18	122 08
748	3. » 3. ½ 6. 7	168 08	165 33	156 78	152 80	146 69	134 46	128 35	122 24
749	3. » 3. ½ 25. 5	168 31	165 55	156 99	153 01	146 89	134 64	128 52	122 40
750	3. » 4. » 8. 4	168 53	165 78	157 20	153 21	147 08	134 82	128 70	122 57
751	3. » 4. » 27. 2	168 76	166 00	157 40	153 42	147 28	135 00	128 87	122 73
752	3. » 4. ½ 10. »	168 98	166 22	157 61	153 62	147 48	135 18	129 04	122 89
753	3. » 4. ½ 28. 8	169 21	166 44	157 82	153 83	147 67	135 36	129 21	123 06
754	3. » 5. » 11. 7	169 43	166 66	158 03	154 03	147 87	135 54	129 38	123 22
755	3. » 5. » 30. 5	169 66	166 88	158 24	154 25	148 07	135 72	129 55	123 38
756	3. » 5. ½ 13. 3	169 88	167 10	158 45	154 44	148 26	135 90	129 72	123 55

Conversion des GRAMMES en poids de MARC, suivie des différentes valeurs d'un ou plusieurs objets en ARGENT, à l'un des poids ci-dessous.

GRAMMES.	CONVERSION. (Marcs. Onces. Gros. Demi-Gros. Grains. Centièmes.)	DIVERSES VALEURS DU GRAMME D'APRÈS LES PRIX SUIVANS DU MARC D'ARGENT — à 55f »c	1er Titre contrôlé 54f 10c	1er Titre non contr. 51f 30c	à 50f »c	2e Titre contrôlé 48f »c	2e Titre non contr. 44f »c	à 42f »c	à 40f »c
		fr. c.	fr. c.	fr. c.	fr. c.	fr. c.	fr. c.	fr. c.	fr. c.
757	3. » 5. ½ 32. 1	170 11	167 32	158 66	154 64	148 46	136 08	129 90	123 71
758	3. » 6. » 15. »	170 33	167 54	158 87	154 85	148 65	136 26	130 07	123 87
759	3. » 6. » 33. 8	170 56	167 76	159 08	155 05	148 85	136 44	130 24	124 04
760	3. » 6. ½ 16. 6	170 78	167 99	159 29	155 26	149 05	136 62	130 41	124 20
761	3. » 6. ½ 35. 3	171 01	168 21	159 50	155 46	149 24	136 80	130 58	124 37
762	3. » 7. » 18. 5	171 23	168 43	159 71	155 66	149 44	136 98	130 75	124 53
763	3. » 7. ½ 1. 1	171 46	168 65	159 92	155 87	149 63	137 16	130 93	124 69
764	3. » 7. ½ 19. 9	171 68	168 87	160 13	156 07	149 83	137 34	131 10	124 86
765	3. 1. » » 2. 8	171 91	169 09	160 34	156 28	150 03	137 52	131 27	125 02
766	3. 1. » » 21. 6	172 13	169 31	160 55	156 48	150 22	137 70	131 44	125 18
767	3. 1. » ½ 4. 4	172 35	169 53	160 76	156 69	150 42	137 88	131 61	125 35
768	3. 1. » ½ 23. 2	172 58	169 75	160 97	156 89	150 62	138 06	131 78	125 51
769	3. 1. 1. » 6. 1	172 80	169 97	161 18	157 09	150 81	138 24	131 96	125 67
770	3. 1. 1. » 24. 9	173 03	170 20	161 39	157 30	151 01	138 42	132 13	125 84
771	3. 1. 1. ½ 7. 7	173 25	170 42	161 60	157 50	151 20	138 60	132 30	126 00
772	3. 1. 1. ½ 26. 5	173 48	170 64	161 81	157 71	151 40	138 78	132 47	126 16
773	3. 1. 2. » 9. 4	173 70	170 86	162 02	157 91	151 60	138 96	132 64	126 33
774	3. 1. 2. » 28. 2	173 93	171 08	162 23	158 12	151 79	139 14	132 81	126 49
775	3. 1. 2. ½ 11. »	174 15	171 30	162 44	158 32	151 99	139 32	132 99	126 65
776	3. 1. 2. ½ 29. 9	174 38	171 52	162 64	158 52	152 18	139 50	133 16	126 82
777	3. 1. 3. » 12. 7	174 60	171 74	162 85	158 73	152 38	139 68	133 33	126 98
778	3. 1. 3. » 31. 5	174 83	171 96	163 06	158 93	152 58	139 86	133 50	127 14
779	3. 1. 3. ½ 14. 3	175 05	172 19	163 27	159 14	152 77	140 04	133 67	127 31
780	3. 1. 3. ½ 33. 2	175 28	172 41	163 48	159 34	152 97	140 22	133 84	127 47
781	3. 1. 4. » 16. »	175 50	172 63	163 69	159 55	153 16	140 40	134 01	127 63
782	3. 1. 4. » 34. 8	175 73	172 85	163 90	159 75	153 36	140 58	134 19	127 80
783	3. 1. 4. ½ 17. 7	175 95	173 07	164 11	159 95	153 56	140 76	134 36	127 96
784	3. 1. 5. » » 5	176 17	173 29	164 32	160 16	153 75	140 93	134 53	128 12
785	3. 1. 5. » 19. 3	176 40	173 51	164 53	160 36	153 95	141 11	134 70	128 29
786	3. 1. 5. ½ 2. 1	176 62	173 73	164 74	160 57	154 15	141 29	134 87	128 45
787	3. 1. 5. ½ 21. »	176 85	173 95	164 95	160 77	154 34	141 47	135 04	128 61
788	3. 1. 6. » 3. 8	177 07	174 17	165 16	160 98	154 54	141 65	135 22	128 78
789	3. 1. 6. » 22. 6	177 30	174 40	165 37	161 18	154 73	141 83	135 39	128 94
790	3. 1. 6. ½ 5. 4	177 52	174 62	165 58	161 38	154 93	142 01	135 56	129 10
791	3. 1. 6. ½ 24. 3	177 75	174 84	165 79	161 59	155 13	142 19	135 73	129 27
792	3. 1. 7. » 7. 1	177 97	175 06	166 00	161 79	155 32	142 37	135 90	129 43

Conversion des GRAMMES en poids de MARC, suivie des différentes valeurs d'un ou plusieurs objets en ARGENT à l'un des poids ci-dessous.

GRAMMES.	CONVERSION. Marcs. Onces. Gros. Demi-Gros. Grains. Dixièmes.	DIVERSES VALEURS DU GRAMME D'APRÈS LES PRIX SUIVANS DU MARC D'ARGENT — à 55f »c	1er Titre contrôlé 54f 10c	1er Titre non contr. 51f 30c	à 50f »c	2e Titre contrôlé 48f »c	2e Titre non contr. 44f »c	à 42f »c	à 40f »c
		fr. c.	fr. c.	fr. c.	fr. c.	fr. c.	fr. c.	fr. c.	fr. c.
793	3. 1. 7. » 25. 9	178 20	175 28	166 21	162 00	155 52	142 56	136 07	129 59
794	3. 1. 7. ½ 8. 8	178 42	175 50	166 42	162 20	155 71	142 73	136 25	129 76
795	3. 1. 7. ½ 27. 6	178 65	175 72	166 63	162 41	155 91	142 91	136 42	129 92
796	3. 2. » » 10. 4	178 87	175 94	166 84	162 61	156 11	143 09	136 59	130 09
797	3. 2. » » 29. 2	179 10	176 16	167 05	162 81	156 30	143 27	136 76	130 25
798	3. 2. » ½ 12. 1	179 32	176 38	167 26	163 02	156 50	143 45	136 93	130 41
799	3. 2. » ½ 30. 9	179 55	176 61	167 47	163 22	156 69	143 63	137 10	130 58
800	3. 2. 1. » 13. 7	179 77	176 83	167 68	163 43	156 89	143 81	137 28	130 74
801	3. 2. 1. » 32. 5	180 00	177 05	167 88	163 63	157 09	143 99	137 45	130 90
802	3. 2. 1. ½ 15. 4	180 22	177 27	168 09	163 84	157 28	144 17	137 62	131 07
803	3. 2. 1. ½ 34. 2	180 44	177 49	168 30	164 04	157 48	144 35	137 79	131 23
804	3. 2. 2. » 17. »	180 67	177 71	168 51	164 24	157 68	144 53	137 96	131 39
805	3. 2. 2. » 35. 9	180 89	177 93	168 72	164 45	157 87	144 71	138 13	131 56
806	3. 2. 2. ½ 18. 7	181 12	178 15	168 93	164 65	158 07	144 89	138 30	131 72
807	3. 2. 3. » 1. 5	181 34	178 37	169 14	164 86	158 26	145 07	138 48	131 88
808	3. 2. 3. » 20. 3	181 57	178 60	169 35	165 06	158 46	145 25	138 65	132 05
809	3. 2. 3. ½ 3. 2	181 79	178 82	169 56	165 27	158 66	145 43	138 82	132 21
810	3. 2. 3. ½ 22. »	182 02	179 04	169 77	165 47	158 85	145 61	138 99	132 37
811	3. 2. 4. » 4. 8	182 24	179 26	169 98	165 67	159 05	145 79	139 16	132 54
812	3. 2. 4. » 23. 6	182 47	179 48	170 19	165 88	159 24	145 97	139 33	132 70
813	3. 2. 4. ½ 6. 5	182 69	179 70	170 40	166 08	159 44	146 15	139 51	132 86
814	3. 2. 4. ½ 25. 3	182 92	179 92	170 61	166 29	159 64	146 33	139 68	133 03
815	3. 2. 5. » 8. 1	183 14	180 14	170 82	166 49	159 83	146 51	139 85	133 19
816	3. 2. 5. » 26. 9	183 37	180 36	171 03	166 70	160 03	146 69	140 02	133 35
817	3. 2. 5. ½ 9. 8	183 59	180 58	171 24	166 90	160 22	146 87	140 19	133 52
818	3. 2. 5. ½ 28. 6	183 82	180 81	171 45	167 10	160 42	147 05	140 36	133 68
819	3. 2. 6. » 11. 4	184 04	181 03	171 66	167 31	160 62	147 23	140 54	133 84
820	3. 2. 6. » 30. 3	184 26	181 25	171 87	167 51	160 81	147 41	140 71	134 01
821	3. 2. 6. ½ 13. 1	184 49	181 47	172 08	167 72	161 01	147 59	140 88	134 17
822	3. 2. 6. ½ 31. 9	184 71	181 69	172 29	167 92	161 21	147 77	141 05	134 33
823	3. 2. 7. » 14. 7	184 94	181 91	172 50	168 13	161 40	147 95	141 22	134 50
824	3. 2. 7. » 33. 6	185 16	182 13	172 71	168 33	161 60	148 13	141 39	134 66
825	3. 2. 7. ½ 16. 4	185 39	182 35	172 92	168 55	161 79	148 31	141 57	134 82
826	3. 2. 7. ½ 35. 2	185 61	182 57	173 12	168 74	161 99	148 49	141 74	134 99
827	3. 3. » » 18. »	185 84	182 80	173 33	168 94	162 19	148 66	141 91	135 15
828	3. 3. » ½ » 9	186 06	183 02	173 54	169 15	162 38	148 84	142 08	135 32

Conversion des **GRAMMES** *en poids de* **MARC**, *suivie des différentes valeurs d'un ou plusieurs objets en* **ARGENT** *à l'un des poids ci-dessous.*

GRAMMES.	CONVERSION. (Marcs. Onces. Gros. Demi-Gros. Grains. Dixièmes.)	DIVERSES VALEURS DU GRAMME D'APRÈS LES PRIX SUIVANS DU MARC D'ARGENT — à 55f »c	1er Titre contrôlé 54f 16c	1er Titre non contr. 51f 30c	à 50f »c	2e Titre contrôlé 48f »c	2e Titre non contr. 44f »c	à 42f »c	à 40f »c
		fr. c.	fr. c.	fr. c.	fr. c.	fr. c.	fr. c.	fr. c.	fr. c.
829	3. 3. » ½ 19. 7	186 20	183 24	173 73	169 36	162 58	149 02	142 23	135 48
830	3. 3. 1. » 2. 5	186 51	183 46	173 96	169 56	162 77	149 20	142 42	135 64
831	3. 3. 1. » 21. 4	186 74	183 68	174 17	169 76	162 97	149 38	142 59	135 81
832	3. 3. 1. ½ 4. 2	186 96	183 90	174 38	169 96	163 17	149 56	142 77	135 97
833	3. 3. 1. ½ 23. »	187 19	184 12	174 59	170 17	163 36	149 74	142 94	136 13
834	3. 3. 2. » 5. 8	187 41	184 34	174 80	170 37	163 56	149 92	143 11	136 30
835	3. 3. 2. » 24. 7	187 64	184 56	175 01	170 58	163 76	150 10	143 28	136 46
836	3. 3. 2. ½ 7. 5	187 86	184 78	175 22	170 78	163 95	150 28	143 45	136 62
837	3. 3. 2. ½ 26. 3	188 08	185 01	175 43	170 99	164 15	150 46	143 62	136 79
838	3. 3. 3. » 9. 1	188 31	185 23	175 64	171 19	164 34	150 64	143 80	136 95
839	3. 3. 3. » 28. »	188 53	185 45	175 85	171 39	164 54	150 82	143 97	137 11
840	3. 3. 3. ½ 10. 8	188 76	185 67	176 06	171 60	164 74	151 00	144 14	137 28
841	3. 3. 3. ½ 29. 6	188 98	185 89	176 27	171 80	164 93	151 18	144 31	137 44
842	3. 3. 4. » 12. 5	189 21	186 11	176 48	172 01	165 13	151 36	144 48	137 60
843	3. 3. 4. » 31. 3	189 43	186 33	176 69	172 21	165 32	151 54	144 65	137 77
844	3. 3. 4. ½ 14. 1	189 66	186 55	176 90	172 42	165 52	151 72	144 83	137 93
845	3. 3. 4. ½ 32. 9	189 88	186 77	177 11	172 62	165 72	151 90	145 00	138 09
846	3. 3. 5. » 15. 8	190 11	186 99	177 32	172 82	165 91	152 08	145 17	138 26
847	3. 3. 5. » 34. 6	190 33	187 22	177 53	173 03	166 11	152 26	145 34	138 42
848	3. 3. 5. ½ 17. 4	190 56	187 44	177 74	173 23	166 30	152 44	145 51	138 58
849	3. 3. 6. » » 2	190 78	187 66	177 95	173 44	166 50	152 62	145 68	138 75
850	3. 3. 6. » 19. 1	191 01	187 88	178 16	173 64	166 70	152 80	145 86	138 91
851	3. 3. 6. ½ 1. 9	191 23	188 10	178 36	173 85	166 89	152 98	146 03	139 07
852	3. 3. 6. ½ 20. 7	191 46	188 32	178 57	174 05	167 09	153 16	146 20	139 24
853	3. 3. 7. » 3. 6	191 68	188 54	178 78	174 25	167 29	153 34	146 37	139 40
854	3. 3. 7. » 22. 4	191 91	188 76	178 99	174 46	167 48	153 52	146 54	139 56
855	3. 3. 7. ½ 5. 2	192 13	188 98	179 20	174 66	167 68	153 70	146 71	139 73
856	3. 3. 7. ½ 24. »	192 35	189 21	179 41	174 87	167 87	153 88	146 88	139 89
857	3. 4. » » 6. 9	192 58	189 43	179 62	175 07	168 07	154 06	147 06	140 05
858	3. 4. » » 25. 7	192 80	189 65	179 83	175 28	168 27	154 24	147 23	140 22
859	3. 4. » ½ 8. 5	193 03	189 87	180 04	175 48	168 46	154 42	147 40	140 38
860	3. 4. » ½ 27. 3	193 25	190 09	180 25	175 68	168 66	154 60	147 57	140 54
861	3. 4. 1. » 10. 2	193 48	190 31	180 46	175 89	168 85	154 78	147 74	140 71
862	3. 4. 1. » 29. »	193 70	190 53	180 67	176 09	169 05	154 96	147 91	140 87
863	3. 4. 1. ½ 11. 8	193 93	190 75	180 88	176 30	169 25	155 14	148 09	141 04
864	3. 4. 1. ½ 30. 7	194 15	190 97	181 09	176 50	169 44	155 32	148 26	141 20

Conversion des ***GRAMMES*** *en poids de* ***MARC***, *suivie des différentes valeurs d'un ou plusieurs objets en* ***ARGENT*** *à l'un des poids ci-dessous.*

GRAMMES.	CONVERSION. Marcs. Onces. Gros. Demi-Gros. Grains. Dixièmes.	DIVERSES VALEURS DU GRAMME D'APRÈS LES PRIX SUIVANS DU MARC D'ARGENT — à 55f »c	1re Titre contrôlé 54f 10c	1re Titre non contr. 51f 30c	à 50f »c	2e Titre contrôlé à 48f »c	2e Titre non contr. à 44f »c	à 42f »c	à 40f »c
		fr. c.	fr. c.	fr. c.	fr. c.	fr. c.	fr. c.	fr. c.	fr. c.
865	3. 4. 2. » 13. 5	194 38	191 19	181 30	176 71	169 64	155 50	148 43	141 36
866	3. 4. 2. » 32. 3	194 60	191 42	181 51	176 91	169 83	155 68	148 60	141 53
867	3. 4. 2. ½ 13. 1	194 83	191 64	181 72	177 11	170 03	155 86	148 77	141 69
868	3. 4. 2. ½ 34. »	195 05	191 86	181 93	177 32	170 23	156 04	148 94	141 85
869	3. 4. 3. » 16. 8	195 28	192 08	182 14	177 52	170 42	156 22	149 12	142 02
870	3. 4. 3. » 35. 6	195 50	192 30	182 35	177 73	170 62	156 39	149 29	142 18
871	3. 4. 3. ½ 18. 4	195 73	192 52	182 56	177 94	170 82	156 57	149 46	142 34
872	3. 4. 4. » 1. 3	195 95	192 74	182 77	178 14	171 01	156 75	149 63	142 51
873	3. 4. 4. » 20. 1	196 17	192 96	182 98	178 34	171 21	156 93	149 80	142 67
874	3. 4. 4. ½ 2. 9	196 40	193 18	183 19	178 54	171 40	157 11	149 97	142 83
875	3. 4. 4. ½ 21. 8	196 62	193 41	183 40	178 75	171 60	157 29	150 15	143 00
876	3. 4. 5. » 4. 6	196 85	193 63	183 60	178 95	171 80	157 47	150 32	143 16
877	3. 4. 5. » 23. 4	197 07	193 85	183 81	179 16	171 99	157 65	150 49	143 32
878	3. 4. 5. ½ 6. 2	197 30	194 07	184 02	179 36	172 19	157 83	150 66	143 49
879	3. 4. 5. ½ 25. 1	197 52	194 29	184 23	179 57	172 38	158 01	150 83	143 65
880	3. 4. 6. » 7. 9	197 75	194 51	184 44	179 77	172 58	158 19	151 00	143 81
881	3. 4. 6. » 26. 7	197 97	194 73	184 65	179 97	172 78	158 37	151 17	143 98
882	3. 4. 6. ½ 9. 5	198 20	194 95	184 86	180 18	172 97	158 55	151 35	144 14
883	3. 4. 6. ½ 28. 4	198 42	195 17	185 07	180 38	173 17	158 73	151 52	144 30
884	3. 4. 7. » 11. 2	198 65	195 39	185 28	180 59	173 36	158 91	151 69	144 47
885	3. 4. 7. » 30. »	198 87	195 62	185 49	180 79	173 56	159 09	151 86	144 63
886	3. 4. 7. ½ 12. 8	199 10	195 84	185 70	180 99	173 76	159 27	152 03	144 79
887	3. 4. 7. ½ 31. 7	199 32	196 06	185 91	181 20	173 95	159 45	152 20	144 96
888	3. 5. » » 14. 5	199 54	196 28	186 12	181 40	174 15	159 63	152 38	145 12
889	3. 5. » » 33. 3	199 77	196 50	186 33	181 61	174 34	159 81	152 55	145 28
890	3. 5. » ½ 16. 2	200 00	196 72	186 54	181 81	174 54	159 99	152 72	145 45
891	3. 5. » ½ 35. »	200 22	196 94	186 75	182 02	174 74	160 17	152 89	145 61
892	3. 5. 1. » 17. 8	200 44	197 16	186 96	182 22	174 93	160 35	153 06	145 77
893	3. 5. 1. ½ ». 6	200 67	197 38	187 17	182 43	175 13	160 53	153 23	145 94
894	3. 5. 1. ½ 19. 5	200 89	197 60	187 37	182 63	175 33	160 71	153 41	146 10
895	3. 5. 2. » 2. 3	201 12	197 83	187 58	182 83	175 52	160 89	153 58	146 26
896	3. 5. 2. » 21. 1	201 34	198 05	187 80	183 04	175 72	161 07	153 75	146 43
897	3. 5. 2. ½ 3. 9	201 57	198 27	188 01	183 24	175 91	161 25	153 92	146 59
898	3. 5. 2. ½ 22. 8	201 79	198 49	188 22	183 45	176 11	161 43	154 09	146 76
899	3. 5. 3. » 5. 6	202 02	198 71	188 43	183 65	176 31	161 61	154 26	146 92
900	3. 5. 3. » 24. 4	202 24	198 93	188 64	183 86	176 50	161 79	154 44	147 08

DE 901 A 936 GRAMMES.

Conversion des GRAMMES en poids de MARC, suivie des différentes valeurs d'un ou plusieurs objets en ARGENT, à l'un des poids ci-dessous.

GRAMMES.	CONVERSION.						DIVERSES VALEURS DU GRAMME D'APRÈS LES PRIX SUIVANS DU MARC D'ARGENT							
	Marcs.	Onces.	Gros.	Demi-Gros.	Grains.	Centièmes.	à 55f »c	1er Titre contrôlé 54f 10c	1er Titre non contr. 51f 30c	à 50f »c	2e Titre contrôlé 48f »c	2e Titre non contr. 44f »c	à 42f »c	à 40f »c
							fr. c.	fr. c.	fr. c.	fr. c.	fr. c.	fr. c.	fr. c.	fr. c.
901	3.	5.	3.	½	7.	3	202 47	199 15	188 84	184 06	176 70	161 97	154 61	147 25
902	3.	5.	3.	½	26.	1	202 69	199 37	189 05	184 26	176 90	162 15	154 78	147 41
903	3.	5.	4.	»	8.	9	202 92	199 59	189 26	184 47	177 09	162 33	154 95	147 57
904	3.	5.	4.	»	27.	7	203 14	199 82	189 47	184 67	177 29	162 51	155 12	147 74
905	3.	5.	4.	½	10.	6	203 37	200 04	189 68	184 88	177 48	162 69	155 29	147 90
906	3.	5.	4.	½	29.	4	203 59	200 26	189 89	185 08	177 68	162 87	155 46	148 06
907	3.	5.	5.	»	12.	2	203 82	200 48	190 10	185 29	177 88	163 05	155 64	148 23
908	3.	5.	5.	»	31.	»	204 04	200 70	190 31	185 49	178 07	163 23	155 81	148 39
909	3.	5.	5.	½	13.	9	204 26	200 92	190 52	185 69	178 27	163 41	155 98	148 55
910	3.	5.	5.	½	32.	7	204 49	201 14	190 73	185 90	178 46	163 59	156 15	148 72
911	3.	5.	6.	»	15.	5	204 71	201 36	190 94	186 10	178 66	163 77	156 32	148 88
912	3.	5.	6.	»	34.	3	204 94	201 58	191 15	186 31	178 86	163 95	156 49	149 04
913	3.	5.	6.	½	17.	2	205 16	201 80	191 36	186 51	179 05	164 13	156 67	149 21
914	3.	5.	7.	»	».	»	205 39	202 03	191 57	186 72	179 25	164 30	156 84	149 37
915	3.	5.	7.	»	18.	8	205 61	202 25	191 78	186 92	179 44	164 48	157 01	149 53
916	3.	5.	7.	½	1.	7	205 84	202 47	191 99	187 12	179 64	164 66	157 18	149 70
917	3.	5.	7.	½	20.	5	206 06	202 69	192 20	187 33	179 84	164 84	157 35	149 86
918	3.	6.	»	»	3.	3	206 29	202 91	192 41	187 53	180 03	165 02	157 52	150 02
919	3.	6.	»	»	22.	1	206 51	203 13	192 62	187 74	180 23	165 20	157 70	150 19
920	3.	6.	»	½	5.	»	206 74	203 35	192 83	187 94	180 43	165 38	157 87	150 35
921	3.	6.	»	½	23.	8	206 96	203 57	193 04	188 15	180 62	165 56	158 04	150 51
922	3.	6.	1.	»	6.	6	207 19	203 79	193 25	188 35	180 82	165 74	158 21	150 68
923	3.	6.	1.	»	25.	4	207 41	204 01	193 46	188 55	181 01	165 92	158 38	150 84
924	3.	6.	1.	½	8.	3	207 64	204 24	193 67	188 76	181 21	166 10	158 55	151 00
925	3.	6.	1.	½	27.	1	207 86	204 46	193 88	188 96	181 41	166 28	158 73	151 17
926	3.	6.	2.	»	9.	9	208 08	204 68	194 08	189 17	181 60	166 46	158 90	151 33
927	3.	6.	2.	»	28.	8	208 31	204 90	194 29	189 37	181 80	166 64	159 07	151 49
928	3.	6.	2.	½	11.	6	208 53	205 12	194 50	189 58	181 99	166 82	159 24	151 66
929	3.	6.	2.	½	30.	4	208 76	205 34	194 71	189 78	182 19	167 00	159 41	151 82
930	3.	6.	3.	»	13.	2	208 98	205 56	194 92	189 98	182 39	167 18	159 58	151 98
931	3.	6.	3.	»	32.	1	209 21	205 78	195 13	190 19	182 58	167 36	159 75	152 15
932	3.	6.	3.	½	14.	9	209 43	206 00	195 34	190 39	182 78	167 54	159 93	152 31
933	3.	6.	3.	½	33.	7	209 66	206 23	195 55	190 60	182 97	167 72	160 10	152 47
934	3.	6.	4.	»	16.	5	209 88	206 45	195 76	190 80	183 17	167 90	160 27	152 64
935	3.	6.	4.	»	35.	4	210 11	206 67	195 97	191 01	183 37	168 08	160 44	152 80
936	3.	6.	4.	½	18.	2	210 33	206 89	196 18	191 21	183 56	168 26	160 61	152 97

Conversion des GRAMMES en poids de MARC, suivie des différentes valeurs d'un ou plusieurs objets en ARGENT à l'un des poids ci-dessous.

GRAMMES.	CONVERSION. (Marcs. Onces. Gros. Demi-Gros. Grains. Dixièmes.)	DIVERSES VALEURS DU GRAMME D'APRÈS LES PRIX SUIVANS DU MARC D'ARGENT							
		à 55f »c	1er Titre contrôlé 54f 10c	1er Titre non contr. 51f 30c	à 50f »c	2e Titre contrôlé 48f »c	2e Titre non contr. 44f »c	à 42f »c	à 40f »c
		fr. c.	fr. c.	fr. c.	fr. c.	fr. c.	fr. c.	fr. c.	fr. c.
937	3. 6. 5. » 1. »	210 56	207 11	196 39	191 41	183 76	168 44	160 78	153 13
938	3. 6. 5. » 19. 9	210 78	207 33	196 60	191 62	183 96	168 62	160 96	153 29
939	3. 6. 5. ½ 2. 7	211 01	207 55	196 81	191 82	184 15	168 80	161 13	153 46
940	3. 6. 5. ½ 21. 5	211 23	207 77	197 02	192 03	184 35	168 98	161 30	153 62
941	3. 6. 6. » 4. 3	211 46	207 99	197 23	192 23	184 54	169 16	161 47	153 78
942	3. 6. 6. » 23. 2	211 68	208 21	197 44	192 44	184 74	169 34	161 64	153 95
943	3. 6. 6. ½ 6. »	211 91	208 44	197 65	192 64	184 94	169 52	161 81	154 11
944	3. 6. 6. ½ 24. 8	212 13	208 66	197 86	192 84	185 13	169 70	161 99	154 27
945	3. 6. 7. » 7. 7	212 36	208 88	198 07	193 05	185 33	169 88	162 16	154 44
946	3. 6. 7. » 26. 5	212 58	209 10	198 28	193 25	185 52	170 06	162 35	154 60
947	3. 6. 7. ½ 9. 3	212 80	209 32	198 49	193 46	185 72	170 24	162 50	154 76
948	3. 6. 7. ½ 28. 1	213 03	209 54	198 70	193 66	185 92	170 42	162 67	154 93
949	3. 7. » » 11. »	213 26	209 76	198 91	193 87	186 11	170 60	162 84	155 09
950	3. 7. » » 29. 8	213 48	209 98	199 12	194 07	186 31	170 78	163 02	155 25
951	3. 7. » ½ 12. 6	213 70	210 20	199 32	194 27	186 50	170 96	163 19	155 42
952	3. 7. » ½ 31. 4	213 93	210 43	199 53	194 48	186 70	171 14	163 36	155 58
953	3. 7. 1. » 14. 3	214 15	210 65	199 74	194 68	186 90	171 32	163 53	155 74
954	3. 7. 1. » 33. 1	214 38	210 87	199 95	194 89	187 09	171 50	163 70	155 91
955	3. 7. 1. ½ 15. 9	214 60	211 09	200 16	195 09	187 29	171 68	163 87	156 07
956	3. 7. 1. ½ 34. 7	214 83	211 31	200 37	195 30	187 49	171 86	164 04	156 23
957	3. 7. 2. » 17. 6	215 05	211 53	200 58	195 50	187 68	172 03	164 22	156 40
958	3. 7. 2. ½ » 4	215 28	211 75	200 79	195 70	187 88	172 21	164 39	156 56
959	3. 7. 2. ½ 19. 2	215 50	211 97	201 00	195 91	188 07	172 39	164 56	156 72
960	3. 7. 3. » 2. 1	215 73	212 19	201 21	196 11	188 27	172 57	164 73	156 89
961	3. 7. 3. » 20. 9	215 95	212 41	201 42	196 32	188 47	172 75	164 90	157 05
962	3. 7. 3. ½ 3. 7	216 17	212 64	201 63	196 52	188 66	172 93	165 07	157 21
963	3. 7. 3. ½ 22. 5	216 40	212 86	201 84	196 73	188 86	173 11	165 25	157 38
964	3. 7. 4. » 5. 4	216 62	213 08	202 05	196 93	189 06	173 29	165 42	157 54
965	3. 7. 4. » 24. 2	216 85	213 30	202 26	197 13	189 25	173 47	165 59	157 70
966	3. 7. 4. ½ 7. »	217 07	213 52	202 47	197 34	189 45	173 65	165 76	157 87
967	3. 7. 4. ½ 25. 8	217 30	213 74	202 68	197 54	189 64	173 83	165 93	158 03
968	3. 7. 5. » 8. 7	217 52	213 96	202 89	197 75	189 84	174 01	166 10	158 20
969	3. 7. 5. » 27. 5	217 75	214 18	203 10	197 95	190 04	174 19	166 28	158 36
970	3. 7. 5. ½ 10. 3	217 97	214 40	203 31	198 16	190 23	174 37	166 45	158 52
971	3. 7. 5. ½ 29. 2	218 20	214 62	203 52	198 36	190 43	174 55	166 62	158 69
972	3. 7. 6. » 12. »	218 42	214 85	203 73	198 56	190 62	174 73	166 79	158 85

Conversion des GRAMMES en poids de MARC, suivie des différentes valeurs d'un ou plusieurs objets en ARGENT à l'un des poids ci-dessous.

GRAMMES.	CONVERSION. Marcs. Onces. Gros. Demi-Gros. Grains. Dixièmes.	DIVERSES VALEURS DU GRAMME D'APRÈS LES PRIX SUIVANS DU MARC D'ARGENT							
		à 55f »c	1er Titre contrôlé. 54f 40c	1er Titre non contr. 51f 30c	à 50f »c	2e Titre contrôlé 48f »c	2e Titre non contr. 44f »c	à 42f »c	à 40f »c
		fr. c.	fr. c.	fr. c.	fr. c.	fr. c.	fr. c.	fr. c.	fr. c.
973	3. 7. 6. » 30. 8	218 63	215 07	203 34	198 77	190 32	174 91	166 96	159 01
974	3. 7. 6. ½ 15. 6	218 87	215 29	204 13	198 97	191 02	175 09	167 15	159 18
975	3. 7. 6. ½ 32. 5	219 10	215 51	204 36	199 18	191 21	175 27	167 31	159 34
976	3. 7. 7. » 13. 3	219 32	215 73	204 56	199 38	191 41	175 45	167 48	159 50
977	3. 7. 7. » 34. 1	219 55	215 95	204 77	199 59	191 60	175 63	167 65	159 67
978	3. 7. 7. ½ 16. 9	219 77	216 17	204 98	199 79	191 80	175 81	167 82	159 83
979	3. 7. 7. ½ 35. 8	220 00	216 39	205 19	199 99	192 00	175 99	167 99	159 99
980	4. » » » 18. 6	220 22	216 61	205 40	200 20	192 19	176 17	168 16	160 16
981	4. » » ½ 1. 4	220 44	216 84	205 61	200 40	192 39	176 35	168 33	160 32
982	4. » » ½ 20. 3	220 67	217 06	205 82	200 61	192 58	176 53	168 51	160 48
983	4. » 1. » 3. 1	220 89	217 28	206 03	200 81	192 78	176 71	168 68	160 65
984	4. » 1. » 21. 9	221 12	217 50	206 24	201 02	192 98	176 89	168 85	160 81
985	4. » 1. ½ 4. 7	221 34	217 72	206 45	201 22	193 17	177 07	169 02	160 97
986	4. » 1. ½ 23. 6	221 57	217 94	206 66	201 42	193 37	177 25	169 19	161 14
987	4. » 2. » 6. 4	221 79	218 16	206 87	201 63	193 57	177 43	169 36	161 30
988	4. » 2. » 25. 2	222 02	218 38	207 08	201 83	193 76	177 61	169 54	161 46
989	4. » 2. ½ 8. »	222 24	218 60	207 29	202 04	193 96	177 79	169 71	161 63
990	4. » 2. ½ 26. 9	222 47	218 82	207 50	202 24	194 15	177 97	169 88	161 79
991	4. » 3. » 9. 7	222 69	219 05	207 71	202 45	194 35	178 15	170 05	161 95
992	4. » 3. » 28. 5	222 92	219 27	207 92	202 65	194 55	178 33	170 22	162 12
993	4. » 3. ½ 11. 4	223 14	219 49	208 13	202 85	194 74	178 51	170 39	162 28
994	4. » 3. ½ 30. 2	223 37	219 71	208 34	203 06	194 94	178 69	170 57	162 44
995	4. » 4. » 13. »	223 59	219 93	208 55	203 26	195 13	178 87	170 74	162 61
996	4. » 4. » 31. 8	223 82	220 15	208 76	203 47	195 33	179 05	170 91	162 77
997	4. » 4. ½ 14. 7	224 04	220 37	208 97	203 67	195 53	179 23	171 08	162 93
998	4. » 4. ½ 33. 5	224 26	220 59	209 18	203 88	195 72	179 41	171 25	163 10
999	4. » 5. » 16. 3	224 49	220 81	209 39	204 08	195 92	179 59	171 42	163 26
Kilos									
1	4. » 5. » 35. 1	224 72	221 04	209 60	204 29	196 11	179 77	171 60	163 43
2	8. 1. 2. ½ 34. 3	449 44	442 07	419 19	408 57	392 23	359 54	343 20	326 86
3	12. 2. » » 33. 4	674 16	663 12	628 79	612 86	588 35	539 32	514 80	490 29
4	16. 2. 6. ½ 32. 6	898 88	884 16	838 39	817 15	784 46	719 09	686 40	653 72
5	20. 3. 5. » 31. 7	1123 60	1105 19	1047 99	1021 44	980 58	898 86	858 00	817 15
6	24. 4. » ½ 30. 9	1348 32	1326 23	1257 59	1225 72	1176 69	1078 64	1029 60	980 58
7	28. 4. 6. » 30. »	1573 04	1547 27	1467 19	1430 01	1372 81	1258 41	1201 20	1144 01
8	32. 5. 3. ½ 29. 2	1797 76	1768 31	1676 79	1634 30	1568 93	1438 18	1372 80	1307 44

CHAPITRE IV.

DE LA CONVERSION DES POIDS DE MARC EN POIDS DÉCIMAUX, ET DE LEURS DIFFÉRENTES VALEURS D'APRÈS LES PRIX DU MARC D'ARGENT, QUI SONT LE PLUS EN USAGE DANS LE COMMERCE.

La colonne des centigrammes représente tout à la fois les décigrammes et centigrammes ; ainsi quand je dis 15 centigrammes, c'est comme si je disais 1 décigramme 5 centigrammes.

DE 1 A 24 GRAINS.

Conversion des GRAINS, poids de marc, en CENTIGRAMMES et GRAMMES, suivie des différentes valeurs d'un ou plusieurs objets en ARGENT, à l'un des poids ci-dessous.

POIDS de MARC.	CONVERS.		DIVERSES VALEURS DES GRAINS D'APRÈS LES PRIX SUIVANS DU MARC D'ARGENT							
	Grammes.	Centigram.	à 55f »c	1er Titre contrôlé 54f 40c	1er Titre non contr. 51f 30c	à 50f »c	2e Titre contrôlé à 48f »c	2e Titre non contr. à 44f »c	à 42f »c	à 40f »c
			fr. c.	fr. c.	fr. c.	fr. c.	fr. c.	fr. c.	fr. c.	fr. c.
1	»	5	0 1	0 1	0 1	0 1	0 1	0 1	0 1	0 1
2	»	10	0 2	0 2	0 2	0 2	0 2	0 2	0 2	0 2
3	»	15	0 4	0 3	0 3	0 3	0 3	0 3	0 3	0 3
4	»	21	0 5	0 5	0 4	0 4	0 4	0 4	0 4	0 3
5	»	26	0 6	0 6	0 6	0 5	0 5	0 5	0 5	0 4
6	»	31	0 7	0 7	0 7	0 6	0 6	0 6	0 5	0 5
7	»	37	0 8	0 8	0 8	0 8	0 7	0 7	0 6	0 6
8	»	42	0 10	0 9	0 9	0 9	0 8	0 8	0 7	0 7
9	»	47	0 11	0 11	0 10	0 10	0 9	0 9	0 8	0 8
10	»	53	0 12	0 12	0 11	0 11	0 10	0 10	0 9	0 9
11	»	58	0 13	0 13	0 12	0 12	0 11	0 10	0 10	0 10
12	»	63	0 14	0 14	0 13	0 13	0 12	0 11	0 11	0 10
13	»	69	0 16	0 15	0 14	0 14	0 13	0 12	0 12	0 11
14	»	74	0 17	0 16	0 16	0 15	0 15	0 13	0 13	0 12
15	»	79	0 18	0 18	0 17	0 16	0 16	0 14	0 14	0 13
16	»	85	0 19	0 19	0 18	0 17	0 17	0 15	0 15	0 14
17	»	90	0 20	0 20	0 19	0 18	0 18	0 16	0 15	0 15
18	»	95	0 22	0 21	0 20	0 19	0 19	0 17	0 16	0 16
19	1.	00	0 23	0 22	0 21	0 21	0 20	0 18	0 17	0 17
20	1.	06	0 24	0 23	0 22	0 22	0 21	0 19	0 18	0 17
21	1.	11	0 25	0 25	0 23	0 23	0 22	0 20	0 19	0 18
22	1.	16	0 26	0 26	0 24	0 24	0 23	0 21	0 20	0 19
23	1.	22	0 28	0 27	0 26	0 25	0 24	0 22	0 21	0 20
24	1.	27	0 29	0 28	0 27	0 26	0 25	0 23	0 22	0 21

Conversion des ***DEMI-GROS*** *et* ***GRAINS*** *en* ***GRAMMES*** *et* ***CENTIGRAMMES****, suivie des différentes valeurs d'un ou plusieurs objets en* ***ARGENT****, à l'un des poids ci-dessous.*

POIDS de MARC.	CONVERS.		DIVERSES VALEURS DES GRAINS D'APRÈS LES PRIX SUIVANS DU MARC D'ARGENT							
	Grammes.	Centigram.	à 55f »c	1er Titre contrôlé 54f 40c	1er Titre non contr. 51f 30c	à 50f »c	2e Titre contrôlé à 48f »c	2e Titre non contr. 44f »c	à 42f »c	à 40f »c
			fr. c.	fr. c.	fr. c.	fr. c.	fr. c.	fr. c.	fr. c.	fr. c.
25	1.	32	0 30	0 29	0 28	0 27	0 26	0 24	0 23	0 22
26	1.	38	0 31	0 31	0 29	0 28	0 27	0 25	0 24	0 23
27	1.	43	0 32	0 32	0 30	0 29	0 28	0 26	0 25	0 23
28	1.	48	0 34	0 33	0 31	0 30	0 29	0 27	0 26	0 24
29	1.	54	0 35	0 34	0 32	0 31	0 30	0 28	0 26	0 25
30	1.	59	0 36	0 35	0 33	0 32	0 31	0 29	0 27	0 26
31	1.	64	0 37	0 36	0 34	0 34	0 32	0 30	0 28	0 27
32	1.	69	0 38	0 38	0 36	0 35	0 33	0 31	0 29	0 28
33	1.	75	0 40	0 39	0 37	0 36	0 34	0 31	0 30	0 29
34	1.	80	0 41	0 40	0 38	0 37	0 35	0 32	0 31	0 30
35	1.	85	0 42	0 41	0 39	0 38	0 36	0 33	0 32	0 30
Demi-gros.										
½ »	1.	91	0 43	0 42	0 40	0 39	0 37	0 34	0 33	0 31
½ 1	1.	96	0 44	0 43	0 41	0 40	0 38	0 35	0 34	0 32
½ 2	2.	01	0 45	0 45	0 42	0 41	0 40	0 36	0 35	0 33
½ 3	2.	07	0 47	0 46	0 43	0 42	0 41	0 37	0 35	0 34
½ 4	2.	12	0 48	0 47	0 44	0 43	0 42	0 38	0 36	0 35
½ 5	2.	17	0 49	0 48	0 45	0 44	0 43	0 39	0 37	0 36
½ 6	2.	23	0 50	0 49	0 46	0 46	0 44	0 40	0 38	0 36
½ 7	2.	28	0 51	0 50	0 48	0 47	0 45	0 41	0 39	0 37
½ 8	2.	33	0 53	0 52	0 49	0 48	0 46	0 42	0 40	0 38
½ 9	2.	38	0 54	0 53	0 50	0 49	0 47	0 43	0 41	0 39
½ 10	2.	44	0 55	0 54	0 51	0 50	0 48	0 44	0 42	0 40
½ 11	2.	49	0 56	0 55	0 52	0 51	0 49	0 45	0 43	0 41
½ 12	2.	54	0 57	0 56	0 53	0 52	0 50	0 46	0 44	0 42
½ 13	2.	60	0 59	0 57	0 54	0 53	0 51	0 47	0 45	0 43
½ 14	2.	65	0 60	0 59	0 55	0 54	0 52	0 48	0 46	0 45
½ 15	2.	70	0 61	0 60	0 57	0 55	0 53	0 49	0 46	0 44
½ 16	2.	76	0 62	0 61	0 58	0 56	0 54	0 50	0 47	0 45
½ 17	2.	81	0 63	0 62	0 59	0 58	0 55	0 51	0 48	0 46
½ 18	2.	86	0 65	0 63	0 60	0 59	0 56	0 52	0 49	0 47
½ 19	2.	92	0 66	0 64	0 61	0 60	0 57	0 52	0 50	0 48
½ 20	2.	97	0 67	0 65	0 62	0 61	0 58	0 53	0 51	0 49
½ 21	3.	02	0 68	0 67	0 63	0 62	0 59	0 54	0 52	0 49
½ 22	3.	07	0 69	0 68	0 64	0 63	0 60	0 55	0 53	0 50
½ 23	3.	13	0 71	0 69	0 65	0 64	0 61	0 56	0 54	0 51

Conversion des DEMI-GROS, GROS, ONCES et MARCS en GRAMMES et CENTIGRAMMES, suivie des différentes valeurs d'un ou plusieurs objets en ARGENT à l'un des poids ci-dessous.

POIDS de MARC.	CONVERS. Kilogr.	CONVERS. Grammes. Centigram.	DIVERSES VALEURS DES DEMI-GROS, GROS, ONCES ET MARCS D'APRÈS LES PRIX SUIVANS DU MARC D'ARGENT à 55f »c	1er Titre contrôlé 54f 40c	1er Titre non contr. 51f 30c	à 50f »c	2e Titre contrôlé 48f »c	2e Titre non contr. 44f »c	à 42f »c	à 40f »c
			fr. c.	fr. c.	fr. c.	fr. c.	fr. c.	fr. c.	fr. c.	fr. c.
½ 24	»	3. 18	0 72	0 70	0 66	0 65	0 62	0 57	0 55	0 52
½ 25	»	3. 24	0 73	0 72	0 68	0 66	0 63	0 58	0 56	0 53
½ 26	»	3. 29	0 74	0 73	0 69	0 67	0 65	0 59	0 56	0 54
½ 27	»	3. 34	0 75	0 74	0 70	0 68	0 66	0 60	0 57	0 55
½ 28	»	3. 39	0 77	0 75	0 71	0 69	0 67	0 61	0 58	0 56
½ 29	»	3. 45	0 78	0 76	0 72	0 71	0 68	0 62	0 59	0 56
½ 30	»	3. 50	0 79	0 77	0 73	0 72	0 69	0 63	0 60	0 57
½ 31	»	3. 55	0 80	0 79	0 74	0 73	0 70	0 64	0 61	0 58
½ 32	»	3. 61	0 81	0 80	0 75	0 74	0 71	0 65	0 62	0 59
½ 33	»	3. 66	0 83	0 81	0 76	0 75	0 72	0 66	0 63	0 60
½ 34	»	3. 71	0 84	0 82	0 78	0 76	0 73	0 67	0 64	0 61
½ 35	»	3. 77	0 85	0 83	0 79	0 77	0 74	0 68	0 65	0 62
Gros.										
1	»	3. 82	0 86	0 85	0 80	0 78	0 75	0 69	0 66	0 63
2	»	7. 64	1 72	1 69	1 60	1 56	1 50	1 37	1 31	1 25
3	»	11. 47	2 58	2 54	2 40	2 34	2 25	2 06	1 97	1 87
4	»	15. 29	3 44	3 38	3 21	3 12	3 00	2 75	2 62	2 50
5	»	19. 12	4 30	4 25	4 01	3 91	3 75	3 44	3 28	3 12
6	»	22. 94	5 16	5 07	4 81	4 69	4 50	4 12	3 94	3 75
7	»	26. 76	6 02	5 92	5 61	5 47	5 25	4 81	4 59	4 37
Onces.										
1	»	30. 59	6 87	6 76	6 41	6 25	6 00	5 50	5 25	5 00
2	»	61. 18	13 75	13 52	12 82	12 50	12 00	11 00	10 50	10 00
3	»	91. 78	20 62	20 29	19 23	18 75	18 00	16 50	15 75	15 00
4	»	122. 37	27 50	27 05	25 65	25 00	24 00	22 00	21 00	20 00
5	»	152. 97	34 37	33 81	32 05	31 25	30 00	27 50	26 25	25 00
6	»	183. 56	41 25	40 57	38 47	37 50	36 00	33 00	31 50	30 00
7	»	214. 15	48 12	47 34	44 88	43 75	42 00	38 50	36 75	35 00
Marcs.										
1	»	244. 75	55 00	54 40	51 30	50 00	48 00	44 00	42 00	40 00
2	»	489. 50	110 00	108 20	102 60	100 00	96 00	88 00	84 00	80 00
3	»	734. 25	165 00	162 30	153 90	150 00	144 00	132 00	126 00	120 00
4	»	979. 01	220 00	216 40	205 20	200 00	192 00	176 00	168 00	160 00
5	1.	223. 76	275 00	270 50	256 50	250 00	240 00	220 00	210 00	200 00
6	1.	468. 51	330 00	324 60	307 80	300 00	288 00	264 00	252 00	240 00
7	1.	713. 27	385 00	378 70	359 10	350 00	336 00	308 00	294 00	280 00
8	1.	958. 02	440 00	432 80	410 40	400 00	384 00	352 00	336 00	320 00

Conversion des MARCS en KILOGRAMMES, GRAMMES et CENTIGRAMMES, suivie des différentes valeurs d'un ou plusieurs objets en ARGENT à l'un des poids ci-dessous.

POIDS de MARC.	CONVERS. Kilogr.	Grammes.	Centigram.	DIVERSES VALEURS DES MARCS D'ARGENT à 55f »c	1er Titre contrôlé 54f 10c	1er Titre non contr. 51f 30c	à 50f »c	2e Titre contrôlé 48f »c	2e Titre non contr. 44f »c	à 42f »c	à 40f »c
				fr. c.	fr. c.	fr. c.	fr. c.	fr. c.	fr. c.	fr. c.	fr. c.
9	2.	202.	77	495 00	486 90	461 70	450 00	432 00	396 00	378 00	360 00
10	2.	447.	52	550 00	541 00	513 00	500 00	480 00	440 00	420 00	400 00
20	4.	895.	05	1100 00	1082 00	1026 00	1000 00	960 00	880 00	840 00	800 00
30	7.	342.	56	1650 00	1623 00	1539 00	1500 00	1440 00	1320 00	1260 00	1200 00

CHAPITRE V.

DE LA CONVERSION DES MILLIÈMES EN KARATS, POUR L'OR, ET EN DENIERS POUR L'ARGENT, AINSI QUE DE LA CONVERSION DES MILLIÈMES EN GRAINS DE FIN CONTENUS PAR MARC D'OR OU D'ARGENT, ET DES DIFFÉRENTES VALEURS D'UNE ONCE D'OR, D'UN MARC D'ARGENT ET DE L'ONCE, APRÈS ESSAI, SUIVANT LES DIFFÉRENS PRIX DE L'ONCE D'OR FIN ET DU MARC D'ARGENT FIN.

Le Tarif suivant, le plus complet de tous ceux de ce genre, offre la solution de toutes les opérations qui ont rapport aux dorés :

1° Il donne la conversion des millièmes en karats et trente-deux pour l'or, et en deniers, grains et demi-grains pour l'argent. On observera de répéter aux millièmes, devant lesquels il n'y a pas de conversion, la conversion précédente; ces espaces blancs indiquent des fractions de trente deux et de demi-grain que les essayeurs négligent ordinairement;

2° Il donne, pour l'or et l'argent, la conversion des millièmes en grains de fin, et la conversion des grains de fin en onces, gros, demi-gros, grains et fractions de grain d'or ou d'argent fin contenus dans un marc, après essai. Cette conversion est très-utile pour les échanges de lingots d'or, d'argent et de doré, contre de l'or ou de l'argent fin. Exemple : j'ai un lingot contenant or et argent; il est d'après son bulletin d'essai à 635 millièmes pour or, et à 253 millièmes pour argent; je désire savoir combien je dois recevoir d'or fin et d'argent fin, par marc de mon lingot; je trouve à 635 millièmes, 2926 grains 1 dixième, ou 5 onces, ½ gros, 10 grains, 1 dixième d'or fin contenus dans chaque marc de mon lingot. Je trouve à 253 millièmes, 1165 grains, 8 dixièmes ou 2 onces, 13 grains, 8 dixièmes d'argent fin contenus dans chaque marc de mon lingot; ainsi donc, je recevrai en échange de mon lingot, et pour chaque marc, 5 onces, ½ gros, 10 grains, 1 dixième d'or fin, et 2 onces, 13 grains, 8 dixièmes d'argent fin; de cette manière, je rentre dans tout le fin contenu dans mon lingot, et je ne dois que les frais d'affinage qui sont de 1 fr. 50 cent. par marc et de 19 cent. par once;

3° Il donne la valeur d'une once d'or, d'un marc d'argent et de l'once, depuis 1 millième jusqu'à 1000 millièmes, calculée d'après tous les cours de l'once d'or fin et du marc d'argent fin. Comme il m'a été impossible de les réunir dans un même tableau, par la quantité de colonnes que cela exigeait, j'ai donné au bas de chaque page a valeur qu'il faut ajouter à toutes les sommes qui y sont contenues, dans le cas où le prix de l'or fin et de l'argent fin serait supérieur de quelques centimes à l'un de ceux exprimés dans ce tarif. Cette valeur, d'un millième à l'autre, est si minime qu'elle ne peut être exprimée; en effet, cette valeur, pour chaque page contenant 28 millièmes, n'est que de 1 dixième de centime pour une différence de 5 centimes sur les prix de l'or fin et de l'argent fin, de 3 dixièmes de centime pour une différence de 10 centimes, de 4 dixièmes de centime pour une différence de 15 centimes et de 5 dixièmes de centime pour une différence de 20 centimes. On voit par là combien la progression de cette valeur est insensible par chaque page contenant 28 millièmes, et qu'elle peut être ajoutée, sans exception, à toutes les sommes qui y sont contenues. On observera de prendre, pour les onces d'argent, le huitième de la valeur à ajouter aux marcs d'argent. Voici deux exemples qui démontrent combien il est facile, à l'aide de ce tarif, de connaître la valeur d'un lingot d'or ou de doré, quels que soient son titre et le prix de l'once d'or fin et du marc d'argent fin. Exemple : j'ai un lingot d'or; il est au titre de 601 millièmes; je désire en connaître la valeur à raison de 105 fr. 65 cent. l'once d'or fin. Au titre 601 millièmes, à la colonne de 105 fr. 50 cent. qui est le prix de l'or fin le plus près de celui dont j'ai besoin, je trouve 63 francs 40 centimes l'once. La différence entre le prix de 105 fr. 50 cent. et celui de 105 fr. 65 cent., est donc de 15 centimes; je vois au bas de la page dans laquelle se trouve le titre de 601 millièmes, qu'il faut ajouter à toutes les sommes qui y sont contenues, 9 centimes 2 dixièmes, pour une différence en plus de 15 centimes sur les prix de l'or fin, exprimés dans ce chapitre.

J'additionne ces deux sommes ensemble : 63 fr. 40 cent.
9 cent. 2 dixièmes.

Total . . 63 fr. 49 cent. 2 dixièmes, valeur d'une once de mon lingot, à raison de 105 fr. 65 cent. l'once de fin.

Si le lingot contient or et argent, je fais la même opération pour l'argent que pour l'or, ayant soin de ne prendre que la valeur de l'once d'argent pour l'ajouter à celle de l'once d'or. Exemple : j'ai un lingot de doré; il est d'après son bulletin d'essai à 553 millièmes pour or, et à 149 millièmes pour argent; je désire en connaître la valeur à raison de 106 francs l'once d'or fin et de 53 fr. 75 cent. le marc d'argent fin. Au titre 553 millièmes pour or, à la colonne de 106 fr., je trouve 58 fr. 61 cent. valeur d'une once de ce lingot; au titre 149 millièmes pour argent, à la colonne de 53 fr. 75 cent. le marc d'argent fin, et à la colonne des onces, je trouve 1 fr. valeur de l'argent contenu dans chaque once dudit lingot.

J'additionne ces deux sommes ensemble : 58 fr. 61 cent.
1 fr.

Total . . 59 fr. 61 cent., valeur d'une once de ce doré.

Moyen facile de connaître la quantité d'or ou d'argent fin contenue dans un lingot, d'après son bulletin d'essai, et pesé en poids de gramme. Le nombre de millièmes, soit pour or ou argent porté sur un bulletin d'essai représente le même nombre de grammes d'or ou d'argent fin contenu dans un kilo. ou 1000 grammes; ainsi, par exemple : j'ai un lingot d'or ou d'argent à 725 millièmes; il pèse 1000 grammes; mon lingot contient juste 725 grammes d'or ou d'argent fin. Second exemple : j'ai un lingot d'or à 658 millièmes; il pèse 225 grammes, 6 décigrammes; je multiplie 225-6 par 658, ce qui me donne pour produit 148 grammes, 44 centigrammes, 48 centièmes de centigrammes d'or fin contenu dans la totalité de mon lingot. On emploie le même moyen pour connaître la valeur en espèces d'un lingot d'or, d'argent ou de doré d'après le cours de l'or ou de l'argent fin. Exemple : j'ai un lingot d'or à 560 millièmes; le cours de l'or fin est à 105 fr. 50 cent.; je multiplie 105-50 par 560, ce qui me donne pour produit 59 fr. 8 cent., valeur d'une once de mon lingot. On trouve au chapitre suivant ces comptes tout faits.

Conversion des ***MILLIÈMES*** *en* ***KARATS*** *et* ***TRENTE-DEUX***, *et en* ***GRAINS DE FIN*** *contenus dans un* ***MARC*** *d'or à l'un des titres ci-dessous, suivie des différentes valeurs d'une* ***ONCE d'OR*** *à l'un de ces mêmes titres.*

MILLIÈMES.	CONVERSION en Karats et en Grains de fin.									DIVERSES VALEURS D'UNE ONCE D'OR D'APRÈS LES PRIX SUIVANS DE L'ONCE D'OR FIN						
	Karats.	Trente-Deux.	Grains.	Dixièmes.	Onces.	Gros.	Demi-Gros.	Grains.	Dixièmes.	à fr. c. 106 50	à fr. c. 106 25	à fr. c. 106 »	à fr. c. 105 75	à fr. c. 105 50	à fr. c. 105 25	à fr. c. 105 »
										fr. c.	fr. c.	fr. c.	fr. c.	fr. c.	fr. c.	fr. c.
1	»	1	4.	6	»	»	»	4.	6	0 10	0 10	0 10	0 10	0 10	0 10	0 10
2	»	»	9.	2	»	»	»	9.	2	0 21	0 21	0 21	0 21	0 21	0 21	0 21
3	»	2	13.	8	»	»	»	13.	8	0 31	0 31	0 31	0 31	0 31	0 31	0 31
4	»	3	18.	4	»	»	»	18.	4	0 42	0 42	0 42	0 42	0 42	0 42	0 42
5	»	4	23.	»	»	»	»	23.	»	0 53	0 53	0 53	0 52	0 52	0 52	0 52
6	»	»	27.	6	»	»	»	27.	6	0 63	0 63	0 63	0 63	0 63	0 63	0 63
7	»	5	32.	3	»	»	»	32.	3	0 74	0 74	0 74	0 74	0 73	0 73	0 73
8	»	6	36.	9	»	»	½	»	9	0 85	0 85	0 84	0 84	0 84	0 84	0 84
9	»	7	41.	5	»	»	½	5.	5	0 95	0 95	0 95	0 95	0 94	0 94	0 94
10	»	8	46.	1	»	»	½	10.	1	1 06	1 06	1 06	1 05	1 05	1 05	1 05
11	»	»	50.	7	»	»	½	14.	7	1 17	1 16	1 16	1 16	1 16	1 15	1 15
12	»	9	55.	3	»	»	½	19.	3	1 27	1 27	1 27	1 26	1 26	1 26	1 26
13	»	10	59.	9	»	»	½	23.	9	1 38	1 38	1 37	1 37	1 37	1 36	1 36
14	»	11	64.	5	»	»	½	28.	5	1 49	1 48	1 48	1 48	1 47	1 47	1 47
15	»	»	69.	1	»	»	½	33.	1	1 59	1 59	1 59	1 58	1 58	1 57	1 57
16	»	12	73.	7	»	1.	»	1.	7	1 70	1 70	1 69	1 69	1 68	1 68	1 68
17	»	13	78.	3	»	1.	»	6.	3	1 81	1 80	1 80	1 79	1 79	1 78	1 78
18	»	14	82.	9	»	1.	»	10.	9	1 91	1 91	1 90	1 90	1 89	1 89	1 89
19	»	»	87.	6	»	1.	»	15.	6	2 02	2 01	2 01	2 00	2 00	1 99	1 99
20	»	15	92.	2	»	1.	»	20.	2	2 13	2 12	2 12	2 11	2 11	2 10	2 10
21	»	16	96.	8	»	1.	»	24.	8	2 23	2 23	2 22	2 22	2 21	2 21	2 20
22	»	17	101.	4	»	1.	»	29.	4	2 34	2 33	2 33	2 32	2 32	2 31	2 31
23	»	18	106.	»	»	1.	»	34.	»	2 44	2 44	2 43	2 43	2 42	2 42	2 41
24	»	»	110.	6	»	1.	½	2.	6	2 55	2 55	2 54	2 53	2 53	2 52	2 52
25	»	19	115.	2	»	1.	½	7.	2	2 66	2 65	2 65	2 64	2 63	2 63	2 62
26	»	20	119.	8	»	1.	½	11.	8	2 76	2 76	2 75	2 74	2 74	2 73	2 73
27	»	21	124.	4	»	1.	½	16.	4	2 87	2 86	2 86	2 85	2 84	2 84	2 83
28	»	»	129.	»	»	1.	½	21.	»	2 98	2 97	2 96	2 96	2 95	2 94	2 94

Lorsque le prix de l'or fin est supérieur de quelques centimes à ceux donnés dans ce chapitre, ajoutez pour chaque différence, à toutes les sommes sans exception, contenues dans cette page, les centimes et fractions de centime ci-dessous, et de la manière suivante *:

	cent.	dix.		cent.	dix.
Pour une différence de 5 cent.	»	1	Pour une différence de 15 cent.	»	4
Pour une différence de 10 cent.	»	3	Pour une différence de 20 cent.	»	6

* Voyez la page 44 ligne 22 pour plus ample explication.

Conversion des ***MILLIÈMES*** *en* ***DENIERS, GRAINS*** *et* ***DEMI-GRAINS****, suivie des différentes valeurs d'un* ***MARC*** *et de* ***l'ONCE d'ARGENT*** *à l'un des titres ci-dessous.*

MILLIÈMES.	CONV.			DIVERSES VALEURS D'UN MARC ET DE L'ONCE D'ARGENT D'APRÈS LES PRIX SUIVANS DU MARC D'ARGENT FIN									
				à 54 f „ c		à 53 f 75 c		à 53 f 50 c		à 53 f 25 c		à 53 f „ c	
	Deniers.	Grains.	Demi-Grains.	Marcs.	Onces.	Marcs.	Onces.	Marcs.	Onces.	Marcs.	Onces.	Marcs.	Onces.
				f. c.	f. c.	f. c.	f. c.	f. c.	f. c.	f. c.	f. c.	f. c.	f. c.
1	„	„	„	0 05	0 00	0 05	0 00	0 05	0 00	0 05	0 00	0 05	0 00
2	„	„	½	0 10	0 01	0 10	0 01	0 10	0 01	0 10	0 01	0 10	0 01
3	„	1.	„	0 16	0 02	0 16	0 02	0 16	0 02	0 15	0 01	0 15	0 01
4	„	„	„	0 21	0 02	0 21	0 02	0 21	0 02	0 21	0 02	0 21	0 02
5	„	1.	½	0 27	0 03	0 26	0 03	0 26	0 03	0 26	0 03	0 26	0 03
6	„	„	„	0 32	0 04	0 32	0 04	0 32	0 04	0 31	0 03	0 31	0 03
7	„	2.	„	0 37	0 04	0 37	0 04	0 37	0 04	0 37	0 04	0 37	0 04
8	„	„	„	0 43	0 05	0 43	0 05	0 42	0 05	0 42	0 05	0 42	0 05
9	„	2.	½	0 48	0 06	0 48	0 06	0 48	0 06	0 47	0 05	0 47	0 05
10	„	3.	„	0 54	0 06	0 53	0 06	0 53	0 06	0 53	0 06	0 53	0 06
11	„	„	„	0 59	0 07	0 59	0 07	0 58	0 07	0 58	0 07	0 58	0 07
12	„	3.	½	0 64	0 08	0 64	6 08	0 64	0 08	0 63	0 07	0 63	0 07
13	„	„	„	0 70	0 08	0 69	0 08	0 69	0 08	0 69	0 08	0 68	0 08
14	„	4.	„	0 75	0 09	0 75	0 09	0 74	0 09	0 74	0 09	0 74	0 09
15	„	„	„	0 81	0 10	0 80	0 10	0 80	0 10	0 79	0 09	0 79	0 09
16	„	4.	½	0 86	0 10	0 86	0 10	0 85	0 10	0 85	0 10	0 84	0 10
17	„	5.	„	0 91	0 11	0 91	0 11	0 90	0 11	0 90	0 11	0 90	0 11
18	„	„	„	0 97	0 12	0 96	0 12	0 96	0 12	0 95	0 11	0 95	0 11
19	„	5.	½	1 02	0 12	1 02	0 12	1 01	0 12	1 01	0 12	1 00	0 12
20	„	„	„	1 08	0 13	1 07	0 13	1 07	0 13	1 06	0 13	1 06	0 13
21	„	6.	„	1 13	0 14	1 12	0 14	1 12	0 14	1 11	0 13	1 11	0 13
22	„	„	„	1 18	0 14	1 18	0 14	1 17	0 14	1 17	0 14	1 16	0 14
23	„	6.	½	1 24	0 15	1 23	0 15	1 23	0 15	1 22	0 15	1 21	0 15
24	„	7.	„	1 29	0 16	1 29	0 16	1 28	0 16	1 27	0 15	1 27	0 15
25	„	„	„	1 35	0 16	1 34	0 16	1 33	0 16	1 33	0 16	1 32	0 16
26	„	7	½	1 40	0 17	1 39	0 17	1 39	0 17	1 38	0 17	1 37	0 17
27	„	„	„	1 45	0 18	1 45	0 18	1 44	0 18	1 43	0 17	1 43	0 17
28	„	8.	„	1 51	0 18	1 50	0 18	1 49	0 18	1 49	0 18	1 48	0 18

Lorsque le prix de l'argent fin est supérieur de quelques centimes à ceux donnés dans ce chapitre, ajoutez pour chaque différence, à toutes les sommes placées dans les colonnes de marcs, et contenues dans cette page, les centimes et fractions de centime ci-dessous, et seulement le huitième aux sommes placées dans les colonnes des onces *.

	cent.	dix.	huitiè.		cent.	dix.	huitiè.
Différence de 5 centimes.	„	1	„ „	Différence de 15 centimes	„	4	„ „
Différence de 10 centimes.	„	3	„ „	Différence de 20 centimes	„	6	„ „

* Voyez la page 44 ligne 22 pour plus ample explication.

Conversion des ***MILLIÈMES*** *en* ***KARATS*** *et* ***TRENTE DEUX****, et en* ***GRAINS DE FIN*** *contenus dans un* ***MARC*** *d'or à l'un des titres ci-dessous, suivie des différentes valeurs d'une* ***ONCE d'OR*** *à l'un de ces mêmes titres.*

MILLIÈMES.	CONVERSION en Karats et en Grains de fin.									DIVERSES VALEURS D'UNE ONCE D'OR D'APRÈS DES PRIX SUIVANS DE L'ONCE D'OR FIN						
	Karats.	Trente-Deux.	Grains.	Dixièmes.	Onces.	Gros.	Demi-Gros.	Grains.	Dixièmes.	à fr. c. 106 50	à fr. c. 106 25	à fr. c. 106 »	à fr. c. 105 75	à fr. c. 105 50	à fr. c. 105 25	à fr. c. 105 »
										fr. c.	fr. c.	fr. c.	fr. c.	fr. c.	fr. c.	fr. c.
29	»	22	133.	6	»	1.	½	25.	6	3 08	3 08	3 07	3 06	3 05	3 05	3 04
30	»	23	138.	2	»	1.	½	30.	2	3 19	3 18	3 18	3 17	3 16	3 15	3 15
31	»	24	142.	8	»	1.	½	34.	8	3 30	3 29	3 28	3 27	3 27	3 26	3 25
32	»	»	147.	5	»	2.	»	3.	5	3 41	3 40	3 39	3 38	3 37	3 36	3 36
33	»	25	152.	1	»	2.	»	8.	1	3 51	3 50	3 49	3 48	3 48	3 47	3 46
34	»	26	156.	7	»	2.	»	12.	7	3 62	3 61	3 60	3 59	3 58	3 57	3 57
35	»	27	161.	3	»	2.	»	17.	3	3 72	3 71	3 71	3 70	3 69	3 68	3 67
36	»	28	165.	9	»	2.	»	21.	9	3 83	3 82	3 81	3 80	3 79	3 78	3 78
37	»	»	170.	5	»	2.	»	26.	5	3 94	3 93	3 92	3 91	3 90	3 89	3 88
38	»	29	175.	1	»	2.	»	31.	1	4 04	4 03	4 02	4 01	4 00	3 99	3 99
39	»	30	179.	7	»	2.	»	35.	7	4 15	4 14	4 13	4 12	4 11	4 10	4 09
40	»	31	184.	3	»	2.	½	4.	3	4 26	4 25	4 24	4 23	4 22	4 21	4 20
41	»	»	188.	9	»	2.	½	8.	9	4 36	4 35	4 34	4 33	4 32	4 31	4 30
42	1.	»	193.	5	»	2.	½	13.	5	4 47	4 46	4 45	4 44	4 43	4 42	4 41
43	1.	1	198.	1	»	2.	½	18.	1	4 57	4 56	4 55	4 54	4 53	4 52	4 51
44	1.	2	202.	8	»	2.	½	22.	8	4 68	4 67	4 66	4 65	4 64	4 63	4 62
45	1.	2	207.	4	»	2.	½	27.	4	4 79	4 78	4 77	4 76	4 74	4 73	4 72
46	1.	3	212.	»	»	2.	½	32.	»	4 89	4 88	4 87	4 86	4 85	4 84	4 83
47	1.	4	216.	6	»	3.	»	»	6	5 00	4 99	4 98	4 97	4 96	4 94	4 93
48	1.	5	221.	2	»	3.	»	5.	2	5 11	5 10	5 08	5 07	5 06	5 05	5 04
49	1.	6	225.	8	»	3.	»	9.	8	5 21	5 20	5 19	5 18	5 16	5 15	5 14
50	»	»	230.	4	»	3.	»	14.	4	5 32	5 31	5 30	5 28	5 27	5 26	5 25
51	1.	7	235.	»	»	3.	»	19.	»	5 43	5 41	5 40	5 39	5 38	5 36	5 35
52	1.	8	239.	6	»	3.	»	23.	6	5 53	5 52	5 51	5 49	5 48	5 47	5 46
53	1.	9	244.	2	»	3.	»	28.	2	5 64	5 63	5 61	5 60	5 59	5 57	5 56
54	»	»	248.	8	»	3.	»	32.	8	5 75	5 73	5 72	5 71	5 69	5 68	5 67
55	1.	10	253.	4	»	3.	½	1.	4	5 85	5 84	5 83	5 81	5 80	5 78	5 77
56	1.	11	258.	»	»	3.	½	6.	»	5 96	5 95	5 93	5 92	5 90	5 89	5 88

Lorsque le prix de l'or fin est supérieur de quelques centimes à ceux donnés dans ce chapitre, ajoutez pour chaque différence à toutes les sommes, sans exception, contenues dans cette page, les centimes et fractions de centime ci-dessous, et de la manière suivante :

	cent.	dix.		cent.	dix.
Pour une différence de 5 cent.	»	3	Pour une différence de 15 cent.	»	8
Pour une différence de 10 cent.	»	6	Pour une différence de 20 cent.	1	1

Conversion des MILLIÈMES en DENIERS, GRAINS, et DEMI-GRAINS, suivie des différentes valeurs d'un MARC et de l'ONCE d'ARGENT à l'un des titres ci-dessous.

MILLIÈMES.	CONV. Deniers. Grains. Demi-Grains.	DIVERSES VALEURS D'UN MARC ET DE L'ONCE D'ARGENT D'APRÈS LES PRIX SUIVANS DU MARC D'ARGENT FIN — à 54f «c Marcs.	à 54f «c Onces.	à 53f 75c Marcs.	à 53f 75c Onces.	à 53f 50c Marcs.	à 53f 50c Onces.	à 53f 25c Marcs.	à 53f 25c Onces.	à 53f «c Marcs.	à 53f «c Onces.
		fr. c.	fr. c.	fr. c.	fr. c.	fr. c.	fr. c.	fr. c.	fr. c.	fr. c.	fr. c.
29		1 56	0 19	1 55	0 19	1 55	0 19	1 54	0 19	1 53	0 19
30	« 8. ½	1 62	0 20	1 61	0 20	1 60	0 20	1 59	0 19	1 59	0 19
31	« 9. «	1 67	0 20	1 66	0 20	1 65	0 20	1 65	0 20	1 64	0 20
32		1 72	0 21	1 72	0 21	1 71	0 21	1 70	0 21	1 69	0 21
33	« 9. ½	1 78	0 22	1 77	0 22	1 76	0 22	1 75	0 21	1 74	0 21
34		1 83	0 22	1 82	0 22	1 81	0 22	1 81	0 22	1 80	0 22
35	« 10. «	1 89	0 23	1 88	0 23	1 87	0 23	1 86	0 23	1 85	0 23
36	« 10. ½	1 94	0 24	1 93	0 24	1 92	0 24	1 91	0 23	1 90	0 23
37		1 99	0 24	1 98	0 24	1 97	0 24	1 97	0 24	1 96	0 24
38	« 11. «	2 05	0 25	2 04	0 25	2 03	0 25	2 02	0 25	2 01	0 25
39		2 10	0 26	2 09	0 26	2 08	0 26	2 07	0 25	2 06	0 25
40	« 11. ½	2 16	0 27	2 15	0 26	2 14	0 26	2 13	0 26	2 12	0 26
41		2 21	0 27	2 20	0 27	2 19	0 27	2 18	0 27	2 17	0 27
42	« 12. «	2 26	0 28	2 25	0 28	2 24	0 28	2 23	0 27	2 22	0 27
43	« 12. ½	2 32	0 29	2 31	0 28	2 30	0 28	2 28	0 28	2 27	0 28
44		2 37	0 29	2 36	0 29	2 35	0 29	2 34	0 29	2 33	0 29
45	« 13. «	2 43	0 30	2 41	0 30	2 40	0 30	2 39	0 29	2 38	0 29
46		2 48	0 31	2 47	0 30	2 46	0 30	2 44	0 30	2 43	0 30
47	« 13. ½	2 53	0 31	2 52	0 31	2 51	0 31	2 50	0 31	2 49	0 31
48		2 59	0 32	2 58	0 32	2 56	0 32	2 55	0 31	2 54	0 31
49	« 14. «	2 64	0 33	2 63	0 32	2 62	0 32	2 60	0 32	2 59	0 32
50	« 14. ½	2 70	0 33	2 68	0 33	2 67	0 33	2 66	0 33	2 65	0 33
51		2 75	0 34	2 74	0 34	2 72	0 34	2 71	0 33	2 70	0 33
52	« 15. «	2 80	0 35	2 79	0 34	2 78	0 34	2 76	0 34	2 75	0 34
53		2 86	0 35	2 84	0 35	2 83	0 35	2 82	0 35	2 80	0 35
54	« 15. ½	2 91	0 36	2 90	0 36	2 88	0 36	2 87	0 35	2 86	0 35
55		2 97	0 37	2 95	0 36	2 94	0 36	2 92	0 36	2 91	0 36
56	« 16. «	3 02	0 37	3 01	0 37	2 99	0 37	2 98	0 37	2 96	0 37

Lorsque le prix de l'argent fin est supérieur de quelques centimes à ceux donnés dans ce chapitre, ajoutez pour chaque différence, à toutes les sommes placées dans les colonnes de marcs, et contenues dans cette page, les centimes et fractions de centime ci-dessous, et seulement le huitième aux sommes placées dans les colonnes d'onces.

	cent.	dix.	huitiè.			cent.	dix.	huitiè.	
Différence de 5 centimes.	«	3	«	«	Différence de 15 centimes.	«	8	«	1
Différence de 10 centimes.	«	6	«	«	Différence de 20 centimes.	1	1	«	1

Conversion des MILLIÈMES en KARATS et TRENTE-DEUX, et en GRAINS DE FIN contenus dans un MARC d'or à l'un des titres ci-dessous, suivie des différentes valeurs d'une ONCE D'OR à l'un de ces mêmes titres.

MILLIÈMES.	CONVERSION en Karats et en Grains de fin.									DIVERSES VALEURS D'UNE ONCE D'OR D'APRÈS LES PRIX SUIVANS DE L'ONCE D'OR FIN						
	Karats.	Trente-Deux.	Grains.	Dixièmes.	Onces.	Gros.	Demi-Gros.	Grains.	Dixièmes.	à fr. c. 106 50	à fr. c. 106 25	à fr. c. 106 »	à fr. c. 105 75	à fr. c. 105 50	à fr. c. 105 25	à fr. c. 105 »
										fr. c.	fr. c.	fr. c.	fr. c.	fr. c.	fr. c.	fr. c.
57	1.	12	262.	7	»	3.	½	10.	7	6 07	6 05	6 04	6 02	6 01	5 99	5 98
58			267.	3	»	3.	½	15.	3	6 17	6 16	6 14	6 13	6 11	6 10	6 09
59	1.	13	271.	9	»	3.	½	19.	9	6 28	6 26	6 25	6 23	6 22	6 20	6 19
60	1.	14	276.	5	»	3.	½	24.	5	6 39	6 37	6 36	6 34	6 33	6 31	6 30
61	1.	15	281.	1	»	3.	½	29.	1	6 49	6 48	6 46	6 45	6 43	6 42	6 40
62			285.	7	»	3.	½	33.	7	6 60	6 58	6 57	6 55	6 54	6 52	6 51
63	1.	16	290.	3	»	4.	»	2.	3	6 70	6 69	6 67	6 66	6 64	6 63	6 61
64	1.	17	294.	9	»	4.	»	6.	9	6 81	6 80	6 78	6 76	6 75	6 73	6 72
65	1.	18	299.	5	»	4.	»	11.	5	6 92	6 90	6 89	6 87	6 85	6 84	6 82
66	1.	19	304.	1	»	4.	»	16.	1	7 02	7 01	6 99	6 97	6 96	6 94	6 93
67			308.	7	»	4.	»	20.	7	7 13	7 11	7 10	7 08	7 06	7 05	7 03
68	1.	20	313.	3	»	4.	»	25.	3	7 24	7 22	7 20	7 19	7 17	7 15	7 14
69	1.	21	318.	»	»	4.	»	30.	»	7 34	7 33	7 31	7 29	7 27	7 26	7 24
70	1.	22	322.	6	»	4.	»	34.	6	7 45	7 43	7 42	7 40	7 38	7 36	7 35
71			327.	2	»	4.	½	3.	2	7 56	7 54	7 52	7 50	7 49	7 47	7 45
72	1.	23	331.	8	»	4.	½	7.	8	7 66	7 65	7 63	7 61	7 59	7 57	7 56
73	1.	24	336.	4	»	4.	½	12.	4	7 77	7 75	7 73	7 71	7 70	7 68	7 66
74	1.	25	341.	»	»	4.	½	17.	»	7 88	7 86	7 84	7 82	7 80	7 78	7 77
75			345.	6	»	4.	½	21.	6	7 98	7 96	7 95	7 93	7 91	7 89	7 87
76	1.	26	350.	2	»	4.	½	26.	2	8 09	8 07	8 05	8 03	8 01	7 99	7 98
77	1.	27	354.	8	»	4.	½	30.	8	8 20	8 18	8 16	8 14	8 12	8 10	8 08
78	1.	28	359.	4	»	4.	½	35.	4	8 30	8 28	8 26	8 24	8 22	8 20	8 19
79	1.	29	364.	»	»	5.	»	4.	»	8 41	8 39	8 37	8 35	8 33	8 31	8 29
80			368.	6	»	5.	»	8.	6	8 52	8 50	8 48	8 46	8 44	8 42	8 40
81	1.	30	373.	2	»	5.	»	13.	2	8 62	8 60	8 58	8 56	8 54	8 52	8 50
82	1.	31	377.	9	»	5.	»	17.	9	8 73	8 71	8 69	8 67	8 65	8 63	8 61
83	2.	»	382.	5	»	5.	»	22.	5	8 83	8 81	8 79	8 77	8 75	8 73	8 71
84			387.	1	»	5.	»	27.	1	8 94	8 92	8 90	8 88	8 86	8 84	8 82

Lorsque le prix de l'or fin est supérieur de quelques centimes à ceux donnés dans ce chapitre, ajoutez pour chaque différence, à toutes les sommes sans exception, contenues dans cette page, les centimes et fractions de centime ci-dessous, et de la manière suivante :

	cent.	dix.		cent.	dix.
Pour une différence de 5 cent.	»	4	Pour une différence de 15 cent.	1	3
Pour une différence de 10 cent.	»	8	Pour une différence de 20 cent.	1	7

Conversion des ***MILLIÈMES*** *en* ***DENIERS, GRAINS*** *et* ***DEMI-GRAINS***, *suivie des différentes valeurs d'un* ***MARC*** *et de* ***l'ONCE d'ARGENT*** *à l'un des titres ci-dessous.*

MILLIÈMES.	CONV.			DIVERSES VALEURS D'UN MARC ET DE L'ONCE D'ARGENT D'APRÈS LES PRIX SUIVANS DU MARC D'ARGENT FIN.									
				à 54f »c		à 53f 75c		à 53f 50c		à 53f 25c		à 53f »c	
	Deniers.	Grains.	Demi-Grains.	Marcs.	Onces.	Marcs.	Onces.	Marcs.	Onces.	Marcs.	Onces.	Marcs.	Onces.
				f. c.	f. c.	f. c.	f. c.	f. c.	f. c.	f. c.	f. c.	f. c.	f. c.
57	»	16.	½	3 07	0 38	3 06	0 38	3 04	0 38	3 03	0 37	3 02	0 37
58				3 13	0 39	3 11	0 38	3 10	0 38	3 08	0 38	3 07	0 38
59	»	17.	»	3 18	0 39	3 17	0 39	3 15	0 39	3 14	0 39	3 12	0 39
60				3 24	0 40	3 22	0 40	3 21	0 40	3 19	0 39	3 18	0 39
61	»	17.	½	3 29	0 41	3 27	0 40	3 26	0 40	3 24	0 40	3 23	0 40
62				3 34	0 41	3 33	0 41	3 31	0 41	3 30	0 41	3 28	0 41
63	»	18.	»	3 40	0 42	3 38	0 42	3 37	0 42	3 35	0 41	3 33	0 41
64	»	18.	½	3 45	0 43	3 44	0 43	3 42	0 42	3 40	0 42	3 39	0 42
65				3 51	0 43	3 49	0 43	3 47	0 43	3 46	0 43	3 44	0 43
66	»	19.	»	3 56	0 44	3 54	0 44	3 53	0 44	3 51	0 43	3 49	0 43
67				3 61	0 45	3 60	0 45	3 58	0 44	3 56	0 44	3 55	0 44
68	»	19.	½	3 67	0 45	3 65	0 45	3 63	0 45	3 62	0 45	3 60	0 45
69	»	20.	»	3 72	0 46	3 70	0 46	3 69	0 46	3 67	0 45	3 65	0 45
70				3 78	0 47	3 76	0 47	3 74	0 46	3 72	0 46	3 71	0 46
71	»	20.	½	3 83	0 47	3 81	0 47	3 79	0 47	3 78	0 47	3 76	0 47
72				3 88	0 48	3 87	0 48	3 85	0 48	3 83	0 47	3 81	0 47
73	»	21.	»	3 94	0 49	3 92	0 49	3 90	0 48	3 88	0 48	3 86	0 48
74				3 99	0 49	3 97	0 49	3 95	0 49	3 94	0 49	3 92	0 49
75	»	21.	½	4 05	0 50	4 03	0 50	4 01	0 50	3 99	0 49	3 97	0 49
76	»	22.	»	4 10	0 51	4 08	0 51	4 06	0 50	4 04	0 50	4 02	0 50
77				4 15	0 51	4 13	0 51	4 11	0 51	4 10	0 51	4 08	0 51
78	»	22.	½	4 21	0 52	4 19	0 52	4 17	0 52	4 15	0 51	4 13	0 51
79				4 26	0 53	4 24	0 53	4 22	0 52	4 20	0 52	4 18	0 52
80	»	23.	»	4 32	0 54	4 30	0 53	4 28	0 53	4 26	0 53	4 24	0 53
81				4 37	0 54	4 35	0 54	4 33	0 54	4 31	0 53	4 29	0 53
82	»	23.	½	4 42	0 55	4 40	0 55	4 38	0 54	4 36	0 54	4 34	0 54
83	1.	»	»	4 48	0 56	4 46	0 55	4 44	0 55	4 41	0 55	4 39	0 54
84				4 53	0 56	4 51	0 56	4 49	0 56	4 47	0 55	4 45	0 55

Lorsque le prix de l'argent fin est supérieur de quelques centimes à ceux donnés dans ce chapitre, ajoutez pour chaque différence, à toutes les sommes placées dans les colonnes de marcs, et contenues dans cette page, les centimes et fractions de centime ci-dessous, et seulement le huitième aux sommes placées dans les colonnes d'onces.

	cent.	dix.	huitiè.		cent.	dix.	huitiè.
Différence de 5 centimes.	»	4	» »	Différence de 15 centimes.	1	3	» 2
Différence de 10 centimes.	»	8	» 1	Différence de 20 centimes.	1	7	» 2

Conversion des ***MILLIÈMES*** *en* ***KARATS*** *et* ***TRENTE-DEUX****, et en* ***GRAINS DE FIN*** *contenus dans un* ***MARC*** *d'or à l'un des titres ci-dessous, suivie des différentes valeurs d'une* ***ONCE D'OR*** *à l'un de ces mêmes titres.*

MILLIÈMES.	CONVERSION en Karats et en Grains de fin.									DIVERSES VALEURS D'UNE ONCE D'OR D'APRÈS LES PRIX SUIVANS DE L'ONCE D'OR FIN						
	Karats.	Trente-Deux.	Grains.	Dixièmes.	Onces.	Gros.	Demi-Gros.	Grains.	Dixièmes.	à fr. c. 106 50	à fr. c. 106 25	à fr. c. 106 »	à fr. c. 105 75	à fr. c. 105 50	à fr. c. 105 25	à fr. c. 105 »
										fr. c.	fr. c.	fr. c.	fr. c.	fr. c.	fr. c.	fr. c.
85	2.	1	391.	7	»	5	»	31.	7	9 05	9 03	9 01	8 98	8 96	8 94	8 92
86	2.	2	396.	3	»	5.	½	»	3	9 15	9 13	9 11	9 09	9 07	9 05	9 03
87	2.	3	400.	9	»	5.	½	4.	9	9 26	9 24	9 22	9 20	9 17	9 15	9 13
88			405.	5	»	5.	½	9.	5	9 37	9 35	9 32	9 30	9 28	9 26	9 24
89	2.	4	410.	1	»	5.	½	14.	1	9 47	9 45	9 43	9 41	9 38	9 36	9 34
90	2.	5	414.	7	»	5.	½	18.	7	9 58	9 56	9 54	9 51	9 49	9 47	9 45
91	2.	6	419.	3	»	5.	½	23.	3	9 69	9 66	9 64	9 62	9 60	9 57	9 55
92	2.	7	423.	9	»	5.	½	27.	9	9 79	9 77	9 75	9 72	9 70	9 68	9 66
93			428.	5	»	5.	½	32.	5	9 90	9 88	9 85	9 83	9 81	9 78	9 76
94	2.	8	433.	2	»	6.	»	1.	2	10 01	9 98	9 96	9 94	9 91	9 89	9 87
95	2.	9	437.	8	»	6.	»	5.	8	10 11	10 09	10 07	10 04	10 02	9 99	9 97
96	2.	10	442.	4	»	6.	»	10.	4	10 22	10 20	10 17	10 15	10 12	10 10	10 08
97			447.	»	»	6.	»	15.	»	10 33	10 30	10 28	10 25	10 23	10 20	10 18
98	2.	11	451.	6	»	6.	»	19.	6	10 43	10 41	10 38	10 36	10 33	10 31	10 29
99	2.	12	456.	2	»	6.	»	24.	2	10 54	10 51	10 49	10 46	10 44	10 41	10 39
100	2.	13	460.	8	»	6.	»	28.	8	10 65	10 62	10 60	10 57	10 55	10 52	10 50
101			465.	4	»	6.	»	33.	4	10 75	10 73	10 70	10 68	10 65	10 63	10 60
102	2.	14	470.	»	»	6.	½	2.	»	10 86	10 83	10 81	10 78	10 76	10 73	10 71
103	2.	15	474.	6	»	6.	½	6.	6	10 96	10 94	10 91	10 89	10 86	10 84	10 81
104	2.	16	479.	2	»	6.	½	11.	2	11 07	11 05	11 02	10 99	10 97	10 94	10 92
105	2.	17	483.	8	»	6.	½	15.	8	11 18	11 15	11 13	11 10	11 07	11 05	11 02
106			488.	4	»	6.	½	20.	4	11 28	11 26	11 23	11 20	11 18	11 15	11 13
107	2.	18	493.	1	»	6.	½	25.	1	11 39	11 36	11 34	11 31	11 28	11 26	11 23
108	2.	19	497.	7	»	6.	½	29.	7	11 50	11 47	11 44	11 42	11 39	11 36	11 34
109	2.	20	502.	3	»	6.	½	34.	3	11 60	11 58	11 55	11 52	11 49	11 47	11 44
110			506.	9	»	7.	»	2.	9	11 71	11 68	11 66	11 63	11 60	11 57	11 55
111	2.	21	511.	5	»	7.	»	7.	5	11 82	11 79	11 76	11 73	11 71	11 68	11 65
112	2.	22	516.	1	»	7.	»	12.	1	11 93	11 90	11 87	11 84	11 81	11 78	11 76

Lorsque le prix de l'or fin est supérieur de quelques centimes à ceux donnés dans ce chapitre, ajoutez pour chaque différence à toutes les sommes, sans exception, contenues dans cette page, les centimes et fractions de centime ci-dessous, et de la manière suivante :

	cent.	dix.		cent.	dix.
Pour une différence de 5 cent.	»	6	Pour une différence de 15 cent.	1	7
Pour une différence de 10 cent.	1	1	Pour une différence de 20 cent.	2	2

Conversion des ***MILLIÈMES*** *en* ***DENIERS, GRAINS,*** *et* ***DEMI-GRAINS*** *, suivie des différentes valeurs d'un* ***MARC*** *et de l'****ONCE*** *d'****ARGENT*** *à l'un des titres ci-dessous.*

MILLIÈMES.	CONV. Deniers.	CONV. Grains.	CONV. Demi-Grains.	DIVERSES VALEURS D'UN MARC ET DE L'ONCE D'ARGENT D'APRÈS LES PRIX SUIVANS DU MARC D'ARGENT FIN — à 54f »c Marcs.	à 54f »c Onces.	à 53f 75c Marcs.	à 53f 75c Onces.	à 53f 50c Marcs.	à 53f 50c Onces.	à 53f 25c Marcs.	à 53f 25c Onces.	à 53f »c Marcs.	à 53f »c Onces.
				fr. c.	fr. c.	fr. c.	fr. c.	fr. c.	fr. c.	fr. c.	fr. c.	fr. c.	fr. c.
85	1.	»	½	4 59	0 57	4 56	0 57	4 54	0 56	4 52	0 56	4 50	0 56
86				4 64	0 58	4 62	0 57	4 60	0 57	4 57	0 57	4 55	0 56
87	1.	1.	»	4 69	0 58	4 67	0 58	4 65	0 58	4 63	0 57	4 61	0 57
88				4 75	0 59	4 73	0 59	4 70	0 58	4 68	0 58	4 66	0 58
89	1.	1.	½	4 80	0 60	4 78	0 59	4 76	0 59	4 73	0 59	4 71	0 58
90	1.	2.	»	4 86	0 60	4 83	0 60	4 81	0 60	4 79	0 59	4 77	0 59
91				4 91	0 61	4 89	0 61	4 86	0 60	4 84	0 60	4 82	0 60
92	1.	2.	½	4 96	0 62	4 94	0 61	4 92	0 61	4 89	0 61	4 87	0 60
93				5 02	0 62	4 99	0 62	4 97	0 62	4 95	0 61	4 92	0 61
94	1.	3.	»	5 07	0 63	5 05	0 63	5 02	0 62	5 00	0 62	4 98	0 62
95	1.	3.	½	5 13	0 64	5 10	0 63	5 08	0 63	5 05	0 63	5 03	0 62
96				5 18	0 64	5 16	0 64	5 13	0 64	5 11	0 63	5 08	0 63
97	1.	4.	»	5 23	0 65	5 21	0 65	5 18	0 64	5 16	0 64	5 14	0 64
98				5 29	0 66	5 26	0 65	5 24	0 65	5 21	0 65	5 19	0 64
99	1.	4.	½	5 34	0 66	5 32	0 66	5 29	0 66	5 27	0 65	5 24	0 65
100				5 40	0 67	5 37	0 67	5 35	0 66	5 32	0 66	5 30	0 66
101	1.	5.	»	5 45	0 68	5 42	0 67	5 40	0 67	5 37	0 67	5 35	0 66
102	1.	5.	½	5 50	0 68	5 48	0 68	5 45	0 68	5 43	0 67	5 40	0 67
103				5 56	0 69	5 53	0 69	5 51	0 68	5 48	0 68	5 45	0 68
104	1.	6.	»	5 61	0 70	5 59	0 69	5 56	0 69	5 53	0 69	5 51	0 68
105				5 67	0 70	5 64	0 70	5 61	0 70	5 59	0 69	5 56	0 69
106	1.	6.	½	5 72	0 71	5 69	0 71	5 67	0 70	5 64	0 70	5 61	0 70
107				5 77	0 72	5 75	0 71	5 72	0 71	5 69	0 71	5 67	0 70
108	1.	7.	»	5 83	0 72	5 80	0 72	5 77	0 72	5 75	0 71	5 72	0 71
109	1.	7.	½	5 88	0 73	5 85	0 73	5 83	0 72	5 80	0 72	5 77	0 72
110				5 94	0 74	5 91	0 73	5 88	0 73	5 85	0 73	5 83	0 72
111	1.	8.	»	5 99	0 74	5 96	0 74	5 93	0 74	5 91	0 73	5 88	0 73
112				6 04	0 75	6 02	0 75	5 99	0 74	5 96	0 74	5 93	0 74

Lorsque le prix de l'argent fin est supérieur de quelques centimes à ceux donnés dans ce chapitre, ajoutez pour chaque différence, à toutes les sommes placées dans les colonnes de marcs, et contenues dans cette page, les centimes et fractions de centime ci-dessous, et seulement le huitième aux sommes placées dans les colonnes d'onces.

	cent.	dix.	huitiè.		cent.	dix.	huitiè.
Différence de 5 centimes.	»	6	» »	Différence de 15 centimes.	1	7	» 2
Différence de 10 centimes.	1	1	» 1	Différence de 20 centimes.	2	2	» 3

Conversion des MILLIEMES en KARATS et TRENTE-DEUX, et en GRAINS DE FIN contenus dans un MARC d'or à l'un des titres ci-dessous, suivie des différentes valeurs d'une ONCE d'OR à l'un de ces mêmes titres.

MILLIEMES.	CONVERSION en Karats et en Grains de fin.									DIVERSES VALEURS D'UNE ONCE D'OR D'APRÈS LES PRIX SUIVANS DE L'ONCE D'OR FIN						
	Karats.	Trente-Deux.	Grains.	Dixièmes.	Onces.	Gros.	Demi-Gros.	Grains.	Dixièmes.	à fr. c. 106 50	à fr. c. 106 25	à fr. c. 106 »	à fr. c. 105 75	à fr. c. 105 50	à fr. c. 105 25	à fr. c. 105 »
										fr. c.	fr. c.	fr. c.	fr. c.	fr. c.	fr. c.	fr. c.
113	2.	23	520.	7	»	7.	»	16.	7	12 03	12 00	11 97	11 94	11 92	11 89	11 86
114			525.	3	»	7.	»	21.	3	12 14	12 11	12 08	12 05	12 02	11 99	11 97
115	2.	24	529.	9	»	7.	»	25.	9	12 24	12 21	12 19	12 16	12 13	12 10	12 07
116	2.	25	534.	5	»	7.	»	30.	5	12 35	12 32	12 29	12 26	12 23	12 20	12 18
117	2.	26	539.	1	»	7.	»	35.	1	12 46	12 43	12 40	12 37	12 34	12 31	12 28
118	2.	27	543.	7	»	7.	½	3.	7	12 56	12 53	12 50	12 47	12 44	12 41	12 39
119			548.	4	»	7.	½	8.	4	12 67	12 64	12 61	12 58	12 55	12 52	12 49
120	2.	28	553.	»	»	7.	½	13.	»	12 78	12 75	12 72	12 69	12 66	12 63	12 60
121	2.	29	557.	6	»	7.	½	17.	6	12 88	12 85	12 82	12 79	12 76	12 73	12 70
122	2.	30	562.	2	»	7.	½	22.	2	12 99	12 96	12 93	12 90	12 87	12 84	12 81
123			566.	8	»	7.	½	26.	8	13 09	13 06	13 03	13 00	12 97	12 94	12 91
124	2.	31	571.	4	»	7.	½	31.	4	13 20	13 17	13 14	13 11	13 08	13 05	13 02
125	3.	»	576.	»	1.	»	»	»	»	13 31	13 28	13 25	13 21	13 18	13 15	13 12
126	3.	1	580.	6	1.	»	»	4.	6	13 41	13 38	13 35	13 32	13 29	13 26	13 23
127			585.	2	1.	»	»	9.	2	13 52	13 49	13 46	13 43	13 39	13 36	13 33
128	3.	2	589.	8	1.	»	»	13.	8	13 63	13 60	13 56	13 53	13 50	13 47	13 44
129	3.	3	594.	4	1.	»	»	18.	4	13 73	13 70	13 67	13 64	13 60	13 57	13 54
130	3.	4	599.	»	1.	»	»	23.	»	13 84	13 81	13 78	13 74	13 71	13 68	13 65
131			603.	6	1.	»	»	27.	6	13 95	13 91	13 88	13 85	13 82	13 78	13 75
132	3.	5	608.	3	1.	»	»	32.	3	14 05	14 02	13 99	13 95	13 92	13 89	13 86
133	3.	6	612.	9	1.	»	½	»	9	14 16	14 13	14 09	14 06	14 03	13 99	13 96
134	3.	7	617.	5	1.	»	½	5.	5	14 27	14 23	14 20	14 17	14 13	14 10	14 07
135	3.	8	622.	1	1.	»	½	10.	1	14 37	14 34	14 31	14 27	14 24	14 20	14 17
136			626.	7	1.	»	½	14.	7	14 48	14 45	14 41	14 38	14 34	14 31	14 28
137	3.	9	631.	3	1.	»	½	19.	3	14 59	14 55	14 52	14 48	14 45	14 41	14 38
138	3.	10	635.	9	1.	»	½	23.	9	14 69	14 66	14 62	14 59	14 55	14 52	14 49
139	3.	11	640.	5	1.	»	½	28.	5	14 80	14 76	14 73	14 69	14 66	14 62	14 59
140			645.	1	1.	»	½	33.	1	14 91	14 87	14 84	14 80	14 77	14 73	14 70

Lorsque le prix de l'or fin est supérieur de quelques centimes à ceux donnés dans ce chapitre, ajoutez pour chaque différence, à toutes les sommes sans exception, contenues dans cette page, les centimes et fractions de centime ci-dessous, et de la manière suivante :

	cent.	dix.		cent.	dix.
Pour une différence de 5 cent.	»	7	Pour une différence de 15 cent.	2	1
Pour une différence de 10 cent.	1	4	Pour une différence de 20 cent.	2	8

Conversion des ***MILLIÈMES*** *en* ***DENIERS, GRAINS*** *et* ***DEMI-GRAINS***, *suivie des différentes valeurs d'un* ***MARC*** *et de l'****ONCE d'ARGENT*** *à l'un des titres ci-dessous.*

MILLIÈMES.	CONV.	DIVERSES VALEURS D'UN MARC ET DE L'ONCE D'ARGENT D'APRÈS LES PRIX SUIVANS DU MARC D'ARGENT FIN									
	Deniers. Grains. Demi-Grains.	à 54f »c		à 53f 75c		à 53f 50c		à 53f 25c		à 53f »c	
		Marcs.	Onces.	Marcs.	Onces.	Marcs.	Onces.	Marcs.	Onces.	Marcs.	Onces.
		fr. c.	fr. c.	fr. c.	fr. c.	fr. c.	fr. c.	fr. c.	fr. c.	fr. c.	fr. c.
113	1. 8. ½	6 10	0 76	6 07	0 75	6 04	0 75	6 01	0 75	5 98	0 74
114		6 15	0 76	6 12	0 76	6 09	0 76	6 07	0 75	6 04	0 75
115	1. 9. »	6 21	0 77	6 18	0 77	6 15	0 76	6 12	0 76	6 09	0 76
116	1. 9. ½	6 26	0 78	6 23	0 77	6 20	0 77	6 17	0 77	6 14	0 76
117		6 31	0 78	6 28	0 78	6 25	0 78	6 23	0 77	6 20	0 77
118	1. 10. »	6 37	0 79	6 34	0 79	6 31	0 78	6 28	0 78	6 25	0 78
119		6 42	0 80	6 39	0 79	6 36	0 79	6 33	0 79	6 30	0 78
120	1. 10. ½	6 48	0 81	6 45	0 80	6 42	0 80	6 39	0 79	6 36	0 79
121		6 53	0 81	6 50	0 81	6 47	0 80	6 44	0 80	6 41	0 80
122	1. 11. »	6 58	0 82	6 55	0 81	6 52	0 81	6 49	0 81	6 46	0 80
123	1. 11. ½	6 64	0 83	6 61	0 82	6 58	0 82	6 54	0 81	6 51	0 81
124		6 69	0 83	6 66	0 83	6 63	0 82	6 60	0 82	6 57	0 82
125	1. 12.	6 75	0 84	6 71	0 83	6 68	0 83	6 65	0 83	6 62	0 82
126		6 80	0 85	6 77	0 84	6 74	0 84	6 70	0 83	6 67	0 83
127	1. 12. ½	6 85	0 85	6 82	0 85	6 79	0 84	6 76	0 84	6 73	0 84
128	1. 13. »	6 91	0 86	6 88	0 86	6 84	0 85	6 81	0 85	6 78	0 84
129		6 96	0 87	6 93	0 86	6 90	0 86	6 86	0 85	6 83	0 85
130	1. 13. ½	7 02	0 87	6 98	0 87	6 95	0 86	6 92	0 86	6 89	0 86
131		7 07	0 88	7 04	0 88	7 00	0 87	6 97	0 87	6 94	0 86
132	1. 14. »	7 12	0 89	7 09	0 88	7 06	0 88	7 02	0 87	6 99	0 87
133		7 18	0 89	7 14	0 89	7 11	0 88	7 08	0 88	7 04	0 88
134	1. 14. ½	7 23	0 90	7 20	0 90	7 16	0 89	7 13	0 89	7 10	0 89
135	1. 15. »	7 29	0 91	7 25	0 90	7 22	0 90	7 18	0 89	7 15	0 89
136		7 34	0 91	7 31	0 91	7 27	0 90	7 24	0 90	7 20	0 90
137	1. 15. ½	7 39	0 92	7 36	0 92	7 32	0 91	7 29	0 91	7 26	0 90
138		7 45	0 93	7 41	0 92	7 38	0 92	7 34	0 91	7 31	0 91
139	1. 16. »	7 50	0 93	7 47	0 93	7 43	0 92	7 40	0 92	7 36	0 92
140		7 56	0 94	7 52	0 94	7 49	0 93	7 45	0 93	7 42	0 92

Lorsque le prix de l'argent fin est supérieur de quelques centimes à ceux donnés dans ce chapitre, ajoutez pour chaque différence, à toutes les sommes placées dans les colonnes de marcs, et contenues dans cette page, les centimes et fractions de centime ci-dessous, et seulement le huitième aux sommes placées dans les colonnes d'onces.

	cent.	dix.	huitié.		cent.	dix.	huitié.
Différence de 5 centimes.	»	7	» 1	Différence de 15 centimes.	2	1	» 3
Différence de 10 centimes.	1	4	» 2	Différence de 20 centimes.	2	8	» 3

Conversion des MILLIÈMES en KARATS et TRENTE-DEUX, et en GRAINS DE FIN contenus dans un MARC d'or à l'un des titres ci-dessous, suivie des différentes valeurs d'une ONCE D'OR à l'un de ces mêmes titres.

MILLIÈMES.	CONVERSION en Karats et en Grains de fin.									DIVERSES VALEURS D'UNE ONCE D'OR D'APRÈS LES PRIX SUIVANS DE L'ONCE D'OR FIN						
	Karats.	Trente-Deux	Grains.	Dixièmes.	Onces.	Gros.	Demi-Gros.	Grains.	Dixièmes.	à fr. c. 106 50	à fr. c. 106 25	à fr. c. 106 »	à fr. c. 105 75	à fr. c. 105 50	à fr. c. 105 25	à fr. c. 105 »
										fr. c.	fr. c.	fr. c.	fr. c.	fr. c.	fr. c.	fr. c.
141	3.	12	649.	7	1.	1.	»	1.	7	15 04	14 98	14 94	14 91	14 87	14 84	14 80
142	3.	13	654.	3	1.	1.	»	6.	3	15 12	15 08	15 05	15 01	14 98	14 94	14 91
143	3.	14	658.	9	1.	1.	»	10.	9	15 22	15 19	15 15	15 12	15 08	15 05	15 01
144			663.	6	1.	1.	»	15.	6	15 33	15 30	15 26	15 22	15 19	15 15	15 12
145	3.	15	668.	2	1.	1.	»	20.	2	15 44	15 40	15 37	15 33	15 29	15 26	15 22
146	3.	16	672.	8	1.	1.	»	24.	8	15 54	15 51	15 47	15 43	15 40	15 36	15 33
147	3.	17	677.	4	1.	1.	»	29.	4	15 65	15 61	15 58	15 54	15 50	15 47	15 43
148	3.	18	682.	»	1.	1.	»	34.	»	15 76	15 72	15 68	15 65	15 61	15 57	15 54
149			686.	6	1.	1.	½	2.	6	15 86	15 83	15 79	15 75	15 71	15 68	15 64
150	3.	19	691.	2	1.	1.	½	7.	2	15 97	15 93	15 90	15 86	15 82	15 78	15 75
151	3.	20	695.	8	1.	1.	½	11.	8	16 08	16 04	16 00	15 96	15 93	15 89	15 85
152	3.	21	700.	4	1.	1.	½	16.	4	16 18	16 15	16 11	16 07	16 03	15 99	15 96
153			705.	»	1.	1.	½	21.	»	16 29	16 25	16 21	16 17	16 14	16 10	16 06
154	3.	22	709.	6	1.	1.	½	25.	6	16 40	16 36	16 32	16 28	16 24	16 20	16 17
155	3.	23	714.	2	1.	1.	½	30.	2	16 50	16 46	16 43	16 39	16 35	16 31	16 27
156	3.	24	718.	8	1.	1.	½	34.	8	16 61	16 57	16 53	16 49	16 45	16 41	16 38
157			723.	5	1.	2.	»	3.	5	16 72	16 68	16 64	16 60	16 56	16 52	16 48
158	3.	25	728.	1	1.	2.	»	8.	1	16 82	16 78	16 74	16 70	16 66	16 62	16 58
159	3.	26	732.	7	1.	2.	»	12.	7	16 93	16 89	16 85	16 81	16 77	16 73	16 69
160	3.	27	737.	3	1.	2.	»	17.	3	17 04	17 00	16 96	16 92	16 88	16 84	16 80
161	3.	28	741.	9	1.	2.	»	21.	9	17 14	17 10	17 06	17 02	16 98	16 94	16 90
162			746.	5	1.	2.	»	26.	5	17 25	17 21	17 17	17 13	17 09	17 05	17 01
163	3.	29	751.	1	1.	2.	»	31.	1	17 35	17 31	17 27	17 23	17 19	17 15	17 11
164	3.	30	755.	7	1.	2.	»	35.	7	17 46	17 42	17 38	17 34	17 30	17 26	17 22
165	3.	31	760.	3	1.	2.	½	4.	3	17 57	17 53	17 49	17 44	17 40	17 36	17 32
166			764.	9	1.	2.	½	8.	9	17 67	17 63	17 59	17 55	17 51	17 47	17 43
167*	4.	»	769.	5	1.	2.	½	13.	5	17 78	17 74	17 70	17 66	17 61	17 57	17 53
168	4.	1	774.	1	1.	2.	½	18.	1	17 89	17 85	17 80	17 76	17 72	17 68	17 64

Lorsque le prix de l'or fin est supérieur de quelques centimes à ceux donnés dans ce chapitre, ajoutez pour chaque différence à toutes les sommes, sans exception, contenues dans cette page, les centimes et fractions de centime ci-dessous, et de la manière suivante :

	cent.	dix.		cent.	dix.
Pour une différence de 5 cent.	»	8	Pour une différence de 15 cent.	2	5
Pour une différence de 10 cent.	1	7	Pour une différence de 20 cent.	3	4

Conversion des MILLIÈMES en DENIERS, GRAINS, et DEMI-GRAINS, suivis des différentes valeurs d'un MARC et de l'ONCE d'ARGENT à l'un des titres ci-dessous.

MILLIÈMES.	CONV. Deniers. Grains. Demi-Grains.	DIVERSES VALEURS D'UN MARC ET DE L'ONCE D'ARGENT D'APRÈS LES PRIX SUIVANS DU MARC D'ARGENT FIN — à 54f »c Marcs.	à 54f »c Onces.	à 53f 75c Marcs.	à 53f 75c Onces.	à 53f 50c Marcs.	à 53f 50c Onces.	à 53f 25c Marcs.	à 53f 25c Onces.	à 53f »c Marcs.	à 53f »c Onces.
		fr. c.	fr. c.	fr. c.	fr. c.	fr. c.	fr. c.	fr. c.	fr. c.	fr. c.	fr. c.
141	1. 16. ½	7 61	0 95	7 57	0 94	7 54	0 94	7 50	0 93	7 47	0 93
142	1. 17. »	7 66	0 95	7 63	0 95	7 59	0 94	7 56	0 94	7 52	0 94
143		7 72	0 96	7 68	0 96	7 65	0 95	7 61	0 95	7 57	0 94
144	1. 17. ½	7 77	0 97	7 74	0 96	7 70	0 96	7 66	0 95	7 63	0 95
145		7 83	0 97	7 79	0 97	7 75	0 96	7 72	0 96	7 68	0 96
146	1. 18. »	7 88	0 98	7 84	0 98	7 81	0 97	7 77	0 97	7 73	0 96
147		7 93	0 99	7 90	0 98	7 86	0 98	7 82	0 97	7 79	0 97
148	1. 18. ½	7 99	0 99	7 95	0 99	7 91	0 98	7 88	0 98	7 84	0 98
149	1. 19. »	8 04	1 00	8 00	1 00	7 97	0 99	7 93	0 99	7 89	0 98
150		8 10	1 01	8 06	1 00	8 02	1 00	7 98	0 99	7 95	0 99
151	1. 19. ½	8 15	1 01	8 11	1 01	8 07	1 00	8 04	1 00	8 00	1 00
152		8 20	1 02	8 17	1 02	8 13	1 01	8 09	1 01	8 05	1 00
153	1. 20. »	8 26	1 03	8 22	1 02	8 18	1 02	8 14	1 01	8 10	1 01
154		8 31	1 03	8 27	1 03	8 23	1 02	8 20	1 02	8 16	1 02
155	1. 20. ½	8 37	1 04	8 33	1 04	8 29	1 03	8 25	1 03	8 21	1 02
156	1. 21. »	8 42	1 05	8 38	1 04	8 34	1 04	8 30	1 03	8 26	1 03
157		8 47	1 05	8 43	1 05	8 39	1 04	8 36	1 04	8 32	1 04
158	1. 21. ½	8 53	1 06	8 49	1 06	8 45	1 05	8 41	1 05	8 37	1 04
159		8 58	1 07	8 54	1 06	8 50	1 06	8 46	1 05	8 42	1 05
160	1. 22. »	8 64	1 08	8 60	1 07	8 56	1 07	8 52	1 06	8 48	1 06
161	1. 22. ½	8 69	1 08	8 65	1 08	8 61	1 07	8 57	1 07	8 53	1 06
162		8 74	1 09	8 70	1 08	8 66	1 08	8 62	1 07	8 58	1 07
163	1. 23. »	8 80	1 10	8 76	1 09	8 72	1 09	8 67	1 08	8 63	1 07
164		8 85	1 10	8 81	1 10	8 77	1 09	8 73	1 09	8 69	1 08
165	1. 23. ½	8 91	1 11	8 86	1 10	8 82	1 10	8 78	1 09	8 74	1 09
166		8 96	1 12	8 92	1 11	8 88	1 11	8 83	1 10	8 79	1 09
167	2. ». »	9 01	1 12	8 97	1 12	8 93	1 11	8 89	1 11	8 85	1 10
168	2. ». ½	9 07	1 13	9 03	1 12	8 98	1 12	8 94	1 11	8 90	1 11

Lorsque le prix de l'argent fin est supérieur de quelques centimes à ceux donnés dans ce chapitre, ajoutez pour chaque différence, à toutes les sommes placées dans les colonnes de marcs, et contenues dans cette page, les centimes et fractions de centime ci-dessous, et seulement le huitième aux sommes placées dans les colonnes d'onces.

	cent.	dix.	huitiè.		cent.	dix.	huitiè.
Différence de 5 centimes.	»	8	» 1	Différence de 15 centimes.	2	5	» 3
Différence de 10 centimes.	1	7	» 2	Différence de 20 centimes.	3	4	» 4

*Conversion des **MILLIÈMES** en **KARATS** et **TRENTE-DEUX**, et en **GRAINS DE FIN** contenus dans un **MARC** d'or à l'un des titres ci-dessous, suivie des différentes valeurs d'une **ONCE d'OR** à l'un de ces mêmes titres.*

MILLIÈMES.	CONVERSION en Karats et en Grains de fin.									DIVERSES VALEURS D'UNE ONCE D'OR D'APRÈS LES PRIX SUIVANS DE L'ONCE D'OR FIN						
	Karats.	Trente-Deux.	Grains.	Dixièmes.	Onces.	Gros.	Demi-Gros.	Grains.	Dixièmes.	à fr. c. 106 50	à fr. c. 106 25	à fr. c. 106 »	à fr. c. 105 75	à fr. c. 105 50	à fr. c. 105 25	à fr. c. 105 »
										fr. c.	fr. c.	fr. c.	fr. c.	fr. c.	fr. c.	fr. c.
169	4.	2	778.	8	1.	2.	½	22.	8	17 99	17 95	17 91	17 87	17 82	17 78	17 74
170			783.	4	1.	2.	½	27.	4	18 10	18 06	18 02	17 97	17 93	17 89	17 85
171	4.	3	788.	»	1.	2.	½	32.	»	18 21	18 16	18 12	18 08	18 04	17 99	17 95
172	4.	4	792.	6	1.	3.	»	»	6	18 31	18 27	18 23	18 18	18 14	18 10	18 06
173	4.	5	797.	2	1.	3.	»	5.	2	18 42	18 38	18 33	18 29	18 25	18 20	18 16
174	4.	6	801.	8	1.	3.	»	9.	8	18 53	18 48	18 44	18 40	18 35	18 31	18 27
175			806.	4	1.	3.	»	14.	4	18 63	18 59	18 55	18 50	18 46	18 41	18 37
176	4.	7	811.	»	1.	3.	»	19.	»	18 74	18 70	18 65	18 61	18 56	18 52	18 48
177	4.	8	815.	6	1.	3.	»	23.	6	18 85	18 80	18 76	18 71	18 67	18 62	18 58
178	4.	9	820.	2	1.	3.	»	28.	2	18 95	18 91	18 86	18 82	18 77	18 73	18 69
179			824.	8	1.	3.	»	32.	8	19 06	19 01	18 97	18 92	18 88	18 83	18 79
180	4.	10	829.	4	1.	3.	½	1.	4	19 17	19 12	19 08	19 03	18 99	18 94	18 90
181	4.	11	834.	»	1.	3.	½	6.	»	19 27	19 23	19 18	19 14	19 09	19 05	19 00
182	4.	12	838.	7	1.	3.	½	10.	7	19 38	19 33	19 29	19 24	19 20	19 15	19 11
183			843.	3	1.	3.	½	15.	3	19 48	19 44	19 39	19 35	19 30	19 26	19 21
184	4.	13	847.	9	1.	3.	½	19.	9	19 59	19 55	19 50	19 45	19 41	19 36	19 32
185	4.	14	852.	5	1.	3.	½	24.	5	19 70	19 65	19 61	19 56	19 51	19 47	19 42
186	4.	15	857.	1	1.	3.	½	29.	1	19 80	19 76	19 71	19 66	19 62	19 57	19 53
187			861.	7	1.	3.	½	33.	7	19 91	19 86	19 82	19 77	19 72	19 68	19 63
188	4.	16	866.	3	1.	4.	»	2.	3	20 02	19 97	19 92	19 88	19 83	19 78	19 74
189	4.	17	870.	9	1.	4.	»	6.	9	20 12	20 08	20 03	19 98	19 93	19 89	19 84
190	4.	18	875.	5	1.	4.	»	11.	5	20 23	20 18	20 14	20 09	20 04	19 99	19 95
191	4.	19	880.	1	1.	4.	»	16.	1	20 34	20 29	20 24	20 19	20 15	20 10	20 05
192			884.	7	1.	4.	»	20.	7	20 44	20 40	20 35	20 30	20 25	20 20	20 16
193	4.	20	889.	3	1.	4.	»	25.	3	20 55	20 50	20 45	20 40	20 36	20 31	20 26
194	4.	21	894.	»	1.	4.	»	30.	»	20 66	20 61	20 56	20 51	20 46	20 41	20 37
195	4.	22	898.	6	1.	4.	»	34.	6	20 76	20 71	20 67	20 62	20 57	20 52	20 47
196			903.	2	1.	4.	½	3.	2	20 87	20 82	20 77	20 72	20 67	20 63	20 58

Lorsque le prix de l'or fin est supérieur de quelques centimes à ceux donnés dans ce chapitre, ajoutez pour chaque différence, à toutes les sommes sans exception, contenues dans cette page, les centimes et fractions de centime ci-dessous, et de la manière suivante :

	cent.	dix.		cent.	dix.
Pour une différence de 5 cent.	1	»	Pour une différence de 15 cent.	2	9
Pour une différence de 10 cent.	2	»	Pour une différence de 20 cent.	3	9

Conversion des MILLIÈMES en DENIERS, GRAINS et DEMI-GRAINS, suivie des différentes valeurs d'un MARC et de l'ONCE d'ARGENT à l'un des titres ci-dessous.

MILLIÈMES.	CONV. Deniers. Grains. Demi-Grains.	DIVERSES VALEURS D'UN MARC ET DE L'ONCE D'ARGENT D'APRÈS LES PRIX SUIVANS DU MARC D'ARGENT FIN: à 54f »c		à 53f 75c		à 53f 50c		à 53f 25c		à 53f »c	
		Marcs.	Onces.	Marcs.	Onces.	Marcs.	Onces.	Marcs.	Onces.	Marcs.	Onces.
		fr. c.	fr. c.	fr. c.	fr. c.	fr. c.	fr. c.	fr. c.	fr. c.	fr. c.	fr. c.
169		9 12	1 14	9 08	1 13	9 04	1 13	8 99	1 12	8 95	1 11
170	2. 1. »	9 18	1 14	9 13	1 14	9 09	1 13	9 05	1 13	9 01	1 12
171		9 23	1 15	9 19	1 14	9 14	1 14	9 10	1 13	9 06	1 13
172	2. 1. ½	9 28	1 16	9 24	1 15	9 20	1 15	9 15	1 14	9 11	1 13
173		9 34	1 16	9 29	1 16	9 25	1 15	9 21	1 15	9 16	1 14
174	2. 2. »	9 39	1 17	9 35	1 16	9 30	1 16	9 26	1 15	9 22	1 15
175	2. 2. ½	9 45	1 18	9 40	1 17	9 36	1 17	9 31	1 16	9 27	1 15
176		9 50	1 18	9 46	1 18	9 41	1 17	9 37	1 17	9 32	1 16
177	2. 3. »	9 55	1 19	9 51	1 18	9 46	1 18	9 42	1 17	9 38	1 17
178		9 61	1 20	9 56	1 19	9 52	1 19	9 47	1 18	9 43	1 17
179	2. 3. ½	9 66	1 20	9 62	1 20	9 57	1 19	9 53	1 19	9 48	1 18
180		9 72	1 21	9 67	1 20	9 63	1 20	9 58	1 19	9 54	1 19
181	2. 4. »	9 77	1 22	9 72	1 21	9 68	1 21	9 63	1 20	9 59	1 19
182	2. 4. ½	9 82	1 22	9 78	1 22	9 73	1 21	9 69	1 21	9 64	1 20
183		9 88	1 23	9 83	1 22	9 79	1 22	9 74	1 21	9 69	1 21
184	2. 5. »	9 93	1 24	9 89	1 23	9 84	1 23	9 79	1 22	9 75	1 21
185		9 99	1 24	9 94	1 24	9 89	1 23	9 85	1 23	9 80	1 22
186	2. 5. ½	10 04	1 25	9 99	1 24	9 95	1 24	9 90	1 23	9 85	1 23
187		10 09	1 26	10 05	1 25	10 00	1 25	9 95	1 24	9 91	1 23
188	2. 6. »	10 15	1 26	10 10	1 26	10 05	1 25	10 01	1 25	9 96	1 24
189	2. 6. ½	10 20	1 27	10 15	1 26	10 11	1 26	10 06	1 25	10 01	1 25
190		10 26	1 28	10 21	1 27	10 16	1 27	10 11	1 26	10 07	1 25
191	2. 7. »	10 31	1 28	10 26	1 28	10 21	1 27	10 17	1 27	10 12	1 26
192		10 36	1 29	10 32	1 29	10 27	1 28	10 22	1 27	10 17	1 27
193	2. 7. ½	10 42	1 30	10 37	1 29	10 32	1 29	10 27	1 28	10 22	1 27
194	2. 8. »	10 47	1 30	10 42	1 30	10 37	1 29	10 33	1 29	10 28	1 28
195		10 53	1 31	10 48	1 31	10 43	1 30	10 38	1 29	10 33	1 29
196	2. 8. ½	10 58	1 32	10 53	1 31	10 48	1 31	10 43	1 30	10 38	1 29

Lorsque le prix de l'argent fin est supérieur de quelques centimes à ceux donnés dans ce chapitre, ajoutez pour chaque différence, à toutes les sommes placées dans les colonnes de marcs, et contenues dans cette page, les centimes et fractions de centime ci-dessous, et seulement le huitième aux sommes placées dans les colonnes d'onces.

	cent.	dix.	huitiè.		cent.	dix.	huitiè.
Différence de 5 centimes.	1	»	» 1	Différence de 15 centimes.	2	9	» 4
Différence de 10 centimes.	2	»	» 2	Différence de 20 centimes.	3	9	» 5

Conversion des MILLIÈMES en KARATS et TRENTE-DEUX, et en GRAINS DE FIN contenus dans un MARC d'or à l'un des titres ci-dessous, suivie des différentes valeurs d'une ONCE d'OR à l'un de ces mêmes titres.

MILLIÈMES.	CONVERSION en Karats et en Grains de fin.									DIVERSES VALEURS D'UNE ONCE D'OR D'APRÈS LES PRIX SUIVANS DE L'ONCE D'OR FIN						
	Karats.	Trente-Deux.	Grains.	Dixièmes.	Onces.	Gros.	Demi-Gros.	Grains.	Dixièmes.	à fr. c. 106 50	à fr. c. 106 25	à fr. c. 106 »	à fr. c. 105 75	à fr. c. 105 50	à fr. c. 105 25	à fr. c. 105 »
										fr. c.	fr. c.	fr. c.	fr. c.	fr. c.	fr. c.	fr. c.
197	4.	23	907.	8	1.	4.	½	7.	8	20 98	20 93	20 88	20 83	20 78	20 73	20 68
198	4.	24	912.	4	1.	4.	½	12.	4	21 08	21 03	20 98	20 93	20 88	20 83	20 78
199	4.	25	917.	»	1.	4.	½	17.	»	21 19	21 14	21 09	21 04	20 99	20 94	20 89
200			921.	6	1.	4.	½	21.	6	21 30	21 25	21 20	21 15	21 10	21 05	21 00
201	4.	26	926.	2	1.	4.	½	26.	2	21 40	21 35	21 30	21 25	21 20	21 15	21 10
202	4.	27	930.	8	1.	4.	½	30.	8	21 51	21 46	21 41	21 36	21 31	21 26	21 21
203	4.	28	935.	4	1.	4.	½	35.	4	21 61	21 56	21 51	21 46	21 41	21 36	21 31
204	4.	29	940.	»	1.	5.	»	4.	»	21 72	21 67	21 62	21 57	21 52	21 47	21 42
205			944.	6	1.	5.	»	8.	6	21 83	21 78	21 73	21 67	21 62	21 57	21 52
206	4.	30	949.	2	1.	5.	»	13.	2	21 93	21 88	21 83	21 78	21 73	21 68	21 63
207	4.	31	953.	9	1.	5.	»	17.	9	22 04	21 99	21 94	21 89	21 83	21 78	21 73
208	5.	»	958.	5	1.	5.	»	22.	5	22 15	22 10	22 04	21 99	21 94	21 89	21 84
209			963.	1	1.	5.	»	27.	1	22 25	22 20	22 15	22 10	22 04	21 99	21 94
210	5.	1	967.	7	1.	5.	»	31.	7	22 36	22 31	22 26	22 20	22 15	22 10	22 05
211	5.	2	972.	3	1.	5.	½	»	3	22 47	22 41	22 36	22 31	22 26	22 20	22 15
212	5.	3	976.	9	1.	5.	½	4.	9	22 57	22 52	22 47	22 41	22 36	22 31	22 26
213			981.	5	1.	5.	½	9.	5	22 68	22 63	22 57	22 52	22 47	22 41	22 36
214	5.	4	986.	1	1.	5.	½	14.	1	22 79	22 73	22 68	22 63	22 57	22 52	22 47
215	5.	5	990.	7	1.	5.	½	18.	7	22 89	22 84	22 79	22 73	22 68	22 62	22 57
216	5.	6	995.	3	1.	5.	½	23.	3	23 00	22 95	22 89	22 84	22 78	22 73	22 68
217	5.	7	999.	9	1.	5.	½	27.	9	23 11	23 05	23 00	22 94	22 89	22 83	22 78
218			1004.	5	1.	5.	½	32.	5	23 21	23 16	23 10	23 05	22 99	22 94	22 89
219	5.	8	1009.	2	1.	6.	»	1.	2	23 32	23 26	23 21	23 15	23 10	23 04	22 99
220	5.	9	1013.	8	1.	6.	»	5.	8	23 43	23 37	23 32	23 26	23 21	23 15	23 10
221	5.	10	1018.	4	1.	6.	»	10.	4	23 53	23 48	23 42	23 37	23 31	23 26	23 20
222			1023.	»	1.	6.	»	15.	»	23 64	23 58	23 53	23 47	23 42	23 36	23 31
223	5.	11	1027.	6	1.	6.	»	19.	6	23 74	23 69	23 63	23 58	23 52	23 47	23 41
224	5.	12	1032.	2	1.	6.	»	24.	2	23 85	23 80	23 74	23 68	23 63	23 57	23 52

Lorsque le prix de l'or fin est supérieur de quelques centimes à ceux donnés dans ce chapitre, ajoutez pour chaque différence à toutes les sommes, sans exception, contenues dans cette page, les centimes et fractions de centime ci-dessous, et de la manière suivante :

	cent.	dix.		cent.	dix.
Pour une différence de 5 cent.	1	1	Pour une différence de 15 cent.	3	4
Pour une différence de 10 cent.	2	2	Pour une différence de 20 cent.	4	5

Conversion des ***MILLIÈMES*** *en* ***DENIERS, GRAINS,*** *et* ***DEMI-GRAINS***, *suivie des différentes valeurs d'un* ***MARC*** *et de l'****ONCE*** *d'****ARGENT*** *à l'un des titres ci-dessous.*

MILLIÈMES.	CONV. Deniers. Grains. Demi-Grains.	DIVERSES VALEURS D'UN MARC ET DE L'ONCE D'ARGENT D'APRÈS LES PRIX SUIVANS DU MARC D'ARGENT FIN									
		à 54f »c		à 53f 75c		à 53f 50c		à 53f 25c		à 53f »c	
		Marcs.	Onces.	Marcs.	Onces.	Marcs.	Onces.	Marcs.	Onces.	Marcs.	Onces.
		fr. c.	fr. c.	fr. c.	fr. c.	fr. c.	fr. c.	fr. c.	fr. c.	fr. c.	fr. c.
197		10 63	1 32	10 58	1 32	10 53	1 31	10 49	1 31	10 44	1 30
198	2. 9. »	10 69	1 33	10 64	1 33	10 59	1 32	10 54	1 31	10 49	1 31
199		10 74	1 34	10 69	1 33	10 64	1 33	10 59	1 32	10 54	1 31
200	2. 9. ½	10 80	1 35	10 75	1 34	10 70	1 33	10 65	1 33	10 60	1 32
201	2. 10. »	10 85	1 35	10 80	1 35	10 75	1 34	10 70	1 33	10 65	1 33
202		10 90	1 36	10 85	1 35	10 80	1 35	10 75	1 34	10 70	1 33
203	2. 10. ½	10 96	1 37	10 91	1 36	10 86	1 35	10 80	1 35	10 75	1 34
204		11 01	1 37	10 96	1 37	10 91	1 36	10 86	1 35	10 81	1 35
205	2. 11. »	11 07	1 38	11 01	1 37	10 96	1 37	10 91	1 36	10 86	1 35
206		11 12	1 39	11 07	1 38	11 02	1 37	10 96	1 37	10 91	1 36
207	2. 11. ½	11 17	1 39	11 12	1 39	11 07	1 38	11 02	1 37	10 97	1 37
208	2. 12. »	11 23	1 40	11 18	1 39	11 12	1 39	11 07	1 38	11 02	1 37
209		11 28	1 41	11 23	1 40	11 18	1 39	11 12	1 39	11 07	1 38
210	2. 12. ½	11 34	1 41	11 28	1 41	11 23	1 40	11 18	1 39	11 13	1 39
211		11 39	1 42	11 34	1 41	11 28	1 41	11 23	1 40	11 18	1 39
212	2. 13. »	11 44	1 43	11 39	1 42	11 34	1 41	11 28	1 41	11 23	1 40
213		11 50	1 43	11 44	1 43	11 39	1 42	11 34	1 41	11 28	1 41
214	2. 13. ½	11 55	1 44	11 50	1 43	11 44	1 43	11 39	1 42	11 34	1 41
215	2. 14. »	11 61	1 45	11 55	1 44	11 50	1 43	11 44	1 43	11 39	1 42
216	2. » »	11 66	1 45	11 61	1 45	11 55	1 44	11 50	1 43	11 44	1 43
217	2. 14. ½	11 71	1 46	11 66	1 45	11 60	1 45	11 55	1 44	11 50	1 43
218		11 77	1 47	11 71	1 46	11 66	1 45	11 60	1 45	11 55	1 44
219	2. 15. »	11 82	1 47	11 77	1 47	11 71	1 46	11 66	1 45	11 60	1 45
220	2. 15. ½	11 88	1 48	11 82	1 47	11 77	1 47	11 71	1 46	11 66	1 45
221		11 93	1 49	11 87	1 48	11 82	1 47	11 76	1 47	11 71	1 46
222	2. 16. »	11 98	1 49	11 93	1 49	11 87	1 48	11 82	1 47	11 76	1 47
223		12 04	1 50	11 98	1 49	11 93	1 49	11 87	1 48	11 81	1 47
224	2. 16. ½	12 09	1 51	12 04	1 50	11 98	1 49	11 92	1 49	11 87	1 48

Lorsque le prix de l'argent fin est supérieur de quelques centimes à ceux donnés dans ce chapitre, ajoutez pour chaque différence, à toutes les sommes placées dans les colonnes de marcs, et contenues dans cette page, les centimes et fractions de centime ci-dessous, et seulement le huitième aux sommes placées dans les colonnes d'onces.

	cent.	dix.	huitiè.		cent.	dix.	huitiè.
Différence de 5 centimes.	1	1	» 1	Différence de 15 centimes.	3	2	» 4
Différence de 10 centimes.	2	2	» 3	Différence de 20 centimes.	4	3	» 6

Conversion des **MILLIÈMES** *en* **KARATS** *et* **TRENTE-DEUX**, *et en* **GRAINS DE FIN** *contenus dans un* **MARC** *d'or à l'un des titres ci-dessous, suivie des différentes valeurs d'une* **ONCE** *d'***OR** *à l'un de ces mêmes titres.*

MILLIÈMES.	CONVERSION en Karats et en Grains de fin.									DIVERSES VALEURS D'UNE ONCE D'OR D'APRÈS LES PRIX SUIVANS DE L'ONCE D'OR FIN						
	Karats.	Trente-Deux.	Grains.	Dixièmes.	Onces.	Gros.	Demi-Gros.	Grains.	Dixièmes.	à fr. c. 106 50	à fr. c. 106 25	à fr. c. 106 »	à fr. c. 105 75	à fr. c. 105 50	à fr. c. 105 25	à fr. c. 105 »
										fr. c.	fr. c.	fr. c.	fr. c.	fr. c.	fr. c.	fr. c.
225	5.	13	1036.	8	1.	6.	»	28.	8	23 96	23 90	23 85	23 79	23 73	23 68	23 62
226			1041.	4	1.	6.	»	33.	4	24 06	24 01	23 95	23 89	23 84	23 78	23 73
227	5.	14	1046.	»	1.	6.	½	2.	»	24 17	24 11	24 06	24 00	23 94	23 89	23 83
228	5.	15	1050.	6	1.	6.	½	6.	6	24 28	24 22	24 16	24 11	24 05	23 99	23 94
229	5.	16	1055.	2	1.	6.	½	11.	2	24 38	24 33	24 27	24 21	24 15	24 10	24 04
230	5.	17	1059.	8	1.	6.	½	15.	8	24 49	24 43	24 38	24 32	24 26	24 20	24 15
231			1064.	4	1.	6.	½	20.	4	24 60	24 54	24 48	24 42	24 37	24 31	24 25
232	5.	18	1069.	1	1.	6.	½	25.	1	24 70	24 65	24 59	24 53	24 47	24 41	24 36
233	5.	19	1073.	7	1.	6.	½	29.	7	24 81	24 75	24 69	24 63	24 58	24 52	24 46
234	5.	20	1078.	3	1.	6.	½	34.	3	24 92	24 86	24 80	24 74	24 68	24 62	24 57
235			1082.	9	1.	7.	»	2.	9	25 02	24 96	24 91	24 85	24 79	24 73	24 67
236	5.	21	1087.	5	1.	7.	»	7.	5	25 13	25 07	25 01	24 95	24 89	24 83	24 78
237	5.	22	1092.	1	1.	7.	»	12.	1	25 24	25 18	25 12	25 06	25 00	24 94	24 88
238	5.	23	1096.	7	1.	7.	»	16.	7	25 34	25 28	25 22	25 16	25 10	25 04	24 99
239			1101.	3	1.	7.	»	21.	3	25 45	25 39	25 33	25 27	25 21	25 15	25 09
240	5.	24	1105.	9	1.	7.	»	25.	9	25 56	25 50	25 44	25 38	25 32	25 26	25 20
241	5.	25	1110.	5	1.	7.	»	30.	5	25 66	25 60	25 54	25 48	25 42	25 36	25 30
242	5.	26	1115.	1	1.	7.	»	35.	1	25 77	25 71	25 65	25 59	25 53	25 47	25 41
243	5.	27	1119.	7	1.	7.	½	3.	7	25 87	25 81	25 75	25 69	25 63	25 57	25 51
244			1124.	4	1.	7.	½	8.	4	25 98	25 92	25 86	25 80	25 74	25 68	25 62
245	5.	28	1129.	»	1.	7.	½	13.	»	26 09	26 03	25 97	25 90	25 84	25 78	25 72
246	5.	29	1133.	6	1.	7.	½	17.	6	26 19	26 13	26 07	26 01	25 95	25 89	25 83
247	5.	30	1138.	2	1.	7.	½	22.	2	26 30	26 24	26 18	26 12	26 06	25 99	25 93
248			1142.	8	1.	7.	½	26.	8	26 41	26 35	26 28	26 22	26 16	26 10	26 04
249	5.	31	1147.	4	1.	7.	½	31.	4	26 51	26 45	26 39	26 33	26 26	26 20	26 14
250	6.	»	1152.	»	2.	»	»	»	»	26 62	26 56	26 50	26 43	26 37	26 31	26 25
251	6.	1	1156.	6	2.	»	»	4.	6	26 73	26 66	26 60	26 54	26 48	26 41	26 35
252			1161.	2	2.	»	»	9.	2	26 83	26 77	26 71	26 64	26 58	26 52	26 46

Lorsque le prix de l'or fin est supérieur de quelques centimes à ceux donnés dans ce chapitre, ajoutez pour chaque différence, à toutes les sommes sans exception, contenues dans cette page, les centimes et fractions de centime ci-dessous, et de la manière suivante :

	cent.	dix.		cent.	dix.
Pour une différence de 5 cent.	1	3	Pour une différence de 15 cent.	3	8
Pour une différence de 10 cent.	2	5	Pour une différence de 20 cent.	5	»

Conversion des ***MILLIÈMES*** *en* ***DENIERS, GRAINS*** *et* ***DEMI-GRAINS***, *suivie des différentes valeurs d'un* ***MARC*** *et de* ***l'ONCE d'ARGENT*** *à l'un des titres ci-dessous.*

MILLIÈMES.	CONV. Deniers. Grains. Demi-Grains.	DIVERSES VALEURS D'UN MARC ET DE L'ONCE D'ARGENT D'APRÈS LES PRIX SUIVANS DU MARC D'ARGENT FIN									
		à 54f »c		à 53f 75c		à 53f 50c		à 53f 25c		à 53f »c	
		Marcs.	Onces.	Marcs.	Onces.	Marcs.	Onces.	Marcs.	Onces.	Marcs.	Onces.
		fr. c.	fr. c.	fr. c.	fr. c.	fr. c.	fr. c.	fr. c.	fr. c.	fr. c.	fr. c.
225		12 15	1 51	12 09	1 51	12 03	1 50	11 98	1 49	11 92	1 49
226	2. 17. »	12 20	1 52	12 14	1 51	12 09	1 51	12 03	1 50	11 97	1 49
227	2. 17. ½	12 25	1 53	12 20	1 52	12 14	1 51	12 08	1 51	12 03	1 50
228		12 31	1 53	12 25	1 53	12 19	1 52	12 14	1 51	12 08	1 51
229	2. 18. »	12 36	1 54	12 30	1 53	12 25	1 53	12 19	1 52	12 13	1 51
230		12 42	1 55	12 36	1 54	12 30	1 53	12 24	1 53	12 19	1 52
231	2. 18. ½	12 47	1 55	12 41	1 55	12 35	1 54	12 30	1 53	12 24	1 53
232		12 52	1 56	12 47	1 55	12 41	1 55	12 35	1 54	12 29	1 53
233	2. 19. »	12 58	1 57	12 52	1 56	12 46	1 55	12 40	1 55	12 34	1 54
234	2. 19. ½	12 63	1 57	12 57	1 57	12 51	1 56	12 46	1 55	12 40	1 55
235		12 69	1 58	12 63	1 57	12 57	1 57	12 51	1 56	12 45	1 55
236	2. 20. »	12 74	1 59	12 68	1 58	12 62	1 57	12 56	1 57	12 50	1 56
237		12 79	1 59	12 73	1 59	12 67	1 58	12 62	1 57	12 56	1 57
238	2. 20. ½	12 85	1 60	12 79	1 59	12 73	1 59	12 67	1 58	12 61	1 57
239		12 90	1 61	12 84	1 60	12 78	1 59	12 72	1 59	12 66	1 58
240	2. 21. »	12 96	1 62	12 90	1 61	12 84	1 60	12 78	1 59	12 72	1 59
241	2. 21. ½	13 01	1 62	12 95	1 61	12 89	1 61	12 83	1 60	12 77	1 59
242		13 06	1 63	13 00	1 62	12 94	1 61	12 88	1 61	12 82	1 60
243	2. 22. »	13 12	1 64	13 06	1 63	13 00	1 62	12 93	1 61	12 87	1 61
244		13 17	1 64	13 11	1 63	13 05	1 63	12 99	1 62	12 93	1 61
245	2. 22. ½	13 23	1 65	13 16	1 64	13 10	1 63	13 04	1 63	12 98	1 62
246		13 28	1 66	13 22	1 65	13 16	1 64	13 09	1 63	13 03	1 62
247	2. 23. »	13 33	1 66	13 27	1 65	13 21	1 65	13 15	1 64	13 09	1 63
248	2. 23. ½	13 39	1 67	13 33	1 66	13 26	1 65	13 20	1 65	13 14	1 64
249		13 44	1 68	13 38	1 67	13 32	1 66	13 25	1 65	13 19	1 64
250	3. » »	13 50	1 68	13 43	1 67	13 37	1 67	13 31	1 66	13 25	1 65
251		13 55	1 69	13 49	1 68	13 42	1 67	13 36	1 67	13 30	1 66
252	3. » ½	13 60	1 70	13 54	1 69	13 48	1 68	13 41	1 67	13 35	1 66

Lorsque le prix de l'argent fin est supérieur de quelques centimes à ceux donné, dans ce chapitre, ajoutez pour chaque différence, à toutes les sommes placées dans les colonnes de marcs, et contenues dans cette page, les centimes et fractions de centime ci-dessous, et seulement le huitième aux sommes placées dans les colonnes d'onces.

	cent.	dix.	huitiè.		cent.	dix.	huitiè.
Différence de 5 centimes.	1	3	» 2	Différence de 15 centimes.	3	8	» 5
Différence de 10 centimes.	2	5	» 3	Différence de 20 centimes	5	»	» 6

Conversion des ***MILLIÈMES*** *en* ***KARATS*** *et* ***TRENTE-DEUX***, *et en* ***GRAINS DE FIN*** *contenus dans un* ***MARC*** *d'or à l'un des titres ci-dessous, suivie des différentes valeurs d'une* ***ONCE D'OR*** *à l'un de ces mêmes titres.*

MILLIÈMES.	CONVERSION en Karats et en Grains de fin.									DIVERSES VALEURS D'UNE ONCE D'OR D'APRÈS LES PRIX SUIVANS DE L'ONCE D'OR FIN						
	Karats.	Trente-Deux.	Grains.	Dixièmes.	Onces.	Gros.	Demi-Gros.	Grains.	Dixièmes.	à fr. c. 106 50	à fr. c. 106 25	à fr. c. 106 »	à fr. c. 105 75	à fr. c. 105 50	à fr. c. 105 25	à fr. c. 105 »
										fr. c.	fr. c.	fr. c.	fr. c.	fr. c.	fr. c.	fr. c.
253	6.	2	1163	8	2.	»	»	13.	8	26 94	26 88	26 81	26 75	26 69	26 62	26 56
254	6.	3	1170.	4	2.	»	»	18.	4	27 05	26 98	26 92	26 86	26 79	26 73	26 67
255	6.	4	1175.	»	2.	»	»	23.	»	27 15	27 09	27 03	26 96	26 90	26 83	26 77
256			1179.	6	2.	»	»	27.	6	27 26	27 20	27 13	27 07	27 00	26 94	26 88
257	6.	5	1184.	3	2.	»	»	32.	3	27 37	27 30	27 24	27 17	27 11	27 04	26 98
258	6.	6	1188.	9	2.	»	½	»	9	27 47	27 41	27 34	27 28	27 21	27 15	27 09
259	6.	7	1193.	5	2.	»	½	5.	5	27 58	27 51	27 45	27 38	27 32	27 25	27 19
260	6.	8	1198.	1	2.	»	½	10.	1	27 69	27 62	27 56	27 49	27 43	27 36	27 30
261			1202.	7	2.	»	½	14.	7	27 79	27 73	27 66	27 60	27 53	27 47	27 40
262	6.	9	1207.	3	2.	»	½	19.	3	27 90	27 83	27 77	27 70	27 64	27 57	27 51
263	6	10	1211.	9	2.	»	½	23.	9	28 00	27 94	27 87	27 81	27 74	27 68	27 61
264	6.	11	1216.	5	2.	»	½	28.	5	28 11	28 04	27 98	27 91	27 85	27 78	27 72
265			1221.	1	2.	»	½	33.	1	28 22	28 15	28 09	28 02	27 96	27 89	27 82
266	6.	12	1225.	7	2.	1.	»	1.	7	28 32	28 26	28 19	28 12	28 06	27 99	27 93
267	6.	13	1230.	3	2.	1.	»	6.	3	28 43	28 36	28 30	28 23	28 16	28 10	28 03
268	6.	14	1234.	9	2.	1.	»	10.	9	28 54	28 47	28 40	28 34	28 27	28 20	28 14
269			1239.	6	2.	1.	»	15.	6	28 64	28 58	28 51	28 44	28 37	28 31	28 24
270	6.	15	1244.	2	2.	1.	»	20.	2	28 75	28 68	28 62	28 55	28 48	28 41	28 35
271	6.	16	1248.	8	2.	1.	»	24.	8	28 86	28 79	28 72	28 65	28 59	28 52	28 45
272	6.	17	1253.	4	2.	1.	»	29.	4	28 96	28 90	28 83	28 76	28 69	28 62	28 56
273	6.	18	1258.	»	2.	1.	»	34.	»	29 07	29 00	28 93	28 86	28 80	28 73	28 66
274			1262.	6	2.	1.	½	2.	6	29 18	29 11	29 04	28 97	28 90	28 83	28 77
275	6.	19	1267.	2	2.	1.	½	7.	2	29 28	29 21	29 15	29 08	29 01	28 94	28 87
276	6.	20	1271.	8	2.	1.	½	11.	8	29 39	29 32	29 25	29 18	29 11	29 04	28 98
277	6.	21	1276.	4	2.	1.	½	16.	4	29 50	29 43	29 36	29 29	29 22	29 15	29 08
278			1281.	»	2.	1.	½	21.	»	29 60	29 53	29 46	29 39	29 32	29 25	29 19
279	6.	22	1285.	6	2.	1.	½	25.	6	29 71	29 64	29 57	29 50	29 43	29 36	29 29
280	6.	23	1290.	2	2.	1.	½	30.	2	29 82	29 75	29 68	29 61	29 54	29 47	29 40

Lorsque le prix de l'or fin est supérieur de quelques centimes à ceux donnés dans ce chapitre, ajoutez pour chaque différence à toutes les sommes, sans exception, contenues dans cette page, les centimes et fractions de centime ci-dessous, et de la manière suivante :

	cent.	dix.		cent.	dix.
Pour une différence de 5 cent.	1	4	Pour une différence de 15 cent.	4	2
Pour une différence de 10 cent.	2	8	Pour une différence de 20 cent.	5	6

Conversion des ***MILLIÈMES*** *en* ***DENIERS, GRAINS,*** *et* ***DEMI-GRAINS***, *suivie des différentes valeurs d'un* ***MARC*** *et de l'****ONCE*** *d'****ARGENT*** *à l'un des titres ci-dessous.*

MILLIÈMES.	CONV. (Deniers. Grains. Demi-Grains.)	DIVERSES VALEURS D'UN MARC ET DE L'ONCE D'ARGENT D'APRÈS LES PRIX SUIVANS DU MARC D'ARGENT FIN									
		à 54f »c		à 53f 75c		à 53f 50c		à 53f 25c		à 53f »c	
		Marcs.	Onces.	Marcs.	Onces.	Marcs.	Onces.	Marcs.	Onces.	Marcs.	Onces.
		fr. c.	fr. c.	fr. c.	fr. c.	fr. c.	fr. c.	fr. c.	fr. c.	fr. c.	fr. c.
253	5. 1. »	13 64	1 70	13 59	1 69	13 53	1 69	13 47	1 68	13 40	1 67
254		13 71	1 71	13 65	1 70	13 58	1 69	13 52	1 69	13 46	1 68
255	5. 1. ½	13 77	1 72	13 70	1 71	13 64	1 70	13 57	1 69	13 51	1 68
256		13 82	1 72	13 76	1 72	13 69	1 71	13 63	1 70	13 56	1 69
257	5. 2. »	13 87	1 73	13 81	1 72	13 74	1 71	13 68	1 71	13 62	1 70
258		13 93	1 74	13 86	1 73	13 80	1 72	13 73	1 71	13 67	1 70
259	5. 2. ½	13 98	1 74	13 92	1 74	13 85	1 73	13 79	1 72	13 72	1 71
260	5. 3. »	14 04	1 75	13 97	1 74	13 91	1 73	13 84	1 73	13 78	1 72
261		14 09	1 76	14 02	1 75	13 96	1 74	13 89	1 73	13 83	1 72
262	5. 3. ½	14 14	1 76	14 08	1 76	14 01	1 75	13 95	1 74	13 88	1 73
263		14 20	1 77	14 13	1 76	14 07	1 75	14 00	1 75	13 93	1 74
264	5. 4. »	14 25	1 78	14 19	1 77	14 12	1 76	14 05	1 75	13 99	1 74
265		14 31	1 78	14 24	1 78	14 17	1 77	14 11	1 76	14 04	1 75
266	5. 4. ½	14 36	1 79	14 29	1 78	14 23	1 77	14 16	1 77	14 09	1 76
267	5. 5. »	14 41	1 80	14 35	1 79	14 28	1 78	14 21	1 77	14 15	1 76
268		14 47	1 80	14 40	1 80	14 33	1 79	14 27	1 78	14 20	1 77
269	5. 5. ½	14 52	1 81	14 45	1 80	14 39	1 79	14 32	1 79	14 25	1 78
270		14 58	1 82	14 51	1 81	14 44	1 80	14 37	1 79	14 31	1 78
271	5. 6. »	14 63	1 82	14 56	1 82	14 49	1 81	14 43	1 80	14 36	1 79
272		14 68	1 83	14 62	1 83	14 55	1 81	14 48	1 81	14 41	1 80
273	5. 6. ½	14 74	1 84	14 67	1 83	14 60	1 82	14 53	1 81	14 46	1 80
274	5. 7. »	14 79	1 84	14 72	1 84	14 65	1 83	14 59	1 82	14 52	1 81
275		14 85	1 85	14 78	1 84	14 71	1 83	14 64	1 83	14 57	1 82
276	5. 7. ½	14 90	1 86	14 83	1 85	14 76	1 84	14 69	1 83	14 62	1 82
277		14 95	1 86	14 88	1 86	14 81	1 85	14 75	1 84	14 68	1 83
278	5. 8. »	15 01	1 87	14 94	1 86	14 87	1 85	14 80	1 85	14 73	1 84
279		15 06	1 88	14 99	1 87	14 92	1 86	14 85	1 85	14 78	1 84
280	5. 8. ½	15 12	1 89	15 05	1 88	14 98	1 87	14 91	1 86	14 84	1 85

Lorsque le prix de l'argent fin est supérieur de quelques centimes à ceux donnés dans ce chapitre, ajoutez pour chaque différence, à toutes les sommes placées dans les colonnes de marcs, et contenues dans cette page, les centimes et fractions de centime ci-dessous, et seulement le huitième aux sommes placées dans les colonnes d'onces.

	cent.	dix.	huitiè.		cent.	dix.	huitiè.
Différence de 5 centimes.	1	4	» 2	Différence de 15 centimes.	4	2	» 5
Différence de 10 centimes.	2	8	» 3	Différence de 20 centimes.	5	6	» 7

*Conversion des **MILLIÈMES** en **KARATS** et **TRENTE-DEUX**, et en **GRAINS DE FIN** contenus dans un **MARC** d'or à l'un des titres ci-dessous, suivie des différentes valeurs d'une **ONCE D'OR** à l'un de ces mêmes titres.*

MILLIÈMES.	CONVERSION en Karats et en Grains de fin.									DIVERSES VALEURS D'UNE ONCE D'OR D'APRÈS LES PRIX SUIVANS DE L'ONCE D'OR FIN						
	Karats.	Trente-Deux.	Grains.	Dixièmes.	Onces.	Gros.	Demi-Gros.	Grains.	Dixièmes.	à fr. c. 106 50	à fr. c. 106 25	à fr. c. 106 ″	à fr. c. 105 75	à fr. c. 105 50	à fr. c. 105 25	à fr. c. 105 ″
										fr. c.	fr. c.	fr. c.	fr. c.	fr. c.	fr. c.	fr. c.
281	6.	24	1294.	8	2.	1.	½	34.	8	29 92	29 85	29 78	29 71	29 64	29 57	29 50
282			1299.	5	2.	2.	″	3.	5	30 03	29 96	29 89	29 82	29 75	29 68	29 61
283	6.	25	1304.	1	2.	2.	″	8.	1	30 13	30 06	29 99	29 92	29 85	29 78	29 71
284	6.	26	1308.	7	2.	2.	″	12.	7	30 24	30 17	30 10	30 03	29 96	29 89	29 82
285	6.	27	1313.	3	2.	2.	″	17.	3	30 35	30 28	30 21	30 13	30 06	29 99	29 92
286	6.	28	1317.	9	2.	2.	″	21.	9	30 45	30 38	30 31	30 24	30 17	30 10	30 03
287			1322.	5	2.	2.	″	26.	5	30 56	30 49	30 42	30 35	30 27	30 20	30 13
288	6.	29	1327.	1	2.	2.	″	31.	1	30 67	30 60	30 52	30 45	30 38	30 31	30 24
289	6.	30	1331.	7	2.	2.	″	35.	7	30 77	30 70	30 63	30 56	30 48	30 41	30 34
290	6.	31	1336.	3	2.	2.	½	4.	3	30 88	30 81	30 74	30 66	30 59	30 52	30 45
291			1340.	9	2.	2.	½	8.	9	30 99	30 91	30 84	30 77	30 70	30 62	30 55
292	7.	″	1345.	5	2.	2.	½	13.	5	31 09	31 02	30 95	30 87	30 80	30 73	30 66
293	7.	1	1350.	1	2.	2.	½	18.	1	31 20	31 13	31 05	30 98	30 91	30 83	30 76
294	7.	2	1354.	8	2.	2.	½	22.	8	31 31	31 23	31 16	31 09	31 01	30 94	30 87
295			1359.	4	2.	2.	½	27.	4	31 41	31 34	31 27	31 19	31 12	31 04	30 97
296	7.	3	1364.	″	2.	2.	½	32.	″	31 52	31 45	31 37	31 30	31 22	31 15	31 08
297	7.	4	1368.	6	2.	3.	″	″	6	31 63	31 55	31 48	31 40	31 33	31 25	31 18
298	7.	5	1373.	2	2.	3.	″	5.	2	31 73	31 66	31 58	31 51	31 43	31 36	31 29
299	7.	6	1377.	8	2.	3.	″	9.	8	31 84	31 76	31 69	31 61	31 54	31 46	31 39
300			1382.	4	2.	3.	″	14.	4	31 95	31 87	31 80	31 72	31 65	31 57	31 50
301	7.	7	1387.	″	2.	3.	″	19.	″	32 05	31 98	31 90	31 83	31 75	31 68	31 60
302	7.	8	1391.	6	2.	3.	″	23.	6	32 16	32 08	32 01	31 93	31 86	31 78	31 71
303	7.	9	1396.	2	2.	3.	″	28.	2	32 26	32 19	32 11	32 04	31 96	31 89	31 81
304			1400.	8	2.	3.	″	32.	8	32 37	32 30	32 22	32 14	32 07	31 99	31 92
305	7.	10	1405.	4	2.	3.	½	1.	4	32 48	32 40	32 33	32 25	32 17	32 10	32 02
306	7.	11	1410.	″	2.	3.	½	6.	″	32 58	32 51	32 43	32 35	32 28	32 20	32 13
307	7.	12	1414.	7	2.	3.	½	10.	7	32 69	32 61	32 54	32 46	32 38	32 31	32 23
308			1419.	3	2.	3.	½	15.	3	32 80	32 72	32 64	32 57	32 49	32 41	32 34

Lorsque le prix de l'or fin est supérieur de quelques centimes à ceux donnés dans ce chapitre, ajoutez pour chaque différence, à toutes les sommes sans exception, contenues dans cette page, les centimes et fractions de centime ci-dessous, et de la manière suivante:

	cent.	dix.		cent.	dix.
Pour une différence de 5 cent.	1	5	Pour une différence de 15 cent.	4	6
Pour une différence de 10 cent.	3	1	Pour une différence de 20 cent.	6	2

Conversion des MILLIÈMES en DENIERS, GRAINS et DEMI-GRAINS, suivie des différentes valeurs d'un MARC et de l'ONCE d'ARGENT à l'un des titres ci-dessous.

MILLIÈMES.	CONV. Deniers. Grains. Demi-Grains.	DIVERSES VALEURS D'UN MARC ET DE L'ONCE D'ARGENT D'APRÈS LES PRIX SUIVANS DU MARC D'ARGENT FIN									
		à 54f »c		à 53f 75c		à 53f 50c		à 53f 25c		à 53f »c	
		Marcs.	Onces.	Marcs.	Onces.	Marcs.	Onces.	Marcs.	Onces.	Marcs.	Onces.
		fr. c.	fr. c.	fr. c.	fr. c.	fr. c.	fr. c.	fr. c.	fr. c.	fr. c.	fr. c.
281	3. 9. »	15 17	1 89	15 10	1 88	15 03	1 87	14 96	1 87	14 89	1 86
282		15 22	1 90	15 15	1 89	15 08	1 88	15 01	1 87	14 94	1 86
283	3. 9. ½	15 28	1 91	15 21	1 90	15 14	1 89	15 06	1 88	14 99	1 87
284		15 33	1 91	15 26	1 90	15 19	1 89	15 12	1 89	15 05	1 88
285	3. 10. »	15 39	1 92	15 31	1 91	15 24	1 90	15 17	1 89	15 10	1 88
286	3. 10. ½	19 44	1 93	15 37	1 92	15 30	1 91	15 22	1 90	15 15	1 89
287		15 49	1 93	15 42	1 92	15 35	1 91	15 28	1 91	15 21	1 90
288	3. 11. »	15 55	1 94	15 48	1 93	15 40	1 92	15 33	1 91	15 26	1 90
289		15 60	1 95	15 53	1 94	15 46	1 93	15 38	1 92	15 31	1 91
290	3. 11. ½	15 66	1 95	15 58	1 94	15 51	1 93	15 44	1 93	15 37	1 92
291		15 71	1 96	15 64	1 95	15 56	1 94	15 49	1 93	15 42	1 92
292	3. 12. »	15 76	1 97	15 69	1 96	15 62	1 95	15 54	1 94	15 47	1 93
293	3. 12. ½	15 82	1 97	15 74	1 96	15 67	1 95	15 60	1 95	15 52	1 94
294		15 87	1 98	15 80	1 97	15 72	1 96	15 65	1 95	15 58	1 94
295	3. 13. »	15 93	1 99	15 85	1 98	15 78	1 97	15 70	1 96	15 63	1 95
296		15 98	1 99	15 91	1 98	15 83	1 97	15 76	1 97	15 68	1 96
297	3. 13. ½	16 03	2 00	15 96	1 99	15 88	1 98	15 81	1 97	15 74	1 96
298		16 09	2 01	16 01	2 00	15 94	1 99	15 86	1 98	15 79	1 97
299	3. 14. »	16 14	2 01	16 07	2 00	15 99	1 99	15 92	1 99	15 84	1 98
300	3. 14. ½	16 20	2 02	16 12	2 01	16 05	2 00	15 97	1 99	15 90	1 98
301		16 25	2 03	16 17	2 02	16 10	2 01	16 02	2 00	15 95	1 99
302	3. 15. »	16 30	2 03	16 23	2 02	16 15	2 01	16 08	2 01	16 00	2 00
303		16 36	2 04	16 28	2 03	16 21	2 02	16 13	2 01	16 05	2 00
304	3. 15. ½	16 41	2 05	16 34	2 04	16 26	2 03	16 18	2 02	16 11	2 01
305		16 47	2 05	16 39	2 04	16 31	2 03	16 24	2 03	16 16	2 02
306	3. 16. »	16 52	2 06	16 44	2 05	16 37	2 04	16 29	2 03	16 21	2 02
307	3. 16. ½	16 57	2 07	16 50	2 06	16 42	2 05	16 34	2 04	16 27	2 03
308		16 63	2 07	16 55	2 06	16 47	2 05	16 40	2 05	16 32	2 04

Lorsque le prix de l'argent fin est supérieur de quelques centimes à ceux donnés dans ce chapitre, ajoutez pour chaque différence, à toutes les sommes placées dans les colonnes de marcs, et contenues dans cette page, les centimes et fractions de centime ci-dessous, et seulement le huitième aux sommes placées dans les colonnes d'onces.

	cent.	dix.	huitié.		cent.	dix.	huitié.
Différence de 5 centimes.	1	5	» 2	Différence de 15 centimes.	4	6	» 6
Différence de 10 centimes.	3	1	» 4	Différence de 20 centimes.	6	2	» 8

*Conversion des **MILLIÈMES** en **KARATS** et **TRENTE-DEUX**, et en **GRAINS DE FIN** contenus dans un **MARC** d'or à l'un des titres ci-dessous, suivie des différentes valeurs d'une **ONCE D'OR** à l'un de ces mêmes titres.*

MILLIÈMES.	CONVERSION en Karats et en Grains de fin.									DIVERSES VALEURS D'UNE ONCE D'OR D'APRÈS LES PRIX SUIVANS DE L'ONCE D'OR FIN						
	Karats.	Trente-Deux.	Grains.	Dixièmes.	Onces.	Gros.	Demi-Gros.	Grains.	Dixièmes.	à fr. c. 106 50	à fr. c. 106 25	à fr. c. 106 »	à fr. c. 105 75	à fr. c. 105 50	à fr. c. 105 25	à fr. c. 105 »
										fr. c.	fr. c.	fr. c.	fr. c.	fr. c.	fr. c.	fr. c.
309	7.	13	1423.	9	2.	3.	½	19.	9	32 90	32 83	32 75	32 67	32 59	32 52	32 44
310	7.	14	1428.	5	2.	3.	½	24.	5	33 01	32 93	32 86	32 78	32 70	32 62	32 55
311	7.	15	1433.	1	2.	3.	½	29.	1	33 12	33 04	32 96	32 88	32 81	32 73	32 65
312			1437.	7	2.	3.	½	33.	7	33 22	33 15	33 07	32 99	32 91	32 83	32 76
313	7.	16	1442.	3	2.	4.	»	2.	3	33 33	33 25	33 17	33 09	33 02	32 94	32 86
314	7.	17	1446.	9	2.	4.	»	6.	9	33 44	33 36	33 28	33 20	33 12	33 04	32 97
315	7.	18	1451.	5	2.	4.	»	11.	5	33 54	33 46	33 39	33 31	33 23	33 15	33 07
316	7.	19	1456.	1	2.	4.	»	16.	1	33 65	33 57	33 49	33 41	33 33	33 25	33 18
317			1460.	7	2.	4.	»	20.	7	33 76	33 68	33 60	33 52	33 44	33 36	33 28
318	7.	20	1465.	3	2.	4.	»	25.	3	33 86	33 78	33 70	33 62	33 54	33 46	33 39
319	7.	21	1470.	»	2.	4.	»	30.	»	33 97	33 89	33 81	33 73	33 65	33 57	33 49
320	7.	22	1474.	6	2.	4.	»	34.	6	34 08	34 00	33 92	33 84	33 76	33 68	33 60
321			1479.	2	2.	4.	½	3.	2	34 18	34 10	34 02	33 94	33 86	33 78	33 70
322	7.	23	1483.	8	2.	4.	½	7.	8	34 29	34 21	34 13	34 05	33 97	33 89	33 81
323	7.	24	1488.	4	2.	4.	½	12.	4	34 39	34 31	34 23	34 15	34 07	33 99	33 91
324	7.	25	1493.	»	2.	4.	½	17.	»	34 50	34 42	34 34	34 26	34 18	34 10	34 02
325			1497.	6	2.	4.	½	21.	6	34 61	34 53	34 45	34 36	34 28	34 20	34 12
326	7.	26	1502.	2	2.	4.	½	26.	2	34 71	34 63	34 55	34 47	34 39	34 31	34 23
327	7.	27	1506.	8	2.	4.	½	30.	8	34 82	34 74	34 66	34 58	34 49	34 41	34 33
328	7.	28	1511.	4	2.	4.	½	35.	4	34 93	34 85	34 76	34 68	34 60	34 52	34 44
329	7.	29	1516.	»	2.	5.	»	4.	»	35 03	34 95	34 87	34 79	34 70	34 62	34 54
330			1520.	6	2.	5.	»	8.	6	35 14	35 06	34 98	34 89	34 81	34 73	34 65
331	7.	30	1525.	2	2.	5.	»	13.	2	35 25	35 16	35 08	35 00	34 92	34 83	34 75
332	7.	31	1529.	8	2.	5.	»	17.	8	35 35	35 27	35 19	35 10	35 02	34 94	34 86
333	8.	»	1534.	5	2.	5.	»	22.	5	35 46	35 38	35 29	35 21	35 13	35 04	34 96
334			1539.	1	2.	5.	»	27.	1	35 57	35 48	35 40	35 32	35 23	35 15	35 07
335	8.	1	1543.	7	2.	5.	»	31.	7	35 67	35 59	35 51	35 42	35 34	35 25	35 17
336	8.	2	1548.	3	2.	5.	½	»	3	35 78	35 70	35 61	35 53	35 44	35 36	35 28

Lorsque le prix de l'or fin est supérieur de quelques centimes à ceux donnés dans ce chapitre, ajoutez pour chaque différence à toutes les sommes, sans exception, contenues dans cette page, les centimes et fractions de centime ci-dessous, et de la manière suivante :

	cent.	dix.		cent.	dix.
Pour une différence de 5 cent.	1	7	Pour une différence de 15 cent.	5	»
Pour une différence de 10 cent.	3	4	Pour une différence de 20 cent.	6	7

Conversion des ***MILLIÈMES*** *en* ***DENIERS, GRAINS,*** *et* ***DEMI-GRAINS****, suivie des différentes valeurs d'un* ***MARC*** *et de l'****ONCE*** *d'****ARGENT*** *à l'un des titres ci-dessous.*

MILLIÈMES.	CONV. Deniers. Grains. Demi-Grains.	DIVERSES VALEURS D'UN MARC ET DE L'ONCE D'ARGENT D'APRÈS LES PRIX SUIVANS DU MARC D'ARGENT FIN									
		à 54f »c		à 53f 75c		à 53f 50c		à 53f 25c		à 53f »c	
		Marcs.	Onces.	Marcs.	Onces.	Marcs.	Onces.	Marcs.	Onces.	Marcs.	Onces.
		fr. c.	fr. c.	fr. c.	fr. c.	fr. c.	fr. c.	fr. c.	fr. c.	fr. c.	fr. c.
309	3. 17. »	16 63	2 08	16 60	2 07	16 53	2 06	16 45	2 05	16 37	2 04
310		16 74	2 09	16 66	2 08	16 58	2 07	16 50	2 06	16 43	2 05
311	3. 17. ½	16 79	2 09	16 71	2 08	16 63	2 07	16 56	2 07	16 48	2 06
312		16 84	2 10	16 77	2 09	16 69	2 08	16 61	2 07	16 53	2 06
313	3. 18. »	16 90	2 11	16 82	2 10	16 74	2 09	16 66	2 08	16 58	2 07
314	3. 18. ½	16 95	2 11	16 87	2 10	16 79	2 09	16 72	2 09	16 64	2 08
315		17 01	2 12	16 93	2 11	16 85	2 10	16 77	2 09	16 69	2 08
316	3. 19. »	17 06	2 13	16 98	2 12	16 90	2 11	16 82	2 10	16 74	2 09
317		17 11	2 13	17 03	2 12	16 95	2 11	16 88	2 11	16 80	2 10
318	3. 19. ½	17 17	2 14	17 09	2 13	17 01	2 12	16 93	2 11	16 85	2 10
319	3. 20. »	17 22	2 15	17 14	2 14	17 06	2 13	16 98	2 12	16 90	2 11
320		17 28	2 16	17 20	2 15	17 12	2 14	17 04	2 13	16 96	2 12
321	3. 20. ½	17 33	2 16	17 25	2 15	17 17	2 14	17 09	2 13	17 01	2 12
322		17 38	2 17	17 30	2 16	17 22	2 15	17 14	2 14	17 06	2 13
323	3. 21. »	17 44	2 18	17 36	2 17	17 28	2 16	17 19	2 14	17 11	2 13
324		17 49	2 18	17 41	2 17	17 33	2 16	17 25	2 15	17 17	2 14
325	3. 21. ½	17 55	2 19	17 46	2 18	17 38	2 17	17 30	2 16	17 22	2 15
326	3. 22. »	17 60	2 20	17 52	2 19	17 44	2 18	17 35	2 16	17 27	2 15
327		17 65	2 20	17 57	2 19	17 49	2 18	17 41	2 17	17 33	2 16
328	3. 22. ½	17 71	2 21	17 63	2 20	17 54	2 19	17 46	2 18	17 38	2 17
329		17 76	2 22	17 68	2 21	17 60	2 20	17 51	2 18	17 43	2 17
330	3. 23. »	17 82	2 22	17 73	2 21	17 65	2 20	17 57	2 19	17 49	2 18
331		17 87	2 23	17 79	2 22	17 70	2 21	17 62	2 20	17 54	2 19
332	3. 23. ½	17 92	2 24	17 84	2 23	17 76	2 22	17 67	2 20	17 59	2 19
333	4. » »	17 98	2 24	17 89	2 23	17 81	2 22	17 73	2 21	17 64	2 20
334		18 03	2 25	17 95	2 24	17 86	2 23	17 78	2 22	17 70	2 21
335	4. » ½	18 09	2 26	18 00	2 25	17 92	2 24	17 83	2 22	17 75	2 21
336		18 14	2 26	18 06	2 25	17 97	2 24	17 89	2 23	17 80	2 22

Lorsque le prix de l'argent fin est supérieur de quelques centimes à ceux donnés dans ce chapitre, ajoutez pour chaque différence, à toutes les sommes placées dans les colonnes de marcs, et contenues dans cette page, les centimes et fractions de centime ci-dessous, et seulement le huitième aux sommes placées dans les colonnes d'onces.

	cent.	dix.	huitiè.		cent.	dix.	huitiè.
Différence de 5 centimes.	1	7	» 2	Différence de 15 centimes.	5	»	» 6
Différence de 10 centimes.	3	4	» 4	Différence de 20 centimes.	6	7	» 8

Conversion des ***MILLIÈMES*** *en* ***KARATS*** *et* ***TRENTE-DEUX***, *et en* ***GRAINS DE FIN*** *contenus dans un* ***MARC*** *d'or à l'un des titres ci-dessous, suivie des différentes valeurs d'une* ***ONCE D'OR*** *à l'un de ces mêmes titres.*

MILLIÈMES.	CONVERSION en Karats et en Grains de fin.									DIVERSES VALEURS D'UNE ONCE D'OR D'APRÈS LES PRIX SUIVANS DE L'ONCE D'OR FIN						
	Karats.	Trente-Deux.	Grains.	Dixièmes.	Onces.	Gros.	Demi-Gros.	Grains.	Dixièmes.	à fr. c. 106 50	à fr. c. 106 25	à fr. c. 106 »	à fr. c. 105 75	à fr. c. 105 50	à fr. c. 105 25	à fr. c. 105 »
										fr. c.	fr. c.	fr. c.	fr. c.	fr. c.	fr. c.	fr. c.
337	8.	3	1552.	9	2.	5.	½	4.	9	35 89	35 80	35 72	35 63	35 55	35 46	35 38
338			1557.	5	2.	5.	½	9.	5	35 99	35 91	35 82	35 74	35 65	35 57	35 49
339	8.	4	1562.	1	2.	5.	½	14.	1	36 10	36 01	35 93	35 84	35 76	35 67	35 59
340	8.	5	1566.	7	2.	5.	½	18.	7	36 21	36 12	36 04	35 95	35 87	35 78	35 70
341	8.	6	1571.	3	2.	5.	½	23.	3	36 31	36 23	36 14	36 06	35 97	35 89	35 80
342	8.	7	1575.	9	2.	5.	½	27.	9	36 42	36 33	36 25	36 16	36 08	35 99	35 91
343			1580.	5	2.	5.	½	32.	5	36 52	36 44	36 35	36 27	36 18	36 10	36 01
344	8.	8	1585.	2	2.	6.	»	1.	2	36 63	36 55	36 46	36 37	36 29	36 20	36 12
345	8.	9	1589.	8	2.	6.	»	5.	8	36 74	36 65	36 57	36 48	36 39	36 31	36 22
346	8.	10	1594.	4	2.	6.	»	10.	4	36 84	36 76	36 67	36 58	36 50	36 41	36 33
347			1599.	»	2.	6.	»	15.	»	36 95	36 86	36 78	36 69	36 60	36 52	36 43
348	8.	11	1603.	6	2.	6.	»	19.	6	37 06	36 97	36 88	36 80	36 71	36 62	36 54
349	8.	12	1608.	2	2.	6.	»	24.	2	37 16	37 08	36 99	36 90	36 81	36 73	36 64
350	8.	13	1612.	8	2.	6.	»	28.	8	37 27	37 18	37 10	37 01	36 92	36 83	36 75
351			1617.	4	2.	6.	»	33.	4	37 38	37 29	37 20	37 11	37 03	36 94	36 85
352	8.	14	1622.	»	2.	6.	½	2.	»	37 48	37 40	37 31	37 22	37 13	37 04	36 96
353	8.	15	1626.	6	2.	6.	½	6.	6	37 59	37 50	37 41	37 32	37 24	37 15	37 06
354	8.	16	1631.	2	2.	6.	½	11.	2	37 70	37 61	37 52	37 43	37 34	37 25	37 17
355	8.	17	1635.	8	2.	6.	½	15.	8	37 80	37 71	37 63	37 54	37 45	37 36	37 27
356			1640.	4	2.	6.	½	20.	4	37 91	37 82	37 73	37 64	37 55	37 46	37 38
357	8.	18	1645.	1	2.	6.	½	25.	1	38 02	37 93	37 84	37 75	37 66	37 57	37 48
358	8.	19	1649.	7	2.	6.	½	29.	7	38 12	38 03	37 94	37 85	37 76	37 67	37 59
359	8.	20	1654.	3	2.	6.	½	34.	3	38 23	38 14	38 05	37 96	37 87	37 78	37 69
360			1658.	9	2.	7.	»	2.	9	38 34	38 25	38 16	38 07	37 98	37 89	37 80
361	8.	21	1663.	5	2.	7.	»	7.	5	38 44	38 35	38 26	38 17	38 08	37 99	37 90
362	8.	22	1668.	1	2.	7.	»	12.	1	38 55	38 46	38 37	38 28	38 19	38 10	38 01
363	8.	23	1672.	7	2.	7.	»	16.	7	38 65	38 56	38 47	38 38	38 29	38 20	38 11
364			1677.	3	2.	7.	»	21.	3	38 76	38 67	38 58	38 49	38 40	38 31	38 22

Lorsque le prix de l'or fin est supérieur de quelques centimes à ceux donnés dans ce chapitre, ajoutez pour chaque différence, à toutes les sommes sans exception, contenues dans cette page, les centimes et fractions de centime ci-dessous, et de la manière suivante :

	cent.	dix.		cent.	dix.
Pour une différence de 5 cent.	1	8	Pour une différence de 15 cent.	5	5
Pour une différence de 10 cent.	3	6	Pour une différence de 20 cent.	7	3

Conversion des ***MILLIÈMES*** *en* ***DENIERS, GRAINS*** *et* ***DEMI-GRAINS***, *suivie des différentes valeurs d'un* MARC *et de l'*ONCE *d'*ARGENT *à l'un des titres ci-dessous.*

MILLIÈMES.	CONV. Deniers.	Grains.	Demi-Grains.	à 54f »c Marcs.	à 54f »c Onces.	à 53f 75c Marcs.	à 53f 75c Onces.	à 53f 50c Marcs.	à 53f 50c Onces.	à 53f 25c Marcs.	à 53f 25c Onces.	à 53f »c Marcs.	à 53f »c Onces.
				fr. c.	fr. c.	fr. c.	fr. c.	fr. c.	fr. c.	fr. c.	fr. c.	fr. c.	fr. c.
337	4.	1.	»	18 19	2 27	18 11	2 26	18 02	2 25	17 94	2 24	17 86	2 23
338				18 25	2 28	18 16	2 27	18 08	2 26	17 99	2 24	17 91	2 23
339	4.	1.	½	18 30	2 28	18 22	2 27	18 13	2 26	18 05	2 25	17 96	2 24
340	4.	2.	»	18 36	2 29	18 27	2 28	18 19	2 27	18 10	2 26	18 02	2 25
341				18 41	2 30	18 32	2 29	18 24	2 28	18 15	2 26	18 07	2 25
342	4.	2.	½	18 46	2 30	18 38	2 29	18 29	2 28	18 21	2 27	18 12	2 26
343				18 52	2 31	18 43	2 30	18 35	2 29	18 26	2 28	18 17	2 27
344	4.	3.	»	18 57	2 32	18 49	2 31	18 40	2 30	18 31	2 28	18 23	2 27
345	4.	3.	½	18 63	2 32	18 54	2 31	18 45	2 30	18 37	2 29	18 28	2 28
346				18 68	2 33	18 59	2 32	18 51	2 31	18 42	2 30	18 33	2 29
347	4.	4.	»	18 73	2 34	18 65	2 33	18 56	2 32	18 47	2 30	18 39	2 29
348				18 79	2 34	18 70	2 33	18 61	2 32	18 53	2 31	18 44	2 30
349	4.	4.	½	18 84	2 35	18 75	2 34	18 67	2 33	18 58	2 32	18 49	2 31
350				18 90	2 36	18 81	2 35	18 72	2 34	18 63	2 32	18 55	2 31
351	4.	5.	»	18 95	2 36	18 86	2 35	18 77	2 34	18 69	2 33	18 60	2 32
352	4.	5.	½	19 00	2 37	18 92	2 36	18 83	2 35	18 74	2 34	18 65	2 33
353				19 06	2 38	18 97	2 37	18 88	2 36	18 79	2 34	18 70	2 33
354	4.	6.	»	19 11	2 38	19 02	2 37	18 93	2 36	18 85	2 35	18 76	2 34
355				19 17	2 39	19 08	2 38	18 99	2 37	18 90	2 36	18 81	2 35
356	4.	6.	½	19 22	2 40	19 13	2 39	19 04	2 38	18 95	2 36	18 86	2 35
357				19 27	2 40	19 18	2 39	19 09	2 38	19 01	2 37	18 92	2 36
358	4.	7.	»	19 33	2 41	19 24	2 40	19 15	2 39	19 06	2 38	18 97	2 37
359	4.	7.	½	19 38	2 42	19 29	2 41	19 20	2 40	19 11	2 38	19 02	2 37
360				19 44	2 43	19 35	2 41	19 26	2 40	19 17	2 39	19 08	2 38
361	4.	8.	»	19 49	2 43	19 40	2 42	19 31	2 41	19 22	2 40	19 13	2 39
362				19 54	2 44	19 45	2 43	19 36	2 42	19 27	2 40	19 18	2 39
363	4.	8.	½	19 60	2 45	19 51	2 43	19 42	2 42	19 32	2 41	19 23	2 40
364				19 65	2 45	19 56	2 44	19 47	2 43	19 38	2 42	19 29	2 41

(DIVERSES VALEURS D'UN MARC ET DE L'ONCE D'ARGENT D'APRÈS LES PRIX SUIVANS DU MARC D'ARGENT FIN)

Lorsque le prix de l'argent fin est supérieur de quelques centimes à ceux donnés dans ce chapitre, ajoutez pour chaque différence, à toutes les sommes placées dans les colonnes de marcs, et contenues dans cette page, les centimes et fractions de centime ci-dessous, et seulement le huitième aux sommes placées dans les colonnes d'onces.

	cent.	dix.	huitiè.		cent.	dix.	huitiè.
Différence de 5 centimes.	1	8	» 2	Différence de 15 centimes.	5	5	» 7
Différence de 10 centimes.	3	6	» 5	Différence de 20 centimes.	7	5	» 9

*Conversion des **MILLIÈMES** en **KARATS** et **TRENTE-DEUX**, et en **GRAINS DE FIN** contenus dans un **MARC** d'or à l'un des titres ci-dessous, suivie des différentes valeurs d'une **ONCE d'OR** à l'un de ces mêmes titres.*

MILLIÈMES.	CONVERSION en Karats et en Grains de fin.									DIVERSES VALEURS D'UNE ONCE D'OR D'APRÈS LES PRIX SUIVANS DE L'ONCE D'OR FIN						
	Karats.	Trente-Deux.	Grains.	Dixièmes.	Onces.	Gros.	Demi-Gros.	Grains.	Dixièmes.	à fr. c. 106 50	à fr. c. 106 25	à fr. c. 106 »	à fr. c. 105 75	à fr. c. 105 50	à fr. c. 105 25	à fr. c. 105 »
										fr. c.	fr. c.	fr. c.	fr. c.	fr. c.	fr. c.	fr. c.
365	8.	24	1681.	9	2.	7.	»	25.	9	38 87	38 78	38 69	38 59	38 50	38 41	38 32
366	8.	25	1686.	5	2.	7.	»	30.	5	38 97	38 88	38 79	38 70	38 61	38 52	38 43
367	8.	26	1691.	1	2.	7.	»	35.	1	39 08	38 99	38 90	38 81	38 71	38 62	38 53
368	8.	27	1695.	7	2.	7.	½	3.	7	39 19	39 10	39 00	38 91	38 82	38 73	38 64
369			1700.	4	2.	7.	½	8.	4	39 29	39 20	39 11	39 02	38 92	38 83	38 74
370	8.	28	1705.	»	2.	7.	½	13.	»	39 40	39 31	39 22	39 12	39 03	38 94	38 85
371	8.	29	1709.	6	2.	7.	½	17.	6	39 51	39 41	39 32	39 23	39 14	39 04	38 95
372	8.	30	1714.	2	2.	7.	½	22.	2	39 61	39 52	39 43	39 33	39 24	39 15	39 06
373			1718.	8	2.	7.	½	26.	8	39 72	39 63	39 53	39 44	39 35	39 25	39 16
374	8.	31	1723.	4	2.	»	½	31.	4	39 83	39 73	39 64	39 55	39 45	39 36	39 27
375	9.	»	1728.	»	3.	»	»	»	»	39 93	39 84	39 75	39 65	39 56	39 46	39 37
376	9.	1	1732.	6	3.	»	»	4.	6	40 04	39 95	39 85	39 76	39 66	39 57	39 48
377			1737.	2	3.	»	»	9.	2	40 15	40 05	39 96	39 86	39 77	39 67	39 58
378	9.	2	1741.	8	3.	»	»	13.	8	40 25	40 16	40 06	39 97	39 87	39 78	39 69
379	9.	3	1746.	4	3.	»	»	18.	4	40 36	40 26	40 17	40 07	39 98	39 88	39 79
380	9.	4	1751.	»	3.	»	»	23.	»	40 47	40 37	40 28	40 18	40 09	39 99	39 90
381			1755.	6	3.	»	»	27.	6	40 57	40 48	40 38	40 28	40 19	40 10	40 00
382	9.	5	1760.	2	3.	»	»	32.	2	40 68	40 58	40 49	40 39	40 30	40 20	40 11
383	9.	6	1764.	9	3.	»	½	»	9	40 78	40 69	40 59	40 50	40 40	40 31	40 21
384	9.	7	1769.	5	3.	»	½	5.	5	40 89	40 80	40 70	40 60	40 51	40 41	40 32
385	9.	8	1774.	1	3.	»	½	10.	1	41 00	40 90	40 81	40 71	40 61	40 52	40 42
386			1778.	7	3.	»	½	14.	7	41 10	41 01	40 91	40 81	40 72	40 62	40 53
387	9.	9	1783.	3	3.	»	½	19.	3	41 21	41 11	41 02	40 92	40 82	40 73	40 63
388	9.	10	1787.	9	3.	»	½	23.	9	41 32	41 22	41 12	41 03	40 93	40 83	40 74
389	9.	11	1792.	5	3.	»	½	28.	5	41 42	41 33	41 23	41 13	41 03	40 94	40 84
390			1797.	1	3.	»	½	33.	1	41 53	41 43	41 34	41 24	41 14	41 04	40 95
391	9.	12	1801.	7	3.	1	»	1.	7	41 64	41 54	41 44	41 34	41 25	41 15	41 05
392	9.	13	1806.	3	3.	1.	»	6.	3	41 74	41 65	41 55	41 45	41 35	41 25	41 16

Lorsque le prix de l'or fin est supérieur de quelques centimes à ceux donnés dans ce chapitre, ajoutez pour chaque différence à toutes les sommes, sans exception, contenues dans cette page, les centimes et fractions de centime ci-dessous, et de la manière suivante :

	cent.	dix.		cent.	dix.
Pour une différence de 5 cent.	2	»	Pour une différence de 15 cent.	5	9
Pour une différence de 10 cent.	3	9	Pour une différence de 20 cent.	7	8

Conversion des ***MILLIÈMES*** *en* ***DENIERS, GRAINS, et DEMI-GRAINS***, *suivie des différentes valeurs d'un* ***MARC*** *et de l'****ONCE d'ARGENT*** *à l'un des titres ci-dessous.*

MILLIÈMES.	CONV. Deniers. Grains. Demi-Grains.	à 54f »c Marcs.	à 54f »c Onces.	à 53f 75c Marcs.	à 53f 75c Onces.	à 53f 50c Marcs.	à 53f 50c Onces.	à 53f 25c Marcs.	à 53f 25c Onces.	à 53f »c Marcs.	à 53f »c Onces.
		fr. c.	fr. c.	fr. c.	fr. c.	fr. c.	fr. c.	fr. c.	fr. c.	fr. c.	fr. c.
365	4. 9. »	19 71	2 46	19 61	2 45	19 52	2 44	19 43	2 42	19 34	2 41
366	4. 9. ½	19 76	2 47	19 67	2 46	19 58	2 44	19 48	2 43	19 39	2 42
367		19 81	2 47	19 72	2 46	19 63	2 45	19 54	2 44	19 45	2 43
368	4. 10. »	19 87	2 48	19 78	2 47	19 68	2 46	19 59	2 44	19 50	2 43
369		19 92	2 49	19 83	2 47	19 74	2 46	19 64	2 45	19 55	2 44
370	4. 10. ½	19 98	2 49	19 88	2 48	19 79	2 47	19 70	2 46	19 61	2 45
371		20 03	2 50	19 94	2 49	19 84	2 48	19 75	2 46	19 66	2 45
372	4. 11. »	20 08	2 51	19 99	2 49	19 90	2 48	19 80	2 47	19 71	2 46
373	4. 11. ½	20 14	2 51	20 04	2 50	19 95	2 49	19 86	2 48	19 76	2 47
374		20 19	2 52	20 10	2 51	20 00	2 50	19 91	2 48	19 82	2 47
375	4. 12. »	20 25	2 53	20 15	2 51	20 06	2 50	19 96	2 49	19 87	2 48
376		20 30	2 53	20 21	2 52	20 11	2 51	20 02	2 50	19 92	2 49
377	4. 12. ½	20 35	2 54	20 26	2 53	20 16	2 52	20 07	2 50	19 98	2 49
378	4. 13. »	20 41	2 55	20 31	2 53	20 22	2 52	20 12	2 51	20 03	2 50
379		20 46	2 55	20 37	2 54	20 27	2 53	20 18	2 52	20 08	2 51
380	4. 13. ½	20 52	2 56	20 42	2 55	20 33	2 54	20 23	2 52	20 14	2 51
381		20 57	2 57	20 47	2 55	20 38	2 54	20 28	2 53	20 19	2 52
382	4. 14. »	20 62	2 57	20 53	2 56	20 43	2 55	20 34	2 54	20 24	2 53
383		20 68	2 58	20 58	2 57	20 49	2 56	20 39	2 54	20 29	2 53
384	4. 14. ½	20 73	2 59	20 64	2 58	20 54	2 56	20 44	2 55	20 35	2 54
385	4. 15. »	20 79	2 59	20 69	2 58	20 59	2 57	20 50	2 56	20 40	2 55
386		20 84	2 60	20 74	2 59	20 65	2 58	20 55	2 56	20 45	2 55
387	4. 15. ½	20 89	2 61	20 80	2 60	20 70	2 58	20 60	2 57	20 51	2 56
388		20 95	2 61	20 85	2 60	20 75	2 59	20 66	2 58	20 56	2 57
389	4. 16. »	21 00	2 62	20 90	2 61	20 81	2 60	20 71	2 58	20 61	2 57
390		21 06	2 63	20 96	2 62	20 86	2 60	20 76	2 59	20 67	2 58
391	4. 16. ½	21 11	2 63	21 01	2 62	20 91	2 61	20 82	2 60	20 72	2 59
392	4. 17. »	21 16	2 64	21 07	2 63	20 97	2 62	20 87	2 60	20 77	2 59

 DIVERSES VALEURS D'UN MARC ET DE L'ONCE D'ARGENT D'APRÈS LES PRIX SUIVANS DU MARC D'ARGENT FIN

Lorsque le prix de l'argent fin est supérieur de quelques centimes à ceux donnés dans ce chapitre, ajoutez pour chaque différence, à toutes les sommes placées dans les colonnes de marcs, et contenues dans cette page, les centimes et fractions de centime ci-dessous, et seulement le huitième aux sommes pacées dans les colonnes d'onces.

	cent.	dix.	huitiè.		cent.	dix.	huitiè.
Différence de 5 centimes.	2	»	» 2	Différence de 15 centimes.	5	9	» 7
Différence de 10 centimes.	3	9	» 8	Différence de 20 centimes.	7	8	1 »

Conversion des MILLIÈMES en KARATS et TRENTE-DEUX, et en GRAINS DE FIN contenus dans un MARC d'or à l'un des titres ci-dessous, suivie des différentes valeurs d'une ONCE d'OR à l'un de ces mêmes titres.

MILLIÈMES.	CONVERSION en Karats et en Grains de fin.								DIVERSES VALEURS D'UNE ONCE D'OR D'APRÈS LES PRIX SUIVANS DE L'ONCE D'OR FIN						
	Karats. Trente-Deux	Grains.	Dixièmes.	Onces.	Gros.	Demi-Gros.	Grains.	Dixièmes.	à fr. c. 106 50	à fr. c. 106 25	à fr. c. 106 »	à fr. c. 105 75	à fr. c. 105 50	à fr. c. 105 25	à fr. c. 105 »
									fr. c.	fr. c.	fr. c.	fr. c.	fr. c.	fr. c.	fr. c.
393	9. 14	1810.	9	3.	1.	»	10.	9	41 85	41 75	41 65	41 55	41 46	41 36	41 26
394		1815.	6	3.	1.	»	15.	6	41 96	41 86	41 76	41 66	41 56	41 46	41 37
395	9. 15	1820.	2	3.	1.	»	20.	2	42 06	41 96	41 87	41 77	41 67	41 57	41 47
396	9. 16	1824.	8	3.	1.	»	24.	8	42 17	42 07	41 97	41 87	41 77	41 67	41 58
397	9. 17	1829.	4	3.	1.	»	29.	4	42 28	42 18	42 08	41 98	41 88	41 78	41 68
398	9. 18	1834.	»	3.	1.	»	34.	»	42 38	42 28	42 18	42 08	41 98	41 88	41 79
399		1838.	6	3.	1.	½	2.	6	42 49	42 39	42 29	42 19	42 09	41 99	41 89
400	9. 19	1843.	2	3.	1.	½	7.	2	42 60	42 50	42 40	42 30	42 20	42 10	42 00
401	9. 20	1847.	8	3.	1.	½	11.	8	42 70	42 60	42 50	42 40	42 30	42 20	42 10
402	9. 21	1852.	4	3.	1.	½	16.	4	42 81	42 71	42 61	42 51	42 41	42 31	42 21
403		1857.	»	3.	1.	½	21.	»	42 91	42 81	42 71	42 61	42 51	42 41	42 31
404	9. 22	1861.	6	3.	1.	½	25.	6	43 02	42 92	42 82	42 72	42 62	42 52	42 42
405	9. 23	1866.	2	3.	1.	½	30.	2	43 13	43 03	42 93	42 82	42 72	42 62	42 52
406	9. 24	1870.	8	3.	1.	½	34.	8	43 23	43 13	43 03	42 93	42 83	42 73	42 63
407		1875.	5	3.	2.	»	3.	5	43 34	43 24	43 14	43 04	42 93	42 83	42 73
408	9. 25	1880.	1	3.	2.	»	8.	1	43 45	43 35	43 24	43 14	43 04	42 94	42 84
409	9. 26	1884.	7	3.	2.	»	12.	7	43 55	43 45	43 35	43 25	43 14	43 04	42 94
410	9. 27	1889.	3	3.	2.	»	17.	3	43 66	43 56	43 46	43 35	43 25	43 15	43 05
411	9. 28	1893.	9	3.	2.	»	21.	9	43 77	43 66	43 56	43 46	43 36	43 25	43 15
412		1898.	5	3.	2.	»	26.	5	43 87	43 77	43 67	43 56	43 46	43 36	43 26
413	9. 29	1903.	1	3.	2.	»	31.	1	43 98	43 88	43 77	43 67	43 57	43 46	43 36
414	9. 30	1907.	7	3.	2.	»	35.	7	44 09	43 98	43 88	43 78	43 67	43 57	43 47
415	9. 31	1912.	3	3.	2.	½	4.	3	44 19	44 09	43 99	43 88	43 78	43 67	43 57
416		1916.	9	3.	2.	½	8.	9	44 30	44 20	44 09	43 99	43 88	43 78	43 68
417	10. »	1921.	5	3.	2.	½	13.	5	44 41	44 30	44 20	44 09	43 99	43 88	43 78
418	10. 1	1926.	1	3.	2.	½	18.	1	44 51	44 41	44 30	44 20	44 09	43 99	43 89
419	10. 2	1930.	8	3.	2.	½	22.	8	44 62	44 51	44 41	44 30	44 20	44 09	43 99
420		1935.	4	3.	2.	½	27.	4	44 73	44 62	44 52	44 41	44 31	44 20	44 10

Lorsque le prix de l'or fin est supérieur de quelques centimes à ceux donnés dans ce chapitre, ajoutez pour chaque différence, à toutes les sommes sans exception, contenues dans cette page, les centimes et fractions de centime ci-dessous, et de la manière suivante :

	cent.	dix.		cent.	dix.
Pour une différence de 5 cent.	2	1	Pour une différence de 15 cent.	6	3
Pour une différence de 10 cent.	4	2	Pour une différence de 20 cent.	8	4

Conversion des MILLIÈMES en DENIERS, GRAINS et DEMI-GRAINS, suivie des différentes valeurs d'un MARC et de l'ONCE d'ARGENT à l'un des titres ci-dessous.

MILLIÈMES.	CONV. Deniers. Grains. Demi-Grains.	DIVERSES VALEURS D'UN MARC ET DE L'ONCE D'ARGENT D'APRÈS LES PRIX SUIVANS DU MARC D'ARGENT FIN — à 54f »c		à 53f 75c		à 53f 50c		à 53f 25c		à 53f »c	
		Marcs.	Onces.	Marcs.	Onces.	Marcs.	Onces.	Marcs.	Onces.	Marcs.	Onces.
		fr. c.	fr. c.	fr. c.	fr. c.	fr. c.	fr. c.	fr. c.	fr. c.	fr. c.	fr. c.
393		21 22	2 65	21 12	2 64	21 02	2 62	20 92	2 61	20 82	2 60
394	4. 17. ½	21 27	2 65	21 17	2 64	21 07	2 63	20 98	2 62	20 88	2 61
395		21 33	2 66	21 23	2 65	21 13	2 64	21 03	2 62	20 93	2 61
396	4. 18. »	21 38	2 67	21 28	2 66	21 18	2 64	21 08	2 63	20 98	2 62
397		21 43	2 67	21 33	2 66	21 23	2 65	21 14	2 64	21 04	2 63
398	4. 18. ½	21 49	2 68	21 39	2 67	21 29	2 66	21 19	2 64	21 09	2 63
399	4. 19. »	21 54	2 69	21 44	2 68	21 34	2 66	21 24	2 65	21 14	2 64
400		21 60	2 70	21 50	2 68	21 40	2 67	21 30	2 66	21 20	2 65
401	4. 19. ½	21 65	2 70	21 55	2 69	21 45	2 68	21 35	2 66	21 25	2 65
402		21 70	2 71	21 60	2 70	21 50	2 68	21 40	2 67	21 30	2 66
403	4. 20. »	21 76	2 72	21 66	2 70	21 56	2 69	21 45	2 68	21 35	2 66
404		21 81	2 72	21 71	2 71	21 61	2 70	21 51	2 68	21 41	2 67
405	4. 20. ½	21 87	2 73	21 76	2 72	21 66	2 70	21 56	2 69	21 46	2 68
406	4. 21. »	21 92	2 74	21 82	2 72	21 72	2 71	21 61	2 70	21 51	2 68
407		21 97	2 74	21 87	2 73	21 77	2 72	21 67	2 70	21 57	2 69
408	4. 21. ½	22 03	2 75	21 93	2 74	21 82	2 72	21 72	2 71	21 62	2 70
409		22 08	2 76	21 98	2 74	21 88	2 73	21 77	2 72	21 67	2 70
410	4. 22. »	22 14	2 76	22 03	2 75	21 93	2 74	21 83	2 72	21 73	2 71
411	4. 22. ½	22 19	2 77	22 09	2 76	21 98	2 74	21 88	2 73	21 78	2 72
412		22 24	2 78	22 14	2 76	22 04	2 75	21 93	2 74	21 83	2 72
413	4. 23. »	22 30	2 78	22 19	2 77	22 09	2 76	21 99	2 74	21 88	2 73
414		22 35	2 79	22 25	2 78	22 14	2 76	22 04	2 75	21 94	2 74
415	4. 23. ½	22 41	2 80	22 30	2 78	22 20	2 77	22 09	2 76	21 99	2 74
416		22 46	2 80	22 36	2 79	22 25	2 78	22 15	2 76	22 04	2 75
417	5. » »	22 51	2 81	22 41	2 80	22 30	2 78	22 20	2 77	22 10	2 76
418	5. » ½	22 57	2 82	22 46	2 80	22 36	2 79	22 25	2 78	22 15	2 76
419		22 62	2 82	22 52	2 81	22 41	2 80	22 31	2 78	22 20	2 77
420	5. 1. »	22 68	2 83	22 57	2 82	22 47	2 80	22 36	2 79	22 26	2 78

Lorsque le prix de l'argent fin est supérieur de quelques centimes à ceux donnés dans ce chapitre, ajoutez pour chaque différence, à toutes les sommes placées dans les colonnes de marcs, et contenues dans cette page, les centimes et fractions de centime ci-dessous, et seulement le huitième aux sommes placées dans les colonnes d'onces.

	cent.	dix.	huitiè.		cent.	dix.	huitiè.
Différence de 5 centimes.	2	1	» 3	Différence de 15 centimes.	6	3	» 8
Différence de 10 centimes.	4	2	» 5	Différence de 20 centimes.	8	4	1 »

Conversion des MILLIÈMES en KARATS et TRENTE DEUX, et en GRAINS DE FIN contenus dans un MARC d'or à l'un des titres ci-dessous, suivie des différentes valeurs d'une ONCE D'OR à l'un de ces mêmes titres.

MILLIÈMES.	CONVERSION en Karats et en Grains de fin.									DIVERSES VALEURS D'UNE ONCE D'OR D'APRÈS LES PRIX SUIVANS DE L'ONCE D'OR FIN						
	Karats.	Trente-Deux	Grains.	Dixièmes.	Onces.	Gros.	Demi-Gros.	Grains.	Dixièmes.	à fr. c. 106 50	à fr. c. 106 25	à fr. c. 106 »	à fr. c. 105 75	à fr. c. 105 50	à fr. c. 105 25	à fr. c. 105 »
										fr. c.	fr. c.	fr. c.	fr. c.	fr. c.	fr. c.	fr. c.
421	10.	3	1940.	»	3.	2.	½	32.	»	44 83	44 73	44 62	44 52	44 41	44 31	44 20
422	10.	4	1944.	6	3.	3.	»	».	6	44 94	44 83	44 73	44 62	44 52	44 41	44 31
423	10.	5	1949.	2	3.	3.	»	5.	2	45 04	44 94	44 83	44 73	44 62	44 52	44 41
424	10.	6	1953.	8	3.	3.	»	9.	8	45 15	45 05	44 94	44 83	44 73	44 62	44 52
425			1958.	4	3.	3.	»	14.	4	45 26	45 15	45 05	44 94	44 83	44 73	44 62
426	10.	7	1963.	»	3.	3.	»	19.	»	45 36	45 26	45 15	45 04	44 94	44 83	44 73
427	10.	8	1967.	6	3.	3.	»	23.	6	45 47	45 36	45 26	45 15	45 04	44 94	44 83
428	10.	9	1972.	2	3.	3.	»	28.	2	45 58	45 47	45 36	45 26	45 15	45 04	44 94
429			1976.	8	3.	3.	»	32.	8	45 68	45 58	45 47	45 36	45 25	45 15	45 04
430	10.	10	1981.	4	3.	3.	½	1.	4	45 79	45 68	45 58	45 47	45 36	45 25	45 15
431	10.	11	1986.	»	3.	3.	½	6.	»	45 90	45 79	45 68	45 57	45 47	45 36	45 25
432	10.	12	1990.	7	3.	3.	½	10.	7	46 00	45 90	45 79	45 68	45 57	45 46	45 36
433			1995.	3	3.	3.	½	15.	3	46 11	46 00	45 89	45 78	45 68	45 57	45 46
434	10.	13	1999.	9	3.	3.	½	19.	9	46 22	46 11	46 00	45 89	45 78	45 67	45 57
435	10.	14	2004.	5	3.	3.	½	24.	5	46 32	46 21	46 11	46 00	45 89	45 78	45 67
436	10.	15	2009.	1	3.	3.	½	29.	1	46 43	46 32	46 21	46 10	45 99	45 88	45 78
437			2013.	7	3.	3.	½	33.	7	46 54	46 43	46 32	46 21	46 10	45 99	45 88
438	10.	16	2018.	3	3.	4.	»	2.	3	46 65	46 53	46 42	46 31	46 20	46 09	45 99
439	10.	17	2022.	9	3.	4.	»	6.	9	46 75	46 64	46 53	46 42	46 31	46 20	46 09
440	10.	18	2027.	5	3.	4.	»	11.	5	46 86	46 75	46 64	46 53	46 42	46 31	46 20
441	10.	19	2032.	1	3.	4.	»	16.	1	46 96	46 85	46 74	46 63	46 52	46 41	46 30
442			2036.	7	3.	4.	»	20.	7	47 07	46 96	46 85	46 74	46 63	46 52	46 41
443	10.	20	2041.	3	3.	4.	»	25.	3	47 17	47 06	46 95	46 84	46 73	46 62	46 51
444	10.	21	2046.	»	3.	4.	»	30.	»	47 28	47 17	47 06	46 95	46 84	46 73	46 62
445	10.	22	2050.	6	3.	4.	»	34.	6	47 39	47 28	47 17	47 05	46 94	46 83	46 72
446			2055.	2	3.	4.	½	3.	2	47 49	47 38	47 27	47 16	47 05	46 94	46 83
447	10.	23	2059.	8	3.	4.	½	7.	8	47 60	47 49	47 38	47 27	47 15	47 04	46 93
448	10.	24	2064.	4	3.	4.	½	12.	4	47 71	47 60	47 48	47 37	47 26	47 15	47 04

Lorsque le prix de l'or fin est supérieur de quelques centimes à ceux donnés dans ce chapitre, ajoutez pour chaque différence à toutes les sommes, sans exception, contenues dans cette page, les centimes et fractions de centime ci-dessous, et de la manière suivante :

	cent.	dix.		cent.	dix.
Pour une différence de 5 cent.	2	2	Pour une différence de 15 cent.	6	7
Pour une différence de 10 cent.	4	5	Pour une différence de 20 cent.	9	»

Conversion des **MILLIÈMES** *en* **DENIERS, GRAINS,** *et* **DEMI-GRAINS**, *suivie des différentes valeurs d'un* **MARC** *et de l'***ONCE** *d'***ARGENT** *à l'un des titres ci-dessous.*

MILLIÈMES.	CONV. Deniers. Grains. Demi-Grains.	DIVERSES VALEURS D'UN MARC ET DE L'ONCE D'ARGENT D'APRÈS LES PRIX SUIVANS DU MARC D'ARGENT FIN — à 54f »c Marcs.	à 54f »c Onces.	à 53f 75c Marcs.	à 53f 75c Onces.	à 53f 50c Marcs.	à 53f 50c Onces.	à 53f 25c Marcs.	à 53f 25c Onces.	à 53f »c Marcs.	à 53f »c Onces.
		fr. c.	fr. c.	fr. c.	fr. c.	fr. c.	fr. c.	fr. c.	fr. c.	fr. c.	fr. c.
421		22 73	2 84	22 62	2 82	22 52	2 81	22 41	2 80	22 31	2 78
422	5. 1. ½	22 78	2 84	22 68	2 83	22 57	2 82	22 47	2 80	22 36	2 79
423		22 84	2 85	22 73	2 84	22 63	2 82	22 52	2 81	22 41	2 80
424	5. 2. »	22 89	2 86	22 79	2 84	22 68	2 83	22 57	2 82	22 47	2 80
425	5. 2. ½	22 95	2 86	22 84	2 85	22 73	2 84	22 63	2 82	22 52	2 81
426		23 00	2 87	22 89	2 86	22 79	2 84	22 68	2 83	22 57	2 82
427	5. 3. »	23 05	2 88	22 93	2 86	22 84	2 85	22 73	2 84	22 63	2 82
428		23 11	2 88	23 00	2 87	22 89	2 86	22 79	2 84	22 68	2 83
429	5. 3. ½	23 16	2 89	23 05	2 88	22 95	2 86	22 84	2 85	22 73	2 84
430		23 22	2 90	23 11	2 88	23 00	2 87	22 89	2 86	22 79	2 84
431	5. 4. »	23 27	2 90	23 16	2 89	23 05	2 88	22 95	2 86	22 84	2 85
432	5. 4. ½	23 32	2 91	23 22	2 90	23 11	2 88	23 00	2 87	22 89	2 86
433		23 38	2 92	23 27	2 90	23 16	2 89	23 05	2 88	22 94	2 86
434	5. 5. »	23 43	2 92	23 32	2 91	23 21	2 90	23 11	2 88	23 00	2 87
435		23 49	2 93	23 38	2 92	23 27	2 90	23 16	2 89	23 05	2 88
436	5. 5. ½	23 54	2 94	23 43	2 93	23 32	2 91	23 21	2 90	23 10	2 88
437		23 59	2 94	23 48	2 93	23 37	2 92	23 27	2 90	23 16	2 89
438	5. 6. »	23 65	2 95	23 54	2 94	23 43	2 92	23 32	2 91	23 21	2 90
439	5. 6. ½	23 70	2 96	23 59	2 94	23 48	2 93	23 37	2 92	23 26	2 90
440		23 76	2 97	23 65	2 95	23 54	2 94	23 43	2 92	23 32	2 91
441	5. 7. »	23 81	2 97	23 70	2 96	23 59	2 94	23 48	2 93	23 37	2 92
442		23 86	2 98	23 75	2 96	23 64	2 95	23 53	2 94	23 42	2 92
443	5. 7. ½	23 92	2 99	23 81	2 97	23 70	2 96	23 58	2 94	23 47	2 93
444	5. 8. »	23 97	2 99	23 86	2 98	23 75	2 96	23 64	2 95	23 53	2 94
445		24 03	3 00	23 91	2 98	23 80	2 97	23 69	2 96	23 58	2 94
446	5. 8. ½	24 08	3 01	23 97	2 99	23 86	2 98	23 74	2 96	23 63	2 95
447		24 13	3 01	24 02	3 00	23 91	2 98	23 80	2 97	23 69	2 96
448	5. 9. »	24 19	3 02	24 08	3 01	23 96	2 99	23 85	2 98	23 74	2 96

Lorsque le prix de l'argent fin est supérieur de quelques centimes à ceux donnés dans ce chapitre, ajoutez pour chaque différence, à toutes les sommes placées dans les colonnes de marcs, et contenues dans cette page, les centimes et fractions de centime ci-dessous, et seulement le huitième aux sommes placées dans les colonnes d'onces.

	cent.	dix.	huitié.		cent.	dix.	huitié.
Différence de 5 centimes.	2	2	» 3	Différence de 15 centimes.	6	7	» 8
Différence de 10 centimes.	4	5	» 6	Différence de 20 centimes.	9	»	1 1

Conversion des ***MILLIÈMES*** *en* ***KARATS*** *et* ***TRENTE-DEUX***, *et en* ***GRAINS DE FIN*** *contenus dans un* ***MARC*** *d'or ou d'argent à l'un des titres ci-dessous, suivie des différentes valeurs d'une* ***ONCE D'OR*** *à l'un de ces mêmes titres.*

MILLIÈMES.	CONVERSION en Karats et en Grains de fin.									DIVERSES VALEURS D'UNE ONCE D'OR D'APRÈS LES PRIX SUIVANS DE L'ONCE D'OR FIN						
	Karats.	Trente-Deux.	Grains.	Dixièmes.	Onces.	Gros.	Demi-Gros.	Grains.	Dixièmes.	à fr. c. 106 50	à fr. c. 106 25	à fr. c. 106 »	à fr. c. 105 75	à fr. c. 105 50	à fr. c. 105 25	à fr. c. 105 »
										fr. c.	fr. c.	fr. c.	fr. c.	fr. c.	fr. c.	fr. c.
449	10	25	2069.	»	3.	4.	½	17.	»	47 81	47 70	47 59	47 48	47 36	47 25	47 14
450			2073.	6	3.	4.	½	21.	6	47 92	47 81	47 70	47 58	47 47	47 36	47 25
451	10	26	2078.	2	3.	4.	½	26.	2	48 03	47 91	47 80	47 69	47 58	47 46	47 35
452	10	27	2082.	8	3.	4.	½	30.	8	48 13	48 02	47 91	47 79	47 68	47 57	47 46
453	10	28	2087.	4	3.	4.	½	35.	4	48 24	48 13	48 01	47 90	47 79	47 67	47 56
454	10	29	2092.	»	3.	5.	»	4.	»	48 35	48 23	48 12	48 01	47 89	47 78	47 67
455			2096.	6	3.	5.	»	8.	6	48 45	48 34	48 23	48 11	48 00	47 88	47 77
456	10	30	2101.	2	3.	5.	»	13.	2	48 56	48 45	48 33	48 22	48 10	47 99	47 88
457	10	31	2105.	9	3.	5.	»	17.	9	48 67	48 55	48 44	48 32	48 21	48 09	47 98
458	11	»	2110.	5	3.	5.	»	22.	5	48 77	48 66	48 54	48 43	48 31	48 20	48 09
459			2115.	1	3.	5.	»	27.	1	48 88	48 76	48 65	48 53	48 42	48 30	48 19
460	11	1	2119.	7	3.	5.	»	31.	7	48 99	48 87	48 76	48 64	48 53	48 41	48 30
461	11	2	2124.	3	3.	5.	½	»	3	49 09	48 98	48 86	48 75	48 63	48 52	48 40
462	11	3	2128.	9	3.	5.	½	4.	9	49 20	49 08	48 97	48 85	48 74	48 62	48 51
463			2133.	5	3.	5.	½	9.	5	49 30	49 19	49 07	48 96	48 84	48 73	48 61
464	11	4	2138.	1	3.	5.	½	14.	1	49 41	49 30	49 18	49 06	48 95	48 83	48 72
465	11	5	2142.	7	3.	5.	½	18.	7	49 52	49 40	49 29	49 17	49 05	48 94	48 82
466	11	6	2147.	3	3.	5.	½	23.	3	49 62	49 51	49 39	49 27	49 16	49 04	48 93
467	11	7	2151.	9	3.	5.	½	27.	9	49 73	49 61	49 50	49 38	49 26	49 15	49 03
468			2156.	5	3.	5.	½	32.	5	49 84	49 72	49 60	49 49	49 37	49 25	49 14
469	11	8	2161.	1	3.	6.	»	1.	1	49 94	49 83	49 71	49 59	49 47	49 36	49 24
470	11	9	2165.	8	3.	6.	»	5.	8	50 05	49 93	49 82	49 70	49 58	49 46	49 35
471	11	10	2170.	4	3.	6.	»	10.	4	50 16	50 04	49 92	49 80	49 69	49 57	49 45
472			2175	»	3.	6.	»	15.	»	50 26	50 15	50 03	49 91	49 79	49 67	49 56
473	11	11	2179.	6	3.	6.	»	19.	6	50 37	50 25	50 13	50 01	49 90	49 78	49 66
474	11	12	2184.	2	3.	6.	»	24.	2	50 48	50 36	50 24	50 12	50 00	49 88	49 77
475	11	13	2188.	8	3.	6.	»	28.	8	50 58	50 46	50 35	50 23	50 11	49 99	49 87
476			2193.	4	3.	6.	»	33.	4	50 69	50 57	50 45	50 33	50 21	50 09	49 98

Lorsque le prix de l'or fin est supérieur de quelques centimes à ceux donnés dans ce chapitre, ajoutez pour chaque différence, à toutes les sommes sans exception, contenues dans cette page, les centimes et fractions de centime ci-dessous, et de la manière suivante :

	cent.	dix.		cent.	dix.
Pour une différence de 5 cent.	2	4	Pour une différence de 15 cent.	7	1
Pour une différence de 10 cent.	4	8	Pour une différence de 20 cent.	9	5

Conversion des ***MILLIÈMES*** *en* ***DENIERS, GRAINS*** *et* ***DEMI-GRAINS****, suivie des différentes valeurs d'un* ***MARC*** *et de l'****ONCE*** *d'****ARGENT*** *à l'un des titres ci-dessous.*

MILLIÈMES.	CONV. Deniers. Grains. Demi-Grains.	DIVERSES VALEURS D'UN MARC ET DE L'ONCE D'ARGENT D'APRÈS LES PRIX SUIVANS DU MARC D'ARGENT FIN — à 54f »c Marcs.	à 54f »c Onces.	à 53f 75c Marcs.	à 53f 75c Onces.	à 53f 50c Marcs.	à 53f 50c Onces.	à 53f 25c Marcs.	à 53f 25c Onces.	à 53f »c Marcs.	à 53f »c Onces.
		fr. c.	fr. c.	fr. c.	fr. c.	fr. .	fr. c.	fr. c.	fr. c.	fr. c.	fr. c.
449		24 24	3 03	24 13	3 01	24 02	3 00	23 90	2 98	23 79	2 97
450	5. 9. ½	24 30	3 03	24 18	3 02	24 07	3 00	23 96	2 99	23 85	2 98
451	5. 10. »	24 35	3 04	24 24	3 03	24 12	3 01	24 01	3 00	23 90	2 98
452		24 40	3 05	24 29	3 03	24 18	3 02	24 06	3 00	23 95	2 99
453	5. 10. ½	24 46	3 05	24 34	3 04	24 23	3 02	24 12	3 01	24 00	3 00
454		24 51	3 06	24 40	3 05	24 28	3 03	24 17	3 02	24 06	3 00
455	5. 11. »	24 57	3 07	24 45	3 05	24 34	3 04	24 22	3 02	24 11	3 01
456		24 62	3 07	24 51	3 06	24 39	3 04	24 28	3 03	24 16	3 02
457	5. 11. ½	24 67	3 08	24 56	3 07	24 44	3 05	24 33	3 04	24 22	3 02
458	5. 12. »	24 73	3 09	24 61	3 07	24 50	3 06	24 38	3 04	24 27	3 03
459		24 78	3 09	24 67	3 08	24 55	3 06	24 44	3 05	24 32	3 04
460	5. 12. ½	24 84	3 10	24 72	3 09	24 61	3 07	24 49	3 06	24 38	3 04
461		24 89	3 11	24 77	3 09	24 66	3 08	24 54	3 06	24 43	3 05
462	5. 13. »	24 94	3 11	24 83	3 10	24 71	3 08	24 60	3 07	24 48	3 06
463		25 00	3 12	24 88	3 11	24 77	3 09	24 65	3 08	24 53	3 06
464	5. 13. ½	25 05	3 13	24 94	3 11	24 82	3 10	24 70	3 08	24 59	3 07
465	5. 14. »	25 11	3 13	24 99	3 12	24 87	3 10	24 76	3 09	24 64	3 08
466		25 16	3 14	25 04	3 13	24 93	3 11	24 81	3 10	24 69	3 08
467	5. 14. ½	25 21	3 15	25 10	3 13	24 98	3 12	24 86	3 10	24 75	3 09
468		25 27	3 15	25 15	3 14	25 03	3 12	24 92	3 11	24 80	3 10
469	5. 15. »	25 32	3 16	25 20	3 15	25 09	3 13	24 97	3 12	24 85	3 10
470	5. 15. ½	25 38	3 17	25 26	3 15	25 14	3 14	25 02	3 12	24 91	3 11
471		25 43	3 17	25 31	3 16	25 19	3 14	25 08	3 13	24 96	3 12
472	5. 16. »	25 48	3 18	25 37	3 17	25 25	3 15	25 13	3 14	25 01	3 12
473		25 54	3 19	25 42	3 17	25 30	3 16	25 18	3 14	25 06	3 13
474	5. 16. ½	25 59	3 19	25 47	3 18	25 35	3 16	25 24	3 15	25 12	3 14
475		25 65	3 20	25 53	3 19	25 41	3 17	25 29	3 16	25 17	3 14
476	5. 17. »	25 70	3 21	25 58	3 19	25 46	3 18	25 34	3 16	25 22	3 15

Lorsque le prix de l'argent fin est supérieur de quelques centimes à ceux donnés dans ce chapitre, ajoutez pour chaque différence, à toutes les sommes placées dans les colonnes de marcs, et contenues dans cette page, les centimes et fractions de centime ci-dessous, et seulement le huitième aux sommes placées dans les colonnes d'onces.

	cent.	dix.	huitiè.		cent.	dix.	huitiè.
Différence de 5 centimes.	2	4	» 3	Différence de 15 centimes.	7	1	» 9
Différence de 10 centimes.	4	8	» 6	Différence de 20 centimes.	9	5	1 2

Conversion des MILLIÈMES en KARATS et TRENTE DEUX, et en GRAINS DE FIN contenus dans un MARC d'or ou d'argent à l'un des titres ci-dessous, suivie des différentes valeurs d'une ONCE d'OR à l'un de ces mêmes titres.

MILLIÈMES.	CONVERSION en Karats et en Grains de fin.									DIVERSES VALEURS D'UNE ONCE D'OR D'APRÈS LES PRIX SUIVANS DE L'ONCE D'OR FIN						
	Karats.	Trente-Deux.	Grains.	Dixièmes.	Onces.	Gros.	Demi-Gros.	Grains.	Dixièmes.	à fr. c. 106 50	à fr. c. 106 25	à fr. c. 106 »	à fr. c. 105 75	à fr. c. 105 50	à fr. c. 105 25	à fr. c. 105 »
										fr. c.	fr. c.	fr. c.	fr. c.	fr. c.	fr. c.	fr. c.
477	11	14	2198.	»	3.	6.	½	2.	»	50 80	50 68	50 56	50 44	50 32	50 20	50 08
478	11	15	2202.	6	3.	6.	½	6.	6	50 90	50 78	50 66	50 54	50 42	50 30	50 19
479	11	16	2207.	2	3.	6.	½	11.	2	51 01	50 89	50 77	50 65	50 53	50 41	50 29
480	11	17	2211.	8	3.	6.	½	15.	8	51 12	51 00	50 88	50 76	50 64	50 52	50 40
481			2216.	4	3.	6.	½	20.	4	51 22	51 10	50 98	50 86	50 74	50 62	50 50
482	11	18	2221.	1	3.	6.	½	25.	1	51 33	51 21	51 09	50 97	50 85	50 73	50 61
483	11	19	2225.	7	3.	6.	½	29.	7	51 43	51 31	51 19	51 07	50 95	50 83	50 71
484	11	20	2230.	3	3.	6.	½	34.	3	51 54	51 42	51 30	51 18	51 06	50 94	50 82
485			2234.	9	3.	7.	»	2.	9	51 65	51 53	51 41	51 28	51 16	51 04	50 92
486	11	21	2239.	5	3.	7.	»	7.	5	51 75	51 63	51 51	51 39	51 27	51 15	51 03
487	11	22	2244.	1	3.	7.	»	12.	1	51 86	51 74	51 62	51 50	51 37	51 25	51 13
488	11	23	2248.	7	3.	7.	»	16.	7	51 97	51 85	51 72	51 60	51 48	51 36	51 24
489			2253.	3	3.	7.	»	21.	3	52 07	51 95	51 83	51 71	51 58	51 46	51 34
490	11	24	2257.	9	3.	7.	»	25.	9	52 18	52 06	51 94	51 81	51 69	51 57	51 45
491	11	25	2262.	5	3.	7.	»	30.	5	52 29	52 16	52 04	51 92	51 80	51 67	51 55
492	11	26	2267.	1	3.	7.	»	35.	1	52 39	52 27	52 15	52 02	51 90	51 78	51 66
493	11	27	2271.	7	3.	7.	½	3.	7	52 50	52 38	52 25	52 13	52 01	51 88	51 76
494			2276.	3	3.	7.	½	8.	3	52 61	52 48	52 36	52 24	52 11	51 99	51 87
495	11	28	2281.	»	3.	7.	½	13.	»	52 71	52 59	52 47	52 34	52 22	52 09	51 97
496	11	29	2285.	6	3.	7.	½	17.	6	52 82	52 70	52 57	52 45	52 32	52 20	52 08
497	11	30	2290.	2	3.	7.	½	22.	2	52 93	52 80	52 68	52 55	52 43	52 30	52 18
498			2294.	8	3.	7.	½	26.	8	53 03	52 91	52 78	52 66	52 53	52 41	52 29
499	11	31	2299.	4	3.	7.	½	31.	4	53 14	53 01	52 89	52 76	52 64	52 51	52 39
500	12	»	2304.	»	4.	»	»	»	»	53 25	53 12	53 00	52 87	52 75	52 62	52 50
501	12	1	2308.	6	4.	»	»	4.	6	53 35	53 23	53 10	52 98	52 85	52 73	52 60
502			2313.	2	4.	»	»	9.	2	53 46	53 33	53 21	53 08	52 96	52 83	52 71
503	12	2	2317.	8	4.	»	»	13.	8	53 56	53 44	53 31	53 19	53 06	52 94	52 81
504	12	3	2322.	4	4.	»	»	18.	4	53 67	53 55	53 42	53 29	53 17	53 04	52 92

Lorsque le prix de l'or fin est supérieur de quelques centimes à ceux donnés dans ce chapitre, ajoutez pour chaque différence à toutes les sommes, sans exception, contenues dans cette page, les centimes et fractions de centime ci-dessous, et de la manière suivante :

	cent.	dix.		cent.	dix.
Pour une différence de 5 cent.	2	5	Pour une différence de 15 cent.	7	6
Pour une différence de 10 cent.	5	»	Pour une différence de 20 cent.	10	1

Conversion des ***MILLIÈMES*** *en* ***DENIERS, GRAINS,*** *et* ***DEMI-GRAINS***, *suivie des différentes valeurs d'un* ***MARC*** *et de l'****ONCE*** *d'****ARGENT*** *à l'un des titres ci-dessous.*

MILLIÈMES.	CONV. Deniers. Grains. Demi-Grains.	DIVERSES VALEURS D'UN MARC ET DE L'ONCE D'ARGENT D'APRÈS LES PRIX SUIVANS DU MARC D'ARGENT FIN — à 54f »c Marcs.	à 54f »c Onces.	à 53f 75c Marcs.	à 53f 75c Onces.	à 53f 50c Marcs.	à 53f 50c Onces.	à 53f 25c Marcs.	à 53f 25c Onces.	à 53f »c Marcs.	à 53f »c Onces.
		fr. c.	fr. c.	fr. c.	fr. c.	fr. c.	fr. c.	fr. c.	fr. c.	fr. c.	fr. c.
477	5. 17. ½	25 75	3 21	25 63	3 20	25 51	3 18	25 40	3 17	25 28	3 16
478		25 81	3 22	25 69	3 21	25 57	3 19	25 45	3 18	25 33	3 16
479	5. 18. »	25 86	3 23	25 74	3 21	25 62	3 20	25 50	3 18	25 38	3 17
480		25 92	3 24	25 80	3 22	25 68	3 21	25 56	3 19	25 44	3 18
481	5. 18. ½	25 97	3 24	25 85	3 23	25 73	3 21	25 61	3 20	25 49	3 18
482		26 02	3 25	25 90	3 23	25 78	3 22	25 66	3 20	25 54	3 19
483	5. 19. »	26 08	3 26	25 96	3 24	25 84	3 23	25 71	3 21	25 59	3 19
484	5. 19. ½	26 13	3 26	26 01	3 25	25 89	3 23	25 77	3 22	25 65	3 20
485		26 19	3 27	26 06	3 25	25 94	3 24	25 82	3 22	25 70	3 21
486	5. 20. »	26 24	3 28	26 12	3 26	26 00	3 25	25 87	3 23	25 75	3 21
487		26 29	3 28	26 17	3 27	26 05	3 25	25 93	3 24	25 81	3 22
488	5. 20. ½	26 35	3 29	26 23	3 27	26 10	3 26	25 98	3 24	25 86	3 23
489		26 40	3 30	26 28	3 28	26 16	3 27	26 03	3 25	25 91	3 23
490	5. 21. »	26 46	3 30	26 33	3 29	26 21	3 27	26 09	3 26	25 97	3 24
491	5. 21. ½	26 51	3 31	26 39	3 29	26 26	3 28	26 14	3 26	26 02	3 25
492		26 56	3 32	26 44	3 30	26 32	3 29	26 19	3 27	26 07	3 25
493	5. 22. »	26 62	3 32	26 49	3 31	26 37	3 29	26 25	3 28	26 12	3 26
494		26 67	3 33	26 55	3 31	26 42	3 30	26 30	3 28	26 18	3 27
495	5. 22. ½	26 73	3 34	26 60	3 32	26 48	3 31	26 35	3 29	26 23	3 27
496		26 78	3 34	26 66	3 33	26 53	3 31	26 41	3 30	26 28	3 28
497	5. 23. »	26 83	3 35	26 71	3 33	26 58	3 32	26 46	3 30	26 34	3 29
498	5. 23. ½	26 89	3 36	26 76	3 34	26 64	3 33	26 51	3 31	26 39	3 29
499		26 94	3 36	26 82	3 35	26 69	3 33	26 57	3 32	26 44	3 30
500	6. » »	27 00	3 37	26 87	3 35	26 75	3 34	26 62	3 32	26 50	3 31
501		27 05	3 38	26 92	3 36	26 80	3 35	26 67	3 33	26 55	3 31
502	6. » ½	27 10	3 38	26 98	3 37	26 85	3 35	26 73	3 34	26 60	3 32
503	6. 1. »	27 16	3 39	27 03	3 37	26 91	3 36	26 78	3 34	26 65	3 33
504		27 21	3 40	27 09	3 38	26 96	3 37	26 83	3 35	26 71	3 33

Lorsque le prix de l'argent fin est supérieur de quelques centimes à ceux donnés dans ce chapitre, ajoutez pour chaque différence, à toutes les sommes placées dans les colonnes de marcs, et contenues dans cette page, les centimes et fractions de centime ci-dessous, et seulement le huitième aux sommes placées dans les colonnes d'onces.

	cent.	dix.	huitiè.	
Différence de 5 centimes.	2	5	»	3
Différence de 10 centimes	5	»	»	6
Différence de 15 centimes.	7	6	»	9
Différence de 20 centimes.	10	1	1	3

Conversion des MILLIÈMES en KARATS et TRENTE-DEUX, et en GRAINS DE FIN contenus dans un MARC d'or ou d'argent à l'un des titres ci-dessous, suivie des différentes valeurs d'une ONCE D'OR à l'un de ces mêmes titres.

MILLIÈMES.	CONVERSION en Karats et en Grains de fin.									DIVERSES VALEURS D'UNE ONCE D'OR D'APRÈS LES PRIX SUIVANS DE L'ONCE D'OR FIN						
	Karats.	Trente-Deux.	Grains.	Dixièmes.	Onces.	Gros.	Demi-Gros.	Grains.	Dixièmes.	à fr. c. 106 50	à fr. c. 106 25	à fr. c. 106 »	à fr. c. 105 75	à fr. c. 105 50	à fr. c. 105 25	à fr. c. 105 »
										fr. c.	fr. c.	fr. c.	fr. c.	fr. c.	fr. c.	fr. c.
505	12	4	2327.	»	4.	»	»	23.	»	53 78	53 65	53 53	53 40	53 27	53 15	53 02
506			2331.	6	4.	»	»	27.	6	53 88	53 76	53 63	53 50	53 38	53 25	53 13
507	12	5	2336.	3	4.	»	»	32.	3	53 99	53 86	53 74	53 61	53 48	53 36	53 23
508	12	6	2340.	9	4.	»	½		9	54 10	53 97	53 84	53 72	53 59	53 46	53 34
509	12	7	2345.	5	4.	»	½	5.	5	54 20	54 08	53 95	53 82	53 69	53 57	53 44
510	12	8	2350.	1	4.	»	½	10.	1	54 31	54 18	54 06	53 93	53 80	53 67	53 55
511			2354.	7	4.	»	½	14.	7	54 42	54 29	54 16	54 03	53 91	53 78	53 65
512	12	9	2359.	3	4.	»	½	19.	3	54 52	54 40	54 27	54 14	54 01	53 88	53 76
513	12	10	2363.	9	4.	»	½	23.	9	54 63	54 50	54 37	54 24	54 12	53 99	53 86
514	12	11	2368.	5	4.	»	½	28.	5	54 74	54 61	54 48	54 35	54 22	54 09	53 97
515			2373.	1	4.	»	½	33.	1	54 84	54 71	54 59	54 46	54 33	54 20	54 07
516	12	12	2377.	7	4.	1.	»	1.	7	54 95	54 82	54 69	54 56	54 43	54 30	54 18
517	12	13	2382.	3	4.	1.	»	6.	3	55 06	54 93	54 80	54 67	54 54	54 41	54 28
518	12	14	2386.	9	4.	1.	»	10.	9	55 16	55 03	54 90	54 77	54 64	54 51	54 39
519			2391.	6	4.	1.	»	15.	6	55 27	55 14	55 01	54 88	54 75	54 62	54 49
520	12	15	2396.	2	4.	1.	»	20.	2	55 38	55 25	55 12	54 99	54 86	54 73	54 60
521	12	16	2400.	8	4.	1.	»	24.	8	55 48	55 35	55 22	55 09	54 96	54 83	54 70
522	12	17	2405.	4	4.	1.	»	29.	4	55 59	55 46	55 33	55 20	55 07	54 94	54 81
523	12	18	2410.	»	4.	1.	»	34.	»	55 69	55 56	55 43	55 30	55 17	55 04	54 91
524			2414.	6	4.	1.	½	2.	6	55 80	55 67	55 54	55 41	55 28	55 15	55 02
525	12	19	2419.	2	4.	1.	½	7.	2	55 91	55 78	55 65	55 51	55 38	55 25	55 12
526	12	20	2423.	8	4.	1.	½	11.	8	56 01	55 88	55 75	55 62	55 49	55 36	55 23
527	12	21	2428.	4	4.	1.	½	16.	4	56 12	55 99	55 86	55 73	55 59	55 46	55 33
528			2433.	»	4.	1.	½	21.	»	56 23	56 10	55 96	55 83	55 70	55 57	55 44
529	12	22	2437.	6	4.	1.	½	25.	6	56 33	56 20	56 07	55 94	55 80	55 67	55 54
530	12	23	2442.	2	4.	1.	½	30.	2	56 44	56 31	56 18	56 04	55 91	55 78	55 65
531	12	24	2446.	8	4.	1.	½	34.	8	56 55	56 41	56 28	56 15	56 02	55 88	55 75
532			2451.	5	4.	2.	»	3.	5	56 65	56 52	56 39	56 25	56 12	55 99	55 86

Lorsque le prix de l'or fin est supérieur de quelques centimes à ceux donnés dans ce chapitre, ajoutez pour chaque différence, à toutes les sommes sans exception, contenues dans cette page, les centimes et fractions de centime ci-dessous, et de la manière suivante :

	cent.	dix.		cent.	dix.
Pour une différence de 5 cent.	2	7	Pour une différence de 15 cent.	8	»
Pour une différence de 10 cent.	5	5	Pour une différence de 20 cent.	10	6

Conversion des **MILLIÈMES** *en* **DENIERS, GRAINS** *et* **DEMI-GRAINS**, *suivie des différentes valeurs d'un* **MARC** *et de l'***ONCE d'ARGENT** *à l'un des titres ci-dessous.*

MILLIÈMES.	CONV.			DIVERSES VALEURS D'UN MARC ET DE L'ONCE D'ARGENT D'APRÈS LES PRIX SUIVANS DU MARC D'ARGENT FIN									
				à 54f »c		à 53f 75c		à 53f 50c		à 53f 25c		à 53f »c	
	Deniers.	Grains.	Demi-Grains.	Marcs.	Onces.	Marcs.	Onces.	Marcs.	Onces.	Marcs.	Onces.	Marcs.	Onces.
				fr. c.	fr. c.	fr. c.	fr. c.	fr. c.	fr. c.	fr. c.	fr. c.	fr. c.	fr. c.
505	6.	1.	½	27 27	3 40	27 14	3 39	27 01	3 37	26 89	3 36	26 76	3 34
506				27 32	3 41	27 19	3 39	27 07	3 38	26 94	3 36	26 81	3 35
507	6.	2.	»	27 37	3 42	27 25	3 40	27 12	3 39	26 99	3 37	26 87	3 35
508				27 43	3 42	27 30	3 41	27 17	3 39	27 05	3 38	26 92	3 36
509	6.	2.	½	27 48	3 43	27 35	3 41	27 23	3 40	27 10	3 38	26 97	3 37
510	6.	3.	»	27 54	3 44	27 41	3 42	27 28	3 41	27 15	3 39	27 03	3 37
511				27 59	3 44	27 46	3 43	27 33	3 41	27 21	3 40	27 08	3 38
512	6.	3.	½	27 64	3 45	27 52	3 44	27 39	3 42	27 26	3 40	27 13	3 39
513				27 70	3 46	27 57	3 44	27 44	3 43	27 31	3 41	27 18	3 39
514	6.	4.	»	27 75	3 46	27 62	3 45	27 49	3 43	27 37	3 42	27 24	3 40
515				27 81	3 47	27 68	3 46	27 55	3 44	27 42	3 42	27 29	3 41
516	6.	4.	½	27 86	3 48	27 73	3 46	27 60	3 45	27 47	3 43	27 34	3 41
517	6.	5.	»	27 91	3 48	27 78	3 47	27 65	3 45	27 53	3 44	27 40	3 42
518				27 97	3 49	27 84	3 48	27 71	3 46	27 58	3 44	27 45	3 43
519	6.	5.	½	28 02	3 50	27 89	3 48	27 76	3 47	27 63	3 45	27 50	3 43
520				28 08	3 51	27 95	3 49	27 82	3 47	27 69	3 46	27 56	3 44
521	6.	6.	»	28 13	3 51	28 00	3 50	27 87	3 48	27 74	3 46	27 61	3 45
522				28 18	3 52	28 05	3 50	27 92	3 49	27 79	3 47	27 66	3 45
523	6.	6.	½	28 24	3 53	28 11	3 51	27 98	3 49	27 84	3 48	27 71	3 46
524	6.	7.	»	28 29	3 53	28 16	3 52	28 03	3 50	27 90	3 48	27 77	3 47
525				28 35	3 54	28 21	3 52	28 08	3 51	27 95	3 49	27 82	3 47
526	6.	7.	½	28 40	3 55	28 27	3 53	28 14	3 51	28 00	3 50	27 87	3 48
527				28 45	3 55	28 32	3 54	28 19	3 52	28 06	3 50	27 93	3 49
528	6.	8.	»	28 51	3 56	28 38	3 54	28 24	3 53	28 11	3 51	27 98	3 49
529				28 56	3 57	28 43	3 55	28 30	3 53	28 16	3 52	28 03	3 50
530	6.	8.	½	28 62	3 57	28 48	3 56	28 35	3 54	28 22	3 52	28 09	3 51
531	6.	9.	»	28 67	3 58	28 54	3 56	28 40	3 55	28 27	3 53	28 14	3 51
532				28 72	3 59	28 59	3 57	28 45	3 55	28 32	3 54	28 19	3 52

Lorsque le prix de l'argent fin est supérieur de quelques centimes à ceux donnés dans ce chapitre, ajoutez pour chaque différence, à toutes les sommes placées dans les colonnes de marcs, et contenues dans cette page, les centimes et fractions de centime ci-dessous, et seulement le huitième aux sommes placées dans les colonnes d'onces.

	cent.	dix.	huitiè.			cent.	dix.	huitiè.	
Différence de 5 centimes.	2	7	»	3	Différence de 15 centimes.	8	»	1	»
Différence de 10 centimes.	5	3	»	7	Différence de 20 centimes.	10	6	1	3

Conversion des MILLIÈMES en KARATS et TRENTE-DEUX, et en GRAINS DE FIN contenus dans un MARC d'or ou d'argent à l'un des titres ci-dessous, suivie des différentes valeurs d'une ONCE D'OR à l'un de ces mêmes titres.

MILLIÈMES.	CONVERSION en Karats et en Grains de fin.									DIVERSES VALEURS D'UNE ONCE D'OR D'APRÈS LES PRIX SUIVANS DE L'ONCE D'OR FIN						
	Karats.	Trente-Deux.	Grains.	Dixièmes.	Onces.	Gros.	Demi-Gros.	Grains.	Dixièmes.	à fr. c. 106 50	à fr. c. 106 25	à fr. c. 106 »	à fr. c. 105 75	à fr. c. 105 50	à fr. c. 105 25	à fr. c. 105 »
										fr. c.	fr. c.	fr. c.	fr. c.	fr. c.	fr. c.	fr. c.
533	12	25	2456.	1	4.	2.	»	8.	1	56 76	56 63	56 49	56 36	56 23	56 09	55 96
534	12	26	2460.	7	4.	2.	»	12.	7	56 87	56 73	56 60	56 47	56 33	56 20	56 07
535	12	27	2465.	3	4.	2.	»	17.	3	56 97	56 84	56 71	56 57	56 44	56 30	56 17
536	12	28	2469.	9	4.	2.	»	21.	9	57 08	56 94	56 81	56 68	56 54	56 41	56 28
537			2474.	5	4.	2.	»	26.	5	57 19	57 05	56 92	56 78	56 65	56 51	56 38
538	12	29	2479.	1	4.	2.	»	31.	1	57 29	57 16	57 02	56 89	56 75	56 62	56 49
539	12	30	2483.	7	4.	2.	»	35.	7	57 40	57 26	57 13	56 99	56 86	56 72	56 59
540	12	31	2488.	3	4.	2.	½	4.	3	57 51	57 37	57 24	57 10	56 97	56 83	56 70
541			2492.	9	4.	2.	½	8.	9	57 61	57 48	57 34	57 21	57 07	56 94	56 80
542	13	»	2497.	5	4.	2.	½	13.	5	57 72	57 58	57 45	57 31	57 18	57 04	56 91
543	13	1	2502.	1	4.	2.	½	18.	1	57 83	57 69	57 55	57 42	57 28	57 15	57 01
544	13	2	2506.	8	4.	2.	½	22.	8	57 93	57 80	57 66	57 52	57 39	57 25	57 12
545			2511.	4	4.	2.	½	27.	4	58 04	57 90	57 77	57 63	57 49	57 36	57 22
546	13	3	2516.	»	4.	2.	½	32.	»	58 14	58 01	57 87	57 73	57 60	57 46	57 33
547	13	4	2520.	6	4.	3.	»	»	6	58 25	58 11	57 98	57 84	57 70	57 57	57 43
548	13	5	2525.	2	4.	3.	»	5.	2	58 36	58 22	58 08	57 95	57 81	57 67	57 54
549	13	6	2529.	8	4.	3.	»	9.	8	58 46	58 33	58 19	58 05	57 91	57 78	57 64
550			2534.	4	4.	3.	»	14.	4	58 57	58 43	58 30	58 16	58 02	57 88	57 75
551	13	7	2539.	»	4.	3.	»	19.	»	58 68	58 54	58 40	58 26	58 13	57 99	57 85
552	13	8	2543.	6	4.	3.	»	23.	6	58 78	58 65	58 51	58 37	58 23	58 09	57 96
553	13	9	2548.	2	4.	3.	»	28.	2	58 89	58 75	58 61	58 47	58 34	58 20	58 06
554			2552.	8	4.	3.	»	32.	8	59 00	58 86	58 72	58 58	58 44	58 30	58 17
555	13	10	2557.	4	4.	3.	½	1.	4	59 10	58 96	58 83	58 69	58 55	58 41	58 27
556	13	11	2562.	1	4.	3.	½	6.	1	59 21	59 07	58 93	58 79	58 65	58 51	58 38
557	13	12	2566.	7	4.	3.	½	10.	7	59 32	59 18	59 04	58 90	58 76	58 62	58 48
558			2571.	3	4.	3.	½	15.	3	59 42	59 28	59 14	59 00	58 86	58 72	58 59
559	13	13	2575.	9	4.	3.	½	19.	9	59 53	59 39	59 25	59 11	58 97	58 83	58 69
560	13	14	2580.	5	4.	3.	½	24.	5	59 64	59 50	59 36	59 22	59 08	58 94	58 80

Lorsque le prix de l'or fin est supérieur de quelques centimes à ceux donnés dans ce chapitre, ajoutez pour chaque différence à toutes les sommes, sans exception, contenues dans cette page, les centimes et fractions de centime ci-dessous, et de la manière suivante :

	cent.	dix.		cent.	dix.
Pour une différence de 5 cent.	2	8	Pour une différence de 15 cent.	8	4
Pour une différence de 10 cent.	5	6	Pour une différence de 20 cent.	11	2

Conversion des MILLIÈMES en DENIERS, GRAINS, et DEMI-GRAINS, suivie des différentes valeurs d'un MARC et de l'ONCE d'ARGENT à l'un des titres ci-dessous.

MILLIÈMES.	CONV. Deniers. Grains. Demi-Grains.	DIVERSES VALEURS D'UN MARC ET DE L'ONCE D'ARGENT D'APRÈS LES PRIX SUIVANS DU MARC D'ARGENT FIN — à 54f »c Marcs.	à 54f »c Onces.	à 53f 75c Marcs.	à 53f 75c Onces.	à 53f 50c Marcs.	à 53f 50c Onces.	à 53f 25c Marcs.	à 53f 25c Onces.	à 53f »c Marcs.	à 53f »c Onces.
		fr. c.	fr. c.	fr. c.	fr. c.	fr. c.	fr. c.	fr. c.	fr. c.	fr. c.	fr. c.
533	6. 9. ½	28 78	3 59	28 64	3 58	28 51	3 56	28 38	3 54	28 24	3 53
534		28 83	3 60	28 70	3 58	28 56	3 57	28 43	3 55	28 30	3 53
535	6. 10. »	28 89	3 61	28 75	3 59	28 62	3 57	28 48	3 56	28 35	3 54
536	6. 10. ½	28 94	3 61	28 81	3 60	28 67	3 58	28 54	3 56	28 40	3 55
537		28 99	3 62	28 86	3 60	28 72	3 59	28 59	3 57	28 46	3 55
538	6. 11. »	29 05	3 63	28 91	3 61	28 78	3 59	28 64	3 58	28 51	3 56
539		29 10	3 63	28 97	3 62	28 83	3 60	28 70	3 58	28 56	3 57
540	6. 11. ½	29 16	3 64	29 02	3 62	28 89	3 61	28 75	3 59	28 62	3 57
541		29 21	3 65	29 07	3 63	28 94	3 61	28 80	3 60	28 67	3 58
542	6. 12. »	29 26	3 65	29 13	3 64	28 99	3 62	28 86	3 60	28 72	3 59
543	6. 12. ½	29 32	3 66	29 18	3 64	29 05	3 63	28 91	3 61	28 77	3 59
544		29 37	3 67	29 24	3 65	29 10	3 63	28 96	3 62	28 83	3 60
545	6. 13. »	29 43	3 67	29 29	3 66	29 15	3 64	29 02	3 62	28 88	3 61
546		29 48	3 68	29 34	3 66	29 21	3 65	29 07	3 63	28 93	3 61
547	6. 13. ½	29 53	3 69	29 40	3 67	29 26	3 65	29 12	3 64	28 99	3 62
548		29 59	3 69	29 45	3 68	29 31	3 66	29 18	3 64	29 04	3 63
549	6. 14. »	29 64	3 70	29 50	3 68	29 37	3 67	29 23	3 65	29 09	3 63
550	6. 14. ½	29 70	3 71	29 56	3 69	29 42	3 67	29 28	3 66	29 15	3 64
551		29 75	3 71	29 61	3 70	29 47	3 68	29 34	3 66	29 20	3 65
552	6. 15. »	29 80	3 72	29 67	3 70	29 53	3 69	29 39	3 67	29 25	3 65
553		29 86	3 73	29 72	3 71	29 58	3 69	29 44	3 68	29 30	3 66
554	6. 15. ½	29 91	3 73	29 77	3 72	29 63	3 70	29 50	3 68	29 36	3 67
555		29 97	3 74	29 83	3 72	29 69	3 71	29 55	3 69	29 41	3 67
556	6. 16. »	30 02	3 75	29 88	3 73	29 74	3 71	29 60	3 70	29 46	3 68
557	6. 16. ½	30 07	3 75	29 93	3 74	29 79	3 72	29 66	3 70	29 52	3 69
558		30 13	3 76	29 99	3 74	29 85	3 73	29 71	3 71	29 57	3 69
559	6. 17. »	30 18	3 77	30 04	3 75	29 90	3 73	29 76	3 72	29 62	3 70
560		30 24	3 78	30 10	3 76	29 96	3 74	29 82	3 72	29 68	3 71

Lorsque le prix de l'argent fin est supérieur de quelques centimes à ceux donnés dans ce chapitre, ajoutez pour chaque différence, à toutes les sommes placées dans les colonnes de marcs, et contenues dans cette page, les centimes et fractions de centime ci-dessous, et seulement le huitième aux sommes placées dans les colonnes d'onces.

	cent.	dix.	huitiè.			cent.	dix.	huitiè.	
Différence de 5 centimes	2	8	»	3	Différence de 15 centimes	8	4	1	»
Différence de 10 centimes	5	6	»	7	Différence de 20 centimes	11	2	1	4

Conversion des MILLIÈMES en KARATS et TRENTE-DEUX, et en GRAINS DE FIN contenus dans un MARC d'or ou d'argent à l'un des titres ci-dessous, suivie des différentes valeurs d'une ONCE d'OR à l'un de ces mêmes titres.

MILLIÈMES.	CONVERSION en Karats et en Grains de fin.									DIVERSES VALEURS D'UNE ONCE D'OR D'APRÈS LES PRIX SUIVANS DE L'ONCE D'OR FIN						
	Karats.	Trente-Deux.	Grains.	Dixièmes.	Onces.	Gros.	Demi-Gros.	Grains.	Dixièmes.	à fr. c. 106 50	à fr. c. 106 25	à fr. c. 106 »	à fr. c. 105 75	à fr. c. 105 50	à fr. c. 105 25	à fr. c. 105 »
										fr. c.	fr. c.	fr. c.	fr. c.	fr. c.	fr. c.	fr. c.
561	13	15	2585.	1	4.	3.	½	29.	1	59 74	59 60	59 46	59 32	59 18	59 04	58 90
562			2589.	7	4.	3.	½	33.	7	59 85	59 71	59 57	59 43	59 29	59 15	59 01
563	13	16	2594.	3	4.	4.	»	2.	3	59 95	59 81	59 67	59 53	59 39	59 25	59 11
564	13	17	2598.	9	4.	4.	»	6.	9	60 06	59 92	59 78	59 64	59 50	59 36	59 22
565	13	18	2603.	5	4.	4.	»	11.	5	60 17	60 03	59 89	59 74	59 60	59 46	59 32
566	13	19	2608.	1	4.	4.	»	16.	1	60 27	60 13	59 99	59 85	59 71	59 57	59 43
567			2612.	7	4.	4.	»	20.	7	60 38	60 24	60 10	59 96	59 81	59 67	59 53
568	13	20	2617.	3	4.	4.	»	25.	3	60 49	60 35	60 20	60 06	59 92	59 78	59 64
569	13	21	2621.	»	4.	4.	»	29.	»	60 59	60 46	60 31	60 17	60 02	59 88	59 74
570	13	22	2626.	6	4.	4.	»	34.	6	60 70	60 56	60 42	60 27	60 13	59 99	59 85
571			2631.	2	4.	4.	½	3.	2	60 81	60 66	60 52	60 38	60 24	60 09	59 95
572	13	23	2635.	8	4.	4.	½	7.	8	60 91	60 77	60 63	60 48	60 34	60 20	60 06
573	13	24	2640.	4	4.	4.	½	12.	4	61 02	60 88	60 73	60 59	60 45	60 30	60 16
574	13	25	2645.	»	4.	4.	½	17.	»	61 13	60 98	60 84	60 70	60 55	60 41	60 27
575			2649.	6	4.	4.	½	21.	6	61 23	61 09	60 95	60 80	60 66	60 51	60 37
576	13	26	2654.	2	4.	4.	½	26.	2	61 34	61 20	61 05	60 91	60 76	60 62	60 48
577	13	27	2658.	8	4.	4.	½	30.	8	61 45	61 30	61 16	61 01	60 87	60 72	60 58
578	13	28	2663.	4	4.	4.	½	35.	4	61 55	61 41	61 26	61 12	60 97	60 83	60 69
579	13	29	2668.	»	4.	5.	»	4.	»	61 66	61 51	61 37	61 22	61 08	60 93	60 79
580			2672.	6	4.	5.	»	8.	6	61 77	61 62	61 48	61 33	61 19	61 04	60 90
581	13	30	2677.	3	4.	5.	»	13.	3	61 87	61 73	61 58	61 44	61 29	61 15	61 00
582	13	31	2681.	9	4.	5.	»	17.	9	61 98	61 83	61 69	61 54	61 40	61 25	61 11
583	14	»	2686.	5	4.	5.	»	22.	5	62 08	61 94	61 79	61 65	61 50	61 36	61 21
584			2691.	1	4.	5.	»	27.	1	62 19	62 05	61 90	61 75	61 61	61 46	61 32
585	14	1	2695.	7	4.	5.	»	31.	7	62 30	62 15	62 01	61 86	61 71	61 57	61 42
586	14	2	2700.	3	4.	5.	½	».	3	62 40	62 26	62 11	61 96	61 82	61 67	61 53
587	14	3	2704.	9	4.	5.	½	4.	9	62 51	62 36	62 22	62 07	61 92	61 78	61 63
588			2709.	5	4.	5.	½	9.	5	62 62	62 47	62 32	62 18	62 03	61 88	61 74

Lorsque le prix de l'or fin est supérieur de quelques centimes à ceux donnés dans ce chapitre, ajoutez pour chaque différence, à toutes les sommes sans exception, contenues dans cette page, les centimes et fractions de centime ci-dessous, et de la manière suivante:

	cent.	dix.		cent.	dix.
Pour une différence de 5 cent.	2	9	Pour une différence de 15 cent.	8	8
Pour une différence de 10 cent.	5	9	Pour une différence de 20 cent.	11	8

Conversion des ***MILLIÈMES*** *en* ***DENIERS, GRAINS*** *et* ***DEMI-GRAINS***, *suivie des différentes valeurs d'un* ***MARC*** *et de l'****ONCE d'ARGENT*** *à l'un des titres ci-dessous.*

MILLIÈMES.	CONV. Deniers. Grains. Demi-Grains.	DIVERSES VALEURS D'UN MARC ET DE L'ONCE D'ARGENT D'APRÈS LES PRIX SUIVANS DU MARC D'ARGENT FIN — à 54f »c Marcs.	à 54f »c Onces.	à 53f 75c Marcs.	à 53f 75c Onces.	à 53f 50c Marcs.	à 53f 50c Onces.	à 53f 25c Marcs.	à 53f 25c Onces.	à 53f »c Marcs.	à 53f »c Onces.
		fr. c.	fr. c.	fr. c.	fr. c.	fr. c.	fr. c.	fr. c.	fr. c.	fr. c.	fr. c.
561	6. 17. ½	30 29	3 78	30 15	3 76	30 01	3 75	29 87	3 73	29 73	3 71
562		30 34	3 79	30 20	3 77	30 06	3 75	29 92	3 74	29 78	3 72
563	6. 18. »	30 40	3 80	30 26	3 78	30 12	3 76	29 97	3 74	29 83	3 72
564	6. 18. ½	30 45	3 80	30 31	3 78	30 17	3 77	30 03	3 75	29 89	3 73
565		30 51	3 81	30 36	3 79	30 22	3 77	30 08	3 76	29 94	3 74
566	6. 19. »	30 56	3 82	30 42	3 80	30 28	3 78	30 13	3 76	29 99	3 74
567		30 61	3 82	30 47	3 80	30 33	3 79	30 19	3 77	30 05	3 75
568	6. 19. ½	30 67	3 83	30 53	3 81	30 38	3 79	30 24	3 78	30 10	3 76
569	6. 20. »	30 72	3 84	30 58	3 82	30 44	3 80	30 29	3 78	30 15	3 76
570		30 78	3 84	30 63	3 82	30 49	3 81	30 35	3 79	30 21	3 77
571	6. 20. ½	30 83	3 85	30 69	3 83	30 54	3 81	30 40	3 80	30 26	3 78
572		30 88	3 86	30 74	3 84	30 60	3 82	30 45	3 80	30 31	3 78
573	6. 21. »	30 94	3 86	30 79	3 84	30 65	3 83	30 51	3 81	30 36	3 79
574		30 99	3 87	30 85	3 85	30 70	3 83	30 56	3 82	30 42	3 80
575	6. 21. ½	31 05	3 88	30 90	3 86	30 76	3 84	30 61	3 82	30 47	3 80
576	6. 22. »	31 10	3 88	30 96	3 87	30 81	3 85	30 67	3 83	30 52	3 81
577		31 15	3 89	31 01	3 87	30 86	3 85	30 72	3 84	30 58	3 82
578	6. 22. ½	31 21	3 90	31 06	3 88	30 92	3 86	30 77	3 84	30 63	3 82
579		31 26	3 90	31 12	3 89	30 97	3 87	30 83	3 85	30 68	3 83
580	6. 23. »	31 32	3 91	31 17	3 89	31 03	3 87	30 88	3 86	30 74	3 84
581		31 37	3 92	31 22	3 90	31 08	3 88	30 93	3 86	30 79	3 84
582	6. 23. ½	31 42	3 92	31 28	3 91	31 13	3 89	30 99	3 87	30 84	3 85
583	7. » »	31 48	3 93	31 33	3 91	31 19	3 89	31 04	3 88	30 89	3 86
584		31 53	3 94	31 39	3 92	31 24	3 90	31 09	3 88	30 95	3 86
585	7. » ½	31 59	3 94	31 44	3 93	31 29	3 91	31 15	3 89	31 00	3 87
586		31 64	3 95	31 49	3 93	31 35	3 91	31 20	3 90	31 05	3 88
587	7. 1. »	31 69	3 96	31 55	3 94	31 40	3 92	31 25	3 90	31 11	3 88
588		31 75	3 96	31 60	3 95	31 45	3 93	31 31	3 91	31 16	3 89

Lorsque le prix de l'argent fin est supérieur de quelques centimes à ceux donnés dans ce chapitre, ajoutez pour chaque différence, à toutes les sommes placées dans les colonnes de marcs, et contenues dans cette page, les centimes et fractions de centime ci-dessous, et seulement le huitième aux sommes placées dans les colonnes d'onces.

	cent.	dix.	huitiè.	
Différence de 5 centimes.	2	9	»	4
Différence de 10 centimes.	5	9	»	7
Différence de 15 centimes.	8	8	1	1
Différence de 20 centimes.	11	8	1	5

Conversion des MILLIÈMES en KARATS et TRENTE-DEUX, et en GRAINS DE FIN contenus dans un MARC d'or ou d'argent à l'un des titres ci-dessous, suivie des différentes valeurs d'une ONCE D'OR à l'un de ces mêmes titres.

MILLIÈMES.	CONVERSION en Karats et en Grains de fin.									DIVERSES VALEURS D'UNE ONCE D'OR D'APRÈS LES PRIX SUIVANS DE L'ONCE D'OR FIN						
	Karats.	Trente-Deux.	Grains.	Dixièmes.	Onces.	Gros.	Demi-Gros.	Grains.	Dixièmes.	à fr. c. 106 50	à fr. c. 106 25	à fr. c. 106 »	à fr. c. 105 75	à fr. c. 105 50	à fr. c. 105 25	à fr. c. 105 »
										fr. c.	fr. c.	fr. c.	fr. c.	fr. c.	fr. c.	fr. c.
589	14	4	2714.	1	4.	5.	½	14.	1	62 72	62 53	62 43	62 28	62 13	61 99	61 84
590	14	5	2718.	7	4.	5.	½	18.	7	62 83	62 68	62 54	62 39	62 24	62 09	61 95
591	14	6	2723.	3	4.	5.	½	23.	3	62 94	62 79	62 64	62 49	62 35	62 20	62 05
592	14	7	2727.	9	4.	5.	½	27.	9	63 04	62 90	62 75	62 60	62 45	62 30	62 16
593			2732.	3	4.	5.	½	32.	3	63 15	63 00	62 85	62 70	62 56	62 41	62 26
594	14	8	2737.	2	4.	6.	»	1.	2	63 26	63 11	62 96	62 81	62 66	62 51	62 37
595	14	9	2741.	8	4.	6.	»	5.	8	63 36	63 21	63 07	62 92	62 77	62 62	62 47
596	14	10	2746.	4	4.	6.	»	10.	4	63 47	63 32	63 17	63 02	62 87	62 72	62 58
597			2751.	»	4.	6.	»	15.	»	63 58	63 43	63 28	63 13	62 98	62 83	62 68
598	14	11	2755.	6	4.	6.	»	19.	6	63 68	63 53	63 38	63 23	63 08	62 93	62 79
599	14	12	2760.	2	4.	6.	»	24.	2	63 79	63 64	63 49	63 34	63 19	63 04	62 89
600	14	13	2764.	8	4.	6.	»	28.	8	63 90	63 75	63 60	63 45	63 30	63 15	63 00
601			2769.	4	4.	6.	»	33.	4	64 00	63 85	63 70	63 55	63 40	63 25	63 10
602	14	14	2774.	»	4.	6.	½	2.	»	64 11	63 96	63 81	63 66	63 51	63 36	63 21
603	14	15	2778.	6	4.	6.	½	6.	6	64 21	64 06	63 91	63 76	63 61	63 46	63 31
604	14	16	2783.	2	4.	6.	½	11.	2	64 32	64 17	64 02	63 87	63 72	63 57	63 42
605	14	17	2787.	8	4.	6.	½	15.	8	64 4[illegible]	[illegible]	64 13	63 97	63 82	63 67	63 52
606			2792.	4	4.	6.	½	20.	4	64 53	64 38	64 23	64 08	63 93	63 78	63 63
607	14	18	2797.	1	4.	6.	½	25.	1	64 64	64 49	64 34	64 19	64 03	63 88	63 73
608	14	19	2801.	7	4.	6.	½	29.	7	64 75	64 60	64 44	64 29	64 14	63 99	63 84
609	14	20	2806.	3	4.	6.	½	34.	3	64 85	64 70	64 55	64 40	64 24	64 09	63 94
610			2810.	9	4.	7.	»	2.	9	64 96	64 81	64 66	64 50	64 35	64 20	64 05
611	14	21	2815.	5	4.	7.	»	7.	5	65 07	64 91	64 76	64 61	64 46	64 30	64 15
612	14	22	2820.	1	4.	7.	»	12.	1	65 17	65 02	64 87	64 71	64 56	64 41	64 26
613	14	23	2824.	7	4.	7.	»	16.	7	65 28	65 13	64 97	64 82	64 67	64 51	64 36
614			2829.	3	4.	7.	»	21.	3	65 39	65 23	65 08	64 93	64 77	64 62	64 47
615	14	24	2833.	9	4.	7.	»	25.	9	65 49	65 34	65 19	65 03	64 88	64 72	64 57
616	14	25	2838.	5	4.	7.	»	30.	5	65 60	65 45	65 29	65 14	64 98	64 83	64 68

Lorsque le prix de l'or fin est supérieur de quelques centimes à ceux donnés dans ce chapitre, ajoutez pour chaque différence à toutes les sommes, sans exception, contenues dans cette page, les centimes et fractions de centime ci-dessous, et de la manière suivante :

	cent.	dix.		cent.	dix.
Pour une différence de 5 cent.	3	1	Pour une différence de 15 cent.	9	2
Pour une différence de 10 cent.	6	2	Pour une différence de 20 cent.	12	3

Conversion des MILLIÈMES en DENIERS, GRAINS, et DEMI-GRAINS, suivie des différentes valeurs d'un MARC et de l'ONCE d'ARGENT à l'un des titres ci-dessous.

MILLIÈMES.	CONV. (Deniers. Grains. Demi-Grains.)	DIVERSES VALEURS D'UN MARC ET DE L'ONCE D'ARGENT D'APRÈS LES PRIX SUIVANS DU MARC D'ARGENT FIN — à 54f »c Marcs.	à 54f »c Onces.	à 53f 75c Marcs.	à 53f 75c Onces.	à 53f 50c Marcs.	à 53f 50c Onces.	à 53f 25c Marcs.	à 53f 25c Onces.	à 53f »c Marcs.	à 53f »c Onces.
		fr. c.	fr. c.	fr. c.	fr. c.	fr. c.	fr. c.	fr. c.	fr. c.	fr. c.	fr. c.
589	7. 1. ½	31 80	3 97	31 65	3 95	31 51	3 93	31 36	3 92	31 21	3 90
590	7. 2. »	31 86	3 98	31 71	3 96	31 56	3 94	31 41	3 92	31 27	3 90
591		31 91	3 98	31 76	3 97	31 61	3 95	31 47	3 93	31 32	3 91
592	7. 2. ½	31 96	3 99	31 82	3 97	31 67	3 95	31 52	3 94	31 37	3 92
593		32 02	4 00	31 87	3 98	31 72	3 96	31 57	3 94	31 42	3 92
594	7. 3. »	32 07	4 01	31 92	3 99	31 77	3 97	31 63	3 95	31 48	3 93
595	7. 3. ½	32 13	4 01	31 98	3 99	31 83	3 97	31 68	3 96	31 53	3 94
596		32 18	4 02	32 03	4 00	31 88	3 98	31 73	3 96	31 58	3 94
597	7. 4. »	32 23	4 02	32 08	4 01	31 93	3 99	31 79	3 97	31 64	3 95
598		32 29	4 03	32 14	4 01	31 99	3 99	31 84	3 98	31 69	3 96
599	7. 4. ½	32 34	4 04	32 19	4 02	32 04	4 00	31 89	3 98	31 74	3 96
600		32 40	4 05	32 25	4 03	32 10	4 01	31 95	3 99	31 80	3 97
601	7. 5. »	32 45	4 05	32 30	4 03	32 15	4 01	32 00	4 00	31 85	3 98
602	7. 5. ½	32 50	4 06	32 35	4 04	32 20	4 02	32 05	4 00	31 90	3 98
603		32 56	4 07	32 41	4 05	32 26	4 03	32 10	4 01	31 95	3 99
604	7. 6. »	32 61	4 07	32 46	4 05	32 31	4 03	32 16	4 02	32 01	4 00
605		32 67	4 08	32 51	4 06	32 36	4 04	32 21	4 02	32 06	4 00
606	7. 6. ½	32 72	4 09	32 57	4 07	32 42	4 05	32 26	4 03	32 11	4 01
607		32 77	4 09	32 62	4 07	32 47	4 05	32 32	4 04	32 17	4 02
608	7. 7. »	32 83	4 10	32 68	4 08	32 52	4 06	32 37	4 04	32 22	4 02
609	7. 7. ½	32 88	4 11	32 73	4 09	32 58	4 07	32 42	4 05	32 27	4 03
610		32 94	4 11	32 78	4 09	32 63	4 07	32 48	4 06	32 33	4 04
611	7. 8. »	32 99	4 12	32 84	4 10	32 68	4 08	32 53	4 06	32 38	4 04
612		33 04	4 13	32 89	4 11	32 74	4 09	32 58	4 07	32 43	4 05
613	7. 8. ½	33 10	4 13	32 94	4 11	32 79	4 09	32 64	4 08	32 48	4 06
614		33 15	4 14	33 00	4 12	32 84	4 10	32 69	4 08	32 54	4 06
615	7. 9. »	33 21	4 15	33 05	4 13	32 90	4 11	32 74	4 09	32 59	4 07
616	7. 9. ½	33 26	4 15	33 11	4 13	32 95	4 11	32 80	4 10	32 64	4 08

Lorsque le prix de l'argent fin est supérieur de quelques centimes à ceux donnés dans ce chapitre, ajoutez pour chaque différence, à toutes les sommes placées dans les colonnes de marcs, et contenues dans cette page, les centimes et fractions de centime ci-dessous, et seulement le huitième aux sommes placées dans les colonnes d'onces.

	cent.	dix.	huitié.			cent.	dix.	huitié.	
Différence de 5 centimes	3	1	»	4	Différence de 15 centimes	9	2	1	1
Différence de 10 centimes	6	2	»	8	Différence de 20 centimes	12	3	1	5

Conversion des **MILLIÈMES** *en* **KARATS** *et* **TRENTE-DEUX**, *et en* **GRAINS DE FIN** *contenus dans un* **MARC** *d'or ou d'argent à l'un des titres ci-dessous, suivie des différentes valeurs d'une* **ONCE D'OR** *à l'un de ces mêmes titres.*

MILLIÈMES.	CONVERSION en Karats et en Grains de fin.									DIVERSES VALEURS D'UNE ONCE D'OR D'APRÈS LES PRIX SUIVANS DE L'ONCE D'OR FIN						
	Karats.	Trente-Deux.	Grains.	Dixièmes.	Onces.	Gros.	Demi-Gros.	Grains.	Dixièmes.	à fr. c. 106 50	à fr. c. 106 25	à fr. c. 106 ″	à fr. c. 105 75	à fr. c. 105 50	à fr. c. 105 25	à fr. c. 105 ″
										fr. c.	fr. c.	fr. c.	fr. c.	fr. c.	fr. c.	fr. c.
617	14	26	2843.	1	4.	7.	″	33.	1	65 71	65 55	65 40	65 24	65 09	64 93	64 78
618	14	27	2847.	7	4.	7.	½	5.	7	65 81	65 66	65 50	65 35	65 19	65 04	64 89
619			2852.	4	4.	7.	½	8.	4	65 92	65 76	65 61	65 45	65 30	65 14	64 99
620	14	28	2857.	″	4.	7.	½	13.	″	66 03	65 87	65 72	65 56	65 41	65 25	65 10
621	14	29	2861.	6	4.	7.	½	17.	6	66 13	65 98	65 82	65 67	65 51	65 36	65 20
622	14	30	2866.	2	4.	7.	½	22.	2	66 24	66 08	65 93	65 77	65 62	65 46	65 31
623			2870.	8	4.	7.	½	26.	8	66 34	66 19	66 03	65 88	65 72	65 57	65 41
624	14	31	2875.	4	4.	7.	½	31.	4	66 45	66 30	66 14	65 98	65 83	65 67	65 52
625	15	″	2880.	″	5.	″	″	″	″	66 56	66 40	66 25	66 09	65 93	65 78	65 62
626	15	1	2884.	6	5.	″	″	4.	6	66 66	66 51	66 35	66 19	66 04	65 88	65 73
627			2889.	2	5.	″	″	9.	2	66 77	66 61	66 46	66 30	66 14	65 99	65 83
628	15	2	2893.	8	5.	″	″	13.	8	66 88	66 72	66 56	66 41	66 25	66 09	65 94
629	15	3	2898.	4	5.	″	″	18.	4	66 98	66 83	66 67	66 51	66 35	66 20	66 04
630	15	4	2903.	″	5.	″	″	23.	″	67 09	66 93	66 78	66 62	66 46	66 30	66 15
631			2907.	7	5.	″	″	27.	7	67 20	67 04	66 88	66 72	66 57	66 41	66 25
632	15	5	2912.	3	5.	″	″	32.	3	67 30	67 15	66 99	66 83	66 67	66 51	66 36
633	15	6	2916.	9	5.	″	½	″.	9	67 41	67 25	67 09	66 93	66 78	66 62	66 46
634	15	7	2921.	5	5.	″	½	5.	5	67 52	67 36	67 20	67 04	66 88	66 72	66 57
635	15	8	2926.	1	5.	″	½	10.	1	67 62	67 46	67 31	67 15	66 99	66 83	66 67
636			2930.	7	5.	″	½	14.	7	67 73	67 57	67 41	67 25	67 09	66 94	66 78
637	15	9	2935.	3	5.	″	½	19.	3	67 84	67 68	67 52	67 36	67 20	67 04	66 88
638	15	10	2939.	9	5.	″	½	23.	9	67 94	67 78	67 62	67 46	67 30	67 14	66 99
639	15	11	2944.	5	5.	″	½	28.	5	68 05	67 89	67 73	67 57	67 41	67 25	67 09
640	15	12	2949.	1	5.	″	½	33.	1	68 16	68 00	67 84	67 68	67 52	67 36	67 20
641			2953.	7	5.	1.	″	1.	7	68 26	68 10	67 94	67 78	67 62	67 46	67 30
642	15	13	2958.	3	5.	1.	″	6.	3	68 37	68 21	68 05	67 89	67 73	67 57	67 41
643	15	14	2962.	9	5.	1.	″	10.	9	68 47	68 31	68 15	67 99	67 83	67 67	67 51
644			2967.	5	5.	1.	″	15.	5	68 58	68 42	68 26	68 10	67 94	67 78	67 62

Lorsque le prix de l'or fin est supérieur de quelques centimes à ceux donnés dans ce chapitre, ajoutez pour chaque différence, à toutes les sommes sans exception, contenues dans cette page, les centimes et fractions de centime ci-dessous, et de la manière suivante :

	cent.	dix.		cent.	dix.
Pour une différence de 5 cent.	3	2	Pour une différence de 15 cent.	9	7
Pour une différence de 10 cent.	6	4	Pour une différence de 20 cent.	12	8

Conversion des ***MILLIÈMES*** *en* ***DENIERS, GRAINS*** *et* ***DEMI-GRAINS***, *suivie des différentes valeurs d'un* ***MARC*** *et de l'****ONCE*** *d'****ARGENT*** *à l'un des titres ci-dessous.*

MILLIÈMES.	CONV. Deniers. Grains. Demi-Grains.	DIVERSES VALEURS D'UN MARC ET DE L'ONCE D'ARGENT D'APRÈS LES PRIX SUIVANS DU MARC D'ARGENT FIN — à 54f »c Marcs.	à 54f »c Onces.	à 53f 75c Marcs.	à 53f 75c Onces.	à 53f 50c Marcs.	à 53f 50c Onces.	à 53f 25c Marcs.	à 53f 25c Onces.	à 53f » Marcs.	à 53f » Onces.
		fr. c.	fr. c.	fr. c.	fr. c.	fr. c.	fr. c.	fr. c.	fr. c.	fr. c.	fr. c.
617		33 51	4 16	33 16	4 14	33 00	4 12	32 85	4 10	32 70	4 08
618	7. 10. »	33 57	4 17	33 21	4 15	33 06	4 13	32 90	4 11	32 75	4 09
619		33 62	4 17	33 27	4 15	33 11	4 13	32 96	4 12	32 80	4 10
620	7. 10. ½	33 48	4 18	33 32	4 16	33 17	4 14	33 01	4 12	32 86	4 10
621		33 53	4 19	33 37	4 17	33 22	4 15	33 06	4 13	32 91	4 11
622	7. 11. »	33 58	4 19	33 43	4 17	33 27	4 15	33 12	4 14	32 96	4 12
623	7. 11. ½	33 64	4 20	33 48	4 18	33 33	4 16	33 17	4 14	33 01	4 12
624		33 69	4 21	33 54	4 19	33 38	4 17	33 22	4 15	33 07	4 13
625	7. 12. »	33 75	4 21	33 59	4 19	33 43	4 17	33 28	4 16	33 12	4 14
626		33 80	4 22	33 64	4 20	33 49	4 18	33 33	4 16	33 17	4 14
627	7. 12. ½	33 85	4 23	33 70	4 21	33 54	4 19	33 38	4 17	33 23	4 15
628	7. 13. »	33 91	4 23	33 75	4 21	33 59	4 19	33 44	4 18	33 28	4 16
629		33 96	4 24	33 80	4 22	33 65	4 20	33 49	4 18	33 33	4 16
630	7. 13. ½	34 02	4 25	33 86	4 23	33 70	4 21	33 54	4 19	33 39	4 17
631		34 07	4 25	33 91	4 23	33 75	4 21	33 60	4 20	33 44	4 18
632	7. 14. »	34 12	4 26	33 97	4 24	33 81	4 22	33 65	4 20	33 49	4 18
633		34 18	4 27	34 02	4 25	33 86	4 23	33 70	4 21	33 54	4 19
634	7. 14. ½	34 23	4 27	34 07	4 25	33 91	4 23	33 76	4 22	33 60	4 20
635	7. 15. »	34 29	4 28	34 13	4 26	33 97	4 24	33 81	4 22	33 65	4 20
636		34 34	4 29	34 18	4 27	34 02	4 25	33 86	4 23	33 70	4 21
637	7. 15. ½	34 39	4 29	34 23	4 27	34 07	4 25	33 92	4 24	33 76	4 22
638		34 45	4 30	34 29	4 28	34 13	4 26	33 97	4 24	33 81	4 22
639	7. 16. »	34 50	4 31	34 34	4 29	34 18	4 27	34 02	4 25	33 86	4 23
640		34 56	4 32	34 40	4 30	34 24	4 28	34 08	4 26	33 92	4 24
641	7. 16. ½	34 61	4 32	34 45	4 30	34 29	4 28	34 13	4 26	33 97	4 24
642	7. 17. »	34 66	4 33	34 50	4 31	34 34	4 29	34 18	4 27	34 02	4 25
643		34 72	4 34	34 56	4 32	34 40	4 30	34 23	4 27	34 07	4 25
644	7. 17. ½	34 77	4 34	34 61	4 32	34 45	4 30	34 29	4 28	34 13	4 26

Lorsque le prix de l'argent fin est supérieur de quelques centimes à ceux donnés dans ce chapitre, ajoutez pour chaque différence, à toutes les sommes placées dans les colonnes de marcs, et contenues dans cette page, les centimes et fractions de centime ci-dessous, et seulement le huitième aux sommes placées dans les colonnes d'onces.

	cent.	dix.	huitiè.		cent.	dix.	huitiè.
Différence de 5 centimes.	3	2	» 4	Différence de 15 centimes.	9	7	1 2
Différence de 10 centimes.	6	4	» 8	Différence de 20 centimes.	12	9	1 6

Conversion des MILLIÈMES en KARATS et TRENTE-DEUX, et en GRAINS DE FIN contenus dans un MARC d'or ou d'argent à l'un des titres ci-dessous, suivie des différentes valeurs d'une ONCE D'OR à l'un de ces mêmes titres.

MILLIÈMES.	CONVERSION en Karats et en Grains de fin.									DIVERSES VALEURS D'UNE ONCE D'OR D'APRÈS LES PRIX SUIVANS DE L'ONCE D'OR FIN						
	Karats.	Trente-Deux.	Grains.	Dixièmes.	Onces.	Gros.	Demi-Gros.	Grains.	Dixièmes.	à fr. c. 106 50	à fr. c. 106 25	à fr. c. 106 »	à fr. c. 105 75	à fr. c. 105 50	à fr. c. 105 25	à fr. c. 105 »
										fr. c.	fr. c.	fr. c.	fr. c.	fr. c.	fr. c.	fr. c.
645	15	15	2972.	2	5.	1.	»	20.	2	68 69	68 53	68 37	68 20	68 04	67 88	67 72
646	15	16	2976.	8	5.	1.	»	24.	8	68 79	68 63	68 47	68 31	68 15	67 99	67 83
647	15	17	2981.	4	5.	1.	»	29.	4	68 90	68 74	68 58	68 42	68 25	68 09	67 93
648	15	18	2986	»	5.	1.	»	34.	»	69 01	68 85	68 68	68 52	68 36	68 20	68 04
649			2990.	6	5.	1.	½	2.	6	69 11	68 95	68 79	68 63	68 46	68 30	68 14
650	15	19	2995.	2	5.	1.	½	7.	2	69 22	69 06	68 90	68 73	68 57	68 41	68 25
651	15	20	2999.	8	5.	1.	½	11.	8	69 33	69 16	69 00	68 84	68 68	68 51	68 35
652	15	21	3004.	4	5.	1.	½	16.	4	69 43	69 27	69 11	68 94	68 78	68 62	68 46
653			3009.	»	5.	1.	½	21.	»	69 54	69 38	69 21	69 05	68 89	68 72	68 56
654	15	22	3013.	6	5.	1.	½	25.	6	69 65	69 48	69 32	69 16	68 99	68 83	68 67
655	15	23	3018.	2	5.	1.	½	30.	2	69 75	69 59	69 43	69 26	69 10	68 93	68 77
656	15	24	3022.	9	5.	1.	½	34.	9	69 86	69 70	69 53	69 37	69 20	69 04	68 88
657			3027.	5	5.	2.	»	3.	5	69 97	69 80	69 64	69 47	69 31	69 14	68 98
658	15	25	3032.	1	5.	2.	»	8.	1	70 07	69 91	69 74	69 58	69 41	69 25	69 09
659	15	26	3036.	7	5.	2.	»	12.	7	70 18	70 01	69 85	69 68	69 52	69 35	69 19
660	15	27	3041.	3	5.	2.	»	17.	3	70 29	70 12	69 96	69 79	69 63	69 46	69 30
661	15	28	3045.	9	5.	2.	»	21.	9	70 39	70 23	70 06	69 90	69 73	69 57	69 40
662			3050.	5	5.	2.	»	26.	5	70 50	70 33	70 17	70 00	69 84	69 67	69 51
663	15	29	3055.	1	5.	2.	»	31.	1	70 60	70 44	70 27	70 11	69 94	69 78	69 61
664	15	30	3059.	7	5.	2.	»	35.	7	70 71	70 55	70 38	70 21	70 05	69 88	69 72
665	15	31	3064.	3	5.	2.	½	4.	3	70 82	70 65	70 49	70 32	70 15	69 99	69 82
666			3068.	9	5.	2.	½	8.	9	70 92	70 76	70 59	70 42	70 26	70 09	69 93
667	16	00	3073.	5	5.	2.	½	13.	5	71 03	70 86	70 70	70 53	70 36	70 20	70 03
668	16	1	3078.	1	5.	2.	½	18.	1	71 14	70 97	70 80	70 64	70 47	70 30	70 14
669	16	2	3082.	8	5.	2.	½	22.	8	71 24	71 08	70 91	70 74	70 57	70 41	70 24
670			3087.	4	5.	2.	½	27.	4	71 35	71 18	71 02	70 85	70 68	70 51	70 35
671	16	3	3092	»	5.	2.	½	32.	»	71 46	71 29	71 12	70 95	70 79	70 62	70 45
672	16	04	3096.	6	5.	3.	»	»	6	71 56	71 40	71 23	71 06	70 89	70 72	70 56

Lorsque le prix de l'or fin est supérieur de quelques centimes à ceux donnés dans ce chapitre, ajoutez pour chaque différence, à toutes les sommes sans exception, contenues dans cette page, les centimes et fractions de centime ci-dessous, et de la manière suivante :

	cent.	dix.		cent.	dix.
Pour une différence de 5 cent.	3	4	Pour une différence de 15 cent.	10	1
Pour une différence de 10 cent.	6	7	Pour une différence de 20 cent.	13	4

Conversion des MILLIÈMES en DENIERS, GRAINS et DEMI-GRAINS, suivie des différentes valeurs d'un MARC et de l'ONCE d'ARGENT à l'un des titres ci-dessous.

MILLIÈMES.	CONV. Deniers. Grains. Demi-Grains.	DIVERSES VALEURS D'UN MARC ET DE L'ONCE D'ARGENT D'APRÈS LES PRIX SUIVANS DU MARC D'ARGENT FIN									
		à 54f »c		à 53f 75c		à 53f 50c		à 53f 25c		à 53f »	
		Marcs.	Onces.	Marcs.	Onces.	Marcs.	Onces.	Marcs.	Onces.	Marcs.	Onces.
		fr. c.	fr. c.	fr. c.	fr. c.	fr. c.	fr. c.	fr. c.	fr. c.	fr. c.	fr. c.
645		34 83	4 35	34 66	4 33	34 50	4 31	34 34	4 29	34 18	4 27
646	7. 18. »	34 88	4 36	34 72	4 34	34 56	4 32	34 39	4 29	34 23	4 27
647		34 93	4 36	34 77	4 34	34 61	4 32	34 45	4 30	34 29	4 28
648	7. 18. ½	34 99	4 37	34 83	4 35	34 66	4 33	34 50	4 31	34 34	4 29
649	7. 19. »	35 04	4 38	34 88	4 36	34 72	4 34	34 55	4 31	34 39	4 29
650		35 10	4 38	34 93	4 36	34 77	4 34	34 61	4 32	34 45	4 30
651	7. 19. ½	35 15	4 39	34 99	4 37	34 82	4 35	34 66	4 33	34 50	4 31
652		35 20	4 40	35 04	4 38	34 88	4 36	34 71	4 33	34 55	4 31
653	7. 20. »	35 26	4 40	35 09	4 38	34 93	4 36	34 77	4 34	34 60	4 32
654		35 31	4 41	35 15	4 39	34 98	4 37	34 82	4 35	34 66	4 33
655	7. 20. ½	35 37	4 42	35 20	4 40	35 04	4 38	34 87	4 35	34 71	4 33
656	7. 21. »	35 42	4 42	35 26	4 40	35 09	4 38	34 93	4 36	34 76	4 34
657		35 47	4 43	35 31	4 41	35 14	4 39	34 98	4 37	34 82	4 35
658	7. 21. ½	35 53	4 44	35 36	4 42	35 20	4 40	35 03	4 37	34 87	4 35
659		35 58	4 44	35 42	4 42	35 25	4 40	35 09	4 38	34 92	4 36
660	7. 22. »	35 64	4 45	35 47	4 43	35 31	4 41	35 14	4 39	34 98	4 37
661	7. 22. ½	35 69	4 46	35 52	4 44	35 36	4 42	35 19	4 39	35 03	4 37
662		35 74	4 46	35 58	4 44	35 41	4 42	35 25	4 40	35 08	4 38
663	7. 23. »	35 80	4 47	35 63	4 45	35 47	4 43	35 30	4 41	35 13	4 39
664		35 85	4 48	35 69	4 46	35 52	4 44	35 35	4 41	35 19	4 39
665	7. 23. ½	35 91	4 48	35 74	4 46	35 57	4 44	35 41	4 42	35 24	4 40
666		35 96	4 49	35 79	4 47	35 63	4 45	35 46	4 43	35 29	4 41
667	8. » »	36 01	4 50	35 85	4 48	35 68	4 46	35 51	4 43	35 35	4 41
668	8. » ½	36 07	4 50	35 90	4 48	35 73	4 46	35 57	4 44	35 40	4 42
669		36 12	4 51	35 95	4 49	35 79	4 47	35 62	4 45	35 45	4 43
670	8. 1. »	36 18	4 52	36 01	4 50	35 84	4 48	35 67	4 45	35 51	4 43
671		36 23	4 52	36 06	4 50	35 89	4 48	35 73	4 46	35 56	4 44
672	8. 1. ½	36 28	4 53	36 12	4 51	35 95	4 49	35 78	4 47	35 61	4 45

Lorsque le prix de l'argent fin est supérieur de quelques centimes à ceux donnés dans ce chapitre, ajoutez pour chaque différence, à toutes les sommes placées dans les colonnes de marcs, et contenues dans cette page, les centimes et fractions de centime ci-dessous, et seulement le huitième aux sommes placées dans les colonnes d'onces.

	cent.	dix.	huitiè.			cent.	dix.	huitiè.	
Différence de 5 centimes.	3	4	»	4	Différence de 15 centimes.	10	1	1	3
Différence de 10 centimes.	6	7	»	8	Différence de 20 centimes.	13	4	1	7

Conversion des ***MILLIÈMES*** *en* ***KARATS*** *et* ***TRENTE-DEUX***, *et en* ***GRAINS DE FIN*** *contenus dans un* ***MARC*** *d'or ou d'argent à l'un des titres ci-dessous, suivie des différentes valeurs d'une* ***ONCE D'OR*** *à l'un de ces mêmes titres.*

MILLIÈMES.	CONVERSION en Karats et en Grains de fin.									DIVERSES VALEURS D'UNE ONCE D'OR D'APRÈS LES PRIX SUIVANS DE L'ONCE D'OR FIN						
	Karats.	Trente-Deux.	Grains.	Dixièmes.	Onces.	Gros.	Demi-Gros.	Grains.	Dixièmes.	à 106 fr. 50 c.	à 106 fr. 25 c.	à 106 fr. » c.	à 105 fr. 75 c.	à 105 fr. 50 c.	à 105 fr. 25 c.	à 105 fr. » c.
										fr. c.	fr. c.	fr. c.	fr. c.	fr. c.	fr. c.	fr. c.
673	16	5	3101.	2	5.	3.	»	5.	2	71 67	71 50	71 35	71 16	71 00	70 83	70 66
674	16	6	3105.	8	5.	3.	»	9.	8	71 78	71 61	71 44	71 27	71 10	70 93	70 77
675			3110.	4	5.	3.	»	14.	4	71 88	71 71	71 55	71 38	71 21	71 04	70 87
676	16	7	3115.	»	5.	3.	»	19.	»	71 99	71 82	71 65	71 48	71 31	71 14	70 98
677	16	8	3119.	6	5.	3.	»	23.	6	72 10	71 93	71 76	71 59	71 42	71 25	71 08
678	16	9	3124.	2	5.	3.	»	28.	2	72 20	72 03	71 86	71 69	71 52	71 35	71 19
679			3128.	8	5.	3.	»	32.	8	71 31	72 14	71 97	71 80	71 63	71 46	71 29
680	16	10	3133.	4	5.	3.	½	1.	4	72 42	72 25	72 08	71 91	71 74	71 57	71 40
681	16	11	3138.	1	5.	3.	½	6.	1	72 52	72 35	72 18	72 01	71 84	71 67	71 50
682	16	12	3142.	7	5.	3.	½	10.	7	72 63	72 46	72 29	72 12	71 95	71 78	71 61
683			3147.	3	5.	3.	½	15.	3	72 73	72 56	72 39	72 22	72 05	71 88	71 71
684	16	13	3151.	9	5.	3.	½	19.	9	72 84	72 67	72 50	72 33	72 16	71 99	71 82
685	16	14	3156.	5	5.	3.	½	24.	5	72 95	72 78	72 61	72 43	72 26	72 09	71 92
686	16	15	3161.	1	5.	3.	½	29.	1	73 05	72 88	72 71	72 54	72 37	72 20	72 03
687			3165.	7	5.	3.	½	35.	7	73 16	72 99	72 82	72 65	72 47	72 30	72 13
688	16	16	3170.	3	5.	4.	»	2.	3	73 27	73 10	72 92	72 75	72 58	72 41	72 24
689	16	17	3174.	9	5.	4.	»	6.	9	73 37	73 20	73 03	72 86	72 68	72 51	72 34
690	16	18	3179.	5	5.	4.	»	11.	5	73 48	73 31	73 14	72 96	72 79	72 62	72 45
691	16	19	3184.	1	5.	4.	»	16.	1	73 59	73 41	73 24	73 07	72 90	72 72	72 55
692			3188.	7	5.	4.	»	20.	7	73 69	73 52	73 35	73 17	73 00	72 83	72 66
693	16	20	3193.	3	5.	4.	»	25.	3	73 80	73 63	73 45	73 28	73 11	72 93	72 76
694	16	21	3198.	»	5.	4.	»	30.	»	73 91	73 73	73 56	73 39	73 21	73 04	72 87
695	16	22	3202.	6	5.	4.	»	34.	6	74 01	73 84	73 67	73 49	73 32	73 14	72 97
696			3207.	2	5.	4.	½	3.	2	74 12	73 95	73 77	73 60	73 42	73 25	73 08
697	16	23	3211.	8	5.	4.	½	7.	8	74 23	74 05	73 88	73 70	73 53	73 35	73 18
698	16	24	3216.	4	5.	4.	½	12.	4	74 33	74 16	73 98	73 81	73 63	73 46	73 29
699	16	25	3221.	»	5.	4.	½	17.	»	74 44	74 26	74 09	73 91	73 74	73 56	73 39
700			3225.	6	5.	4.	½	21.	6	74 55	74 37	74 20	74 02	73 85	73 67	73 50

Lorsque le prix de l'or fin est supérieur de quelques centimes à ceux donnés dans ce chapitre, ajoutez pour chaque différence à toutes les sommes, sans exception, contenues dans cette page, les centimes et fractions de centime ci-dessous, et de la manière suivante :

	cent.	dix.		cent.	dix.
Pour une différence de 5 cent.	3	5	Pour une différence de 15 cent.	10	5
Pour une différence de 10 cent.	7	»	Pour une différence de 20 cent.	14	»

Conversion des MILLIÈMES en DENIERS, GRAINS, et DEMI-GRAINS, suivie des différentes valeurs d'un MARC et de l'ONCE d'ARGENT à l'un des titres ci-dessous.

MILLIÈMES.	CONV. Deniers.	Grains.	Demi-Grains.	DIVERSES VALEURS D'UN MARC ET DE L'ONCE D'ARGENT D'APRÈS LES PRIX SUIVANS DU MARC D'ARGENT FIN — à 54f »c Marcs.	à 54f »c Onces.	à 53f 75c Marcs.	à 53f 75c Onces.	à 53f 50c Marcs.	à 53f 50c Onces.	à 53f 25c Marcs.	à 53f 25c Onces.	à 53f »c Marcs.	à 53f »c Onces.
				fr. c.	fr. c.	fr. c.	fr. c.	fr. c.	fr. c.	fr. c.	fr. c.	fr. c.	fr. c.
673				36 54	4 56	36 17	4 52	36 00	4 50	35 83	4 47	35 66	4 45
674	8.	2.	»	36 59	4 56	36 22	4 52	36 06	4 50	35 89	4 48	35 72	4 46
675	8.	2.	½	36 45	4 55	36 28	4 53	36 11	4 51	35 94	4 49	35 77	4 47
676				36 50	4 56	36 33	4 54	36 16	4 52	35 99	4 49	35 82	4 47
677	8.	3.	»	36 55	4 56	36 38	4 54	36 21	4 52	36 05	4 50	35 88	4 48
678				36 61	4 57	36 44	4 55	36 27	4 53	36 10	4 51	35 93	4 49
679	8.	3.	½	36 66	4 58	36 49	4 56	36 32	4 54	36 15	4 51	35 98	4 49
680				36 72	4 59	36 55	4 56	36 38	4 54	36 21	4 52	36 04	4 50
681	8.	4.	»	36 77	4 59	36 60	4 57	36 43	4 55	36 26	4 53	36 09	4 51
682	8.	4.	½	36 82	4 60	36 65	4 58	36 48	4 56	36 31	4 53	36 14	4 51
683				36 88	4 61	36 71	4 58	36 54	4 56	36 36	4 54	36 19	4 52
684	8.	5.	»	36 93	4 61	36 76	4 59	36 59	4 57	36 42	4 55	36 25	4 53
685				36 99	4 62	36 81	4 60	36 64	4 58	36 47	4 55	36 30	4 53
686	8.	5.	½	37 04	4 63	36 87	4 60	36 70	4 58	36 53	4 56	36 35	4 54
687				37 09	4 63	36 92	4 61	36 75	4 59	36 58	4 57	36 41	4 55
688	8.	6.	»	37 15	4 64	36 98	4 62	36 80	4 60	36 63	4 57	36 46	4 55
689	8.	6.	½	37 20	4 65	37 03	4 62	36 86	4 60	36 68	4 58	36 51	4 56
690				37 26	4 65	37 08	4 63	36 91	4 61	36 74	4 59	36 57	4 57
691	8.	7.	»	37 31	4 66	37 14	4 64	36 96	4 62	36 79	4 59	36 62	4 57
692				37 36	4 67	37 19	4 64	37 02	4 62	36 84	4 60	36 67	4 58
693	8.	7.	½	37 42	4 67	37 24	4 65	37 07	4 63	36 90	4 61	36 72	4 59
694	8.	8.	»	37 47	4 68	37 30	4 66	37 12	4 64	36 95	4 61	36 78	4 59
695				37 53	4 69	37 35	4 66	37 18	4 64	37 00	4 62	36 83	4 60
696	8.	8.	½	37 58	4 69	37 41	4 67	37 23	4 65	37 06	4 63	36 88	4 61
697				37 63	4 70	37 46	4 68	37 28	4 66	37 11	4 63	36 94	4 61
698	8.	9.	»	37 69	4 71	37 51	4 68	37 34	4 66	37 16	4 64	36 99	4 62
699				37 74	4 71	37 57	4 69	37 39	4 67	37 22	4 65	37 04	4 63
700	8.	9.	½	37 80	4 72	37 62	4 70	37 45	4 68	37 27	4 65	37 10	4 63

Lorsque le prix de l'argent fin est supérieur de quelques centimes à ceux donnés dans ce chapitre, ajoutez pour chaque différence, à toutes les sommes placées dans les colonnes de marcs, et contenues dans cette page, les centimes et fractions de centime ci-dessous, et seulement le huitième aux sommes placées dans les colonnes d'onces.

	cent.	dix.	huitiè.		cent.	dix.	huitiè.
Différence de 5 centimes.	3	5	» 4	Différence de 15 centimes.	10	3	1 3
Différence de 10 centimes.	7	»	» 9	Différence de 20 centimes.	14	»	1 7

Conversion des **MILLIÈMES** *en* **KARATS** *et* **TRENTE-DEUX**, *et en* **GRAINS DE FIN** *contenus dans un* **MARC** *d'or ou d'argent à l'un des titres ci-dessous, suivie des différentes valeurs d'une* **ONCE d'OR** *à l'un de ces mêmes titres.*

MILLIÈMES.	CONVERSION en Karats et en Grains de fin.									DIVERSES VALEURS D'UNE ONCE D'OR D'APRÈS LES PRIX SUIVANS DE L'ONCE D'OR FIN						
	Karats.	Trente-Deux	Grains.	Dixièmes.	Onces.	Gros.	Demi-Gros.	Grains.	Dixièmes.	à fr. c. 106 50	à fr. c. 106 25	à fr. c. 106 »	à fr. c. 105 75	à fr. c. 105 50	à fr. c. 105 25	à fr. c. 105 »
										fr. c.	fr. c.	fr. c.	fr. c.	fr. c.	fr. c.	fr. c.
701	16	26	3230.	2	5.	4.	½	26.	2	74 65	74 48	74 30	74 13	73 95	73 78	73 60
702	16	27	3234.	8	5.	4.	½	30.	8	74 76	74 58	74 41	74 23	74 06	73 88	73 71
703	16	28	3239.	4	5.	4.	½	35.	4	74 86	74 69	74 51	74 34	74 16	73 99	73 81
704	16	29	3244.	»	5.	5.	»	4.	»	74 97	74 80	74 62	74 44	74 27	74 09	73 92
705			3248.	6	5.	5.	»	8.	6	75 08	74 90	74 73	74 55	74 37	74 20	74 02
706	16	30	3253.	3	5.	5.	»	13.	3	75 18	75 01	74 83	74 65	74 48	74 30	74 13
707	16	31	3257.	9	5.	5.	»	17.	9	75 29	75 11	74 94	74 76	74 58	74 41	74 23
708	17	»	3262.	5	5.	5.	»	22.	5	75 40	75 22	75 04	74 87	74 69	74 51	74 34
709			3267.	1	5.	5.	»	27.	1	75 50	75 33	75 15	74 97	74 79	74 62	74 44
710	17	1	3271.	7	5.	5.	»	31.	7	75 61	75 43	75 26	75 08	74 90	74 72	74 55
711	17	2	3276.	3	5.	5.	½	»	3	75 72	75 54	75 36	75 18	75 01	74 83	74 65
712	17	3	3280.	9	5.	5.	½	4.	9	75 82	75 65	75 47	75 29	75 11	74 93	74 76
713			3285.	5	5.	5.	½	9.	5	75 93	75 76	75 57	75 40	75 22	75 04	74 86
714	17	4	3290.	1	5.	5.	½	14.	1	76 04	75 86	75 68	75 50	75 32	75 14	74 97
715	17	5	3294.	7	5.	5.	½	18.	7	76 14	75 96	75 79	75 61	75 43	75 25	75 07
716	17	6	3299.	3	5.	5.	½	23.	3	76 25	76 07	75 89	75 71	75 53	75 35	75 18
717	17	7	3303.	9	5.	5.	½	27.	9	76 36	76 18	76 00	75 82	75 64	75 46	75 28
718			3308.	5	5.	5.	½	32.	5	76 46	76 28	76 10	75 92	75 74	75 56	75 39
719	17	8	3313.	2	5.	6.	»	1.	2	76 57	76 39	76 21	76 03	75 85	75 67	75 49
720	17	9	3317.	8	5.	6.	»	5.	8	76 68	76 50	76 32	76 14	75 96	75 78	75 60
721	17	10	3322.	4	5.	6.	»	10.	4	76 78	76 60	76 42	76 24	76 06	75 88	75 70
722			3327.	»	5.	6.	»	15.	»	76 89	76 71	76 53	76 35	76 17	75 99	75 81
723	17	11	3331.	6	5.	6.	»	19.	6	76 99	76 81	76 63	76 45	76 27	76 09	75 91
724	17	12	3336.	2	5.	6.	»	24.	2	77 10	76 92	76 74	76 56	76 38	76 20	76 02
725	17	13	3340.	8	5.	6.	»	28.	8	77 21	77 03	76 85	76 66	76 48	76 30	76 12
726			3345.	4	5.	6.	»	33.	4	77 31	77 13	76 95	76 77	76 59	76 41	76 23
727	17	14	3350.	»	5.	6.	½	2.	»	77 42	77 24	77 06	76 88	76 69	76 51	76 33
728	17	15	3354.	6	5.	6.	½	6.	6	77 53	77 35	77 16	76 98	76 80	76 62	76 44

Lorsque le prix de l'or fin est supérieur de quelques centimes à ceux donnés dans ce chapitre, ajoutez pour chaque différence, à toutes les sommes sans exception, contenues dans cette page, les centimes et fractions de centime ci-dessous, et de la manière suivante :

	cent.	dix.		cent.	dix.
Pour une différence de 5 cent.	3	6	Pour une différence de 15 cent.	10	9
Pour une différence de 10 cent.	7	3	Pour une différence de 20 cent.	14	6

Conversion des ***MILLIÈMES*** *en* ***DENIERS, GRAINS*** *et* ***DEMI-GRAINS*** *, suivie des différentes valeurs d'un* ***MARC*** *et de l'****ONCE*** *d'****ARGENT*** *à l'un des titres ci-dessous.*

MILLIÈMES.	CONV. Deniers. Grains. Demi-Grains.	DIVERSES VALEURS D'UN MARC ET DE L'ONCE D'ARGENT D'APRÈS LES PRIX SUIVANS DU MARC D'ARGENT FIN — à 54f »c Marcs.	à 54f »c Onces.	à 53f 75c Marcs.	à 53f 75c Onces.	à 53f 50c Marcs.	à 53f 50c Onces.	à 53f 25c Marcs.	à 53f 25c Onces.	à 53f » Marcs.	à 53f » Onces.
		fr. c.	fr. c.	fr. c.	fr. c.	fr. c.	fr. c.	fr. c.	fr. c.	fr. c.	fr. c.
701	8. 10. »	37 83	4 73	37 67	4 70	37 50	4 68	37 32	4 66	37 15	4 64
702		37 90	4 73	37 73	4 71	37 55	4 69	37 38	4 67	37 20	4 65
703	8. 10. ½	37 96	4 74	37 78	4 72	37 61	4 70	37 43	4 67	37 25	4 65
704		38 01	4 75	37 84	4 73	37 66	4 70	37 48	4 68	37 31	4 66
705	8. 11. »	38 07	4 75	37 89	4 73	37 71	4 71	37 54	4 69	37 36	4 67
706		38 12	4 76	37 94	4 74	37 77	4 72	37 59	4 69	37 41	4 67
707	8. 11. ½	38 17	4 77	38 00	4 75	37 82	4 72	37 64	4 70	37 47	4 68
708	8. 12. »	38 23	4 77	38 05	4 75	37 87	4 73	37 70	4 71	37 52	4 69
709		38 28	4 78	38 10	4 76	37 93	4 74	37 75	4 71	37 57	4 69
710	8. 12. ½	38 34	4 79	38 16	4 77	37 98	4 74	37 80	4 72	37 63	4 70
711		38 39	4 79	38 21	4 77	38 03	4 75	37 86	4 73	37 68	4 71
712	8. 13. »	38 44	4 80	38 27	4 78	38 09	4 76	37 91	4 73	37 73	4 71
713		38 50	4 81	38 32	4 79	38 14	4 76	37 96	4 74	37 78	4 72
714	8. 13. ½	38 55	4 81	38 37	4 79	38 19	4 77	38 02	4 75	37 84	4 73
715	8. 14. »	38 61	4 82	38 43	4 80	38 25	4 78	38 07	4 75	37 89	4 73
716		38 66	4 83	38 48	4 81	38 30	4 78	38 12	4 76	37 94	4 74
717	8. 14. ½	38 71	4 83	38 53	4 81	38 35	4 79	38 18	4 77	38 00	4 75
718		38 77	4 84	38 59	4 82	38 41	4 80	38 23	4 77	38 05	4 75
719	8. 15. »	38 82	4 85	38 64	4 83	38 46	4 80	38 28	4 78	38 10	4 76
720	8. 15. ½	38 88	4 86	38 70	4 83	38 52	4 81	38 34	4 79	38 16	4 77
721		38 93	4 86	38 75	4 84	38 57	4 82	38 39	4 79	38 21	4 77
722	8. 16. »	38 98	4 87	38 80	4 85	38 62	4 82	38 44	4 80	38 26	4 78
723		39 04	4 88	38 86	4 85	38 68	4 83	38 49	4 81	38 31	4 78
724	8. 16. ½	39 09	4 88	38 91	4 86	38 73	4 84	38 55	4 81	38 37	4 79
725		39 15	4 89	38 96	4 87	38 78	4 84	38 60	4 82	38 42	4 80
726	8. 17. »	39 20	4 90	39 02	4 87	38 84	4 85	38 66	4 83	38 47	4 80
727	8. 17. ½	39 25	4 90	39 07	4 88	38 89	4 86	38 71	4 83	38 53	4 81
728		39 31	4 91	39 13	4 89	38 94	4 86	38 76	4 84	38 58	4 82

Lorsque le prix de l'argent fin est supérieur de quelques centimes à ceux donnés dans ce chapitre, ajoutez pour chaque différence, à toutes les sommes placées dans les colonnes de marcs, et contenues dans cette page, les centimes et fractions de centime ci-dessous, et seulement le huitième aux sommes placées dans les colonnes d'onces.

	cent.	dix.	huitiè.		cent.	dix.	huitiè.
Différence de 5 centimes.	3	6	» 4	Différence de 15 centimes.	10	9	1 4
Différence de 10 centimes.	7	3	» 9	Différence de 20 centimes.	14	6	1 8

Conversion des **MILLIÈMES** *en* **KARATS** *et* **TRENTE-DEUX**, *et en* **GRAINS DE FIN** *contenus dans un* **MARC** *d'or ou d'argent à l'un des titres ci-dessous, suivie des différentes valeurs d'une* **ONCE D'OR** *à l'un de ces mêmes titres.*

MILLIÈMES.	CONVERSION en Karats et en Grains de fin.									DIVERSES VALEURS D'UNE ONCE D'OR D'APRÈS LES PRIX SUIVANS DE L'ONCE D'OR FIN						
	Karats.	Trente-Deux.	Grains.	Dixièmes.	Onces.	Gros.	Demi-Gros.	Grains.	Dixièmes.	à fr. c. 106 50	à fr. c. 106 25	à fr. c. 106 »	à fr. c. 105 75	à fr. c. 105 50	à fr. c. 105 25	à fr. c. 105 »
										fr. c.	fr. c.	fr. c.	fr. c.	fr. c.	fr. c.	fr. c.
729	17	16	3359.	2	5.	6.	½	11.	2	77 63	77 45	77 27	77 09	76 90	76 72	76 54
730	17	17	3363.	8	5.	6.	½	15.	8	77 74	77 56	77 38	77 19	77 01	76 83	76 65
731			3368.	5	5.	6.	½	20.	5	77 85	77 66	77 48	77 30	77 12	76 93	76 75
732	17	18	3373.	1	5.	6.	½	25.	1	77 95	77 77	77 59	77 40	77 22	77 04	76 86
733	17	19	3377.	7	5.	6.	½	29.	7	78 06	77 88	77 69	77 51	77 33	77 14	76 96
734	17	20	3382.	3	5.	6.	½	34.	3	78 17	77 98	77 80	77 62	77 43	77 25	77 07
735			3386.	9	5.	7.	»	2.	9	78 27	78 09	77 91	77 72	77 54	77 35	77 17
736	17	21	3391.	5	5.	7.	»	7.	5	78 38	78 20	78 01	77 83	77 64	77 46	77 28
737	17	22	3396.	1	5.	7.	»	12.	1	78 49	78 30	78 12	77 93	77 75	77 56	77 38
738	17	23	3400.	7	5.	7.	»	16.	7	78 59	78 41	78 22	78 04	77 85	77 67	77 49
739			3405.	3	5.	7.	»	21.	3	78 70	78 51	78 33	78 14	77 96	77 77	77 59
740	17	24	3409.	9	5.	7.	»	25.	9	78 81	78 62	78 44	78 25	78 07	77 88	77 70
741	17	25	3414.	5	5.	7.	»	30.	5	78 91	78 73	78 54	78 36	78 17	77 98	77 80
742	17	26	3419.	1	5.	7.	»	35.	1	79 02	78 83	78 65	78 46	78 28	78 09	77 91
743	17	27	3423.	7	5.	7.	½	3.	7	79 12	78 94	78 75	78 57	78 38	78 20	78 01
744			3428.	4	5.	7.	½	8.	4	79 23	79 05	78 86	78·67	78 49	78 30	78 12
745	17	28	3433.	»	5.	7.	½	13.	»	79 34	79 15	78 97	78 78	78 59	78 41	78 22
746	17	29	3437.	6	5.	7.	½	17.	6	79 44	79 26	79 07	78 88	78 70	78 51	78 33
747	17	30	3442.	2	5.	7.	½	22.	2	79 55	79 36	79 18	78 99	78 80	78 62	78 43
748			3446.	8	5.	7.	½	26.	8	79 66	79 47	79 28	79 10	78 91	78 72	78 54
749	17	31	3451.	4	5.	7.	½	31.	4	79 76	79 58	79 39	79 20	79 01	78 83	78 64
750	18	»	3456.	»	6.	»	»	»	»	79 87	79 68	79 50	79 31	79 12	78 93	78 75
751	18	1	3460.	6	6.	»	»	4.	6	79 98	79 79	79 60	79 41	79 23	79 04	78 85
752			3465.	2	6.	»	»	9.	2	80 08	79 90	79 71	79 52	79 33	79 14	78 96
753	18	2	3469.	8	6.	»	»	13.	8	80 19	80 00	79 81	79 62	79 44	79 25	79 06
754	18	3	3474.	4	6.	»	»	18.	4	80 30	80 11	79 92	79 73	79 54	79 35	79 17
755	18	4	3479.	»	6.	»	»	23.	»	80 40	80 21	80 03	79 84	79 65	79 46	79 27
756			3483.	7	6	»	»	27.	7	80 51	80 32	80 13	79 94	79 75	79 56	79 38

Lorsque le prix de l'or fin est supérieur de quelques centimes à ceux donnés dans ce chapitre, ajoutez pour chaque différence à toutes les sommes, sans exception, contenues dans cette page, les centimes et fractions de centime ci-dessous, et de la manière suivante :

	cent.	dix.		cent.	dix.
Pour une différence de 5 cent.	3	8	Pour une différence de 15 cent.	11	5
Pour une différence de 10 cent.	7	6	Pour une différence de 20 cent.	15	1

Conversion des MILLIÈMES en DENIERS, GRAINS, et DEMI-GRAINS, suivie des différentes valeurs d'un MARC et de l'ONCE d'ARGENT à l'un des titres ci-dessous.

MILLIÈMES.	CONV. Deniers. Grains. Demi-Grains.	DIVERSES VALEURS D'UN MARC ET DE L'ONCE D'ARGENT D'APRÈS LES PRIX SUIVANS DU MARC D'ARGENT FIN — à 54f »c Marcs.	à 54f »c Onces.	à 53f 75c Marcs.	à 53f 75c Onces.	à 53f 50c Marcs.	à 53f 50c Onces.	à 53f 25c Marcs.	à 53f 25c Onces.	à 53f »c Marcs.	à 53f »c Onces.
		fr. c.	fr. c.	fr. c.	fr. c.	fr. c.	fr. c.	fr. c.	fr. c.	fr. c.	fr. c.
729	8. 18. »	39 36	4 92	39 18	4 89	39 00	4 87	38 81	4 85	38 63	4 82
730		39 42	4 92	39 23	4 90	39 05	4 88	38 87	4 85	38 69	4 83
731	8. 18. ½	39 47	4 93	39 29	4 91	39 10	4 88	38 92	4 86	38 74	4 84
732		39 52	4 94	39 34	4 91	39 16	4 89	38 97	4 87	38 79	4 84
733	8. 19. »	39 58	4 94	39 39	4 92	39 21	4 90	39 03	4 87	38 84	4 85
734	8. 19. ½	39 63	4 95	39 45	4 93	39 26	4 90	39 08	4 88	38 90	4 86
735		39 69	4 96	39 50	4 93	39 32	4 91	39 13	4 89	38 95	4 86
736	8. 20. »	39 74	4 96	39 56	4 94	39 37	4 92	39 19	4 89	39 00	4 87
737		39 79	4 97	39 61	4 95	39 42	4 92	39 24	4 90	39 06	4 88
738	8. 20. ½	39 85	4 98	39 66	4 95	39 48	4 93	39 29	4 91	39 11	4 88
739		39 90	4 98	39 72	4 96	39 53	4 94	39 35	4 91	39 16	4 89
740	8. 21. »	39 96	4 99	39 77	4 97	39 59	4 94	39 40	4 92	39 22	4 90
741	8. 21. ½	40 01	5 00	39 82	4 97	39 64	4 95	39 45	4 93	39 27	4 90
742		40 06	5 01	39 88	4 98	39 69	4 96	39 51	4 93	39 32	4 91
743	8. 22. »	40 12	5 01	39 93	4 99	39 75	4 96	39 56	4 94	39 37	4 92
744		40 17	5 02	39 99	4 99	39 80	4 97	39 61	4 95	39 43	4 92
745	8. 22. ½	40 23	5 02	40 04	5 00	39 85	4 98	39 67	4 95	39 48	4 93
746		40 28	5 03	40 09	5 01	39 91	4 98	39 72	4 96	39 53	4 94
747	8. 23. »	40 33	5 04	40 15	5 01	39 96	4 99	39 77	4 97	39 59	4 94
748	8. 23. ½	40 39	5 04	40 20	5 02	40 01	5 00	39 83	4 97	39 64	4 95
749		40 44	5 05	40 25	5 03	40 07	5 00	39 88	4 98	39 69	4 96
750	9. » »	40 50	5 06	40 31	5 03	40 12	5 01	39 93	4 99	39 75	4 96
751		40 55	5 06	40 36	5 04	40 17	5 02	39 99	4 99	39 80	4 97
752	9. » ½	40 60	5 07	40 42	5 05	40 23	5 02	40 04	5 00	39 85	4 98
753	9. 1. »	40 66	5 08	40 47	5 05	40 28	5 03	40 09	5 01	39 90	4 98
754		40 71	5 08	40 52	5 06	40 33	5 04	40 15	5 01	39 96	4 99
755	9. 1. ½	40 77	5 09	40 58	5 07	40 39	5 04	40 20	5 02	40 01	5 00
756		40 82	5 10	40 63	5 07	40 44	5 05	40 25	5 03	40 06	5 00

Lorsque le prix de l'argent fin est supérieur de quelques centimes à ceux donnés dans ce chapitre, ajoutez pour chaque différence, à toutes les sommes placées dans les colonnes de marcs, et contenues dans cette page, les centimes et fractions de centime ci-dessous, et seulement le huitième aux sommes placées dans les colonnes d'onces.

	cent.	dix.	huitiè.			cent.	dix.	huitiè.	
Différence de 5 centimes.	3	8	»	5	Différence de 15 centimes.	11	5	1	4
Différence de 10 centimes.	7	6	»	9	Différence de 20 centimes.	15	1	1	9

Conversion des MILLIÈMES en KARATS et TRENTE-DEUX, et en GRAINS DE FIN contenus dans un MARC d'or ou d'argent à l'un des titres ci-dessous, suivie des différentes valeurs d'une ONCE d'OR à l'un de ces mêmes titres.

MILLIÈMES.	CONVERSION en Karats et en Grains de fin.									DIVERSES VALEURS D'UNE ONCE D'OR D'APRÈS LES PRIX SUIVANS DE L'ONCE D'OR FIN						
	Karats.	Trente-Deux.	Grains.	Dixièmes.	Onces.	Gros.	Demi-Gros.	Grains.	Dixièmes.	à fr. c. 106 50	à fr. c. 106 25	à fr. c. 106 »	à fr. c. 105 75	à fr. c. 105 50	à fr. c. 105 25	à fr. c. 105 »
										fr. c.	fr. c.	fr. c.	fr. c.	fr. c.	fr. c.	fr. c.
757	18	5	3488.	3	6.	»	»	32.	3	80 62	80 43	80 24	80 05	79 86	79 67	79 48
758	18	6	3492.	9	6.	»	½	»	9	80 72	80 53	80 34	80 15	79 96	79 77	79 59
759	18	7	3497.	5	6.	»	½	5.	5	80 83	80 64	80 45	80 26	80 07	79 88	79 69
760	18	8	3502.	1	6.	»	½	10.	1	80 94	80 75	80 56	80 37	80 18	79 99	79 80
761			3506.	7	6.	»	½	14.	7	81 04	80 85	80 66	80 47	80 28	80 09	79 90
762	18	9	3511.	3	6.	»	½	19.	3	81 15	80 96	80 77	80 58	80 39	80 20	80 01
763	18	10	3515.	9	6.	»	½	23.	9	81 25	81 06	80 87	80 68	80 49	80 30	80 11
764	18	11	3520.	5	6.	»	½	28.	5	81 36	81 17	80 98	80 79	80 60	80 41	80 22
765			3525.	1	6.	»	½	33.	1	81 47	81 28	81 09	80 89	80 70	80 51	80 32
766	18	12	3529.	7	6.	1.	»	1.	7	81 57	81 38	81 19	81 00	80 81	80 62	80 43
767	18	13	3534.	3	6.	1.	»	6.	3	81 68	81 49	81 30	81 11	80 91	80 72	80 53
768	18	14	3538.	9	6.	1.	»	10.	9	81 79	81 60	81 40	81 21	81 02	80 83	80 64
769			3543.	5	6.	1.	»	15.	5	81 89	81 70	81 51	81 32	81 12	80 93	80 74
770	18	15	3548.	2	6.	1.	»	20.	2	82 00	81 81	81 62	81 42	81 23	81 04	80 85
771	18	16	3552.	8	6.	1.	»	24.	8	82 11	81 91	81 72	81 53	81 34	81 14	80 95
772	18	17	3557.	4	6.	1.	»	29.	4	82 21	82 02	81 83	81 63	81 44	81 25	81 06
773	18	18	3562.	»	6.	1.	»	34.	»	82 32	82 13	81 93	81 74	81 55	81 35	81 16
774			3566.	6	6.	1.	½	2.	6	82 43	82 23	82 04	81 85	81 65	81 46	81 27
775	18	19	3571.	2	6.	1.	½	7.	2	82 53	82 34	82 15	81 95	81 76	81 56	81 37
776	18	20	3575.	8	6.	1.	½	11.	8	82 64	82 45	82 25	82 06	81 86	81 67	81 48
777	18	21	3580.	4	6.	1.	½	16.	4	82 75	82 55	82 36	82 16	81 97	81 77	81 58
778			3585.	»	6.	1.	½	21.	»	82 85	82 66	82 46	82 27	82 07	81 88	81 69
779	18	22	3589.	6	6.	1.	½	25.	6	82 96	82 76	82 57	82 37	82 18	81 98	81 79
780	18	23	3594.	2	6.	1.	½	30.	2	83 07	82 87	82 68	82 48	82 29	82 09	81 90
781	18	24	3598.	8	6.	1.	½	34.	8	83 17	82 98	82 78	82 59	82 39	82 20	82 00
782			3603.	5	6.	2.	»	3.	5	83 28	83 08	82 89	82 69	82 50	82 30	82 11
783	18	25	3608.	1	6.	2.	»	8.	1	83 38	83 19	82 99	82 80	82 60	82 41	82 21
784	18	26	3612.	7	6.	2.	»	12.	7	83 49	83 30	83 10	82 90	82 71	82 51	82 32

Lorsque le prix de l'or fin est supérieur de quelques centimes à ceux donnés dans ce chapitre, ajoutez pour chaque différence, à toutes les sommes sans exception, contenues dans cette page, les centimes et fractions de centime ci-dessous, et de la manière suivante :

	cent.	dix.		cent.	dix.
Pour une différence de 5 cent.	3	9	Pour une différence de 15 cent.	11	8
Pour une différence de 10 cent.	7	8	Pour une différence de 20 cent.	15	7

Conversion des **MILLIÈMES** *en* **DENIERS, GRAINS** *et* **DEMI-GRAINS**, *suivie des différentes valeurs d'un* **MARC** *et de l'***ONCE** *d'***ARGENT** *à l'un des titres ci-dessous.*

MILLIÈMES.	CONV.			DIVERSES VALEURS D'UN MARC ET DE L'ONCE D'ARGENT D'APRÈS LES PRIX SUIVANS DU MARC D'ARGENT FIN									
				à 54f »c		à 53f 75c		à 53f 50c		à 53f 25c		à 53f »	
	Deniers.	Grains.	Demi-Grains.	Marcs.	Onces.	Marcs.	Onces.	Marcs.	Onces.	Marcs.	Onces.	Marcs.	Onces.
				fr. c.	fr. c.	fr. c.	fr. c.	fr. c.	fr. c.	fr. c.	fr. c.	fr. c.	fr. c.
757	9	2	»	40 87	5 10	40 68	5 08	40 49	5 06	40 31	5 03	40 12	5 01
758				40 93	5 11	40 74	5 09	40 55	5 06	40 36	5 04	40 17	5 02
759	9.	2.	½	40 98	5 12	40 79	5 09	40 60	5 07	40 41	5 05	40 22	5 02
760	9.	3.	»	41 04	5 13	40 85	5 10	40 66	5 08	40 47	5 05	40 28	5 03
761				41 09	5 13	40 90	5 11	40 71	5 08	40 52	5 06	40 33	5 04
762	9.	3.	½	41 14	5 14	40 95	5 11	40 76	5 09	40 57	5 07	40 38	5 04
763				41 20	5 15	41 01	5 12	40 82	5 10	40 62	5 07	40 43	5 05
764	9.	4.	»	41 25	5 15	41 06	5 13	40 87	5 10	40 68	5 08	40 49	5 06
765				41 31	5 16	41 11	5 13	40 92	5 11	40 73	5 09	40 54	5 06
766	9.	4.	½	41 36	5 17	41 17	5 14	40 98	5 12	40 78	5 09	40 59	5 07
767	9.	5.	»	41 41	5 17	41 22	5 15	41 03	5 12	40 84	5 10	40 65	5 08
768				41 47	5 18	41 28	5 16	41 08	5 13	40 89	5 11	40 70	5 08
769	9.	5	½	41 52	5 19	41 33	5 16	41 14	5 14	40 94	5 11	40 75	5 09
770				41 58	5 19	41 38	5 17	41 19	5 14	41 00	5 12	40 81	5 10
771	9.	6.	»	41 63	5 20	41 44	5 18	41 24	5 15	41 05	5 13	40 86	5 10
772				41 68	5 21	41 49	5 18	41 30	5 16	41 10	5 13	40 91	5 11
773	9.	6.	½	41 74	5 21	41 54	5 19	41 35	5 16	41 16	5 14	40 96	5 12
774	9.	7.	»	41 79	5 22	41 60	5 20	41 40	5 17	41 21	5 15	41 02	5 12
775				41 85	5 23	41 65	5 20	41 46	5 18	41 26	5 15	41 07	5 13
776	9	7.	½	41 90	5 23	41 71	5 21	41 51	5 18	41 32	5 16	41 12	5 14
777				41 95	5 24	41 76	5 22	41 56	5 19	41 37	5 17	41 18	5 14
778	9.	8.	»	42 01	5 25	41 81	5 22	41 62	5 20	41 42	5 17	41 23	5 15
779				42 06	5 25	41 87	5 23	41 67	5 20	41 48	5 18	41 28	5 16
780	9	8.	½	42 12	5 26	41 92	5 24	41 73	5 21	41 53	5 19	41 34	5 16
781	9.	9.	»	42 17	5 27	41 97	5 24	41 78	5 22	41 58	5 19	41 39	5 17
782				42 22	5 27	42 03	5 25	41 83	5 22	41 64	5 20	41 44	5 18
783	9.	9.	½	42 28	5 28	42 08	5 26	41 89	5 23	41 69	5 21	41 49	5 18
784				42 33	5 29	42 14	5 26	41 94	5 24	41 74	5 21	41 55	5 19

Lorsque le prix de l'argent fin est supérieur de quelques centimes à ceux donnés dans ce chapitre, ajoutez pour chaque différence, a toute les sommes placées dans les colonnes de marcs, et contenues dans cette page, les centimes et fractions de centime ci-dessous, et seulement le huitième aux sommes placées dans les colonnes d'onces.

	cent.	dix.	huitiè.		cent.	dix.	huitiè.
Différence de 5 centimes.	3	9	»	5	Différence de 15 centimes.	11	8	1	5
Différence de 10 centimes.	7	8	1	»	Différence de 20 centimes.	15	7	2	»

Conversion des ***MILLIÈMES*** *en* ***KARATS*** *et* ***TRENTE-DEUX***, *et en* ***GRAINS DE FIN*** *contenus dans un* ***MARC*** *d'or ou d'argent à l'un des titres ci-dessous, suivie des différentes valeurs d'une* ***ONCE D'OR*** *à l'un de ces mêmes titres.*

MILLIÈMES.	CONVERSION en Karats et en Grains de fin.									DIVERSES VALEURS D'UNE ONCE D'OR D'APRÈS LES PRIX SUIVANS DE L'ONCE D'OR FIN						
	Karats.	Trente-Deux.	Grains.	Dixièmes.	Onces.	Gros.	Demi-Gros.	Grains.	Dixièmes.	à fr. c. 106 50	à fr. c. 106 25	à fr. c. 106 »	à fr. c. 105 75	à fr. c. 105 50	à fr. c. 105 25	à fr. c. 105 »
										fr. c.	fr. c.	fr. c.	fr. c.	fr. c.	fr. c.	fr. c.
785	18	27	3617.	3	6.	2.	»	17.	3	83 60	83 40	83 21	83 01	82 81	82 62	82 42
786	18	28	3621.	9	6.	2.	»	21.	9	83 70	83 51	83 31	83 11	82 92	82 72	82 53
787			3626.	5	6.	2.	»	26.	5	83 81	83 61	83 42	83 22	83 02	82 83	82 63
788	18	29	3631.	1	6.	2.	»	31.	1	83 92	83 72	83 52	83 33	83 13	82 93	82 74
789	18	30	3635.	7	6.	2.	»	35.	7	84 02	83 83	83 63	83 43	83 23	83 04	82 84
790	18	31	3640.	3	6.	2.	½	4.	3	84 13	83 93	83 74	83 54	83 34	83 14	82 95
791			3644.	9	6.	2.	½	8.	9	84 24	84 04	83 84	83 64	83 45	83 25	83 05
792	19	»	3649.	5	6.	2.	½	13.	5	84 34	84 15	83 95	83 75	83 55	83 36	83 16
793	19	1	3654.	1	6.	2.	½	18.	1	84 45	84 25	84 05	83 86	83 66	83 46	83 26
794	19	2	3658.	8	6.	2.	½	22.	8	84 56	84 36	84 16	83 96	83 76	83 56	83 37
795			3663.	4	6.	2.	½	27.	4	84 66	84 46	84 27	84 07	83 87	83 67	83 47
796	19	3	3668.	»	6.	2.	½	32.	»	84 77	84 57	84 37	84 17	83 97	83 77	83 58
797	19	4	3672.	6	6.	3.	»	»	6	84 88	84 68	84 48	84 28	84 08	83 88	83 68
798	19	5	3677.	2	6.	3.	»	5.	2	84 98	84 78	84 58	84 38	84 18	83 98	83 79
799	19	6	3681.	8	6.	3.	»	9.	8	85 09	84 89	84 69	84 49	84 29	84 09	83 89
800			3686.	4	6.	3.	»	14.	4	85 20	85 00	84 80	84 60	84 40	84 20	84 00
801	19	7	3691.	»	6.	3.	»	19.	»	85 30	85 10	84 90	84 70	84 50	84 30	84 10
802	19	8	3695.	6	6.	3.	»	23.	6	85 41	85 21	85 01	84 81	84 61	84 41	84 21
803	19	9	3700.	2	6.	3.	»	28.	2	85 51	85 31	85 11	84 91	84 71	84 51	84 31
804			3704.	8	6.	3.	»	32.	8	85 62	85 42	85 22	85 02	84 82	84 62	84 42
805	19	10	3709.	4	6.	3.	½	1.	4	85 73	85 53	85 33	85 12	84 92	84 72	84 52
806	19	11	3714.	1	6.	3.	½	6.	1	85 83	85 63	85 43	85 23	85 03	84 83	84 63
807	19	12	3718.	7	6.	3.	½	10.	7	85 94	85 74	85 54	85 34	85 13	84 93	84 73
808			3723.	3	6.	3.	½	15.	3	86 05	85 85	85 64	85 44	85 24	85 04	84 84
809	19	13	3727.	9	6.	3.	½	19.	9	86 15	85 95	85 75	85 55	85 34	85 14	84 94
810	19	14	3732.	5	6.	3.	½	24.	5	86 26	86 06	85 86	85 65	85 45	85 25	85 05
811	19	15	3737.	1	6.	3.	½	29.	1	86 37	86 16	85 96	85 76	85 56	85 35	85 15
812			3741.	7	6.	3.	½	33.	7	86 47	86 27	86 07	85 86	85 66	85 46	85 26

Lorsque le prix de l'or fin est supérieur de quelques centimes à ceux donnés dans ce chapitre, ajoutez pour chaque différence à toutes les sommes, sans exception, contenues dans cette page, les centimes et fractions de centime ci-dessous, et de la manière suivante :

	cent.	dix.		cent.	dix.
Pour une différence de 5 cent.	4	1	Pour une différence de 15 cent.	12	2
Pour une différence de 10 cent.	8	1	Pour une différence de 20 cent.	16	2

Conversion des ***MILLIÈMES*** *en* ***DENIERS, GRAINS,*** *et* ***DEMI-GRAINS***, *suivie des différentes valeurs d'un* ***MARC*** *et de l'****ONCE d'ARGENT*** *à l'un des titres ci-dessous.*

MILLIÈMES.	CONV. Deniers. Grains. Demi-Grains.	DIVERSES VALEURS D'UN MARC ET DE L'ONCE D'ARGENT D'APRÈS LES PRIX SUIVANS DU MARC D'ARGENT FIN — à 54 f » c Marcs.	à 54 f » c Onces.	à 53 f 75 c Marcs.	à 53 f 75 c Onces.	à 53 f 50 c Marcs.	à 53 f 50 c Onces.	à 53 f 25 c Marcs.	à 53 f 25 c Onces.	à 53 f » c Marcs.	à 53 f » c Onces.
		fr. c.	fr. c.	fr. c.	fr. c.	fr. c.	fr. c.	fr. c.	fr. c.	fr. c.	fr. c.
785	9. 10. »	42 39	5 29	42 19	5 27	41 99	5 24	41 80	5 22	41 60	5 20
786	9. 10. ½	42 44	5 30	42 24	5 28	42 05	5 25	41 85	5 23	41 65	5 20
787		42 49	5 31	42 30	5 28	42 10	5 26	41 90	5 23	41 71	5 21
788	9. 11. »	42 55	5 31	42 35	5 29	42 15	5 26	41 96	5 24	41 76	5 22
789		42 60	5 32	42 40	5 30	42 21	5 27	42 01	5 25	41 81	5 22
790	9. 11. ½	42 66	5 33	42 46	5 30	42 26	5 28	42 06	5 25	41 87	5 23
791		42 71	5 33	42 51	5 31	42 31	5 28	42 12	5 26	41 92	5 24
792	9. 12. »	42 76	5 34	42 57	5 32	42 37	5 29	42 17	5 27	41 97	5 24
793	9. 12. ½	42 82	5 35	42 62	5 32	42 42	5 30	42 22	5 27	42 02	5 25
794		42 87	5 35	42 67	5 33	42 47	5 30	42 28	5 28	42 08	5 26
795	9. 13. »	42 93	5 36	42 73	5 34	42 53	5 31	42 33	5 29	42 13	5 26
796		42 98	5 37	42 78	5 34	42 58	5 32	42 38	5 29	42 18	5 27
797	9. 13. ½	43 03	5 37	42 83	5 35	42 63	5 32	42 44	5 30	42 24	5 28
798		43 09	5 38	42 89	5 36	42 69	5 33	42 49	5 31	42 29	5 28
799	9. 14. »	43 14	5 39	42 94	5 36	42 74	5 34	42 54	5 31	42 34	5 29
800	9. 14. ½	43 20	5 40	43 00	5 37	42 80	5 35	42 60	5 32	42 40	5 30
801		43 25	5 40	43 05	5 38	42 85	5 35	42 65	5 33	42 45	5 30
802	9. 15. »	43 30	5 41	43 10	5 38	42 90	5 36	42 70	5 33	42 50	5 31
803		43 36	5 42	43 16	5 39	42 96	5 37	42 75	5 34	42 55	5 31
804	9. 15. ½	43 41	5 42	43 21	5 40	43 01	5 37	42 81	5 35	42 61	5 32
805		43 47	5 43	43 26	5 40	43 06	5 38	42 86	5 35	42 66	5 33
806	9. 16. »	43 52	5 44	43 32	5 41	43 12	5 39	42 91	5 36	42 71	5 33
807	9. 16. ½	43 57	5 44	43 37	5 42	43 17	5 39	42 97	5 37	42 77	5 34
808		43 63	5 45	43 43	5 42	43 22	5 40	43 02	5 37	42 82	5 35
809	9. 17. »	43 68	5 46	43 48	5 43	43 28	5 41	43 07	5 38	42 87	5 35
810		43 74	5 46	43 53	5 44	43 33	4 41	43 13	5 39	42 93	5 36
811	9. 17. ½	43 79	5 47	43 59	5 44	43 38	5 42	43 18	5 39	42 98	5 37
812		43 84	5 48	43 64	5 45	43 44	5 43	43 23	5 40	43 03	5 37

Lorsque le prix de l'argent fin est supérieur de quelques centimes à ceux donnés dans ce chapitre, ajoutez pour chaque différence, à toutes les sommes placées dans les colonnes de marcs, et contenues dans cette page, les centimes et fractions de centime ci-dessous, et seulement le huitième aux sommes placées dans les colonnes d'onces.

	cent.	dix.	huitié.		cent.	dix.	huitié.
Différence de 5 centimes.	4	1	» 5	Différence de 15 centimes.	12	2	1 5
Différence de 10 centimes.	8	1	1 »	Différence de 20 centimes.	16	2	2 »

Conversion des MILLIÈMES en KARATS et TRENTE-DEUX, et en GRAINS DE FIN contenus dans un MARC d'or ou d'argent à l'un des titres ci-dessous, suivie de différentes valeurs d'une ONCE d'OR à l'un de ces mêmes titres.

MILLIÈMES.	CONVERSION en Karats et en Grains de fin.									DIVERSES VALEURS D'UNE ONCE D'OR D'APRÈS LES PRIX SUIVANS DE L'ONCE D'OR FIN						
	Karats.	Trente-Deux	Grains.	Dixièmes.	Onces.	Gros.	Demi-Gros.	Grains.	Dixièmes.	à fr. c. 106 50	à fr. c. 106 25	à fr. c. 106 ″	à fr. c. 105 75	à fr. c. 105 50	à fr. c. 105 25	à fr. c. 105 ″
										fr. c.	fr. c.	fr. c.	fr. c.	fr. c.	fr. c.	fr. c.
813	19	16	3746.	5	6.	4.	″	2.	5	86 58	86 38	86 17	85 97	85 77	85 56	85 36
814	19	17	3750.	9	6.	4.	″	6.	9	86 69	86 48	86 28	86 08	85 87	85 67	85 47
815	19	18	3755.	5	6.	4.	″	11.	5	86 79	86 59	86 39	86 18	85 98	85 77	85 57
816	19	19	3760.	1	6.	4.	″	16.	1	86 90	86 70	86 49	86 29	86 08	85 88	85 68
817			3764.	7	6.	4.	″	20.	7	87 01	86 80	86 60	86 39	86 19	85 98	85 78
818	19	20	3769.	3	6.	4.	″	25.	3	87 11	86 91	86 70	86 50	86 29	86 09	85 89
819	19	21	3774.	″	6.	4.	″	30.	″	87 22	87 01	86 81	86 60	86 40	86 19	85 99
820	19	22	3778.	6	6.	4.	″	34.	6	87 33	87 12	86 92	86 71	86 51	86 30	86 10
821			3783.	2	6.	4.	½	3.	2	87 43	87 23	87 02	86 82	86 61	86 41	86 20
822	19	23	3787.	8	6.	4.	½	7.	8	87 54	87 33	87 13	86 92	86 72	86 51	86 31
823	19	24	3792.	4	6.	4.	½	12.	4	87 64	87 44	87 23	87 03	86 82	86 62	86 41
824	19	25	3797.	″	6.	4.	½	17.	″	87 75	87 55	87 34	87 13	86 93	86 72	86 52
825			3801.	6	6.	4.	½	21.	6	87 86	87 65	87 45	87 24	87 03	86 83	86 62
826	19	26	3806.	2	6.	4.	½	26.	2	87 96	87 76	87 55	87 34	87 14	86 93	86 73
827	19	27	3810.	8	6.	4.	½	30.	8	88 07	87 86	87 66	87 45	87 24	87 04	86 83
828	19	28	3815.	4	6.	4.	½	35.	4	88 18	87 97	87 76	87 56	87 35	87 14	86 94
829	19	29	3820.	″	6.	5.	″	4.	″	88 28	88 08	87 87	87 66	87 45	87 25	87 04
830			3824.	6	6.	5.	″	8.	6	88 39	88 18	87 98	87 77	87 56	87 35	87 15
831	19	30	3829.	3	6.	5.	″	13.	3	88 50	88 29	88 08	87 87	87 67	87 46	87 25
832	19	31	3833.	9	6.	5.	″	17.	9	88 60	88 40	88 19	87 98	87 77	87 56	87 36
833	20	″	3838.	5	6.	5.	″	22.	5	88 71	88 50	88 29	88 08	87 88	87 67	87 46
834			3843.	1	6.	5.	″	27.	1	88 82	88 61	88 40	88 19	87 98	87 77	87 57
835	20	1	3847.	7	6.	5.	″	31.	7	88 92	88 71	88 51	88 30	88 09	87 88	87 67
836	20	2	3852.	3	6.	5.	½	″	3	89 03	88 82	88 61	88 40	88 19	87 98	87 78
837	20	3	3856.	9	6.	5.	½	4.	9	89 14	88 93	88 72	88 51	88 30	88 09	87 88
838			3861.	5	6.	5.	½	9.	5	89 24	89 03	88 82	88 61	88 40	88 19	87 98
839	20	4	3866.	1	6.	5.	½	14.	1	89 35	89 14	88 93	88 72	88 51	88 30	88 09
840	20	5	3870.	7	6.	5.	½	18.	7	89 46	89 25	89 04	88 83	88 62	88 41	88 20

Lorsque le prix de l'or fin est supérieur de quelques centimes à ceux donnés dans ce chapitre, ajoutez pour chaque différence, à toutes les sommes sans exception, contenues dans cette page, les centimes et fractions de centime ci-dessous, et de la manière suivante:

	cent.	dix.		cent.	dix.
Pour une différence de 5 cent.	4	2	Pour une différence de 15 cent.	12	6
Pour une différence de 10 cent.	8	4	Pour une différence de 20 cent.	16	8

Conversion des MILLIÈMES en DENIERS, GRAINS et DEMI-GRAINS, suivie des différentes valeurs d'un MARC et de l'ONCE d'ARGENT à l'un des titres ci-dessous.

MILLIÈMES.	CONV. Deniers. Grains. Demi-Grains.	DIVERSES VALEURS D'UN MARC ET DE L'ONCE D'ARGENT D'APRÈS LES PRIX SUIVANS DU MARC D'ARGENT FIN à 54f »c		à 53f 75c		à 53f 50c		à 53f 25c		à 53f »c	
		Marcs.	Onces.	Marcs.	Onces.	Marcs.	Onces.	Marcs.	Onces.	Marcs.	Onces.
		fr. c.	fr. c.	fr. c.	fr. c.	fr. c.	fr. c.	fr. c.	fr. c.	fr. c.	fr. c.
813	9. 18. »	43 90	5 48	43 69	5 46	43 49	5 43	43 29	5 41	43 08	5 38
814	9. 18. ½	43 95	5 49	43 75	5 46	43 54	5 44	43 34	5 41	43 14	5 39
815		44 01	5 50	43 80	5 47	43 60	5 45	43 39	5 42	43 19	5 39
816	9. 19. »	44 06	5 50	43 86	5 48	43 65	5 45	43 45	5 43	43 24	5 40
817		44 11	5 51	43 91	5 48	43 70	5 46	43 50	5 43	43 30	5 41
818	9. 19. ½	44 17	5 52	43 96	5 49	43 76	5 47	43 55	5 44	43 35	5 41
819	9. 20. »	44 22	5 52	44 02	5 50	43 81	5 47	43 61	5 45	43 40	5 42
820		44 28	5 53	44 07	5 50	43 87	5 48	43 66	5 45	43 46	5 43
821	9. 20. ½	44 33	5 54	44 12	5 51	43 92	5 49	43 71	5 46	43 51	5 43
822		44 38	5 54	44 18	5 52	43 97	5 49	43 77	5 47	43 56	5 44
823	9. 21. »	44 44	5 55	44 23	5 52	44 03	5 50	43 82	5 47	43 61	5 45
824		44 49	5 56	44 29	5 53	44 08	5 51	43 87	5 48	43 67	5 45
825	9. 21. ½	44 55	5 56	44 34	5 54	44 13	5 51	43 93	5 49	43 72	5 46
826	9. 22. »	44 60	5 57	44 39	5 54	44 19	5 52	43 98	5 49	43 77	5 47
827		44 65	5 58	44 45	5 55	44 24	5 53	44 03	5 50	43 83	5 47
828	9. 22. ½	44 71	5 58	44 50	5 56	44 29	5 53	44 09	5 51	43 88	5 48
829		44 76	5 59	44 55	5 56	44 35	5 54	44 14	5 51	43 93	5 49
830	9. 23. »	44 82	5 60	44 61	5 57	44 40	5 55	44 19	5 52	43 98	5 49
831		44 87	5 60	44 66	5 58	44 45	5 55	44 25	5 53	44 04	5 50
832	9. 23. ½	44 92	5 61	44 72	5 59	44 51	5 56	44 30	5 53	44 09	5 51
833	10. » »	44 98	5 62	44 77	5 59	44 56	5 57	44 35	5 54	44 14	5 51
834		45 03	5 62	44 82	5 60	44 61	5 57	44 41	5 55	44 20	5 52
835	10. » ½	45 09	5 63	44 88	5 61	44 67	5 58	44 46	5 55	44 25	5 53
836		45 14	5 64	44 93	5 61	44 72	5 59	44 51	5 56	44 30	5 53
837	10. 1. »	45 19	5 64	44 98	5 62	44 77	5 59	44 57	5 57	44 36	5 54
838		45 25	5 65	45 04	5 63	44 83	5 60	44 62	5 57	44 41	5 55
839	10. 1. ½	45 30	5 66	45 09	5 63	44 88	5 61	44 67	5 58	44 46	5 55
840	10. 2. »	45 36	5 67	45 15	5 64	44 94	5 61	44 73	5 59	44 52	5 56

Lorsque le prix de l'argent fin est supérieur de quelques centimes à ceux donnés dans ce chapitre, ajoutez pour chaque différence, à toutes les sommes placées dans les colonnes de marcs, et contenues dans cette page, les centimes et fractions de centime ci-dessous, et seulement le huitième aux sommes placées dans les colonnes d'onces.

	cent.	dix.	huitiè.		cent.	dix.	huitiè.
Différence de 5 centimes.	4	2	» 5	Différence de 15 centimes.	12	6	1 6
Différence de 10 centimes.	8	4	1 »	Différence de 20 centimes.	16	8	2 1

Conversion des MILLIÈMES en KARATS et TRENTE-DEUX, et en GRAINS DE FIN contenus dans un MARC d'or ou d'argent à l'un des titres ci-dessous, suivie des différentes valeurs d'une ONCE D'OR à l'un de ces mêmes titres.

MILLIÈMES.	CONVERSION en Karats et en Grains de fin.									DIVERSES VALEURS D'UNE ONCE D'OR D'APRÈS LES PRIX SUIVANS DE L'ONCE D'OR FIN						
	Karats.	Trente-Deux	Grains.	Dixièmes.	Onces.	Gros.	Demi-Gros.	Grains.	Dixièmes.	à fr. c. 106 50	à fr. c. 106 25	à fr. c. 106 »	à fr. c. 105 75	à fr. c. 105 50	à fr. c. 105 25	à fr. c. 105 »
										fr. c.	fr. c.	fr. c.	fr. c.	fr. c.	fr. c.	fr. c.
841	20	6	3875.	3	6.	5.	½	23.	3	89 56	89 35	89 14	88 93	88 72	88 51	88 30
842	20	7	3880.	9	6.	5.	½	28.	9	89 67	89 46	89 25	89 04	88 83	88 62	88 41
843			3884.	5	6.	5.	½	32.	5	89 77	89 56	89 35	89 14	88 93	88 72	88 51
844	20	8	3889.	2	6.	6.	»	1.	2	89 88	89 67	89 46	89 25	89 04	88 83	88 62
845	20	9	3893.	8	6.	6.	»	5.	8	89 99	89 78	89 57	89 35	89 14	88 93	88 72
846	20	10	3898.	4	6.	6.	»	10.	4	90 09	89 88	89 67	89 46	89 25	89 04	88 83
847			3903.	»	6.	6.	»	15.	»	90 20	89 99	89 78	89 57	89 35	89 14	88 93
848	20	11	3907.	6	6.	6.	»	19.	6	90 31	90 10	89 88	89 67	89 46	89 25	89 04
849	20	12	3912.	2	6.	6.	»	24.	2	90 41	90 20	89 99	89 78	89 56	89 35	89 14
850	20	13	3916.	8	6.	6.	»	28.	8	90 52	90 31	90 10	89 88	89 67	89 46	89 25
851			3921.	4	6.	6.	»	33.	4	90 63	90 41	90 20	89 99	89 78	89 56	89 35
852	20	14	3926.	»	6.	6.	½	2.	»	90 73	90 52	90 31	90 09	89 88	89 67	89 46
853	20	15	3930.	6	6.	6.	½	6.	6	90 84	90 63	90 41	90 20	89 99	89 77	89 56
854	20	16	3935.	2	6.	6.	½	11.	2	90 95	90 73	90 52	90 31	90 09	89 88	89 67
855	20	17	3939.	8	6.	6.	½	15.	8	91 05	90 84	90 63	90 41	90 20	89 98	89 77
856			3944.	5	6.	6.	½	20.	5	91 16	90 95	90 73	90 52	90 30	90 09	89 88
857	20	18	3949.	1	6.	6.	½	25.	1	91 27	91 05	90 84	90 62	90 41	90 19	89 98
858	20	19	3953.	7	6.	6.	½	29.	7	91 37	91 16	90 94	90 73	90 51	90 30	90 09
859	20	20	3958.	3	6.	6.	½	34.	3	91 48	91 26	91 05	90 83	90 62	90 40	90 19
860			3962.	9	6.	7.	»	2.	9	91 59	91 37	91 16	90 94	90 72	90 51	90 30
861	20	21	3967.	5	6.	7.	»	7.	5	91 69	91 48	91 26	91 05	90 83	90 61	90 40
862	20	22	3972.	1	6.	7.	»	12.	1	91 80	91 58	91 37	91 15	90 94	90 72	90 51
863	20	23	3976.	7	6.	7.	»	16.	7	91 90	91 69	91 47	91 26	91 04	90 83	90 61
864			3981.	3	6.	7.	»	21.	3	92 01	91 80	91 58	91 36	91 15	90 93	90 72
865	20	24	3985.	9	6.	7.	»	25.	9	92 12	91 90	91 69	91 47	91 25	91 04	90 82
866	20	25	3990.	5	6.	7.	»	30.	5	92 22	92 01	91 79	91 57	91 36	91 14	90 93
867	20	26	3995.	1	6.	7.	»	35.	1	92 33	92 11	91 90	91 68	91 46	91 25	91 03
868	20	27	3999.	7	6.	7.	½	3.	7	92 44	92 22	92 00	91 79	91 57	91 35	91 14

Lorsque le prix de l'or fin est supérieur de quelques centimes à ceux donnés dans ce chapitre, ajoutez pour chaque différence à toutes les sommes, sans exception, contenues dans cette page, les centimes et fractions de centime ci-dessous, et de la manière suivante :

	cent.	dix.		cent.	dix.
Pour une différence de 5 cent.	4	3	Pour une différence de 15 cent.	13	»
Pour une différence de 10 cent.	8	7	Pour une différence de 20 cent.	17	4

Conversion des **MILLIÈMES** *en* **DENIERS, GRAINS,** *et* **DEMI-GRAINS**, *suivie des différentes valeurs d'un* **MARC** *et de l'***ONCE** *d'***ARGENT** *à l'un des titres ci-dessous.*

MILLIÈMES.	CONV. Deniers. Grains. Demi-Grains.	DIVERSES VALEURS D'UN MARC ET DE L'ONCE D'ARGENT D'APRÈS LES PRIX SUIVANS DU MARC D'ARGENT FIN à 54f »c Marcs.	à 54f »c Onces.	à 53f 75c Marcs.	à 53f 75c Onces.	à 53f 50c Marcs.	à 53f 50c Onces.	à 53f 25c Marcs.	à 53f 25c Onces.	à 53f »c Marcs.	à 53f »c Onces.
		fr. c.	fr. c.	fr. c.	fr. c.	fr. c.	fr. c.	fr. c.	fr. c.	fr. c.	fr. c.
841		45 41	5 67	45 20	5 65	44 99	5 62	44 78	5 59	44 57	5 57
842	10. 2. ½	45 46	5 68	45 25	5 65	45 04	5 63	44 83	5 60	44 62	5 57
843		45 52	5 69	45 31	5 66	45 10	5 63	44 88	5 61	44 67	5 58
844	10. 3. »	45 57	5 69	45 36	5 67	45 15	5 64	44 94	5 61	44 73	5 59
845	10. 3. ½	45 63	5 70	45 41	5 67	45 20	5 65	44 99	5 62	44 78	5 59
846		45 68	5 71	45 47	5 68	45 26	5 65	45 04	5 63	44 83	5 60
847	10. 4. »	45 73	5 71	45 52	5 69	45 31	5 66	45 10	5 63	44 89	5 61
848		45 79	5 72	45 58	5 69	45 36	5 67	45 15	5 64	44 94	5 61
849	10. 4. ½	45 84	5 73	45 63	5 70	45 42	5 67	45 20	5 65	44 99	5 62
850		45 90	5 73	45 68	5 71	45 47	5 68	45 26	5 65	45 05	5 63
851	10. 5. »	45 95	5 74	45 74	5 71	45 52	5 69	45 31	5 66	45 10	5 63
852	10. 5. ½	46 00	5 75	45 79	5 72	45 58	5 69	45 36	5 67	45 15	5 64
853		46 06	5 75	45 84	5 73	45 63	5 70	45 42	5 67	45 20	5 65
854	10. 6. »	46 11	5 76	45 90	5 73	45 68	5 71	45 47	5 68	45 26	5 65
855		46 17	5 77	45 95	5 74	45 74	5 71	45 52	5 69	45 31	5 66
856	10. 6. ½	46 22	5 77	46 01	5 75	45 79	5 72	45 58	5 69	45 36	5 67
857		46 27	5 78	46 06	5 75	45 84	5 73	45 63	5 70	45 42	5 67
858	10. 7. »	46 33	5 79	46 11	5 76	45 90	5 73	45 68	5 71	45 47	5 68
859	10. 7. ½	46 38	5 79	46 17	5 77	45 95	5 74	45 74	5 71	45 52	5 69
860		46 44	5 80	46 22	5 77	46 01	5 75	45 79	5 72	45 58	5 69
861	10. 8. »	46 49	5 81	46 27	5 78	46 06	5 75	45 84	5 73	45 63	5 70
862		46 54	5 81	46 33	5 79	46 11	5 76	45 90	5 73	45 68	5 71
863	10. 8. ½	46 60	5 82	46 38	5 79	46 17	5 77	45 95	5 74	45 73	5 71
864		46 65	5 83	46 44	5 80	46 22	5 77	46 00	5 75	45 79	5 72
865	10. 9. »	46 71	5 83	46 49	5 81	46 27	5 78	46 06	5 75	45 84	5 73
866	10. 9. ½	46 76	5 84	46 54	5 81	46 33	5 79	46 11	5 76	45 89	5 73
867		46 81	5 85	46 60	5 82	46 38	5 79	46 16	5 77	45 95	5 74
868	10. 10. »	46 87	5 85	46 65	5 83	46 43	5 80	46 22	5 77	46 00	5 75

Lorsque le prix de l'argent fin est supérieur de quelques centimes à ceux donnés dans ce chapitre, ajoutez pour chaque différence, à toutes les sommes placées dans les colonnes de marcs, et contenues dans cette page, les centimes et fractions de centime ci-dessous, et seulement le huitième aux sommes placées dans les colonnes d'onces.

	cent.	diz.	huitiè.		cent.	diz.	huitiè.
Différence de 5 centimes.	4	3	» 5	Différence de 15 centimes.	13	»	1 6
Différence de 10 centimes.	8	7	1 1	Différence de 20 centimes.	17	4	2 2

Conversion des ***MILLIÈMES*** *en* ***KARATS*** *et* ***TRENTE DEUX****, et en* ***GRAINS DE FIN*** *contenus dans un* ***MARC*** *d'or ou d'argent à l'un des titres ci-dessous, suivie des différentes valeurs d'une* ***ONCE D'OR*** *à l'un de ces mêmes titres.*

MILLIÈMES.	CONVERSION en Karats et en Grains de fin.									DIVERSES VALEURS D'UNE ONCE D'OR D'APRÈS LES PRIX SUIVANS DE L'ONCE D'OR FIN						
	Karats.	Trente-Deux.	Grains.	Dixièmes.	Onces.	Gros.	Demi-Gros.	Grains.	Dixièmes.	à fr. c. 106 50	à fr. c. 106 25	à fr. c. 106 »	à fr. c. 105 75	à fr. c. 105 50	à fr. c. 105 25	à fr. c. 105 »
										fr. c.	fr. c.	fr. c.	fr. c.	fr. c.	fr. c.	fr. c.
869			4004.	4	6.	7.	½	8.	4	92 64	92 33	92 11	91 89	91 67	91 46	91 24
870	20	28	4009.	»	6.	7.	½	13.	»	92 65	92 43	92 22	92 00	91 78	91 56	91 35
871	20	29	4013.	6	6.	7.	½	17.	6	92 76	92 54	92 32	92 10	91 89	91 67	91 45
872	20	30	4018.	2	6.	7.	½	22.	2	92 86	92 65	92 43	92 21	91 99	91 77	91 56
873			4022.	8	6.	7.	½	26.	8	92 97	92 75	92 53	92 31	92 10	91 88	91 66
874	20	31	4027.	4	6.	7.	½	31.	4	93 08	92 86	92 64	92 42	92 20	91 98	91 77
875	21	»	4032.	»	7.	»	»	»	»	93 18	92 96	92 75	92 53	92 31	92 09	91 87
876	21	1	4036.	6	7.	»	»	4.	6	93 29	93 07	92 85	92 63	92 41	92 19	91 98
877			4041.	2	7.	»	»	9.	2	93 40	93 18	92 96	92 74	92 52	92 30	92 08
878	21	2	4045.	8	7.	»	»	13.	8	93 50	93 28	93 06	92 84	92 62	92 40	92 19
879	21	3	4050.	4	7.	»	»	18.	4	93 61	93 39	93 17	92 95	92 73	92 51	92 29
880	21	4	4055.	»	7.	»	»	23.	»	93 72	93 50	93 28	93 06	92 84	92 62	92 40
881			4059.	7	7.	»	»	27.	7	93 82	93 60	93 38	93 16	92 94	92 72	92 50
882	21	5	4064.	3	7.	»	»	32.	3	93 93	93 71	93 49	93 27	93 05	92 83	92 61
883	21	6	4068.	9	7.	»	½	»	9	94 03	93 81	93 59	93 37	93 15	92 93	92 71
884	21	7	4073.	5	7.	»	½	5.	5	94 14	93 92	93 70	93 48	93 26	93 04	92 82
885	21	8	4078.	1	7.	»	½	10.	1	94 25	94 03	93 81	93 58	93 36	93 14	92 92
886			4082.	7	7.	»	½	14.	7	94 35	94 13	93 91	93 69	93 47	93 25	93 03
887	21	9	4087.	3	7.	»	½	19.	3	94 46	94 24	94 02	93 80	93 57	93 35	93 13
888	21	10	4091.	9	7.	»	½	23.	9	94 57	94 35	94 12	93 90	93 68	93 46	93 24
889	21	11	4096.	5	7.	»	½	28.	5	94 67	94 45	94 23	94 01	93 78	93 56	93 34
890			4101.	1	7.	»	½	33.	1	94 78	94 56	94 34	94 11	93 89	93 67	93 45
891	21	12	4105.	7	7.	1.	»	1.	7	94 89	94 66	94 44	94 22	94 00	93 77	93 55
892	21	13	4110.	3	7.	1.	»	6.	3	94 99	94 77	94 55	94 32	94 10	93 88	93 66
893	21	14	4114.	9	7.	1.	»	10.	9	95 10	94 88	94 65	94 43	94 21	93 98	93 76
894			4119.	6	7.	1.	»	15.	6	95 21	94 98	94 76	94 54	94 31	94 09	93 87
895	21	15	4124.	2	7.	1.	»	20.	2	95 31	95 09	94 87	94 64	94 42	94 19	93 97
896	21	16	4128.	8	7.	1.	»	24.	8	95 42	95 20	94 97	94 75	94 52	94 30	94 08

Lorsque le prix de l'or fin est supérieur de quelques centimes à ceux donnés dans ce chapitre, ajoutez pour chaque différence, à toutes les sommes sans exception, contenues dans cette page, les centimes et fractions de centime ci-dessous, et de la manière suivante :

	cent.	dix.		cent.	dix.
Pour une différence de 5 cent.	4	5	Pour une différence de 15 cent.	13	4
Pour une différence de 10 cent.	9	»	Pour une différence de 20 cent.	17	9

Conversion des MILLIÈMES en DENIERS, GRAINS et DEMI-GRAINS, suivie des différentes valeurs d'un MARC et de l'ONCE d'ARGENT à l'un des titres ci-dessous.

MILLIÈMES.	CONV. Deniers. Grains. Demi-Grains.	DIVERSES VALEURS D'UN MARC ET DE L'ONCE D'ARGENT D'APRÈS LES PRIX SUIVANS DU MARC D'ARGENT FIN — à 54f »c Marcs.	à 54f »c Onces.	à 53f 75c Marcs.	à 53f 75c Onces.	à 53f 50c Marcs.	à 53f 50c Onces.	à 53f 25c Marcs.	à 53f 25c Onces.	à 53f »c Marcs.	à 53f »c Onces.
		fr. c.	fr. c.	fr. c.	fr. c.	fr. c.	fr. c.	fr. c.	fr. c.	fr. c.	fr. c.
869		46 92	5 86	46 70	5 83	46 49	5 81	46 27	5 78	46 05	5 75
870	10. 10. ½	46 98	5 87	46 76	5 84	46 54	5 81	46 32	5 79	46 11	5 76
871		47 03	5 87	46 81	5 85	46 59	5 82	46 38	5 79	46 16	5 77
872	10. 11. »	47 08	5 88	46 87	5 86	46 65	5 83	46 43	5 80	46 21	5 77
873	10. 11. ½	47 14	5 89	46 92	5 86	46 70	5 83	46 48	5 81	46 26	5 78
874		47 19	5 89	46 97	5 87	46 75	5 84	46 54	5 81	46 32	5 79
875	10. 12. »	47 25	5 90	47 03	5 87	46 81	5 85	46 59	5 82	46 37	5 79
876		47 30	5 91	47 08	5 88	46 86	5 85	46 64	5 83	46 42	5 80
877	10. 12. ½	47 35	5 91	47 13	5 89	46 91	5 86	46 70	5 83	46 48	5 81
878	10. 13. »	47 41	5 92	47 19	5 89	46 97	5 87	46 75	5 84	46 53	5 81
879		47 46	5 93	47 24	5 90	47 02	5 87	46 80	5 85	46 58	5 82
880	10. 13. ½	47 52	5 94	47 30	5 91	47 08	5 88	46 86	5 85	46 64	5 83
881		47 57	5 94	47 35	5 91	47 13	5 89	46 91	5 86	46 69	5 83
882	10. 14. »	47 62	5 95	47 40	5 92	47 18	5 89	46 96	5 87	46 74	5 84
883		47 68	5 96	47 46	5 93	47 24	5 90	47 01	5 87	46 79	5 84
884	10. 14. ½	47 73	5 96	47 51	5 93	47 29	5 91	47 07	5 88	46 85	5 85
885	10. 15. »	47 79	5 97	47 56	5 94	47 34	5 91	47 12	5 89	46 90	5 86
886		47 84	5 98	47 62	5 95	47 40	5 92	47 17	5 89	46 95	5 86
887	10. 15. ½	47 89	5 98	47 67	5 95	47 45	5 93	47 23	5 90	47 01	5 87
888		47 95	5 99	47 73	5 96	47 50	5 93	47 28	5 91	47 06	5 88
889	10. 16. »	48 00	6 00	47 78	5 97	47 56	5 94	47 33	5 91	47 11	5 88
890		48 06	6 01	47 83	5 97	47 61	5 95	47 39	5 92	47 17	5 89
891	10. 16. ½	48 11	6 01	47 89	5 98	47 66	5 95	47 44	5 93	47 22	5 90
892	10. 17. »	48 16	6 02	47 94	5 99	47 72	5 96	47 49	5 93	47 27	5 90
893		48 22	6 02	47 99	5 99	47 77	5 97	47 55	5 94	47 32	5 91
894	10. 17. ½	48 27	6 03	48 05	6 00	47 82	5 97	47 60	5 95	47 38	5 92
895		48 33	6 04	48 10	6 01	47 88	5 98	47 65	5 95	47 43	5 92
896	10. 18. »	48 38	6 04	48 16	6 02	47 93	5 99	47 71	5 96	47 48	5 93

Lorsque le prix de l'argent fin est supérieur de quelques centimes à ceux donnés dans ce chapitre, ajoutez pour chaque différence, à toutes les sommes placées dans les colonnes de marcs, et contenues dans cette page, les centimes et fractions de centime ci-dessous, et seulement le huitième aux sommes placées dans les colonnes d'onces.

	cent.	dix.	huitiè.			cent.	dix.	huitiè.	
Différence de 5 centimes.	4	5	»	6	Différence de 15 centimes.	13	4	1	7
Différence de 10 centimes.	9	»	1	1	Différence de 20 centimes.	17	9	2	2

Conversion des MILLIÈMES en KARATS et TRENTE-DEUX, et en GRAINS DE FIN contenus dans un MARC d'or ou d'argent à l'un des titres ci-dessous, suivie des différentes valeurs d'une ONCE d'OR à l'un de ces mêmes titres.

MILLIÈMES.	CONVERSION en Karats et en Grains de fin.									DIVERSES VALEURS D'UNE ONCE D'OR D'APRÈS LES PRIX SUIVANS DE L'ONCE D'OR FIN						
	Karats.	Trente-Deux	Grains.	Dixièmes.	Onces.	Gros.	Demi-Gros.	Grains.	Dixièmes.	à 106 fr. 50 c.	à 106 fr. 25 c.	à 106 fr. » c.	à 105 fr. 75 c.	à 105 fr. 50 c.	à 105 fr. 25 c.	à 105 fr. » c.
										fr. c.	fr. c.	fr. c.	fr. c.	fr. c.	fr. c.	fr. c.
897	21	17	4133.	4	7.	1.	»	29.	4	95 53	95 30	95 08	94 85	94 63	94 40	94 18
898	21	18	4138.	»	7.	1.	»	34.	»	95 63	95 41	95 18	94 96	94 73	94 51	94 29
899			4142.	6	7.	1.	½	2.	6	95 74	95 51	95 29	95 06	94 84	94 61	94 39
900	21	19	4147.	2	7.	1.	½	7.	2	95 85	95 62	95 40	95 17	94 95	94 72	94 50
901	21	20	4151.	8	7.	1.	½	11.	8	95 95	95 73	95 50	95 28	95 05	94 83	94 60
902	21	21	4156.	4	7.	1.	½	16.	4	96 06	95 83	95 61	95 38	95 16	94 93	94 71
903			4161.	»	7.	1.	½	21.	»	96 16	95 94	95 71	95 49	95 26	95 04	94 81
904	21	22	4165.	6	7.	1.	½	25.	6	96 27	96 05	95 82	95 59	95 37	95 14	94 92
905	21	23	4170.	2	7.	1.	½	30.	2	96 38	96 15	95 93	95 70	95 47	95 25	95 02
906	21	24	4174.	8	7.	1.	½	34.	8	96 48	96 26	96 03	95 80	95 58	95 35	95 13
907			4179.	5	7.	2.	»	3.	5	96 59	96 36	96 14	95 91	95 68	95 46	95 23
908	21	25	4184.	1	7.	2.	»	8.	1	96 70	96 47	96 24	96 02	95 79	95 56	95 34
909	21	26	4188.	7	7.	2.	»	12.	7	96 80	96 58	96 35	96 12	95 89	95 67	95 44
910	21	27	4193.	3	7.	2.	»	17.	3	96 91	96 68	96 46	96 23	96 00	95 77	95 55
911	21	28	4197.	9	7.	2.	»	21.	9	97 02	96 79	96 56	96 33	96 11	95 88	95 65
912			4202.	5	7.	2.	»	26.	5	97 12	96 90	96 67	96 44	96 21	95 98	95 76
913	21	29	4207.	1	7.	2.	»	31.	1	97 23	97 00	96 77	96 54	96 32	96 09	95 86
914	21	30	4211.	7	7.	2.	»	35.	7	97 34	97 11	96 88	96 65	96 42	96 19	95 97
915	21	31	4216.	3	7.	2.	½	4.	3	97 44	97 21	96 99	96 76	96 53	96 30	96 07
916			4220.	9	7.	2.	½	8.	9	97 55	97 32	97 09	96 86	96 63	96 40	96 18
917	22	»	4225.	5	7.	2.	½	13.	5	97 66	97 43	97 20	96 97	96 74	96 51	96 28
918	22	1	4230.	1	7.	2.	½	18.	1	97 76	97 53	97 30	97 07	96 84	96 61	96 39
919	22	2	4234.	8	7.	2.	½	22.	8	97 87	97 64	97 41	97 18	96 95	96 72	96 49
920			4239.	4	7.	2.	½	27.	4	97 98	97 75	97 52	97 29	97 06	96 83	96 60
921	22	3	4244.	»	7.	2.	½	32.	»	98 08	97 85	97 62	97 39	97 16	96 93	96 70
922	22	4	4248.	6	7.	3.	»	»	6	98 19	97 96	97 73	97 50	97 27	97 04	96 81
923	22	5	4253.	2	7.	3.	»	5.	2	98 29	98 06	97 83	97 60	97 37	97 14	96 91
924	22	6	4257.	8	7.	3.	»	9.	8	98 40	98 17	97 94	97 71	97 48	97 25	97 02

Lorsque le prix de l'or fin est supérieur de quelques centimes à ceux donnés dans ce chapitre, ajoutez pour chaque différence à toutes les sommes, sans exception, contenues dans cette page, les centimes et fractions de centime ci-dessous, et de la manière suivante :

	cent.	dix.		cent.	dix.
Pour une différence de 5 cent.	4	6	Pour une différence de 15 cent.	13	9
Pour une différence de 10 cent.	9	2	Pour une différence de 20 cent.	18	5

Conversion des ***MILLIÈMES*** *en* ***DENIERS, GRAINS,*** *et* ***DEMI-GRAINS***, *suivie des différentes valeurs d'un* ***MARC*** *et de l'****ONCE*** *d'****ARGENT*** *à l'un des titres ci-dessous.*

MILLIÈMES.	CONV. Deniers. Grains. Demi-Grains.	DIVERSES VALEURS D'UN MARC ET DE L'ONCE D'ARGENT D'APRÈS LES PRIX SUIVANS DU MARC D'ARGENT FIN à 54f »c Marcs.	à 54f »c Onces.	à 53f 75c Marcs.	à 53f 75c Onces.	à 53f 50c Marcs.	à 53f 50c Onces.	à 53f 25c Marcs.	à 53f 25c Onces.	à 53f »c Marcs.	à 53f »c Onces.
		fr. c.	fr. c.	fr. c.	fr. c.	fr. c.	fr. c.	fr. c.	fr. c.	fr. c.	fr. c.
897		48 43	6 05	48 21	6 02	47 98	5 99	47 76	5 97	47 54	5 94
898	10. 18. ½	48 49	6 06	48 26	6 03	48 04	6 00	47 81	5 97	47 59	5 94
899	10. 19. »	48 54	6 06	48 32	6 04	48 09	6 01	47 87	5 98	47 64	5 95
900		48 60	6 07	48 37	6 04	48 15	6 01	47 92	5 99	47 70	5 96
901	10. 19. ½	48 65	6 08	48 42	6 05	48 20	6 02	47 97	5 99	47 75	5 96
902		48 70	6 08	48 48	6 06	48 25	6 03	48 03	6 00	47 80	5 97
903	10. 20. »	48 76	6 09	48 53	6 06	48 31	6 03	48 08	6 01	47 85	5 98
904		48 81	6 10	48 59	6 07	48 36	6 04	48 13	6 01	47 91	5 98
905	10. 20. ½	48 87	6 10	48 64	6 08	48 41	6 05	48 19	6 02	47 96	5 99
906	10. 21. »	48 92	6 11	48 69	6 08	48 47	6 05	48 24	6 03	48 01	6 00
907		48 97	6 12	48 75	6 09	48 52	6 06	48 29	6 03	48 07	6 00
908	10. 21. ½	49 03	6 12	48 80	6 10	48 57	6 07	48 35	6 04	48 12	6 01
909		49 08	6 13	48 85	6 10	48 63	6 07	48 40	6 05	48 17	6 02
910	10. 22. »	49 14	6 14	48 91	6 11	48 68	6 08	48 45	6 05	48 23	6 02
911	10. 22. ½	49 19	6 14	48 96	6 12	48 73	6 09	48 51	6 06	48 28	6 03
912		49 24	6 15	49 02	6 12	48 79	6 09	48 56	6 07	48 33	6 04
913	10. 23. »	49 30	6 16	49 07	6 13	48 84	6 10	48 61	6 07	48 38	6 04
914		49 35	6 16	49 12	6 14	48 89	6 11	48 67	6 08	48 44	6 05
915	10. 23. ½	49 41	6 17	49 18	6 14	48 95	6 11	48 72	6 09	48 49	6 06
916		49 46	6 18	49 23	6 15	49 00	6 12	48 77	6 09	48 54	6 06
917	11. » »	49 51	6 18	49 28	6 16	49 05	6 13	48 83	6 10	48 60	6 07
918	11. » ½	49 57	6 19	49 34	6 16	49 11	6 13	48 88	6 11	48 65	6 08
919		49 62	6 20	49 39	6 17	49 16	6 14	48 93	6 11	48 70	6 08
920	11. 1. »	49 68	6 21	49 45	6 18	49 22	6 15	48 99	6 12	48 76	6 09
921		49 73	6 21	49 50	6 18	49 27	6 15	49 04	6 13	48 81	6 10
922	11. 1. ½	49 78	6 22	49 55	6 19	49 32	6 16	49 09	6 13	48 86	6 10
923		49 84	6 23	49 61	6 20	49 38	6 17	49 14	6 14	48 91	6 11
924	11. 2. »	49 89	6 23	49 66	6 20	49 43	6 17	49 20	6 15	48 97	6 12

Lorsque le prix de l'argent fin est supérieur de quelques centimes à ceux donnés dans ce chapitre, ajoutez pour chaque différence, à toutes les sommes placées dans les colonnes de marcs, et contenues dans cette page, les centimes et fractions de centime ci-dessous, et seulement le huitième aux sommes placées dans les colonnes d'onces.

	cent.	dix.	huitié.		cent.	dix.	huitié.
Différence de 5 centimes.	4	6	» 6	Différence de 15 centimes.	13	9	1 7
Différence de 10 centimes.	9	2	1 1	Différence de 20 centimes.	18	5	2 3

Conversion des ***MILLIÈMES*** *en* ***KARATS*** *et* ***TRENTE-DEUX,*** *et en* ***GRAINS DE FIN*** *contenus dans un* ***MARC*** *d'or ou d'argent à l'un des titres ci-dessous, suivie des différentes valeurs d'une* ***ONCE d'OR*** *à l'un de ces mêmes titres.*

MILLIÈMES.	CONVERSION en Karats et en Grains de fin.									DIVERSES VALEURS D'UNE ONCE D'OR D'APRÈS LES PRIX SUIVANS DE L'ONCE D'OR FIN						
	Karats.	Trente-Deux.	Grains.	Dixièmes.	Onces.	Gros.	Demi-Gros.	Grains.	Dixièmes.	à fr. c. 106 50	à fr. c. 106 25	à fr. c. 106 »	à fr. c. 105 75	à fr. c. 105 50	à fr. c. 105 25	à fr. c. 105 »
										fr. c.	fr. c.	fr. c.	fr. c.	fr. c.	fr. c.	fr. c.
925			4262.	4	7.	3.	»	14.	4	98 51	98 28	98 05	97 81	97 58	97 35	97 12
926	22	7	4267.	»	7.	3.	»	19.	»	98 61	98 38	98 15	97 92	97 69	97 46	97 23
927	22	8	4271.	6	7.	3.	»	23.	6	98 72	98 49	98 26	98 03	97 79	97 56	97 33
928	22	9	4276.	2	7.	3.	»	28.	2	98 83	98 60	98 36	98 13	97 90	97 67	97 44
929			4280.	8	7.	3.	»	32.	8	98 93	98 70	98 47	98 24	98 00	97 77	97 54
930	22	10	4285.	4	7.	3.	½	1.	4	99 04	98 81	98 58	98 34	98 11	97 88	97 65
931	22	11	4290.	»	7.	3.	½	6.	»	99 15	98 91	98 68	98 45	98 22	97 98	97 75
932	22	12	4294.	7	7.	3.	½	10.	7	99 25	99 02	98 79	98 55	98 32	98 09	97 86
933			4299.	3	7.	3.	½	15.	3	99 36	99 13	98 89	98 66	98 43	98 19	97 96
934	22	13	4303.	9	7.	3.	½	19.	9	99 47	99 23	99 00	98 77	98 53	98 30	98 07
935	22	14	4308.	5	7.	3.	½	24.	5	99 57	99 34	99 11	98 87	98 64	98 40	98 17
936	22	15	4313.	1	7.	3.	½	29.	1	99 68	99 45	99 21	98 98	98 74	98 51	98 28
937			4317.	7	7.	3.	½	33.	7	99 79	99 55	99 32	99 08	98 85	98 61	98 38
938	22	16	4322.	3	7.	4.	»	2.	3	99 89	99 66	99 42	99 19	98 95	98 72	98 49
939	22	17	4326.	9	7.	4.	»	6.	9	100 00	99 76	99 53	99 29	99 06	98 82	98 59
940	22	18	4331.	5	7.	4.	»	11.	5	100 11	99 87	99 64	99 40	99 17	98 93	98 70
941	22	19	4336.	1	7.	4.	»	16.	1	100 21	99 98	99 74	99 51	99 27	99 04	98 80
942			4340.	7	7.	4.	»	20.	7	100 32	100 08	99 85	99 61	99 38	99 14	98 91
943	22	20	4345.	3	7.	4.	»	25.	3	100 42	100 19	99 95	99 72	99 48	99 25	99 01
944	22	21	4349.	»	7.	4.	»	29.	»	100 53	100 30	100 06	99 82	99 59	99 35	99 12
945	22	22	4354.	6	7.	4.	»	34.	6	100 64	100 40	100 17	99 93	99 69	99 46	99 22
946			4359.	2	7.	4.	½	3.	2	100 74	100 51	100 27	100 03	99 80	99 56	99 33
947	22	23	4363.	8	7.	4.	½	7.	8	100 85	100 61	100 38	100 14	99 90	99 67	99 43
948	22	24	4368.	4	7.	4.	½	12.	4	100 96	100 72	100 48	100 25	100 01	99 77	99 54
949	22	25	4373.	»	7.	4.	½	17.	»	101 06	100 83	100 59	100 35	100 11	99 88	99 64
950			4377.	6	7.	4.	½	21.	6	101 17	100 93	100 70	100 46	100 22	99 98	99 75
951	22	26	4382.	2	7.	4.	½	26.	2	101 28	101 04	100 80	100 56	100 33	100 09	99 85
952	22	27	4386.	8	7.	4.	½	30.	8	101 38	101 15	100 91	100 67	100 43	100 19	99 96

Lorsque le prix de l'or fin est supérieur de quelques centimes à ceux donnés dans ce chapitre, ajoutez pour chaque différence, à toutes les sommes sans exception, contenues dans cette page, les centimes et fractions de centime ci-dessous, et de la manière suivante :

	cent.	dix.		cent.	dix.
Pour une différence de 5 cent.	4	8	Pour une différence de 15 cent.	14	5
Pour une différence de 10 cent.	9	5	Pour une différence de 20 cent.	19	»

Conversion des ***MILLIÈMES*** *en* ***DENIERS, GRAINS,*** *et* ***DEMI-GRAINS,*** *suivie des différentes valeurs d'un* ***MARC*** *et de l'****ONCE*** *d'****ARGENT*** *à l'un des titres ci-dessous.*

MILLIÈMES.	CONV. Deniers. Grains. Demi-Grains.	DIVERSES VALEURS D'UN MARC ET DE L'ONCE D'ARGENT D'APRÈS LES PRIX SUIVANS DU MARC D'ARGENT FIN à 54f »c		à 53f 75c		à 53f 50c		à 53f 25c		à 53f »c	
		Marcs.	Onces.	Marcs.	Onces.	Marcs.	Onces.	Marcs.	Onces.	Marcs.	Onces.
		fr. c.	fr. c.	fr. c.	fr. c.	fr. c.	fr. c.	fr. c.	fr. c.	fr. c.	fr. c.
925	11. 2. ½	49 98	6 24	49 71	6 21	49 48	6 18	49 23	6 15	49 02	6 12
926		50 00	6 25	49 77	6 22	49 54	6 19	49 30	6 16	49 07	6 13
927	11. 3. »	50 05	6 25	49 82	6 22	49 59	6 19	49 36	6 17	49 13	6 14
928		50 11	6 26	49 88	6 23	49 64	6 20	49 41	6 17	49 18	6 14
929	11. 3. ½	50 16	6 27	49 93	6 24	49 70	6 21	49 46	6 18	49 23	6 15
930		50 22	6 27	49 98	6 24	49 75	6 21	49 52	6 19	49 29	6 16
931	11. 4. »	50 27	6 28	50 04	6 25	49 80	6 22	49 57	6 19	49 34	6 16
932	11. 4. ½	50 32	6 29	50 09	6 26	49 86	6 23	49 62	6 20	49 39	6 17
933		50 38	6 29	50 14	6 26	49 91	6 23	49 68	6 21	49 44	6 18
934	11. 5. »	50 43	6 30	50 20	6 27	49 96	6 24	49 73	6 21	49 50	6 18
935		50 49	6 31	50 25	6 28	50 02	6 25	49 78	6 22	49 55	6 19
936	11. 5. ½	50 54	6 31	50 31	6 28	50 07	6 25	49 84	6 23	49 60	6 20
937		50 59	6 32	50 36	6 29	50 12	6 26	49 89	6 23	49 66	6 20
938	11. 6. »	50 65	6 33	50 41	6 30	50 18	6 27	49 94	6 24	49 71	6 21
939	11. 6. ½	50 70	6 33	50 47	6 30	50 23	6 27	50 00	6 25	49 76	6 22
940		50 76	6 34	50 52	6 31	50 29	6 28	50 05	6 25	49 82	6 22
941	11. 7. »	50 81	6 35	50 57	6 32	50 34	6 29	50 10	6 26	49 87	6 23
942		50 86	6 35	50 63	6 32	50 39	6 29	50 16	6 27	49 92	6 24
943	11. 7. ½	50 92	6 36	50 68	6 33	50 45	6 30	50 21	6 27	49 97	6 24
944	11. 8. »	50 97	6 37	50 74	6 34	50 50	6 31	50 26	6 28	50 03	6 25
945		51 03	6 37	50 79	6 34	50 55	6 31	50 32	6 29	50 08	6 26
946	11. 8. ½	51 08	6 38	50 84	6 35	50 61	6 32	50 37	6 29	50 13	6 26
947		51 13	6 39	50 90	6 36	50 66	6 33	50 42	6 30	50 19	6 27
948	11. 9. »	51 19	6 39	50 95	6 36	50 71	6 33	50 48	6 31	50 24	6 28
949		51 24	6 40	51 00	6 37	50 77	6 34	50 53	6 31	50 29	6 28
950	11. 9. ½	51 30	6 41	51 06	6 38	50 82	6 35	50 58	6 32	50 35	6 29
951	11. 10. »	51 35	6 41	51 11	6 38	50 87	6 35	50 64	6 33	50 40	6 30
952		51 40	6 42	51 17	6 39	50 93	6 36	50 69	6 33	50 45	6 30

Lorsque le prix de l'argent fin est supérieur de quelques centimes à ceux donnés dans ce chapitre, ajoutez pour chaque différence, à toutes les sommes placées dans les colonnes de marcs, et contenues dans cette page, les centimes et fractions de centime ci-dessous, et seulement le huitième aux sommes placées dans les colonnes d'onces.

	cent.	dix.	huitie.		cent.	dix.	huitie.
Différence de 5 centimes.	4	8	» 6	Différence de 15 centimes.	14	5	1 8
Différence de 10 centimes.	9	6	1 2	Différence de 20 centimes.	19	»	2 4

Conversion des ***MILLIÈMES*** *en* ***KARATS*** *et* ***TRENTE-DEUX****, et en* ***GRAINS DE FIN*** *contenus dans un* ***MARC*** *d'or ou d'argent à l'un des titres ci-dessous, suivie des différentes valeurs d'une* ***ONCE D'OR*** *à l'un de ces mêmes titres.*

MILLIÈMES.	CONVERSION en Karats et en Grains de fin.									DIVERSES VALEURS D'UNE ONCE D'OR D'APRÈS LES PRIX SUIVANS DE L'ONCE D'OR FIN						
	Karats.	Trente-Deux.	Grains.	Dixièmes.	Onces.	Gros.	Demi-Gros.	Grains.	Dixièmes.	à fr. c. 106 50	à fr. c. 106 25	à fr. c. 106 »	à fr. c. 105 75	à fr. c. 105 50	à fr. c. 105 25	à fr. c. 105 »
										fr. c.	fr. c.	fr. c.	fr. c.	fr. c.	fr. c.	fr. c.
953	22	28	4391.	4	7.	4.	½	35.	4	101 49	101 25	101 01	100 77	100 54	100 30	100 06
954	22	29	4396.	»	7.	5.	»	4.	»	101 60	101 36	101 12	100 88	100 64	100 40	100 17
955			4400.	6	7.	5.	»	8.	6	101 70	101 46	101 23	100 99	100 75	100 51	100 27
956	22	30	4405.	2	7.	5.	»	13.	2	101 81	101 57	101 33	101 09	100 85	100 61	100 38
957	22	31	4409.	9	7.	5.	»	17.	9	101 92	101 68	101 44	101 20	100 96	100 72	100 48
958	23	»	4414.	5	7.	5.	»	22.	5	102 02	101 78	101 54	101 30	101 06	100 82	100 59
959			4419.	1	7.	5.	»	27.	1	102 13	101 89	101 65	101 41	101 17	100 93	100 69
960	23	1	4423.	7	7.	5.	»	31.	7	102 24	102 00	101 76	101 52	101 28	101 04	100 80
961	23	2	4428.	3	7.	5.	½	»	3	102 34	102 10	101 86	101 62	101 38	101 14	100 90
962	23	3	4432.	9	7.	5.	½	4.	9	102 45	102 21	101 97	101 73	101 49	101 25	101 01
963			4437.	5	7.	5.	½	9.	5	102 55	102 31	102 07	101 83	101 59	101 35	101 11
964	23	4	4442.	1	7.	5.	½	14.	1	102 66	102 42	102 18	101 94	101 70	101 46	101 22
965	23	5	4446.	7	7.	5.	½	18.	7	102 77	102 53	102 29	102 04	101 80	101 56	101 32
966	23	6	4451.	3	7.	5.	½	23.	3	102 87	102 63	102 39	102 15	101 91	101 67	101 43
967	23	7	4455.	9	7.	5.	½	27.	9	102 98	102 74	102 50	102 26	102 01	101 77	101 53
968			4460.	5	7.	5.	½	32.	5	103 09	102 85	102 60	102 36	102 12	101 88	101 64
969	23	8	4465.	2	7.	6.	»	1.	2	103 19	102 95	102 71	102 47	102 22	101 98	101 74
970	23	9	4469.	8	7.	6.	»	5.	8	103 30	103 06	102 82	102 57	102 33	102 09	101 85
971	23	10	4474.	4	7.	6.	»	10.	4	103 41	103 16	102 92	102 68	102 44	102 19	101 95
972			4479.	»	7.	6.	»	15.	»	103 51	103 27	103 03	102 78	102 54	102 30	102 06
973	23	11	4483.	6	7.	6.	»	19.	6	103 62	103 38	103 13	102 89	102 65	102 40	102 16
974	23	12	4488.	2	7.	6.	»	24.	2	103 73	103 48	103 24	103 00	102 75	102 51	102 27
975	23	13	4492.	8	7.	6.	»	28.	8	103 83	103 59	103 35	103 10	102 86	102 61	102 37
976			4497.	4	7.	6.	»	33.	4	103 94	103 70	103 45	103 21	102 96	102 72	102 48
977	23	14	4502.	»	7.	6.	½	2.	»	104 05	103 80	103 56	103 31	103 07	102 82	102 58
978	23	15	4506.	6	7.	6.	½	6.	6	104 15	103 91	103 66	103 42	103 17	102 93	102 69
979	23	16	4511.	2	7.	6.	½	11.	2	104 26	104 01	103 77	103 52	103 28	103 03	102 79
980	23	17	4515.	8	7.	6.	½	15.	8	104 37	104 12	103 88	103 63	103 39	103 14	102 90

Lorsque le prix de l'or fin est supérieur de quelques centimes à ceux donnés dans ce chapitre, ajoutez pour chaque différence, à toutes les sommes sans exception, contenues dans cette page, les centimes et fractions de centime ci-dessous, et de la manière suivante :

	cent.	dix.		cent.	dix.
Pour une différence de 5 cent.	4	9	Pour une différence de 15 cent.	14	7
Pour une différence de 10 cent.	9	8	Pour une différence de 20 cent.	19	6

Conversion des MILLIÈMES en DENIERS, GRAINS et DEMI-GRAINS, suivie des différentes valeurs d'un MARC et de l'ONCE d'ARGENT à l'un des titres ci-dessous.

MILLIÈMES.	CONV. Deniers. Grains. Demi-Grains.	DIVERSES VALEURS D'UN MARC ET DE L'ONCE D'ARGENT D'APRÈS LES PRIX SUIVANS DU MARC D'ARGENT FIN à 54f »c Marcs.	à 54f »c Onces.	à 53f 75c Marcs.	à 53f 75c Onces.	à 53f 50c Marcs.	à 53f 50c Onces.	à 53f 25c Marcs.	à 53f 25c Onces.	à 53f »c Marcs.	à 53f »c Onces.
		fr. c.	fr. c.	fr. c.	fr. c.	fr. c.	fr. c.	fr. c.	fr. c.	fr. c.	fr. c.
953	11. 10. ½	51 46	6 43	51 22	6 40	50 98	6 37	50 74	6 34	50 50	6 31
954		51 51	6 43	51 27	6 40	51 03	6 37	50 80	6 35	50 56	6 32
955	11. 11. »	51 57	6 44	51 33	6 41	51 09	6 38	50 85	6 35	50 61	6 32
956		51 62	6 45	51 38	6 42	51 14	6 39	50 90	6 36	50 66	6 33
957	11. 11. ½	51 67	6 45	51 43	6 42	51 19	6 39	50 96	6 37	50 72	6 34
958	11. 12. »	51 73	6 46	51 49	6 43	51 25	6 40	51 01	6 37	50 77	6 34
959		51 78	6 47	51 54	6 44	51 30	6 41	51 06	6 38	50 82	6 35
960	11. 12. ½	51 84	6 48	51 60	6 45	51 36	6 42	51 12	6 39	50 88	6 36
961		51 89	6 48	51 65	6 45	51 41	6 42	51 17	6 39	50 93	6 36
962	11. 13. »	51 94	6 49	51 70	6 46	51 46	6 43	51 22	6 40	50 98	6 37
963		52 00	6 50	51 76	6 47	51 52	6 44	51 27	6 40	51 03	6 37
964	11. 13. ½	52 05	6 50	51 81	6 47	51 57	6 44	51 33	6 41	51 09	6 38
965	11. 14. »	52 11	6 51	51 86	6 48	51 62	6 45	51 38	6 42	51 14	6 39
966		52 16	6 52	51 92	6 49	51 68	6 46	51 43	6 42	51 19	6 39
967	11. 14. ½	52 21	6 52	51 97	6 49	51 73	6 46	51 49	6 43	51 25	6 40
968		52 27	6 53	52 03	6 50	51 78	6 47	51 54	6 44	51 30	6 41
969	11. 15. »	52 32	6 54	52 08	6 51	51 84	6 48	51 59	6 44	51 35	6 41
970	11. 15. ½	52 38	6 54	52 13	6 51	51 89	6 48	51 65	6 45	51 41	6 42
971		52 43	6 55	52 19	6 52	51 94	6 49	51 70	6 46	51 46	6 43
972	11. 16. »	52 48	6 56	52 24	6 53	52 00	6 50	51 75	6 46	51 51	6 43
973		52 54	6 56	52 29	6 53	52 05	6 50	51 81	6 47	51 56	6 44
974	11. 16. ½	52 59	6 57	52 35	6 54	52 10	6 51	51 86	6 48	51 62	6 45
975		52 65	6 58	52 40	6 55	52 16	6 52	51 91	6 48	51 67	6 45
976	11. 17. »	52 70	6 58	52 46	6 55	52 21	6 52	51 97	6 49	51 72	6 46
977	11. 17. ½	52 75	6 59	52 51	6 56	52 26	6 53	52 02	6 50	51 78	6 47
978		52 81	6 60	52 56	6 57	52 32	6 54	52 07	6 50	51 83	6 47
979	11. 18. »	52 86	6 60	52 62	6 57	52 37	6 54	52 13	6 51	51 88	6 48
980		52 92	6 61	52 67	6 58	52 43	6 55	52 18	6 52	51 94	6 49

Lorsque le prix de l'argent fin est supérieur de quelques centimes à ceux donnés dans ce chapitre, ajoutez pour chaque différence, à toutes les sommes placées dans les colonnes de marcs, et contenues dans cette page, les centimes et fractions de centime ci-dessous, et seulement le huitième aux sommes placées dans les colonnes d'onces.

	cent.	dix.	huitié.		cent.	dix.	huitié.
Différence de 5 centimes.	4	9	» 6	Différence de 15 centimes.	14	7	1 8
Différence de 10 centimes.	9	8	1 2	Différence de 20 centimes.	19	6	2 4

Conversion des **MILLIÈMES** *en* **KARATS** *et* **TRENTE-DEUX**, *et en* **GRAINS DE FIN** *contenus dans un* **MARC** *d'or ou d'argent à l'un des titres ci-dessous, suivie des différentes valeurs d'une* **ONCE d'OR** *à l'un de ces mêmes titres.*

MILLIÈMES.	CONVERSION en Karats et en Grains de fin.									DIVERSES VALEURS D'UNE ONCE D'OR D'APRÈS LES PRIX SUIVANS DE L'ONCE D'OR FIN						
	Karats.	Trente-Deux.	Grains.	Dixièmes.	Onces.	Gros.	Demi-Gros.	Grains.	Dixièmes.	à fr. c. 106 50	à fr. c. 106 25	à fr. c. 106 »	à fr. c. 105 75	à fr. c. 105 50	à fr. c. 105 25	à fr. c. 105 »
										fr. c.	fr. c.	fr. c.	fr. c.	fr. c.	fr. c.	fr. c.
981			4520.	4	7.	6.	½	20.	4	104 47	104 23	103 98	103 74	103 49	103 25	103 00
982	23	18	4525.	1	7.	6.	½	25.	1	104 58	104 33	104 09	103 84	103 60	103 35	103 11
983	23	19	4529.	7	7.	6.	½	29.	7	104 68	104 44	104 19	103 95	103 70	103 46	103 21
984	23	20	4534.	3	7.	6.	½	34.	3	104 79	104 55	104 30	104 05	103 81	103 56	103 32
985			4538.	9	7.	7.	»	2.	9	104 90	104 65	104 41	104 16	103 91	103 67	103 42
986	23	21	4543.	5	7.	7.	»	7.	5	105 00	104 76	104 51	104 26	104 02	103 77	103 53
987	23	22	4548.	1	7.	7.	»	12.	1	105 11	104 86	104 62	104 37	104 12	103 88	103 63
988	23	23	4552.	7	7.	7.	»	16.	7	105 22	104 97	104 72	104 48	104 23	103 98	103 74
989			4557.	3	7.	7.	»	21.	3	105 32	105 08	104 83	104 58	104 33	104 09	103 84
990	23	24	4561.	9	7.	7.	»	25.	9	105 43	105 18	104 94	104 69	104 44	104 19	103 95
991	23	25	4566.	5	7.	7.	»	30.	5	105 54	105 29	105 04	104 79	104 55	104 30	104 05
992	23	26	4571.	1	7.	7.	½	35.	1	105 64	105 40	105 15	104 90	104 65	104 40	104 16
993	23	27	4575.	7	7.	7.	½	3.	7	105 75	105 50	105 25	105 00	104 76	104 51	104 26
994			4580.	4	7.	7.	½	8.	4	105 86	105 61	105 36	105 11	104 86	104 61	104 37
995	23	28	4585.	»	7.	7.	½	13.	»	105 96	105 71	105 47	105 22	104 97	104 72	104 47
996	23	29	4589.	6	7.	7.	½	17.	6	106 07	105 82	105 57	105 32	105 07	104 82	104 58
997	23	30	4594.	2	7.	7.	½	22.	2	106 18	105 93	105 68	105 43	105 18	104 93	104 68
998			4598.	8	7.	7.	½	26.	8	106 28	106 03	105 78	105 53	105 28	105 03	104 79
999	23	31	4603.	4	7.	7.	½	31.	4	106 39	106 14	105 89	105 64	105 39	105 14	104 89
1000	24	»	4608.	»	8.	»	»	»	»	106 50	106 25	106 00	105 75	105 50	105 25	105 00

Lorsque le prix de l'or fin est supérieur de quelques centimes à ceux donnés dans ce chapitre, ajoutez pour chaque différence à toutes les sommes, sans exception, contenues dans cette page, les centimes et fractions de centime ci-dessous, et de la manière suivante :

	cent.	dix.		cent.	dix.
Pour une différence de 5 cent.	5	»	Pour une différence de 15 cent.	15	»
Pour une différence de 10 cent.	10	»	Pour une différence de 20 cent.	20	»

Conversion des MILLIÈMES en DENIERS, GRAINS, et DEMI-GRAINS, suivie des différentes valeurs d'un MARC et de l'ONCE d'ARGENT à l'un des titres ci-dessous.

MILLIÈMES.	CONV. (Deniers. Grains. Demi-Grains.)	DIVERSES VALEURS D'UN MARC ET DE L'ONCE D'ARGENT D'APRÈS LES PRIX SUIVANS DU MARC D'ARGENT FIN à 54f »c Marcs.	à 54f »c Onces.	à 53f 75c Marcs.	à 53f 75c Onces.	à 53f 50c Marcs.	à 53f 50c Onces.	à 53f 25c Marcs.	à 53f 25c Onces.	à 53f »c Marcs.	à 53f »c Onces.
		fr. c.	fr. c.	fr. c.	fr. c.	fr. c.	fr. c.	fr. c.	fr. c.	fr. c.	fr. c.
981	11. 18. ½	52 97	6 62	52 72	6 59	52 48	6 56	52 23	6 52	51 99	6 49
982		53 02	6 62	52 78	6 59	52 53	6 56	52 29	6 53	52 04	6 50
983	11. 19. »	53 08	6 63	52 83	6 60	52 59	6 57	52 34	6 54	52 09	6 51
984	11. 19. ½	53 13	6 64	52 89	6 61	52 64	6 58	52 39	6 54	52 15	6 51
985		53 19	6 64	52 94	6 61	52 69	6 58	52 45	6 55	52 20	6 52
986	11. 20. »	53 24	6 65	52 99	6 62	52 75	6 59	52 50	6 56	52 25	6 53
987		53 29	6 66	53 05	6 63	52 80	6 60	52 55	6 56	52 31	6 53
988	11. 20. ½	53 35	6 66	53 10	6 63	52 85	6 60	52 61	6 57	52 36	6 54
989		53 40	6 67	53 15	6 64	52 91	6 61	52 66	6 58	52 41	6 55
990	12. 21. »	53 46	6 68	53 21	6 65	52 96	6 62	52 71	6 58	52 47	6 55
991	11. 21. ½	53 51	6 68	53 26	6 65	53 01	6 62	52 77	6 59	52 52	6 56
992		53 56	6 69	53 32	6 66	53 07	6 63	52 82	6 60	52 57	6 57
993	11. 22. »	53 62	6 70	53 37	6 67	53 12	6 64	52 87	6 60	52 62	6 57
994		53 67	6 70	53 42	6 67	53 17	6 64	52 93	6 61	52 68	6 58
995	11. 22. ½	53 73	6 71	53 48	6 68	53 23	6 65	52 98	6 62	52 73	6 59
996		53 78	6 72	53 53	6 69	53 28	6 66	53 03	6 62	52 78	6 59
997	11. 23. »	53 83	6 72	53 58	6 69	53 33	6 66	53 09	6 63	52 84	6 60
998	11. 23. ½	53 89	6 73	53 64	6 70	53 39	6 67	53 14	6 64	52 89	6 61
999		53 94	6 74	53 69	6 71	53 44	6 68	53 19	6 64	52 94	6 61
1000	12. » »	54 00	6 75	53 75	6 71	53 50	6 68	53 25	6 65	53 00	6 62

Lorsque le prix de l'argent fin est supérieur de quelques centimes à ceux donnés dans ce chapitre, ajoutez pour chaque différence, à toutes les sommes placées dans les colonnes de marcs, et contenues dans cette page, les centimes et fractions de centime ci-dessous, et seulement le huitième aux sommes placées dans les colonnes d'onces.

	cent.	dix.	huitiè.		cent.	dix.	huitiè.
Différence de 5 centimes.	5	»	» 6	Différence de 15 centimes.	15	»	1 9
Différence de 10 centimes.	10	»	1 2	Différence de 20 centimes.	20	»	2 5

DES MONNAIES FRANÇAISES ET ÉTRANGÈRES; DE LEURS TITRES ET POIDS, SUIVIS DE LA DÉSIGNATION DES POINÇONS DE CONTRÔLE POUR L'OR ET L'ARGENT.

DÉSIGNATION DES MONNAIES.	MILLIÈMES.	POIDS. Grammes.	POIDS. Centigrammes.
FRANCE.			
Écu de six livres.	906	29	53
— de trois livres. . . .	906	14	63
Pièce de 30 sous.	663	10	04
— de 24 sous.	906	5	95
— de 15 sous.	663	5	»
— de 12 sous.	906	3	»
— de 6 sous.	906	1	50
Écu de la République. . .	906	29	55
Pièce de 5 francs.	900	25	»
— de 2 francs.	900	10	»
— de 1 franc.	900	5	»
Demi-franc.	900	2	50
Quart de franc.	900	1	25
Ces cinq dernières pièces ont toujours été fabriquées au même titre. Il est accordé à l'administration des monnaies une tolérance de 7 millièmes.			
Jeton d'argent.	951		
Pièces d'or de 18 livres et de 24 livres depuis 1785.	900		
Double-louis de Louis XIII.	906	13	39
Louis de Louis XIII. . .	906	6	69
Double-louis de Louis XIV.	906	13	39
Louis de Louis XIV. . .	906	6	69
Double-louis, Louis et autres monnaies de Louis XIV, depuis 1668.	902		
Le poids est le même que ci-dessus.			
Double louis de Louis XV.	902	16	24
Louis de Louis XV. . . .	902	8	12
Louis à la croix de Malte.	905	9	77
Demi-louis à la cr. de Malte.	905	4	88
Louis aux deux JL. . . .	895	9	77
Demi-louis aux deux JL.	895	4	88
Double-louis (mirliton). .	896	13	»
Louis mirliton	896	6	50
Double-louis de Louis XVI.	896	16	24
Louis de Louis XVI. . . .	896	8	12
Double-louis, année 1787.	900	15	30
Louis de Louis XVI, 1787.	900	7	65
Pièce de 40 francs.	900	12	92
— de 20 francs.	900	6	45
Ces deux dernières pièces ont toujours été fabriquées au même titre. Il est accordé à l'administration des monnaies une tolérance de 3 millièmes.			
HOLLANDE.			
Ducat de Hollande. . . .	980	3	49
— de Zélande.	980	3	49
— d'Utrecht.	980	3	49
Reyder de Gueldre. . . .	917	9	93
Demi-reyder de Gueldre. .	917	4	95
Reyder de Hollande. . . .	917	9	93
— d'Utrecht.	917	9	93
ESPAGNE.			
Quadruple de Philippe V.	903	26	94
Demi-Quadruple de Ph. V.	903	13	47
Pistole ou quart de quad.	903	6	73
Demi-pistole ou quart de q.	906	3	35
Quadruple de Ferd. VI. .	909	26	94
Pistole de Ferdinand VI.	909	6	73
Quadruple de Charles III, appelée perruque. . . .	916	26	96
Quadruple, année 1761, de Charles III.	910	26	96
Demi-quadruple, 1761. . .	910	13	48
Quart de quadruple, 1761.	910	6	74
Les quadruples, demi-qua-			

Des Monnaies françaises et étrangères; de leurs titres et poids, suivis de la désignation des Poinçons de contrôle pour l'or et l'argent.

DÉSIGNATION DES MONNAIES.	MILLIÈMES.	POIDS. Grammes.	POIDS. Centigrammes.
druples et pistoles fabriquées de 1764 à 1772 donnent les titres suivans : 911, 910 et. . . .	909		
Fabrication de 1772. . . .	895		
Depuis 1790 jusqu'en 1832, ces pièces donnent des titres si différens qu'il est impossible de leur donner un titre moyen ; des essais répétés ont donné, pour ces années, les titres suivans : 872, 871, 870, 869, 868, 867, 866 et 865 millièmes.			
Quelques quadruples fabriquées en 1795 et 1796 ont donné le titre de 850 mill.			
PORTUGAL.			
Portugaise ou lisbonnine de 4,800 reis de Jean V. . .	917	10	73
Demi-portugaise ou demi-lisbonnine de 2,400 reis de Jean V.	917	5	36
Portugaise de 6,400 reis de Joseph I.	913	14	29
Demi-portugaise de 3,200 reis de Joseph I.	913	7	14
Pièce de 16 testons ou 1,600 reis de Joseph I. .	913	3	56
Pièce de 8 testons ou 800 reis de Joseph I.	913	1	78
Portugaise de 6,400 reis de Marie 1re.	913	14	30
Demi-portugaise de 3,200 reis de Marie 1re. . . .	913	7	15
Pièce de 16 testons de 1,600 reis de Marie 1re.	912	3	56
Pièce de 8 testons ou 800 reis de Marie 1re.	912	1	78
Les portugaises, demi-portugaises, etc., fabrication nouvelle.	913	1	78
GÊNES.			
Pièce de 5 pistoles. . . .	910	35	45
Double-pistole.	906	13	44
Sequin.	996	3	45
Génovine de 100 livres. .	903	28	13
— de 50 livres. . .	912	14	07
— de 25 livres. . .	903	7	04
VENISE.			
Ecu d'or.	995	41	90
Sequin.	997	3	45
Demi-sequin	997	1	70
Osel d'or.	994	13	97
Ducat.	997	2	17
NAPLES, AUTRICHE.			
Ducat de Silésie de Charles VI.	980	3	43
Ducat royal de Bohême de Charles VI.	986	3	45
Ducat royal de Bohême de Marie-Thérèse. . . .	980	3	43
Ducat impérial de François I.	980	3	43
Ducat de Hongrie de François I.	990	3	45
Double-ducat impérial de Joseph II.	984	7	00
Ducat de Joseph II. . . .	984	3	43
Ducat de l'empereur Léopold II.	986	3	43
Ducat de Hongrie de Léopold II.	980	3	43
Double-ducat de François II.	986	7	»
Ducat de François II. . .	986	3	45
PRUSSE.			
Ducat de Frédéric-Guillaume I.	976	3	40

Des Monnaies françaises et étrangères; de leurs titres et poids, suivis de la désignation des Poinçons de contrôle pour l'or et l'argent.

DÉSIGNATION DES MONNAIES.	MILLIÈMES.	POIDS. Grammes.	POIDS. Centigrammes.
Ducat de Frédéric II. . .	983	3	48
Double-Frédéric II. . . .	903	13	34
Frédéric II.	903	6	68
Quelques double-Frédéric et Frédéric, fabriqués sous ce règne, ont donné le titre de.	900		
Ducat de Frédéric-Guillaume II.	980	3	48
Double-Frédéric-Guill. II.	900	13	34
Frédéric-Guillaume II. . .	900	6	68
Double-Frédéric de Frédéric-Guillaume III	894	13	34
Frédéric de Guillaume III.	900	6	68
Double-Frédéric et Frédéric, fabrication nouvelle, de 895 à.	900		
ANGLETERRE.			
Double-guinée de Charles II.	915	16	75
Guinée de Charles II. . .	915	8	30
Double-guinée de Georges II.	915	16	75
Guinée de Georges II. . .	915	8	35
Double-guinée de Georges III, de 915 à. . . .	917	16	75
Guinée de Georges III, de 915 à.	917	8	35
Guinée de Georges IV, de 915 à.	917	8	35
Demi-guinée de Georges IV, de 915 à.	917	4	15
Tiers de guinée de Georges VI, de 915 à. . .	917	2	77
Double-guinée, guinée, demi-guinée et tiers de guinée, nouvelle fabrication, de 915 à. . . .	917		

DÉSIGNATION DES MONNAIES.	MILLIÈMES.	POIDS. Grammes.	POIDS. Centigrammes.
RUSSIE.			
Pièce de 5 roubles de Paul I.	983	6	05
Ducat de Anne Ivanowa.	970	3	40
Impérial de Anne Ivanowa.	913	16	40
Demi-impérial de Anne Iv.	913	8	20
Impérial de Catherine II.	915	16	56
Demi-impérial de Cath. II.	915	8	28
Ducat de Catherine II. .	980	3	48
FRANCE.			
Argenterie de table, non soudée (1er titre) ou. . .	950		
Cette argenterie rapporte à la fonte de 945 à. . .	947		
Argenterie de table, soudée (1er titre) ou.	950		
Cette argenterie rapporte à la fonte, suivant qu'elle est plus ou moins fortement soudée, de 920 à	938		
Petit bijou d'argent (2e titre) ou.	800		
ALLEMAGNE.			
Argenterie marquée d'une scie.	783		
Argenterie marquée de deux épées.	740		
Argenterie marquée de deux croix couronnées. .	785		
Argenterie marquée de la lettre N.	783		
Argenterie marquée d'un lion.	785		
Argenterie marquée d'un cheval.	783		
ANGLETERRE.			
Argenterie marquée à l'effigie du roi et au léopard.	920		

DÉSIGNATION DES DIFFÉRENS POINÇONS DE TITRE ET DE PETITE GARANTIE, EMPLOYÉS DEPUIS 1797 AU BUREAU DE GARANTIE, A PARIS.

OR.

Gros Poinçons de titre.

Un coq, et sur ce poinçon le chiffre 1 si la pièce est au 1er titre (22 karats), le chiffre 2, si elle est au 2e titre (20 karats), et le chiffre 3, si elle au 3e titre (18 karats).

Pour le bijou (18 *karats*).

Une tête de coq.

ARGENT.

Gros Poinçons de titre.

Un coq, et sur ce poinçon le chiffre 1, si la pièce est au 1er titre (950 millièmes), le chiffre 2, si elle est au 2e titre (800 millièmes).

Pour le petit bijou d'argent (2e *titre*).

Un faisceau de verges et la hache.

Poinçons de titre et de petite garantie en usage depuis l'année 1819, *et qui le sont encore en* 1832.

OR.

Gros Poinçons de titre.

Une levrette, et sur ce poinçon le chiffre 1 ou 1er titre (22 karats).
Le cheval Pégase, et sur ce poinçon le chiffre 2 ou 2e titre (20 karats).
Un taureau, et sur ce poinçon le chiffre 3 ou 3e titre (18 karats).

Pour le bijou (18 *karats*).

Une tête de bélier.

ARGENT.

Gros Poinçons de titre.

Une tête d'homme avec barbe, et sur ce poinçon le chiffre 1 ou 1er titre.
Une tête d'homme sans barbe, et sur ce poinçon le chiffre 2 ou 2e titre.

Pour le petit bijou d'argent (2e *titre*).

Une tête de lapin.

Poinçons spéciaux à l'horlogerie.

OR.

Une tête de bœuf, un point de chaque côté, et un P au-dessus de la tête.

ARGENT.

Une écrevisse.

TARIF DES DROITS PERÇUS PAR LES MARCHANDS D'OR POUR L'AFFINAGE OU L'ÉCHANGE DES MATIÈRES D'OR ET D'ARGENT.

Les frais d'affinage pour les matières d'or contenant argent, et qui contiennent plus de 100 millièmes d'or, sont de 1 fr. 50 cent. par marc, ou 6 fr. 12 cent. par kilo.

Les frais d'affinage pour les matières d'argent contenant de 1 à 100 millièmes d'or, appelées dorés, sont de 80 centimes par marc, ou 3 fr. 27 cent. par kilo.

Le Tarif suivant établit, en grammes ou en marcs, ces deux droits.

GRAMMES.	CONVERSION.						FRAIS D'AFFINAGE		GRAMMES.	CONVERSION.						FRAIS D'AFFINAGE	
	Marcs.	Onces.	Gros.	Demi-Gros.	Grains.	Dixièmes.	à 6f 12c (fr. c.)	à 3f 27c (fr. c.)		Marcs.	Onces.	Gros.	Demi-Gros.	Grains.	Dixièmes.	à 6f 12c (fr. c.)	à 3f 27c (fr. c.)
1	»	»	»	»	18.	8	0 0	0 0	29	»	»	7.	½	6.	»	0 17	0 9
2	»	»	»	½	1.	6	0 1	0 0	30	»	»	7.	½	24.	8	0 18	0 9
3	»	»	»	½	20.	5	0 1	0 0	31	»	1.	»	»	7.	6	0 18	0 10
4	»	»	1.	»	3.	3	0 2	0 1	32	»	1.	»	»	26.	5	0 19	0 10
5	»	»	1.	»	22.	1	0 3	0 1	33	»	1.	»	½	9.	3	0 20	0 10
6	»	»	1.	½	5.	»	0 3	0 1	34	»	1.	»	½	28.	1	0 20	0 11
7	»	»	1.	½	23.	8	0 4	0 2	35	»	1.	1.	»	10.	9	0 21	0 11
8	»	»	2.	»	6.	6	0 4	0 2	36	»	1.	1.	»	29.	8	0 22	0 11
9	»	»	2.	»	25.	4	0 5	0 2	37	»	1.	1.	½	12.	6	0 22	0 12
10	»	»	2.	½	8.	3	0 6	0 3	38	»	1.	1.	½	31.	4	0 23	0 12
11	»	»	2.	½	27.	1	0 6	0 3	39	»	1.	2.	»	14.	3	0 23	0 12
12	»	»	3.	»	9.	9	0 7	0 3	40	»	1.	2.	»	33.	1	0 24	0 13
13	»	»	3.	»	28.	7	0 7	0 4	41	»	1.	2.	½	15.	9	0 25	0 13
14	»	»	3.	½	11.	6	0 8	0 4	42	»	1.	2.	½	34.	7	0 25	0 13
15	»	»	3.	½	30.	4	0 9	0 4	43	»	1.	3.	»	17.	6	0 26	0 14
16	»	»	4.	»	13.	2	0 9	0 5	44	»	1.	3.	½	»	4	0 26	0 14
17	»	»	4.	»	32.	1	0 10	0 5	45	»	1.	3.	½	19.	2	0 27	0 14
18	»	»	4.	½	14.	9	0 11	0 5	46	»	1.	4.	»	2.	»	0 28	0 15
19	»	»	4.	½	33.	7	0 11	0 6	47	»	1.	4.	»	20.	9	0 28	0 15
20	»	»	5.	»	16.	5	0 12	0 6	48	»	1.	4.	½	3.	7	0 29	0 15
21	»	»	5.	»	35.	4	0 12	0 6	49	»	1.	4.	½	22.	5	0 30	0 16
22	»	»	5.	½	18.	2	0 13	0 7	50	»	1.	5.	»	5.	4	0 30	0 16
23	»	»	6.	»	1.	»	0 14	0 7	51	»	1.	5.	»	24.	2	0 31	0 16
24	»	»	6.	»	19.	8	0 14	0 7	52	»	1.	5.	½	7.	»	0 31	0 17
25	»	»	6.	½	2.	7	0 15	0 8	53	»	1.	5.	½	25.	8	0 32	0 17
26	»	»	6.	½	21.	5	0 15	0 8	54	»	1.	6.	»	8.	7	0 33	0 17
27	»	»	7.	»	4.	3	0 16	0 8	55	»	1.	6.	»	27.	5	0 33	0 17
28	»	»	7.	»	23.	2	0 17	0 9	56	»	1.	6.	½	10.	3	0 34	0 18

TARIF des droits perçus par les marchands d'or pour l'affinage ou l'échange des matières d'or et d'argent.

GRAMMES.	CONVERSION.						FRAIS D'AFFINAGE	
	Marcs.	Onces.	Gros.	Demi-Gros.	Grains.	Dixièmes.	à 6f 12c	à 3f 27c
							fr. c.	fr. c.
57	»	1.	6.	½	29.	4	0 54	0 18
58	»	1.	7.	»	12.	»	0 55	0 18
59	»	1.	7.	»	30.	8	0 56	0 19
60	»	1.	7.	½	13.	6	0 56	0 19
61	»	1.	7.	½	32.	5	0 57	0 19
62	»	2.	»	»	15.	3	0 57	0 20
63	»	2.	»	»	34.	1	0 58	0 20
64	»	2.	»	½	16.	9	0 59	0 20
65	»	2.	»	½	35.	8	0 59	0 21
66	»	2.	1.	»	18.	6	0 40	0 21
67	»	2.	1.	½	1.	4	0 41	0 21
68	»	2.	1.	½	20.	2	0 41	0 22
69	»	2.	2.	»	3.	1	0 42	0 22
70	»	2.	2.	»	21.	9	0 42	0 22
71	»	2.	2.	½	4.	7	0 43	0 23
72	»	2.	2.	½	23.	5	0 44	0 23
73	»	2.	3.	»	6.	4	0 44	0 23
74	»	2.	3.	»	25.	2	0 45	0 24
75	»	2.	3.	½	8.	»	0 45	0 24
76	»	2.	3.	½	26.	9	0 46	0 24
77	»	2.	4.	»	9.	7	0 47	0 25
78	»	2.	4.	»	28.	5	0 47	0 25
79	»	2.	4.	½	11.	3	0 48	0 25
80	»	2.	4.	½	30.	2	0 49	0 26
81	»	2.	5.	»	13.	»	0 49	0 26
82	»	2.	5.	»	31.	8	0 50	0 26
83	»	2.	5.	½	14.	6	0 50	0 27
84	»	2.	5.	½	33.	5	0 51	0 27
85	»	2.	6.	»	16.	3	0 52	0 27
86	»	2.	6.	»	35.	1	0 52	0 28
87	»	2.	6.	½	18.	»	0 53	0 28
88	»	2.	7.	»	»	8	0 53	0 28
89	»	2.	7.	»	19.	6	0 54	0 29
90	»	2.	7.	½	2.	4	0 55	0 29
91	»	2.	7.	½	21.	3	0 55	0 29
92	»	3.	»	»	4.	1	0 56	0 30

GRAMMES.	CONVERSION.						FRAIS D'AFFINAGE	
	Marcs.	Onces.	Gros.	Demi-Gros.	Grains.	Dixièmes.	à 6f 42c	à 3f 27c
							fr. c.	fr. c.
93	»	3.	»	»	22.	9	0 56	0 30
94	»	3.	»	½	5.	7	0 57	0 30
95	»	3.	»	½	24.	6	0 58	0 31
96	»	3.	1.	»	7.	4	0 58	0 31
97	»	3.	1.	»	26.	2	0 59	0 31
98	»	3.	1.	½	9.	1	0 60	0 32
99	»	3.	1.	½	27.	9	0 60	0 32
100	»	3.	2.	»	10.	7	0 61	0 32
101	»	3.	2.	»	29.	5	0 61	0 33
102	»	3.	2.	½	12.	4	0 62	0 33
103	»	3.	2.	½	31.	2	0 63	0 33
104	»	3.	3.	»	14.	»	0 63	0 34
105	»	3.	3.	»	32.	8	0 64	0 34
106	»	3.	3.	½	15.	7	0 64	0 34
107	»	3.	3.	½	34.	5	0 65	0 34
108	»	3.	4.	»	17.	3	0 66	0 35
109	»	3.	4.	½	»	1	0 66	0 35
110	»	3.	4.	½	19.	»	0 67	0 35
111	»	3.	5.	»	1.	8	0 68	0 36
112	»	3.	5.	»	20.	6	0 68	0 36
113	»	3.	5.	½	3.	5	0 69	0 36
114	»	3.	5.	½	22.	3	0 69	0 37
115	»	3.	6.	»	5.	1	0 70	0 37
116	»	3.	6.	»	23.	9	0 71	0 37
117	»	3.	6.	½	6.	8	0 71	0 38
118	»	3.	6.	½	25.	6	0 72	0 38
119	»	3.	7.	»	8.	4	0 72	0 38
120	»	3.	7.	»	27.	2	0 73	0 39
121	»	3.	7.	½	10.	1	0 74	0 39
122	»	3.	7.	½	28.	9	0 74	0 39
123	»	4.	»	»	11.	7	0 75	0 40
124	»	4.	»	»	30.	6	0 75	0 40
125	»	4.	»	½	13.	4	0 76	0 40
126	»	4.	»	½	32.	2	0 77	0 41
127	»	4.	1.	»	15.	»	0 77	0 41
128	»	4.	1.	»	33.	9	0 78	0 41

TARIF des droits perçus par les marchands d'or pour l'affinage ou l'échange des matières d'or et d'argent.

GRAMMES.	CONVERSION.						FRAIS D'AFFINAGE		GRAMMES.	CONVERSION.						FRAIS D'AFFINAGE	
	Marcs.	Onces.	Gros.	Demi-Gros.	Grains.	Dixièmes.	à 6f 12c	à 3f 27c		Marcs.	Onces.	Gros.	Demi-Gros.	Grains.	Dixièmes.	à 6c 12f	à 3f 27c
							fr. c.	fr. c.								fr. c.	fr. c.
129	·	4.	1.	½	16.	7	0 79	0 42	165	·	5.	3.	·	10.	5	1 01	0 53
130	·	4.	1.	½	35.	5	0 79	0 42	166	·	5.	3.	·	29.	3	1 01	0 54
131	·	4.	2.	·	18.	3	0 80	0 42	167	·	5.	3.	½	12.	1	1 02	0 54
132	·	4.	2.	½	1.	2	0 80	0 43	168	·	5.	3.	½	31.	·	1 02	0 54
133	·	4.	2.	½	20.	·	0 81	0 43	169	·	5.	4.	·	13.	8	1 03	0 55
134	·	4.	3.	·	2.	8	0 82	0 43	170	·	5.	4.	·	32.	6	1 04	0 55
135	·	4.	3.	·	21.	7	0 82	0 44	171	·	5.	4.	½	15.	4	1 04	0 55
136	·	4.	3.	½	4.	5	0 83	0 44	172	·	5.	4.	½	34.	3	1 05	0 56
137	·	4.	3.	½	23.	3	0 83	0 44	173	·	5.	5.	·	17.	1	1 06	0 56
138	·	4.	4.	·	6.	1	0 84	0 45	174	·	5.	5.	·	35.	9	1 06	0 56
139	·	4.	4.	·	25.	·	0 85	0 45	175	·	5.	5.	½	18.	7	1 07	0 57
140	·	4.	4.	½	7.	8	0 85	0 45	176	·	5.	6.	·	1.	6	1 07	0 57
141	·	4.	4.	½	26.	6	0 86	0 46	177	·	5.	6.	·	20.	4	1 08	0 57
142	·	4.	5.	·	9.	4	0 87	0 46	178	·	5.	6.	½	3.	2	1 09	0 58
143	·	4.	5.	·	28.	3	0 87	0 46	179	·	5.	6.	½	22.	1	1 09	0 58
144	·	4.	5.	½	11.	1	0 88	0 47	180	·	5.	7.	·	4.	9	1 10	0 58
145	·	4.	5.	½	29.	9	0 88	0 47	181	·	5.	7.	·	23.	7	1 10	0 59
146	·	4.	6.	·	12.	8	0 89	0 47	182	·	5.	7.	½	6.	5	1 11	0 59
147	·	4.	6.	·	31.	6	0 90	0 48	183	·	5.	7.	½	[illegible]	4	1 12	0 60
148	·	4.	6.	½	14.	4	0 90	0 48	184	·	6.	·	·	8.	2	1 12	0 60
149	·	4.	6.	½	33.	2	0 91	0 48	185	·	6.	·	·	27.	·	1 13	0 60
150	·	4.	7.	·	16.	1	0 91	0 49	186	·	6.	·	½	9.	8	1 13	0 60
151	·	4.	7.	·	34.	9	0 92	0 49	187	·	6.	·	½	28.	7	1 14	0 61
152	·	4.	7.	½	17.	7	0 93	0 49	188	·	6.	1.	·	11.	5	1 15	0 61
153	·	5.	·	·	·	5	0 93	0 50	189	·	6.	1.	·	30.	3	1 15	0 61
154	·	5.	·	·	19.	4	0 94	0 50	190	·	6.	1.	½	13.	2	1 16	0 62
155	·	5.	·	½	2.	2	0 94	0 50	191	·	6.	1.	½	32.	·	1 17	0 62
156	·	5.	·	½	21.	·	0 95	0 51	192	·	6.	2.	·	14.	8	1 17	0 62
157	·	5.	1.	·	3.	9	0 96	0 51	193	·	6.	2.	·	33.	6	1 18	0 63
158	·	5.	1.	·	22.	7	0 96	0 51	194	·	6.	2.	½	16.	3	1 18	0 63
159	·	5.	1.	½	5.	5	0 97	0 51	195	·	6.	2.	½	35.	3	1 19	0 63
160	·	5.	1.	½	24.	3	0 98	0 52	196	·	6.	3.	·	18.	1	1 20	0 64
161	·	5.	2.	·	7.	2	0 98	0 52	197	·	6.	3.	½	·	9	1 20	0 64
162	·	5.	2.	·	26.	·	0 99	0 52	198	·	6.	3.	½	19.	8	1 20	0 64
163	·	5.	2.	½	8.	8	0 99	0 53	199	·	6.	4.	·	2.	6	1 21	0 65
164	·	5.	2.	½	27.	6	1 00	0 53	200	·	6.	4.	·	21.	4	1 22	0 65

TARIF des droits perçus par les marchands d'or pour l'affinage ou l'échange des matières d'or et d'argent.

GRAMMES.	CONVERSION. Marcs.	Onces.	Gros.	Demi-Gros.	Grains.	Dixièmes.	FRAIS D'AFFINAGE à 6f 12c fr. c.	à 3f 27c fr. c.	GRAMMES.	CONVERSION. Marcs.	Onces.	Gros.	Demi-Gros.	Grains.	Dixièmes.	FRAIS D'AFFINAGE à 6f 12c fr. c.	à 3f 27c fr. c.
201	•	6.	4.	½	4.	3	1 23	0 65	229	•	7.	3.	½	27.	4	1 40	0 74
202	•	6.	4.	½	23.	1	1 23	0 66	230	•	7.	4.	•	10.	2	1 40	0 75
203	•	6.	5.	•	5.	9	1 24	0 66	231	•	7.	4.	•	29.	1	1 41	0 75
204	•	6.	5.	•	24.	7	1 25	0 66	232	•	7.	4.	½	11.	9	1 42	0 75
205	•	6.	5.	½	7.	6	1 25	0 67	233	•	7.	4.	½	30.	7	1 42	0 76
206	•	6.	5.	½	26.	4	1 26	0 67	234	•	7.	5.	•	13.	5	1 43	0 76
207	•	6.	6.	•	9.	2	1 26	0 67	235	•	7.	5.	•	32.	4	1 44	0 76
208	•	6.	6.	•	28.	•	1 27	0 68	236	•	7.	5.	½	15.	2	1 44	0 77
209	•	6.	6.	½	10.	9	1 28	0 68	237	•	7.	5.	½	34.	•	1 45	0 77
210	•	6.	6.	½	29.	7	1 28	0 68	238	•	7.	6.	•	16.	9	1 45	0 77
211	•	6.	7.	•	12.	5	1 29	0 68	239	•	7.	6.	•	35.	7	1 46	0 78
212	•	6.	7.	•	31.	3	1 29	0 69	240	•	7.	6.	½	18.	5	1 47	0 78
213	•	6.	7.	½	14.	2	1 30	0 69	241	•	7.	7.	•	1.	3	1 47	0 78
214	•	6.	7.	½	33.	•	1 31	0 69	242	•	7.	7.	•	20.	2	1 48	0 79
215	•	7.	•	•	15.	8	1 31	0 70	243	•	7.	7.	½	3.	•	1 48	0 79
216	•	7.	•	•	34.	7	1 32	0 70	244	•	7.	7.	½	21.	8	1 49	0 79
217	•	7.	•	½	17.	5	1 32	0 70	245	1.	•	•	•	4.	7	1 50	0 80
218	•	7.	1.	•	•	3	1 33	0 71	246	1.	•	•	•	23.	5	1 50	0 80
219	•	7.	1.	•	19.	1	1 34	0 71	247	1.	•	•	½	6.	3	1 51	0 80
220	•	7.	1.	½	2.	•	1 34	0 71	248	1.	•	•	½	25.	1	1 51	0 81
221	•	7.	1.	½	20.	8	1 35	0 72	249	1.	•	1.	•	8.	•	1 52	0 81
222	•	7.	2.	•	3.	6	1 36	0 72	250	1.	•	1.	•	26.	8	1 53	0 81
223	•	7.	2.	•	22.	4	1 36	0 72	500	2.	•	2.	½	17.	6	3 06	1 63
224	•	7.	2.	½	5.	3	1 37	0 73	Kilos.								
225	•	7.	2.	½	24.	1	1 37	0 73	1	4.	•	5.	•	35.	1	6 12	3 27
226	•	7.	3.	•	6.	9	1 38	0 73	2	8.	1.	2.	½	34.	3	12 25	6 54
227	•	7.	3.	•	25.	8	1 39	0 74	3	12.	2.	•	•	33.	4	18 36	9 81
228	•	7.	3.	½	8.	6	1 39	0 74	4	16.	2.	3.	½	32.	6	24 50	13 08

CHAPITRE VIII.

TARIF DES FRAIS D'AFFINAGE PERÇUS AUX CHANGES DES MONNAIES (HÔTEL DES MONNAIES), D'APRÈS L'ORDONNANCE DU 15 OCTOBRE 1828, INSÉRÉE AU BULLETIN DES LOIS.

Affinage par l'acide sulfurique.

OR.

1° Matières d'or alliées de cuivre seulement, de 898 millièmes (titre monétaire avec la tolérance de 2 mill.) en descendant jusqu'à 1 mill. inclusivement. 5 fr. par kilo.

2° Matières d'or alliées d'argent et de cuivre seulement, quelle que soit la quantité d'argent unie à l'or. 5 fr. 75 c. par kilo.

ARGENT.

1° Matières d'argent alliées de cuivre seulement, de 897 millièmes d'argent (titre monétaire avec la tolérance de 3 millièmes) à 1 millième. 2 fr. 50 c. par kilo.

2° Matières d'argent contenant or, de 100 millièmes d'or à 1 mill. 2 fr.50 c. par kilo.

Lorsque les matières contiennent plus de 100 millièmes d'or, elles sont considérées comme lingot d'or tenant argent, et paient l'affinage comme telles, 5 fr. 75 c. (Voyez le n° 2 pour l'affinage des matières d'or.)

Affinage par la coupellation pour les matières d'or et d'argent alliées à d'autres métaux que le cuivre, tels que le plomb et l'étain.

1° De 990 millièmes d'or à 300 millièmes. 6 fr. par kilo.

2° De 300 millièmes d'or à 1 millième. 3 fr. 50 c. par kilo.

ALLIAGES D'ARGENT NE CONTENANT PAS D'OR.

1° De 997 millièmes d'argent jusqu'à 300 millièmes. 3 fr. 50 c. par kilo.

2° De 300 millièmes d'argent à 1 millième. 2 fr. 50 c. par kilo.

MATIÈRES D'ARGENT, ALLIAGES CONTENANT OR ET ARGENT.

1° De 997 millièmes d'or et argent réunis à 300 millièmes. 6 fr. par kilo.

2° De 300 millièmes d'or et argent réunis à 1 millième. 3 fr. 50 c. par kilo.

Voici un moyen bien simple de connaître les frais d'affinage pour tel poids que ce soit, d'un lingot pesé en grammes; il suffit de multiplier le prix des frais du kilo par le nombre de grammes que pèse le lingot; le produit de cette multiplication représente les frais qu'il doit payer.

CHAPITRE IX.

DES DROITS PERÇUS POUR LE CONTRÔLE DE L'OR.

Le bureau de garantie perçoit, pour la marque du bijou d'or, 22 fr. par 100 grammes, et pour le touchau, 9 centimes par décagramme (10 grammes) ou 90 centimes par 100 grammes. Je n'ai pas cru devoir réunir les droits de marque et de touchau, ces derniers droits n'étant pas perçus sur une base assez fixe ; en effet, les frais alloués à l'essayeur sont de 9 centimes par décagramme, mais au-dessous de ce poids, pour 1, 2, 3 et 4 grammes, par exemple, les 9 centimes sont également dus ; ainsi il peut exiger, pour 31, 32, 33 et 34 grammes, les mêmes frais que pour 40 grammes. Le fabricant aura donc soin d'ajouter au tarif ci-dessous les frais de touchau, qui peuvent être calculés facilement, puisqu'ils sont à peu de chose près de 1 centime par gramme.

DÉCIGRAM.	CONVERSION. Marcs.	Onces.	Gros.	Demi-Gros.	Grains.	Dixièmes.	DROITS. fr.	c.
1	»	»	»	»	1.	88	»	2
2	»	»	»	»	3.	76	»	4
3	»	»	»	»	5.	65	»	6
4	»	»	»	»	7.	53	»	9
5	»	»	»	»	9.	41	»	11
6	»	»	»	»	11.	29	»	13
7	»	»	»	»	13.	17	»	16
8	»	»	»	»	15.	05	»	18
9	»	»	»	»	16.	94	»	20
Gram.								
1	»	»	»	»	18.	8	»	22
2	»	»	»	½	1.	6	»	44
3	»	»	»	½	20.	5	»	66
4	»	»	1.	»	3.	3	»	88
5	»	»	1.	»	22.	1	1	10
6	»	»	1.	½	5.	»	1	32
7	»	»	1.	½	23.	8	1	54
8	»	»	2.	»	6.	6	1	76
9	»	»	2.	»	25.	4	1	98
10	»	»	2.	½	8.	3	2	20
11	»	»	2.	½	27.	1	2	42
12	»	»	3.	»	9.	9	2	64
13	»	»	3.	»	28.	7	2	86
14	»	»	3.	½	11.	6	3	08
15	»	»	3.	½	30.	4	3	30
16	»	»	4.	»	13.	2	3	52
17	»	»	4.	»	32.	1	3	74
18	»	»	4.	½	14.	9	3	96

GRAMMES.	CONVERSION. Marcs.	Onces.	Gros.	Demi-Gros.	Grains.	Dixièmes.	DROITS. fr.	c.
19	»	»	4.	½	33.	7	4	18
20	»	»	5.	»	16.	5	4	40
21	»	»	5.	»	35.	4	4	62
22	»	»	5.	½	18.	2	4	84
23	»	»	6.	»	1.	»	5	06
24	»	»	6.	»	19.	8	5	28
25	»	»	6.	½	2.	7	5	50
26	»	»	6.	½	21.	5	5	72
27	»	»	7.	»	4.	3	5	94
28	»	»	7.	»	23.	2	6	16
29	»	»	7.	½	6.	»	6	38
30	»	»	7.	½	24.	8	6	60
31	»	1.	»	»	7.	6	6	82
32	»	1.	»	»	26.	5	7	04
33	»	1.	»	½	9.	3	7	26
34	»	1.	»	½	28.	1	7	48
35	»	1.	1.	»	10.	9	7	70
36	»	1.	1.	»	29.	8	7	92
37	»	1.	1.	½	12.	6	8	14
38	»	1.	1.	½	31.	4	8	36
39	»	1.	2.	»	14.	3	8	58
40	»	1.	2.	»	33.	1	8	80
41	»	1.	2.	½	15.	9	9	02
42	»	1.	2.	½	34.	7	9	24
43	»	1.	3.	»	17.	6	9	46
44	»	1.	3.	½	».	4	9	68
45	»	1.	3.	½	19.	2	9	90
46	»	1.	4.	»	2.	»	10	12

GRAMMES.	CONVERSION. Marcs.	Onces.	Gros.	Demi-Gros.	Grains.	Dixièmes.	DROITS. fr.	c.
47	»	1.	4.	»	20.	9	10	34
48	»	1.	4.	½	3.	7	10	56
49	»	1.	4.	½	22.	5	10	78
50	»	1.	5.	»	5.	4	11	00
51	»	1.	5.	»	24.	2	11	22
52	»	1.	5.	½	7.	»	11	44
53	»	1.	5.	½	25.	8	11	66
54	»	1.	6.	»	8.	7	11	88
55	»	1.	6.	»	27.	5	12	10
56	»	1.	6.	½	10.	3	12	32
57	»	1.	6.	½	29.	1	12	54
58	»	1.	7.	»	12.	»	12	76
59	»	1.	7.	»	30.	8	12	98
60	»	1.	7.	½	13.	6	13	20
61	»	1.	7.	½	32.	5	14	42
62	»	2.	»	»	15.	3	13	64
63	»	2.	»	»	34.	1	13	86
64	»	2.	»	½	16.	9	14	08
65	»	2.	»	½	35.	8	14	30
66	»	2.	1.	»	18.	6	14	52
67	»	2.	1.	½	1.	4	14	74
68	»	2.	1.	½	20.	2	14	96
69	»	2.	2.	»	3.	1	15	18
70	»	2.	2.	»	21	9	15	40
71	»	2.	2.	½	4.	7	15	62
72	»	2.	2.	½	23.	5	15	84
73	»	2.	3.	»	6.	4	16	06
74	»	2.	3.	»	25	2	16	28

DES DROITS PERÇUS POUR LE CONTRÔLE DE L'OR.

GRAMMES.	CONVERSION. Marcs.	Onces.	Gros.	Demi-Gros.	Grains.	Dixièmes.	DROITS. fr.	c.	GRAMMES.	CONVERSION. Marcs.	Onces.	Gros.	Demi-Gros.	Grains.	Dixièmes.	DROITS. fr.	c.	GRAMMES.	CONVERSION. Marcs.	Onces.	Gros.	Demi-Gros.	Grains.	Dixièmes.	DROITS. fr.	c.
75	»	2.	5.	½	8.	»	16	50	87	»	2.	6.	½	18.	»	19	14	99	»	3.	1.	½	27.	9	21	78
76	»	2.	5.	½	26.	9	16	72	88	»	2.	7.	»	»	8	19	36	100	»	3.	2.	»	10.	7	22	00
77	»	2.	4.	»	9.	7	16	94	89	»	2.	7.	»	19.	6	19	58	200	»	6.	4.	»	21.	4	44	00
78	»	2.	4.	»	23.	5	17	16	90	»	2.	7.	½	2.	4	19	80	300	1.	1.	6.	»	32.	1	66	00
79	»	2.	4.	½	11.	5	17	38	91	»	2.	7.	½	21.	5	20	02	400	1.	5.	»	½	6.	9	88	00
80	»	2.	4.	½	30.	2	17	60	92	»	3.	»	»	4.	1	20	24	500	2.	»	2.	½	17.	6	110	00
81	»	2.	5.	»	13.	»	17	82	93	»	3.	»	»	22.	9	20	46	600	2.	3.	4.	½	28.	3	132	00
82	»	2.	5.	»	31.	8	18	04	94	»	3.	»	½	5.	7	20	68	700	2.	6.	7.	»	3.	»	154	00
83	»	2.	5.	½	14.	6	18	26	95	»	3.	»	½	24.	6	20	90	800	3.	2.	1.	»	13.	7	176	00
84	»	2.	5.	½	33.	3	18	48	96	»	3.	1.	»	7.	4	21	12	900	3.	5.	3.	»	24.	4	198	00
85	»	2.	6.	»	16.	3	18	70	97	»	3.	1.	»	26.	2	21	34	1000	4.	»	5.	»	35.	1	220	00
86	»	2.	6.	»	35.	1	18	92	98	»	3.	1.	½	9.	1	21	56									

CHAPITRE X.

DES DROITS DE CONTRÔLE DE L'ORFÉVRERIE ET DU BIJOU D'ARGENT.

Le bureau de garantie perçoit, pour la marque de l'orfévrerie et du bijou d'argent, 11 fr. par kilo (1,000 grammes), plus 80 cent. dus à l'essayeur par pesée de 2 kilos. L'essayeur a droit à deux essais pour un poids de 2,500 grammes, à trois essais pour 4,400 grammes, à quatre essais pour 6,600 grammes, etc.; c'est-à-dire que toutes les fois qu'une pesée dépasse 2 kilos, il peut rigoureusement exiger un essai de plus, et ce n'est que par suite d'un abandon volontaire et gratuit, qu'il peut consentir à ne percevoir qu'un droit proportionnel de 10 cent. par 250 grammes, après la première pesée de 2 kilos; d'après cela, il est impossible d'établir un tarif exact des frais d'essai et de contrôle en réunissant ces deux droits.

Le tarif ci-dessous n'établit que les droits dus pour la marque de l'orfévrerie et du bijou d'argent sans y comprendre les droits d'essai.

GRAMMES.	CONVERSION. Marcs.	Onces.	Gros.	Demi-Gros.	Grains.	Dixièmes.	DROITS. fr.	c.	GRAMMES.	CONVERSION. Marcs.	Onces.	Gros.	Demi-Gros.	Grains.	Dixièmes.	DROITS. fr.	c.	GRAMMES.	CONVERSION. Marcs.	Onces.	Gros.	Demi-Gros.	Grains.	Dixièmes.	DROITS. fr.	c.
1	»	»	»	»	13.	3	»	1	5	»	»	1.	»	22.	1	»	5	9	»	»	2.	»	25.	4	»	9
2	»	»	»	½	1.	6	»	2	6	»	»	1.	½	5.	»	»	6	10	»	»	2.	½	8.	3	»	11
3	»	»	»	½	20.	3	»	3	7	»	»	1.	½	23.	8	»	7	11	»	»	2.	½	27.	1	»	12
4	»	»	1.	»	3.	5	»	4	8	»	»	2.	»	6.	6	»	8	12	»	»	3.	»	9.	9	»	13

DES DROITS PERÇUS POUR LE CONTRÔLE DE L'ARGENT.

GRAMMES.	CONVERSION. Marcs.	Onces.	Gros.	Demi-Gros.	Grains.	Dixièmes.	DROITS. fr.	c.
13	»	»	3.	»	28.	7	»	14
14	»	»	3.	½	11.	0	»	15
15	»	»	3.	½	30.	4	»	16
16	»	»	4.	»	15.	2	»	17
17	»	»	4.	»	32.	1	»	18
18	»	»	4.	½	14.	9	»	19
19	»	»	4.	½	33.	7	»	20
20	»	»	5.	»	16.	5	»	22
21	»	»	5.	»	35.	4	»	23
22	»	»	5.	½	18.	2	»	24
23	»	»	6.	»	1.	»	»	25
24	»	»	6.	»	19.	8	»	26
25	»	»	6.	½	2.	7	»	27
26	»	»	6.	½	21.	5	»	28
27	»	»	7.	»	4.	3	»	29
28	»	»	7.	»	23.	2	»	30
29	»	»	7.	½	6.	»	»	31
30	»	»	7.	½	24.	8	»	33
31	»	1.	»	»	7.	6	»	34
32	»	1.	»	»	26.	5	»	35
33	»	1.	»	½	9.	3	»	36
34	»	1.	»	½	28.	1	»	37
35	»	1.	1.	»	10.	9	»	38
36	»	1.	1.	»	29.	8	»	39
37	»	1.	1.	½	12.	6	»	40
38	»	1.	1.	½	31.	4	»	41
39	»	1.	2.	»	14.	3	»	42
40	»	1.	2.	»	33.	1	»	44
41	»	1.	2.	½	15.	9	»	45
42	»	1.	2.	½	34.	7	»	46
43	»	1.	3.	»	17.	6	»	47
44	»	1.	3.	½	»	4	»	48
45	»	1.	3.	½	19.	2	»	49
46	»	1.	4.	»	2.	»	»	50
47	»	1.	4.	»	20.	9	»	51
48	»	1.	4.	½	3.	7	»	52

GRAMMES.	CONVERSION. Marcs.	Onces.	Gros.	Demi-Gros.	Grains.	Dixièmes.	DROITS. fr.	c.
49	»	1.	4.	½	22.	5	»	53
50	»	1.	5.	»	5.	4	»	55
51	»	1.	5.	»	24.	2	»	56
52	»	1.	5.	½	7.	»	»	57
53	»	1.	5.	½	25.	8	»	58
54	»	1.	6.	»	8.	7	»	59
55	»	1.	6.	»	27.	5	»	60
56	»	1.	6.	½	10.	3	»	61
57	»	1.	6.	½	29.	1	»	62
58	»	1.	7.	»	12.	»	»	63
59	»	1.	7.	»	30.	8	»	64
60	»	1.	7.	½	13.	6	»	66
61	»	1.	7.	½	32.	5	»	67
62	»	2.	»	»	15.	3	»	68
63	»	2.	»	»	34.	1	»	69
64	»	2.	»	½	16.	9	»	70
65	»	2.	»	½	35.	8	»	71
66	»	2.	1.	»	18.	6	»	72
67	»	2.	1.	½	1.	4	»	73
68	»	2.	1.	½	20.	2	»	74
69	»	2.	2.	»	3.	1	»	75
70	»	2.	2.	»	21.	9	»	77
71	»	2.	2.	½	4.	7	»	78
72	»	2.	2.	½	23.	6	»	79
73	»	2.	3.	»	6.	4	»	80
74	»	2.	3.	»	25.	2	»	81
75	»	2.	3.	½	8.	»	»	82
76	»	2.	3.	½	26.	9	»	83
77	»	2.	4.	»	9.	7	»	84
78	»	2.	4.	»	28.	6	»	85
79	»	2.	4.	½	11.	3	»	86
80	»	2.	4.	½	30.	2	»	88
81	»	2.	5.	»	13.	»	»	89
82	»	2.	5.	»	31.	8	»	90
83	»	2.	5.	½	14.	6	»	91
84	»	2.	5.	½	33.	5	»	92

GRAMMES.	CONVERSION. Marcs.	Onces.	Gros.	Demi-Gros.	Grains.	Dixièmes.	DROITS. fr.	c.
85	»	2.	6.	»	16.	3	»	93
86	»	2.	6.	»	35.	1	»	94
87	»	2.	6.	½	18.	»	»	95
88	»	2.	7.	»	»	8	»	96
89	»	2.	7.	»	19.	6	»	97
90	»	2.	7.	½	2.	4	»	99
91	»	2.	7.	½	21.	3	1	00
92	»	3.	»	»	4.	1	1	01
93	»	3.	»	»	22.	9	1	02
94	»	3.	»	½	5.	7	1	03
95	»	3.	»	½	24.	6	1	04
96	»	3.	1.	»	7.	4	1	05
97	»	3.	1.	»	26.	2	1	06
98	»	3.	1.	½	9.	1	1	07
99	»	3.	1.	½	27.	9	1	08
100	»	3.	2.	»	10.	7	1	10
200	»	6.	4.	»	21.	4	2	20
300	1.	1.	6.	»	32.	1	3	30
400	1.	5.	»	½	6.	9	4	40
500	2.	»	2.	½	17.	6	5	50
600	2.	3.	4.	½	28.	3	6	60
700	2.	6.	7.	»	3.	»	7	70
800	3.	2.	1.	»	13.	7	8	80
900	3.	5.	3.	»	24.	4	9	90
Kilos.								
1	4.	»	5.	»	35.	1	11	00
2	8.	1.	2.	½	34.	3	22	00
3	12.	2.	»	»	33.	4	33	00
4	16.	2.	5.	½	32.	6	44	00
5	20.	3.	3.	»	31.	7	55	00
6	24.	4.	»	½	30.	9	66	00
7	28.	4.	6.	»	30.	»	77	00
8	32.	5.	3.	½	29.	2	88	00
9	36.	6.	1.	»	28.	3	99	00
10	40.	6.	6.	½	27.	5	110	00

DE LA QUANTITÉ D'OR FIN NÉCESSAIRE POUR REHAUSSER A 750 MILLIÈMES OU 18 KARATS, UNE ONCE ET 100 GRAMMES D'OR A L'UN DES TITRES CI-DESSOUS.

DE 500 A 595 MILLIÈMES.

MILLIÈMES.	CONV.		OR FIN Pour 1 once.			Pour 100 gr.		MILLIÈMES.	CONV.		OR FIN. Pour 1 once.			Pour 100 gr.		MILLIÈMES.	CONV.		OR FIN Pour 1 once.			Pour 100 gr.	
	Karats.	Trente-Deux.	Gros.	Grains.	Dixièmes.	Grammes.	Centigr.		Karats.	Trente-Deux.	Gros.	Grains.	Dixièmes.	Grammes.	Centigr.		Karats.	Trente-Deux.	Gros.	Grains.	Dixièmes.	Grammes.	Centigr.
500	12	»	8	»	»	100	00	532			6.	70.	5	87	20	564	13	17	5.	68.	6	74	40
501	12	1	7.	69.	7	99	60	533	12	25	6.	68.	»	86	80	565	13	18	5.	66.	2	74	00
502			7.	67.	4	99	20	534	12	26	6.	65.	7	86	40	566	13	19	5.	63.	9	73	60
503	12	2	7.	65.	1	98	80	535	12	27	6.	63.	4	86	00	567			5.	61.	6	73	20
504	12	3	7.	62.	8	98	40	536	12	28	6.	61.	1	85	60	568	13	20	5.	59.	3	72	80
505	12	4	7.	60.	5	98	00	537			6.	58.	8	85	20	569	13	21	5.	57.	»	72	40
506			7.	58.	2	97	60	538	12	29	6.	56.	4	84	80	570	13	22	5.	54.	7	72	00
507	12	5	7.	55.	9	97	20	539	12	30	6.	54.	1	84	40	571			5.	52.	4	71	60
508	12	6	7.	53.	6	96	80	540	12	31	6.	51.	8	84	00	572	13	23	5.	50.	1	71	20
509	12	7	7.	51.	3	96	40	541			6.	49.	5	83	60	573	13	24	5.	47.	8	70	80
510	12	8	7.	49.	»	96	00	542	13	»	6.	47.	2	83	20	574	13	25	5.	45.	5	70	40
511			7.	46.	7	95	60	543	13	1	6.	44.	9	82	80	575			5.	43.	2	70	00
512	12	9	7.	44.	4	95	20	544	13	2	6.	42.	6	82	40	576	13	26	5.	40.	9	69	60
513	12	10	7.	42.	»	94	80	545			6.	40.	3	82	00	577	13	27	5.	38.	6	69	20
514	12	11	7.	39.	7	94	40	546	13	3	6.	38.	»	81	60	578	13	28	5.	36.	3	68	80
515			7.	37.	4	94	00	547	13	4	6.	35.	7	81	20	579	13	29	5.	34.	»	68	40
516	12	12	7.	35.	1	93	60	548	13	5	6.	33.	4	80	80	580			5.	31.	7	68	00
517	12	13	7.	32.	8	93	20	549	13	6	6.	31.	1	80	40	581	13	30	5.	29.	4	67	60
518	12	14	7.	30.	5	92	80	550			6.	28.	8	80	00	582	13	31	5.	27.	1	67	20
519			7.	28.	2	92	40	551	13	7	6.	26.	5	79	60	583	14	»	5.	24.	8	66	80
520	12	15	7.	25.	9	92	00	552	13	8	6.	24.	2	79	20	584			5.	22.	5	66	40
521	12	16	7.	23.	6	91	60	553	13	9	6.	21.	9	78	80	585	14	1	5.	20.	2	66	00
522	12	17	7.	21.	3	91	20	554			6.	19.	6	78	40	586	14	2	5.	17.	9	65	60
523	12	18	7.	19.	»	90	80	555	13	10	6.	17.	3	78	00	587	14	3	5.	15.	6	65	20
524			7.	16.	7	90	40	556	13	11	6.	15.		77	60	588			5.	13.	3	64	80
525	12	19	7.	14.	4	90	00	557	13	12	6.	12.	7	77	20	589	14	4	5.	10.	9	64	40
526	12	20	7.	12.	1	89	60	558			6.	10.	4	76	80	590	14	5	5.	8.	6	64	00
527	12	21	7.	9.	8	89	20	559	13	13	6.	8.	1	76	40	591	14	6	5.	6.	3	63	60
528			7.	7.	5	88	80	560	13	14	6.	5.	8	76	00	592	14	7	5.	4.	»	63	20
529	12	22	7.	5.	2	88	40	561	13	15	6.	3.	5	75	60	593			5.	1.	7	62	80
530	12	23	7.	2.	9	88	00	562			6.	1.	2	75	20	594	14	8	4.	71.	4	62	40
531	12	24	7.		6	87	60	563	13	16	5.	70.	9	74	80	595	14	9	4.	69.	1	62	00

Quantité d'OR FIN, à 1000 Millièmes, nécessaire pour rehausser à 750 Millièmes, ou 18 Karats, une Once et 100 Grammes d'or à l'un des titres ci-dessous.

MILLIÈMES.	CONV.		OR FIN					MILLIÈMES.	CONV.		OR FIN					MILLIÈMES.	CONV.		OR FIN				
			Pour 1 once.			Pour 100 gr.					Pour 1 once.			Pour 100 gr.					Pour 1 once.			Pour 100 gr.	
	Karats.	Trente-deux	Gros.	Grains.	Dixièmes.	Grammes.	Centigr.		Karats.	Trente-deux	Gros.	Grains.	Dixièmes.	Grammes.	Centigr.		Karats.	Trente-deux	Gros.	Grains.	Dixièmes.	Grammes.	Centigr.
596	14	10	4.	66.	8	61	60	632	15	5	3.	55.	9	47	20	668	16	1	2.	44.	9	32	80
597			4.	64.	5	61	20	633	15	6	3.	53.	6	46	80	669	16	2	2.	42.	6	32	40
598	14	11	4.	62.	2	60	80	634	15	7	3.	51.	3	46	40	670			2.	40.	3	32	00
599	14	12	4.	59.	9	60	40	635	15	8	3.	49.	•	46	00	671	16	3	2.	38.	•	31	60
600	14	13	4.	57.	6	60	00	636			3.	46.	7	45	60	672	16	4	2.	35.	7	31	20
601			4.	55.	3	59	60	637	15	9	3.	44.	4	45	20	673	16	5	2.	33.	4	30	80
602	14	14	4.	53.	•	59	20	638	15	10	3.	42.	•	44	80	674	16	6	2.	31.	1	30	40
603	14	15	4.	50.	7	58	80	639	15	11	3.	39.	7	44	40	675			2.	28.	8	30	00
604	14	16	4.	48.	4	58	40	640	15	12	3.	37.	4	44	00	676	16	7	2.	26.	5	29	60
605	14	17	4.	46.	1	58	00	641			3.	35.	1	43	60	677	16	8	2.	24.	2	29	20
606			4.	43.	8	57	60	642	15	13	3.	32.	8	43	20	678	16	9	2.	21.	9	28	80
607	14	18	4.	41.	5	57	20	643	15	14	3.	30.	5	42	80	679			2.	19.	6	28	40
608	14	19	4.	39.	2	56	80	644			3.	28.	2	42	40	680	16	10	2.	17.	3	28	00
609	14	20	4.	36.	9	56	40	645	15	15	3.	25.	9	42	00	681	16	11	2.	15.	•	27	60
610			4.	34.	6	56	00	646	15	16	3.	23.	6	41	60	682	16	12	2.	12.	7	27	20
611	14	21	4.	32.	3	55	60	647	15	17	3.	21.	3	41	20	683			2.	10.	4	26	80
612	14	22	4.	29.	9	55	20	648	15	18	3.	19.	•	40	80	684	16	13	2.	8.	1	26	40
613	14	23	4.	27.	6	54	80	649			3.	16.	7	40	40	685	16	14	2.	5.	8	26	00
614			4.	25.	3	54	40	650	15	19	3.	14.	4	40	00	686	16	15	2.	3.	5	25	60
615	14	24	4.	23.	•	54	00	651	15	20	3.	12.	1	39	60	687			2.	1.	2	25	20
616	14	25	4.	20.	7	53	60	652	15	21	3.	9.	8	39	20	688	16	16	1.	70.	8	24	80
617	14	26	4.	18.	4	53	20	653			3.	7.	5	38	80	689	16	17	1.	68.	5	24	40
618	14	27	4.	16.	1	52	80	654	15	22	3.	5.	2	38	40	690	16	18	1.	66.	2	24	00
619			4.	13.	8	52	40	655	15	23	3.	2.	9	38	00	691	16	19	1.	63.	9	23	60
620	14	28	4.	11.	5	52	00	656	15	24	3.	6.	•	37	60	692			1.	61.	6	23	20
621	14	29	4.	9.	2	51	60	657			2.	70.	3	37	20	693	16	20	1.	59.	3	22	80
622	14	30	4.	6.	9	51	20	658	15	25	2.	68.	•	36	80	694	16	21	1.	57.	•	22	40
623			4.	4.	6	50	80	659	15	26	2.	65.	7	36	40	695	16	22	1.	54.	7	22	00
624	14	31	4.	2.	3	50	40	660	15	27	2.	63.	4	36	00	696			1.	52.	4	21	60
625	15	•	4.	•	•	50	00	661	15	28	2.	61.	1	35	60	697	16	23	1.	50.	1	21	20
626	15	1	3.	69.	7	49	60	662			2.	58.	8	35	20	698	16	24	1.	47.	8	20	80
627			3.	67.	4	49	20	663	15	29	2.	56.	4	34	80	699	16	25	1.	45.	5	20	40
628	15	2	3.	65.	1	48	80	664	15	30	2.	54.	1	34	40	700			1.	43.	2	20	00
629	15	3	3.	62.	8	48	40	665	15	31	2.	51.	8	34	00	701	16	26	1.	40.	9	19	60
630	15	4	3.	60.	5	48	00	666			2.	49.	5	33	60	702	16	27	1.	38.	6	19	20
631			3.	58.	2	47	60	667	16	•	2.	47.	2	33	20	703	16	28	1.	36.	3	18	80

Quantité d'OR FIN, à 1000 Millièmes, nécessaire pour rehausser à 750 Millièmes, ou 18 Karats, une Once et 100 Grammes d'or à l'un des titres ci-dessous

MILLIÈMES.	CONV. Karats.	CONV. Trente-deux.	OR FIN Pour 1 once. Gros. Grains. Dixièmes.	OR FIN Pour 100 gr. Grammes. Centigr.	MILLIÈMES.	CONV. Karats.	CONV. Trente-deux.	OR FIN Pour 1 once. Gros. Grains. Dixièmes.	OR FIN Pour 100 gr. Grammes. Centigr.	MILLIÈMES.	CONV. Karats.	CONV. Trente-deux.	OR FIN Pour 1 once. Gros. Grains. Dixièmes.	OR FIN Pour 100 gr. Grammes. Centigr.
704	16	29	1. 34. »	18 40	720	17	9	» 69. 1	12 00	736	17	21	» 32. 3	5 60
705			1. 31. 7	18 00	721	17	10	» 66. 8	11 60	737	17	22	» 30. »	5 20
706	16	30	1. 29. 4	17 60	722			» 64. 5	11 20	738	17	23	» 27. 6	4 80
707	16	31	1. 27. 1	17 20	723	17	11	» 62. 2	10 80	739			» 25. 3	4 40
708	17	»	1. 24. 8	16 80	724	17	12	» 59. 9	10 40	740	17	24	» 23. »	4 00
709			1. 22. 5	16 40	725	17	13	» 57. 6	10 00	741	17	25	» 20. 7	3 60
710	17	1	1. 20. 2	16 00	726			» 55. 3	9 60	742	17	26	» 18. 4	3 20
711	17	2	1. 17. 9	15 60	727	17	14	» 53. »	9 20	743	17	27	» 16. 1	2 80
712	17	3	1. 15. 6	15 20	728	17	15	» 50. 7	8 80	744			» 13. 8	2 40
713			1. 13. 2	14 80	729	17	16	» 48. 4	8 40	745	17	28	» 11. 5	2 00
714	17	4	1. 10. 9	14 40	730	17	17	» 46. 1	8 00	746	17	29	» 9. 2	1 60
715	17	5	1. 8. 6	14 00	731			» 43. 8	7 60	747	17	30	» 6. 9	1 20
716	17	6	1. 6. 3	13 60	732	17	18	» 41. 5	7 20	748			» 4. 6	0 80
717	17	7	1. 4. »	13 20	733	17	19	» 39. 2	6 80	749	17	31	» 2. 3	0 40
718			1. 1. 7	12 80	734	17	20	» 36. 9	6 40	750	18	»	» » »	0 00
719	17	8	» 71. 4	12 40	735			» 34. 6	6 00					

CHAPITRE XII.

DE LA QUANTITÉ D'ALLIAGE NÉCESSAIRE POUR DESCENDRE A 750 MILLIÈMES, OU 18 KARATS, UNE ONCE ET 100 GRAMMES D'OR A L'UN DES TITRES CI-DESSOUS.

MILLIÈMES.	CONV. Karats.	CONV. Trente-deux.	ALLIAGE Pour 1 once. Gros. Grains. Dixièmes.	ALLIAGE Pour 100 gr. Grammes. Centigr.	MILLIÈMES.	CONV. Karats.	CONV. Trente-deux.	ALLIAGE Pour 1 once. Gros. Grains. Dixièmes.	ALLIAGE Pour 100 gr. Grammes. Centigr.	MILLIÈMES.	CONV. Karats.	CONV. Trente-deux.	ALLIAGE Pour 1 once. Gros. Grains. Dixièmes.	ALLIAGE Pour 100 gr. Grammes. Centigr.
1000	24	»	2. 48. »	33 33	996	23	29	2. 44. 9	32 80	992	23	26	2. 41. 9	32 27
999	23	31	2. 47. 2	33 20	995	23	28	2. 44. 2	32 67	991	23	25	2. 41. 1	32 13
998			2. 46. 5	33 07	994			2. 43. 4	32 53	990	23	24	2. 40. 3	32 00
997	23	30	2. 45. 7	32 93	993	23	27	2. 42. 6	32 40	989			2. 39. 6	31 87

DE 988 A 881 MILLIÈMES.

Quantité d'ALLIAGE nécessaire pour descendre à 750 Millièmes, ou 18 Karats, une ONCE et 100 GRAMMES d'OR à l'un des titres ci-dessous.

MILLIÈMES.	CONV. Karats.	CONV. Trente-deux.	ALLIAGE Pour 1 once. Gros. Grains. Dixièmes.	ALLIAGE Pour 100 gr. Grammes.	ALLIAGE Pour 100 gr. Centigr.	MILLIÈMES.	CONV. Karats.	CONV. Trente-deux.	ALLIAGE Pour 1 once. Gros. Grains. Dixièmes.	ALLIAGE Pour 100 gr. Grammes.	ALLIAGE Pour 100 gr. Centigr.	MILLIÈMES.	CONV. Karats.	CONV. Trente-deux.	ALLIAGE Pour 1 once. Gros. Grains. Dixièmes.	ALLIAGE Pour 100 gr. Grammes.	ALLIAGE Pour 100 gr. Centigr.
988	23	23	2. 38. 8	31	73	952	22	27	2. 11. 1	26	93	916			1. 55. 5	22	13
987	23	22	2. 38. »	31	60	951	22	26	2. 10. 4	26	80	915	21	31	1. 54. 7	22	00
986	23	21	2. 37. 2	31	47	950			2. 9. 6	26	67	914	21	30	1. 54. »	21	87
985			2. 36. 5	31	33	949	22	25	2. 8. 8	26	53	913	21	29	1. 53. 2	21	73
984	23	20	2. 35. 7	31	20	948	22	24	2. 8. 1	26	40	912			1. 52. 4	21	60
983	23	19	2. 34. 9	31	07	947	22	23	2. 7. 3	26	27	911	21	28	1. 51. 6	21	47
982	23	18	2. 34. 2	30	93	946			2. 6. 5	26	13	910	21	27	1. 50. 9	21	33
981			2. 33. 4	30	80	945	22	22	2. 5. 8	26	00	909	21	26	1. 50. 1	21	20
980	23	17	2. 32. 6	30	67	944	22	21	2. 5. »	25	87	908	21	25	1. 49. 3	21	07
979	23	16	2. 31. 9	30	53	943	22	20	2. 4. »	25	73	907			1. 48. 6	20	93
978	23	15	2. 31. 1	30	40	942			2. 3. 5	25	60	906	21	24	1. 47. 8	20	80
977	23	14	2. 30. 3	30	27	941	22	19	2. 2. 7	25	47	905	21	23	1. 47. »	20	67
976			2. 29. 6	30	13	940	22	18	2. 1. 9	25	33	904	21	22	1. 46. 3	20	53
975	23	13	2. 28. 8	30	00	939	22	17	2. 1. 2	25	20	903			1. 45. 5	20	40
974	23	12	2. 28. »	29	87	938	22	16	2. » 4	25	07	902	21	21	1. 44. 7	20	27
973	23	11	2. 27. 3	29	73	937			1. 71. 6	24	93	901	21	20	1. 44. »	20	13
972			2. 26. 5	29	60	936	22	15	1. 70. 8	24	80	900	21	19	1. 43. 2	20	00
971	23	10	2. 25. 7	29	47	935	22	14	1. 70. 1	24	67	899			1. 42. 4	19	87
970	23	9	2. 25. »	29	33	934	22	13	1. 69. 3	24	53	898	21	18	1. 41. 7	19	73
969	23	8	2. 24. 2	29	20	933			1. 68. 5	24	40	897	21	17	1. 40. 9	19	60
968			2. 23. 4	29	07	932	22	12	1. 67. 8	24	27	896	21	16	1. 40. 1	19	47
967	23	7	2. 22. 7	28	93	931	22	11	1. 67. »	24	13	895	21	15	1. 39. 4	19	33
966	23	6	2. 21. 9	28	80	930	22	10	1. 66. 2	24	00	894			1. 38. 6	19	20
965	23	5	2. 21. 1	28	67	929			1. 65. 5	23	87	893	21	14	1. 37. 8	19	07
964	23	4	2. 20. 4	28	53	928	22	9	1. 64. 7	23	73	892	21	13	1. 37. 1	18	93
963			2. 19. 6	28	40	927	22	8	1. 63. 9	23	60	891	21	12	1. 36. 3	18	80
962	23	3	2. 18. 8	28	27	926	22	7	1. 63. 2	23	47	890			1. 35. 5	18	67
961	23	2	2. 18. »	28	13	925			1. 62. 4	23	33	889	21	11	1. 34. 8	18	53
960	23	1	2. 17. 3	28	00	924	22	6	1. 61. 6	23	20	888	21	10	1. 34. »	18	40
959			2. 16. 5	27	87	923	22	5	1. 60. 9	23	07	887	21	9	1. 33. 2	18	27
958	23	»	2. 15. 7	27	73	922	22	4	1. 60. 1	22	93	886			1. 32. 4	18	13
957	22	31	2. 15. »	27	60	921	22	3	1. 59. 3	22	80	885	21	8	1. 31. 7	18	00
956	22	30	2. 14. 2	27	47	920			1. 58. 6	22	67	884	21	7	1. 30. 9	17	87
955			2. 13. 4	27	33	919	22	2	1. 57. 8	22	53	883	21	6	1. 30. 1	17	73
954	22	29	2. 12. 7	27	20	918	22	1	1. 57. »	22	40	882	21	5	1. 29. 4	17	60
953	22	28	2. 11. 9	27	07	917	22	»	1. 56. 3	22	27	881			1. 28. 6	17	47

*Quantité d'***ALLIAGE** *nécessaire pour descendre à 750 Millièmes, ou 18 Karats, une* **ONCE** *et 100* **GRAMMES** *d'***OR** *à l'un des titres ci-dessous.*

MILLIÈMES.	CONV. Karats.	CONV. Trente-deux.	ALLIAGE Pour 1 once. Gros. Grains. Dixièmes.	ALLIAGE Pour 100 gr. Grammes.	Centigr.	MILLIÈMES.	CONV. Karats.	CONV. Trente-deux.	ALLIAGE Pour 1 once. Gros. Grains. Dixièmes.	ALLIAGE Pour 100 gr. Grammes.	Centigr.	MILLIÈMES.	CONV. Karats.	CONV. Trente-deux.	ALLIAGE Pour 1 once. Gros. Grains. Dixièmes.	ALLIAGE Pour 100 gr. Grammes.	Centigr.
880	21	4	1. 27. 8	17	33	844	20	8	1. » 2	12	53	808			» 44. 5	7	73
879	21	3	1. 27. 1	17	20	843			» 71. 4	12	40	807	19	12	» 43. 8	7	60
878	21	2	1. 26. 3	17	07	842	20	7	» 70. 7	12	27	806	19	11	» 43. »	7	47
877			1. 25. 6	16	93	841	20	6	» 69. 9	12	13	805	19	10	» 42. 2	7	33
876	21	1	1. 24. 8	16	80	840	20	5	» 69. 1	12	00	804			» 41. 5	7	20
875	21	»	1. 24. »	16	67	839	20	4	» 68. 3	11	87	803	19	9	» 40. 7	7	07
874	20	31	1. 23. 2	16	53	838			» 67. 6	11	73	802	19	8	» 39. 9	6	93
873			1. 22. 5	16	40	837	20	3	» 66. 8	11	60	801	19	7	» 39. 2	6	80
872	20	30	1. 21. 7	16	27	836	20	2	» 66. »	11	47	800			» 38. 4	6	67
871	20	29	1. 20. 9	16	13	835	20	1	» 65. 3	11	33	799	19	6	» 37. 6	6	53
870	20	28	1. 20. 2	16	00	834			» 64. 5	11	20	798	19	5	» 36. 9	6	40
869			1. 19. 4	15	87	833	20	»	» 63. 7	11	07	797	19	4	» 36. 1	6	27
868	20	27	1. 18. 6	15	73	832	19	31	» 63. »	10	93	796	19	3	» 35. 3	6	13
867	20	26	1. 17. 9	15	60	831	19	30	» 62. 2	10	80	795			» 34. 6	6	00
866	20	25	1. 17. 1	15	47	830			» 61. 4	10	67	794	19	2	» 33. 8	5	87
865	20	24	1. 16. 3	15	33	829	19	29	» 60. 7	10	53	793	19	1	» 33. »	5	73
864			1. 15. 6	15	20	828	19	28	» 59. 9	10	40	792	19	»	» 32. 3	5	60
863	20	23	1. 14. 8	15	07	827	19	27	» 59. 1	10	27	791			» 31. 5	5	47
862	20	22	1. 14. »	14	93	826	19	26	» 58. 4	10	13	790	18	31	» 30. 7	5	33
861	20	21	1. 13. 2	14	80	825			» 57. 6	10	00	789	18	30	» 29. 9	5	20
860			1. 12. 5	14	67	824	19	25	» 56. 8	9	87	788	18	29	» 29. 2	5	07
859	20	20	1. 11. 7	14	53	823	19	24	» 56. 1	9	73	787			» 28. 4	4	93
858	20	19	1. 10. 9	14	40	822	19	23	» 55. 3	9	60	786	18	28	» 27. 6	4	80
857	20	18	1. 10. 2	14	27	821			» 54. 5	9	47	785	18	27	» 26. 9	4	67
856			1. 9. 4	14	13	820	19	22	» 53. 8	9	33	784	18	26	» 26. 1	4	53
855	20	17	1. 8. 6	14	00	819	19	21	» 53. 1	9	20	783	18	25	» 25. 3	4	40
854	20	16	1. 7. 9	13	87	818	19	20	» 52. 2	9	07	782			» 24. 6	4	27
853	20	15	1. 7. 1	13	73	817			» 51. 5	8	93	781	18	24	» 23. 8	4	13
852	20	14	1. 6. 3	13	60	816	19	19	» 50. 7	8	80	780	18	23	» 23. »	4	00
851			1. 5. 6	13	47	815	19	18	» 49. 9	8	67	779	18	22	» 22. 3	3	87
850	20	13	1. 4. 8	13	33	814	19	17	» 49. 2	8	53	778			» 21. 5	3	73
849	20	12	1. 4. »	13	20	813	19	16	» 48. 4	8	40	777	18	21	» 20. 7	3	60
848	20	11	1. 3. 3	13	07	812			» 47. 6	8	27	776	18	20	» 20. »	3	47
847			1. 2. 5	12	93	811	19	15	» 46. 8	8	13	775	18	19	» 19. 2	3	33
846	20	10	1. 1. 7	12	80	810	19	14	» 46. 1	8	00	774			» 18. 4	3	20
845	20	9	1. 1. »	12	67	809	19	13	» 45. 3	7	87	773	18	18	» 17. 7	3	07

Quantité d'ALLIAGE nécessaire pour descendre à 750 Millièmes, ou 18 Karats, une ONCE et 100 GRAMMES d'OR à l'un des titres ci-dessous.

MILLIÈMES.	CONV. Karats.	CONV. Trente-deux.	ALLIAGE Pour 1 once. Gros. Grains. Dixièmes.	ALLIAGE Pour 100 gr. Grammes. Centigr.	MILLIÈMES.	CONV. Karats.	CONV. Trente-deux.	ALLIAGE Pour 1 once. Gros. Grains. Dixièmes.	ALLIAGE Pour 100 gr. Grammes. Centigr.	MILLIÈMES.	CONV. Karats.	CONV. Trente-deux.	ALLIAGE Pour 1 once. Gros. Grains. Dixièmes.	ALLIAGE Pour 100 gr. Grammes. Centigr.
772	18	17	» 16. 9	2 95	764	18	11	» 10. 8	1 87	756			» 4. 6	0 80
771	18	16	» 16. 1	2 80	763	18	10	» 10. »	1 73	755	18	4	» 3. 8	0 67
770	18	15	» 15. 4	2 67	762	18	9	» 9. 2	1 60	754	18	3	» 3. 1	0 53
769			» 14. 6	2 53	761			» 8. 4	1 47	753	18	2	» 2. 5	0 40
768	18	14	» 13. 8	2 40	760	18	8	» 7. 7	1 33	752			» 1. 5	0 27
767	18	13	» 13. 1	2 27	759	18	7	» 6. 9	1 20	751	18	1	» 1. 8	0 13
766	18	12	» 12. 3	2 13	758	18	6	» 6. 1	1 07	750	18	»	» » »	0 00
765			» 11. 5	2 00	757	18	5	» 5. 4	0 93					

CHAPITRE XIII.

DE LA QUANTITÉ D'OR FIN, A 1000 MILLIÈMES, NÉCESSAIRE POUR REHAUSSER UNE ONCE ET 100 GRAMMES D'OR, D'UN KARAT A L'AUTRE (VOYEZ, POUR LA CONVERSION DES KARATS EN MILLIÈMES, LE CHAPITRE DES DORÉS, PAGE 46).

TITRES à REHAUSSER. Karats. à Karats.	OR FIN Pour 1 once. Onces. Gros. Grains.	OR FIN Pour 100 gr. Grammes. Centigr.	TITRES à REHAUSSER. Karats. à Karats.	OR FIN Pour 1 once. Onces. Gros. Grains.	OR FIN Pour 100 gr. Grammes. Centigr.	TITRES à REHAUSSER. Karats. à Karats.	OR FIN Pour 1 once. Onces. Gros. Grains.	OR FIN Pour 100 gr. Grammes. Centigr.
10 à 11	» » 44	7 69	10 à 23	13. » »	1300 0	11 à 22	5. 4. »	550 0
10 . 12	» 1. 24	16 67				11 . 23	12. » »	1200 0
10 . 13	» 2. 13	27 27	11 à 12	» » 48	8 33			
10 . 14	» 3. 14	40 0	11 . 13	» 1. 33	18 18	12 à 13	» » 52	9 01
10 à 15	» 4. 52	55 56	11 à 14	» 2. 29	30 0	12 à 14	» 1. 45	20 0
10 . 16	» 6. »	75 0	11 . 15	» 3. 40	44 44	12 . 15	» 2. 48	33 33
10 . 17	1. » »	100 0	11 . 16	» 5. »	62 50	12 . 16	» 4. »	50 0
10 . 18	1. 2. 48	133 34	11 . 17	» 6. 62	83 71	12 . 17	» 5. 31	71 40
10 à 19	1. 6. 29	180 0	11 à 18	1. 1. 24	116 67	12 à 18	1. » »	102 22
10 . 20	2. 4. »	250 0	11 . 19	1. 4. 53	160 0	12 . 19	1. 3. 14	140 0
10 . 21	3. 3. 24	366 66	11 . 20	2. 2. »	225 0	12 . 20	2. » »	200 0
10 . 22	6. » »	600 0	11 . 21	3. 2. 48	333 33	12 . 21	3. » »	300 0

Quantité d'OR FIN, à 1000 Millièmes, nécessaire pour rehausser une ONCE et 100 GRAMMES d'OR, d'un karat à l'autre.

TITRES à REHAUSSER.	OR FIN Pour 1 once.			OR FIN Pour 100 gr.		TITRES à REHAUSSER.	OR FIN Pour 1 once.			OR FIN Pour 100 gr.		TITRES à REHAUSSER.	OR FIN Pour 1 once.			OR FIN Pour 100 gr.	
Karats. à Karats.	Onces.	Gros.	Grains.	Grammes.	Centigr.	Karats. à Karats.	Onces.	Gros.	Grains.	Grammes.	Centigr.	Karats. à Karats.	Onces.	Gros.	Grains.	Grammes.	Centigr.
12 à 22	5.	»	»	500	0	15 à 16	»	1.	»	12	50	18 à 19	»	1.	45	20	0
12 . 23	11.	»	»	1100	0	15 . 17	»	2.	21	23	37	18 . 20	»	4.	»	50	0
						15 . 18	»	4.	»	50	0	18 . 21	1.	»	»	100	0
13 à 14	»	»	58	10	0	15 . 19	»	6.	29	80	0	18 . 22	2.	»	»	200	0
13 à 15	»	1.	20	22	22	15 à 20	1.	2.	»	125	0	18 . 23	5.	»	»	500	0
13 . 16	»	3.	»	37	50	15 . 21	2.	»	»	200	0						
13 . 17	»	4.	41	57	14	15 . 22	3	4.	»	350	0	19 à 20	»	2.	»	25	0
13 . 18	»	6.	48	83	33	15 . 23	8.	»	»	800	0	19 . 21	»	5.	24	66	67
13 à 19	1.	1.	45	120	0							19 . 22	1.	4.	»	150	0
13 . 20	1.	6.	»	175	0	16 à 17	»	1.	10	14	29	19 . 23	4.	»	»	400	0
13 . 21	2.	5.	24	266	66	16 . 18	»	2.	48	33	33						
13 . 22	4.	4.	»	450	0	16 . 19	»	4.	22	60	0	20 à 21	»	2.	48	33	33
13 à 23	10.	»	»	1000	0	16 à 20	1.	»	»	100	0	20 à 22	1.	»	»	100	0
						16 . 21	1.	5.	24	166	67	20 . 23	3.	»	»	300	0
14 à 15	»	»	64	11	11	16 . 22	3.	»	»	300	0						
14 . 16	»	2.	»	25	0	16 . 23	7.	»	»	700	0	21 à 22	»	4.	»	50	0
14 à 17	»	3.	31	42	86							21 à 23	2.	»	»	200	0
14 . 18	»	5.	24	66	67	17 à 18	»	1.	24	16	67						
14 . 19	1.	»	»	100	0	17 . 19	»	3.	15	40	0	22 à 23	1.	»	»	100	0
14 . 20	1.	4.	»	150	0	17 . 20	»	6.	»	75	0						
14 à 21	2.	2.	48	233	33	17 à 21	1.	2.	48	133	33						
14 . 22	4.	»	»	400	0	17 . 22	2	4.	»	250	0						
14 . 23	9.	»	»	900	0	17 . 23	6.	»	»	600	0						

CHAPITRE XIV.

DE LA QUANTITÉ D'ALLIAGE POUR DESCENDRE UNE ONCE ET 100 GRAMMES D'OR, D'UN KARAT A L'AUTRE (VOYEZ POUR LA CONVERSION EN MILLIÈMES, LE CHAPITRE DES DORÉS, PAGE 46).

TITRES à DESCENDRE.	ALLIAGE Pour 1 once.	ALLIAGE Pour 100 gr.	TITRES à DESCENDRE.	ALLIAGE Pour 1 once.	ALLIAGE Pour 100 gr.	TITRES à DESCENDRE.	ALLIAGE Pour 1 once.	ALLIAGE Pour 100 gr.
Karats. Karats.	Onces. Gros. Grains.	Grammes. Centigr.	Karats. Karats.	Onces. Gros. Grains.	Grammes. Centigr.	Karats. Karats.	Onces. Gros. Grains.	Grammes. Centigr.
24 à 23	» » 23	4 35	22 à 21	» » 27	4 76	20 à 16	» 2. »	25 00
24 . 22	» » 52	9 09	22 . 20	» » 53	10 00	20 . 15	» 2. 48	33 33
24 . 21	» 1. 10	14 29	22 . 19	» 1. 19	15 79	20 . 14	» 3. 32	42 86
24 . 20	» 1. 45	20 00	22 . 18	» 1. 56	22 22	20 . 13	» 4. 22	53 85
24 à 19	» 2. 7	26 32	22 à 17	» 2. 26	29 41	20 à 12	» 5. 24	66 67
24 . 18	» 2. 48	33 33	22 . 16	» 3. »	37 50	20 . 11	» 6. 40	81 82
24 . 17	» 3. 21	41 17	22 . 15	» 3. 53	46 67	20 . 10	1. » »	100 00
24 . 16	» 4. »	50 00	22 . 14	» 4. 42	57 14			
24 à 15	» 4. 58	60 00	22 à 13	» 5. 39	69 23	19 à 18	» » 32	5 56
24 . 14	» 5. 52	71 43	22 . 12	» 6. 48	83 33	19 . 17	» » 68	11 77
24 . 13	» 6. 55	84 61	22 . 11	1. » »	100 00	19 . 16	» 1. 36	18 75
24 . 12	1. » »	100 00	22 . 10	1 1. 43	120 00	19 . 15	» 2. 10	26 67
24 à 11	1 1. 33	118 18				19 à 14	» 2. 62	35 72
24 . 10	1. 3. 14	140 00	21 à 20	» » 29	5 00	19 . 13	» 3. 50	46 15
			21 . 19	» » 61	10 53	19 . 12	» 4. 43	58 33
23 à 22	» » 26	4 55	21 . 18	» 1. 24	16 67	19 . 11	» 5. 59	72 73
23 à 21	» » 55	9 53	21 à 17	» 1. 64	23 53	19 à 10	» 7. 14	90 00
23 . 20	» 1 14	15 00	21 . 16	» 2. 36	31 25			
23 . 19	» 1. 49	21 05	21 . 15	» 3. 14	40 00	18 à 17	» » 34	5 88
23 . 18	» 2. 16	27 78	21 . 14	» 4. 1	50 00	18 . 16	» 1. »	12 50
23 à 17	» 2. 59	35 29	21 à 13	» 4. 67	61 54	18 à 15	» 1. 43	20 00
23 . 16	» 3. 58	43 75	21 . 12	» 6. »	75 00	18 . 14	» 2. 21	28 57
23 . 15	» 4. 19	53 34	21 . 11	» 7. 20	90 91	18 . 13	» 3. 6	38 46
23 . 14	» 5. 11	64 29	21 . 10	1. » 60	110 00	18 . 12	» 4. »	50 00
23 . 13	» 6. 11	76 92				18 à 11	» 5. 7	63 64
23 . 12	» 7. 24	91 66	20 à 19	» » 30	5 26	18 . 10	» 6. 29	80 00
23 . 11	1. » 35	109 09	20 . 18	» » 64	11 11			
23 . 10	1. 2. 29	130 00	20 . 17	» 1. 30	17 65	17 à 16	» » 36	6 25

Quantité d'ALLIAGE nécessaire pour descendre UNE ONCE et 100 GRAMMES d'OR d'un karat à l'autre.

TITRES à DESCENDRE.	OR FIN Pour 1 once.	OR FIN Pour 100 gr.	TITRES à DESCENDRE.	OR FIN Pour 1 once.	OR FIN Pour 100 gr.	TITRES à DESCENDRE.	OR FIN Pour 1 once.	OR FIN Pour 100 gr.
Karats. Karats.	Onces. Gros. Grains.	Grammes. Centigr.	Karats. Karats.	Onces. Gros. Grains.	Grammes. Centigr.	Karats. Karats.	Onces. Gros. Grains.	Grammes. Centigr.
17 à 15	» 1. 5	13 33	16 à 10	» 4. 58	60 00	13 à 12	» » 48	8 33
17 . 14	» 1. 51	21 43				13 . 11	» 1. 33	18 18
17 . 13	» 2. 33	30 77	15 à 14	» » 41	7 14	13 . 10	» 2. 29	30 00
17 . 12	» 3. 24	41 67	15 . 13	» 1. 17	15 38			
17 à 11	» 4. 26	54 55	15 à 12	» 2. »	25 00	12 à 11	» » 52	9 09
17 . 10	» 5. 43	70 00	15 . 11	» 2. 66	36 36	12 . 10	» 1. 43	20 00
			15 . 10	» 4. »	50 00			
16 à 15	» » 38	6 67				11 à 10	» » 58	10 00
16 à 14	» 1. 11	14 29	14 à 13	» » 44	7 69			
16 . 13	» 1. 61	23 08	14 . 12	» 1. 24	16 67			
16 . 12	» 2. 48	33 33	14 . 11	» 2. 13	27 27			
16 . 11	» 3. 46	45 46	14 . 10	» 3. 14	40 00			

TARIF POUR LES TRENTE-DEUX A ALLIER, SOIT EN HAUSSE, SOIT EN BAISSE.

Pour 16 trente-deux d'un karat à l'autre suivant, prendre la moitié du poids d'or fin ou d'alliage de ce karat; pour 8 trente-deux, le quart, etc. Exemple : pour descendre le titre de 24 karats à 23 karats, je vois sur le tarif qu'il faut 25 grains d'alliage, par conséquent, si j'avais 23 karats 16 trente-deux à descendre à 23 karats, je ne prendrais que la moitié de cet alliage, 16 trente-deux étant la moitié d'un karat. Même moyen pour rehausser les trente-deux de 10 karats à 11 karats.

Pour 16 trente-deux d'un karat à 2 karats suivans, prendre le quart du poids d'or fin ou d'alliage de ces 2 karats, pour 8 trente-deux, la moitié du quart, etc. Exemple : pour descendre le titre de 23 karats 16 trente-deux à 22 karats, je prends d'abord l'alliage de 23 karats à 22 karats. Ensuite, pour les 16 trente-deux, le quart de l'alliage de 24 karats à 22 karats, 16 trente-deux étant le quart de 2 karats. Même moyen pour rehausser les trente-deux de 10 karats à 12 karats.

Pour 16 trente-deux d'un karat à 3 karats suivans, prendre le 6e du poids d'or fin ou d'alliage des ces 3 karats, pour 8 trente-deux, la moitié du 6e, etc. Exemple : pour descendre le titre de 23 karats 16 trente-deux à 21 karats, je prends d'abord l'alliage de 23 karats à 21 karats, ensuite, pour les 16 trente-deux, le 6e du poids de 24 karats à 21 karats, 16 trente-deux étant le sixième de 3 karats. Même moyen pour rehausser les trente-deux de 10 karats à 13 karats.

Pour 16 trente-deux d'un karat à 4 karats suivans, prendre le 8e du poids d'or fin ou d'alliage de ces 4 karats, 16 trente-deux étant le huitième de 4 karats. Pour 8 trente-deux la moitié du 8e, etc.

Pour 16 trente-deux d'un karat à 5 karats suivans, prendre le 10e du poids d'or fin ou d'alliage de ces 5 karats, 16 trente-deux étant le dixième de 5 karats. Pour 8 trente-deux la moitié du 10e, etc.

Pour 16 trente-deux d'un karat à 6 karats suivans, prendre le 12e du poids d'or fin ou d'alliage de ces 6 karats. Pour 8 trente-deux la moitié du 12e etc.

Pour 16 trente-deux d'un karat à 7 karats suivans, prendre le 14e du poids d'or fin ou d'alliage de ces 7 karats. Pour 8 trente-deux la moitié du 14e etc.

Pour 16 trente-deux d'un karat à 8 karats suivans, prendre le 16e du poids d'or fin ou d'alliage de ces 8 karats. Pour 8 trente-deux la moitié du 16e etc.

Pour 16 trente-deux d'un karat à 9 karats suivans, prendre le 18e du poids d'or fin ou d'alliage de ces 9 karats. Pour 8 trente-deux la moitié du 18e etc.

Pour 16 trente-deux d'un karat à 10 karats suivans, prendre le 20e du poids d'or fin ou d'alliage de ces 10 karats. Pour 8 trente-deux la moitié du 20e etc.

Pour 16 trente-deux d'un karat à 11 karats suivans, prendre les 22e du poids d'or fin ou d'alliage de ces 11 karats. Pour 8 trente-deux la moitié du 22e etc.

Pour 16 trente-deux d'un karat à 12 karats suivans, prendre le 24e du poids d'or fin ou d'alliage de ces 12 karats. Pour 8 trente-deux la moitié du 24e etc.

CHAPITRE XV.

DE L'OR DE COULEUR ET DES SOUDURES D'OR ET D'ARGENT.

De la Quantité d'ALLIAGE nécessaire pour l'OR DE COULEUR à 750 Millièmes, ou 18 Karats.

	Onces.	Gros.	Demi-Gr.	Grains.
OR ANGLAIS.				
Or fin.	1.	»	»	»
Argent fin.	»	1.	»	24
Cuivre rouge.	»	1.	»	24
	1.	2.	½	12
OR ROUGE.				
Or fin.	1.	»	»	»
Cuivre rosette pur. . .	»	2.	½	12
	1.	2.	½	12
OR ROSE.				
Or fin.	1.	»	»	»
Argent fin.	»	»	½	»
Cuivre rouge rosette. .	»	2.	»	12
	1.	2.	½	12

	Onces.	Gros.	Demi-Gr.	Grains.
OR VERT.				
Or fin.	1.	»	»	»
Argent fin.	»	2.	½	12
	1.	2.	½	12
OR GRIS.				
Or fin	1.	»	»	»
Limaille de fer.	»	2.	½	12
	1.	2.	½	12

Pour fondre cette soudure plus facilement, il faut mettre la limaille dans un borax très-épais, fondre d'abord l'or, et quand il est en fusion mettre la limaille ; donner extrêmement chaud. Ne pas ménager le borax.

ALLIAGE des Soudures d'Or et d'Argent.

SOUDURES D'OR.

	Onces.	Gros.	Demi-Gr.	Grains.
SOUDURE AU 6.				
Or (18 karats)	5.	»	»	»
Argent fin.	»	3.	½	»
Cuivre rouge.	»	2.	½	»
	6.	»	»	»
SOUDURE AU 4.				
Or (18 karats)	3.	»	»	»
Argent fin.	»	3.	½	»
Cuivre rouge.	»	2.	½	»
	4.	»	»	»
SOUDURE AU 3.				
Or (18 karats)	2.	»	»	»
Argent fin.	»	3.	»	24
Cuivre rouge.	»	2.	½	12
	3.	»	»	»
SOUDURE AU 2.				
Or (18 karats)	1.	»	»	»
Argent fin.	»	3.	»	24
Cuivre rouge.	»	2.	½	12
	2.	»	»	»
SOUDURE GÉNEVOISE.				
Or (18 karats)	»	2.	»	»
Argent 1er titre	»	4.	»	»
Cuivre rouge.	»	1.	»	»
Cuivre jaune.	»	1.	»	»
	1.	»	»	»

Cette soudure est employée par les monteurs de boîtes pour les rhabillages qui ne peuvent être beaucoup chauffés. Cette soudure est si tendre qu'on peut s'en servir pour raccommoder un bijou d'argent au 2e titre.

Si l'on préfère se servir d'or fin pour faire ces soudures, on ajoutera, en plus de l'alliage donné ci-dessus, 2 gros et demi 12 grains par once d'or fin.

Composition à ajouter aux soudures d'or pour les rendre plus coulantes, et leur faire prendre la couleur plus facilement.

	Onces.	Gros.	Demi-Gr.	Grains.
Argent 1er titre.	1.	»	»	»
Zinc	»	4.	»	»
Cuivre jaune.	»	4.	»	»
	2.	»	»	»

Fondre deux fois; mettre en plus, par gros de soudure déjà alliée, 4 grains de cette matière.

Autre moyen.

Ajoutez un demi-gros d'arsenic au moment de couler votre soudure, ensuite donnez une petite chaude. Cette soudure exige beaucoup de précaution pour l'apprêter. Il ne faut la recuire que rose, sans cela elle tomberait dans le feu; lorsque le laminé est arrivé au point d'être mis en rouleau pour être recuit, il faut avoir soin de le tremper dans une eau de terre à poêle afin d'empêcher le rouleau de se souder; elle se forge et se lamine comme les autres soudures.

SOUDURES D'ARGENT.

	Onces.	Gros.	Demi-Gr.	Grains.
SOUDURE AU 6.				
Argent 1er titre. . . .	5.	»	»	»
Cuivre jaune.	1.	»	»	»
	6.	»	»	»
SOUDURE AU 4.				
Argent 1er titre. . . .	3.	»	»	»
Cuivre jaune.	1.	»	»	»
	4.	»	»	»
SOUDURE AU 3.				
Argent 1er titre. . . .	2.	»	»	»
Cuivre jaune.	1.	»	»	»
	3.	»	»	»

Moyen pour dessouder l'émail et l'étain.

Faites tremper vos pièces dans de l'esprit de sel; il faut environ 24 heures pour l'étain, et 3 jours pour l'émail. Il n'y a pas de danger d'altérer vos pièces.

CHAPITRE XVI.

DE LA QUANTITÉ D'ARGENT FIN, A 1000 MILLIÈMES, NÉCESSAIRE POUR REHAUSSER A 950 MILLIÈMES (1er TITRE), UN MARC ET UN KILO D'ARGENT, A L'UN DES TITRES CI-DESSOUS. (VOYEZ, POUR LA CONVERSION EN DENIERS ET GRAINS, LE CHAPITRE DES DORÉS, PAGE 46).

MILLIÈMES.	ARGENT FIN — Pour un Marc. Marcs.	Onces.	Gros.	Grains.	Dixièmes.	Pour un Kilo. Kilos.	Grammes.	MILLIÈMES.	ARGENT FIN — Pour un Marc. Marcs.	Onces.	Gros.	Grains.	Dixièmes.	Pour un Kilo. Kilos.	Grammes.	MILLIÈMES.	ARGENT FIN — Pour un Marc. Marcs.	Onces.	Gros.	Grains.	Dixièmes.	Pour un Kilo. Kilos.	Grammes.
500	9.	»	»	»	»	9	000	528	8.	3.	4.	11.	5	8	440	556	7.	7.	»	23.	»	7	880
501	8.	7.	6.	51.	8	8	980	529	8.	3.	2.	63.	4	8	420	557	7.	6.	7.	2.	9	7	860
502	8.	7.	5.	31.	7	8	960	530	8.	3.	1.	43.	2	8	400	558	7.	6.	5.	54.	7	7	840
503	8.	7.	4.	11.	5	8	940	531	8.	3.	»	23.	»	8	380	559	7.	6.	4.	34.	6	7	820
504	8.	7.	2.	63.	4	8	920	532	8.	2.	7.	2.	9	8	360	560	7.	6.	3.	14.	4	7	800
505	8.	7.	1.	43.	2	8	900	533	8.	2.	5.	54.	7	8	340	561	7.	6.	1.	66.	2	7	780
506	8.	7.	»	23.	»	8	880	534	8.	2.	4.	34.	6	8	320	562	7.	6.	»	46.	1	7	760
507	8.	6.	7.	2.	9	8	860	535	8.	2.	3.	14.	4	8	300	563	7.	5.	7.	25.	9	7	740
508	8.	6.	5.	54.	7	8	840	536	8.	2.	1.	66.	2	8	280	564	7.	5.	6.	5.	8	7	720
509	8.	6.	4.	34.	6	8	820	537	8.	2.	»	46.	1	8	260	565	7.	5.	4.	57.	6	7	700
510	8.	6.	3.	14.	4	8	800	538	8.	1.	7.	25.	9	8	240	566	7.	5.	3.	37.	4	7	680
511	8.	6.	1.	66.	2	8	780	539	8.	1.	6.	5.	8	8	220	567	7.	5.	2.	17.	3	7	660
512	8.	6.	»	46.	1	8	760	540	8.	1.	4.	57.	6	8	200	568	7.	5.	»	69.	1	7	640
513	8.	5.	7.	25.	9	8	740	541	8.	1.	3.	37.	4	8	180	569	7.	4.	7.	49.	»	7	620
514	8.	5.	6.	5.	8	8	720	542	8.	1.	2.	17.	3	8	160	570	7.	4.	6.	28.	8	7	600
515	8.	5.	4.	57.	6	8	700	543	8.	1.	»	69.	1	8	140	571	7.	4.	5.	8.	6	7	580
516	8.	5.	3.	37.	4	8	680	544	8.	»	7.	49.	»	8	120	572	7.	4.	3.	60.	5	7	560
517	8.	5.	2.	17.	3	8	660	545	8.	»	6.	28.	8	8	100	573	7.	4.	2.	40.	3	7	540
518	8.	5.	»	69.	1	8	640	546	8.	»	5.	8.	6	8	80	574	7.	4.	1.	20.	2	7	520
519	8.	4.	7.	49.	»	8	620	547	8.	»	3.	60.	5	8	60	575	7.	4.	»	»	»	7	500
520	8.	4.	6.	28.	8	8	600	548	8.	»	2.	40.	3	8	40	576	7.	3.	6.	51.	8	7	480
521	8.	4.	5.	8.	6	8	580	549	8.	»	1.	20.	2	8	20	577	7.	3.	5.	31.	7	7	460
522	8.	4.	3.	60.	5	8	560	550	8.	»	»	»	»	8	00	578	7.	3.	4.	11.	5	7	440
523	8.	4.	2.	40.	3	8	540	551	7.	7.	6.	51.	8	7	980	579	7.	3.	2.	63.	4	7	420
524	8.	4.	1.	20.	2	8	520	552	7.	7.	5.	31.	7	7	960	580	7.	3.	1.	43.	2	7	400
525	8.	4.	»	»	»	8	500	553	7.	7.	4.	11.	5	7	940	581	7.	3.	»	23.	»	7	380
526	8.	3.	6.	51.	8	8	480	554	7.	7.	2.	63.	4	7	920	582	7.	2.	7.	2.	9	7	360
527	8.	3.	5.	31.	7	8	460	555	7.	7.	1.	43.	2	7	900	583	7.	2.	5.	54.	7	7	340

Quantité d'ARGENT FIN, à 1000 Millièmes, nécessaire pour rehausser à 950 Millièmes (1er titre), un MARC et un KILO d'ARGENT à l'un des titres ci-dessous.

MILLIÈMES.	ARGENT FIN							MILLIÈMES.	ARGENT FIN							MILLIÈMES.	ARGENT FIN						
	Pour un Marc.					Pour un Kilo.			Pour un Marc.					Pour un Kilo.			Pour un Marc.					Pour un Kilo.	
	Marcs.	Onces.	Gros.	Grains.	Dixièmes.	Kilos.	Grammes.		Marcs.	Onces.	Gros.	Grains.	Dixièmes.	Kilos.	Grammes.		Marcs.	Onces.	Gros.	Grains.	Millièmes.	Kilos.	Grammes.
584	7.	2.	4.	34.	6	7	320	620	6.	4.	6.	28.	8	6	600	656	5.	7.	»	23.	»	5	880
585	7.	2.	3.	14.	4	7	300	621	6.	4.	5.	8.	6	6	580	657	5.	6.	7.	2.	9	5	860
586	7.	2.	1.	66.	2	7	280	622	6.	4.	3.	60.	5	6	560	658	5.	6.	5.	54.	7	5	840
587	7.	2.	»	46.	1	7	260	623	6.	4.	2.	40.	3	6	540	659	5.	6.	4.	34.	6	5	820
588	7.	1.	7.	25.	9	7	240	624	6.	4.	1.	20.	2	6	520	660	5.	6.	3.	14.	4	5	800
589	7.	1.	6.	5.	8	7	220	625	6.	4.	»	»	»	6	500	661	5.	6.	1.	66.	2	5	780
590	7.	1.	4.	57.	6	7	200	626	6.	3.	6.	51.	8	6	480	662	5.	6.	»	46.	1	5	760
591	7.	1.	3.	37.	4	7	180	627	6.	3.	5.	31.	7	6	460	663	5.	5.	7.	25.	9	5	740
592	7.	1.	2.	17.	3	7	160	628	6.	3.	4.	11.	5	6	440	664	5.	5.	6.	5.	8	5	720
593	7.	1.	»	69.	1	7	140	629	6.	3.	2.	63.	4	6	420	665	5.	5.	4.	57.	6	5	700
594	7.	»	7.	49.	»	7	120	630	6.	3.	1.	43.	2	6	400	666	5.	5.	3.	37.	4	5	680
595	7.	»	6.	28.	8	7	100	631	6.	3.	»	23.	»	6	380	667	5.	5.	2.	17.	3	5	660
596	7.	»	5.	8.	6	7	80	632	6.	2.	7.	2.	9	6	360	668	5.	5.	»	69.	1	5	640
597	7.	»	3.	60.	5	7	60	633	6.	2.	5.	54.	7	6	340	669	5.	4.	7.	49.	»	5	620
598	7.	»	2.	40.	3	7	40	634	6.	2.	4.	34.	6	6	320	670	5.	4.	6.	28.	8	5	600
599	7.	»	1.	20.	2	7	20	635	6.	2.	3.	14.	4	6	300	671	5.	4.	5.	8.	6	5	580
600	7.	»	»	»	»	7	00	636	6.	2.	1.	66.	2	6	280	672	5.	4.	3.	60.	5	5	560
601	6.	7.	6.	51.	8	6	980	637	6.	2.	»	46.	1	6	260	673	5.	4.	2.	40.	3	5	540
602	6.	7.	5.	31.	7	6	960	638	6.	1.	7.	25.	9	6	240	674	5.	4.	1.	20.	2	5	520
603	6.	7.	4.	11.	5	6	940	639	6.	1.	6.	5.	8	6	220	675	5.	4.	»	»	»	5	500
604	6.	7.	2.	63.	4	6	920	640	6.	1.	4.	57.	6	6	200	676	5.	3.	6.	51.	8	5	480
605	6.	7.	1.	43.	2	6	900	641	6.	1.	3.	37.	4	6	180	677	5.	3.	5.	31.	7	5	460
606	6.	7.	»	23.	»	6	880	642	6.	1.	2.	17.	3	6	160	678	5.	3.	4.	11.	5	5	440
607	6.	6.	7.	2.	9	6	860	643	6.	1.	»	69.	»	6	140	679	5.	3.	2.	63.	4	5	420
608	6.	6.	5.	54.	7	6	840	644	6.	»	7.	49.	»	6	120	680	5.	3.	1.	43.	2	5	400
609	6.	6.	4.	34.	6	6	820	645	6.	»	6.	28.	8	6	100	681	5.	3.	»	23.	»	5	380
610	6.	6.	3.	14.	4	6	800	646	6.	»	5.	8.	6	6	80	682	5.	2.	7.	2.	9	5	360
611	6.	6.	1.	66.	2	6	780	647	6.	»	3.	60.	5	6	60	683	5.	2.	5.	54.	7	5	340
612	6.	6.	»	46.	1	6	760	648	6.	»	2.	40.	3	6	40	684	5.	2.	4.	34.	6	5	320
613	6.	5.	7.	25.	9	6	740	649	6.	»	1.	20.	2	6	20	685	5.	2.	3.	14.	4	5	300
614	6.	5.	6.	5.	8	6	720	650	6.	»	»	»	»	6	00	686	5.	2.	1.	66.	2	5	280
615	6.	5.	4.	57.	6	6	700	651	5.	7.	6.	51.	8	5	980	687	5.	2.	»	46.	1	5	260
616	6.	5.	3.	37.	4	6	680	652	5.	7.	5.	31.	7	5	960	688	5.	1.	7.	25.	9	5	240
617	6.	5.	2.	17.	3	6	660	653	5.	7.	4.	11.	5	5	940	689	5.	1.	6.	5.	8	5	220
618	6.	5.	»	69.	1	6	640	654	5.	7.	2.	63.	4	5	920	690	5.	1.	4.	57.	6	5	200
619	6.	4.	7.	49.	»	6	620	655	5.	7.	1.	43.	2	5	900	691	5.	1.	3.	37.	4	5	180

Quantité d'ARGENT FIN, à 1000 Millièmes, nécessaire pour rehausser à 950 Millièmes (1er titre), un MARC et un KILO d'ARGENT à l'un des titres ci-dessous.

MILLIÈMES.	ARGENT FIN Pour un Marc.					ARGENT FIN Pour un Kilo.	
	Marcs.	Onces.	Gros.	Grains.	Dixièmes.	Kilos.	Grammes.
692	5.	1.	2.	17.	5	5	160
693	5.	1.	»	69.	1	5	140
694	5.	»	7.	49.	»	5	120
695	5.	»	6.	28.	8	5	100
696	5.	»	5.	8.	6	5	80
697	5.	»	3.	60.	5	5	60
698	5.	»	2.	40.	3	5	40
699	5.	»	1.	20.	2	5	20
700	5.	»	»	»	»	5	00
701	4.	7.	6.	51.	8	4	980
702	4.	7.	5.	31.	7	4	960
703	4.	7.	4.	11.	5	4	940
704	4.	7.	2.	63.	4	4	920
705	4.	7.	1.	43.	2	4	900
706	4.	7.	»	23.	»	4	880
707	4.	6.	7.	2.	9	4	860
708	4.	6.	5.	54.	7	4	840
709	4.	6.	4.	34.	6	4	820
710	4.	6.	3.	14.	4	4	800
711	4.	6.	1.	66.	2	4	780
712	4.	6.	»	46.	1	4	760
713	4.	5.	7.	25.	9	4	740
714	4.	5.	6.	5.	8	4	720
715	4.	5.	4.	57.	6	4	700
716	4.	5.	3.	37.	4	4	680
717	4.	5.	2.	17.	3	4	660
718	4.	5.	»	69.	1	4	640
719	4.	4.	7.	49.	»	4	620
720	4.	4.	6.	28.	8	4	600
721	4.	4.	5.	8.	6	4	580
722	4.	4.	3.	60.	5	4	560
723	4.	4.	2.	40.	3	4	540
724	4.	4.	1.	20.	2	4	520
725	4.	4.	»	»	»	4	500
726	4.	3.	6.	51.	8	4	480
727	4.	3.	5.	31.	7	4	460

MILLIÈMES.	ARGENT FIN Pour un Marc.					ARGENT FIN Pour un Kilo.	
	Marcs.	Onces.	Gros.	Grains.	Dixièmes.	Kilos.	Grammes.
728	4.	3.	4.	11.	5	4	440
729	4.	3.	2.	63.	4	4	420
730	4.	3.	1.	43.	2	4	400
731	4.	3.	»	23.	»	4	380
732	4.	2.	7.	2.	9	4	360
733	4.	2.	5.	54.	7	4	340
734	4.	2.	4.	34.	6	4	320
735	4.	2.	3.	14.	4	4	300
736	4.	2.	1.	66.	2	4	280
737	4.	2.	»	46.	1	4	260
738	4.	1.	7.	25.	9	4	240
739	4.	1.	6.	5.	8	4	220
740	4.	1.	4.	57.	6	4	200
741	4.	1.	3.	37.	4	4	180
742	4.	1.	2.	17.	3	4	160
743	4.	1.	»	69.	1	4	140
744	4.	»	7.	49.	»	4	120
745	4.	»	6.	28.	8	4	100
746	4.	»	5.	8.	6	4	80
747	4.	»	3.	60.	5	4	60
748	4.	»	2.	40.	3	4	40
749	4.	»	1.	20.	2	4	20
750	4.	»	»	»	»	4	00
751	3.	7.	6.	51.	8	3	980
752	3.	7.	5.	31.	7	3	960
753	3.	7.	4.	11.	5	3	940
754	3.	7.	2.	63.	4	3	920
755	3.	7.	1.	43.	2	3	900
756	3.	7.	»	23.	»	3	880
757	3.	6.	7.	2.	9	3	860
758	3.	6.	5.	54.	7	3	840
759	3.	6.	4.	34.	6	3	820
760	3.	6.	3.	14.	4	3	800
761	3.	6.	1.	66.	2	3	780
762	3.	6.	»	46.	1	3	760
763	3.	5.	7.	25.	9	3	740

MILLIÈMES.	ARGENT FIN Pour un Marc.					ARGENT FIN Pour un Kilo.	
	Marcs.	Onces.	Gros.	Grains.	Dixièmes.	Kilos.	Grammes.
764	3.	5.	6.	5.	8	3	720
765	3.	5.	4.	57.	6	3	700
766	3.	5.	3.	37.	4	3	680
767	3.	5.	2.	17.	3	3	660
768	3.	5.	»	69.	1	3	640
769	3.	4.	7.	49.	»	3	620
770	3.	4.	6.	28.	8	3	600
771	3.	4.	5.	8.	6	3	580
772	3.	4.	3.	60.	5	3	560
773	3.	4.	2.	40.	3	3	540
774	3.	4.	1.	20.	2	3	520
775	3.	4.	»	»	»	3	500
776	3.	3.	6.	51.	8	3	480
777	3.	3.	5.	31.	7	3	460
778	3.	3.	4.	11.	5	3	440
779	3.	3.	2.	63.	4	3	420
780	3.	3.	1.	43.	2	3	400
781	3.	3.	»	23.	»	3	380
782	3.	2.	7.	2.	9	3	360
783	3.	2.	5.	54.	7	3	340
784	3.	2.	4.	34.	6	3	320
785	3.	2.	3.	14.	4	3	300
786	3.	2.	1.	66.	2	3	280
787	3.	2.	»	46.	1	3	260
788	3.	1.	7.	25.	9	3	240
789	3.	1.	6.	5.	8	3	220
790	3.	1.	4.	57.	6	3	200
791	3.	1.	3.	37.	4	3	180
792	3.	1.	2.	17.	3	3	160
793	3.	1.	»	69.	1	3	140
794	3.	»	7.	49.	»	3	120
795	3.	»	6.	28.	8	3	100
796	3.	»	5.	8.	6	3	80
797	3.	»	3.	60.	5	3	60
798	3.	»	2.	40.	3	3	40
799	3.	»	1.	20.	2	3	20

DE 800 A 907 MILLIÈMES.

Quantité d'ARGENT FIN, à 1000 Millièmes, nécessaire pour rehausser à 950 Millièmes (1er titre), un MARC et un KILO d'ARGENT à l'un des titres ci-dessous.

MILLIÈMES.	ARGENT FIN — Pour un Marc. Marcs.	Onces.	Gros.	Grains.	Dixièmes.	Pour un Kilo. Kilos.	Grammes.	MILLIÈMES.	ARGENT FIN — Pour un Marc. Marcs.	Onces.	Gros.	Grains.	Dixièmes.	Pour un Kilo. Kilos.	Grammes.	MILLIÈMES.	ARGENT FIN — Pour un Marc. Marcs.	Onces.	Gros.	Grains.	Dixièmes.	Pour un Kilo. Kilos.	Grammes.
800	3.	»	»	»	»	3	000	836	2.	2.	1.	66.	2	2	280	872	1.	4.	3.	60.	5	1	560
801	2.	7.	6.	31.	8	2	980	837	2.	2.	»	46.	1	2	260	873	1.	4.	2.	40.	3	1	540
802	2.	7.	5.	51.	7	2	960	838	2.	1.	7.	25.	9	2	240	874	1.	4.	1.	20.	2	1	520
803	2.	7.	4.	11.	5	2	940	839	2.	1.	6.	5.	8	2	220	875	1.	4.	»	»	»	1	500
804	2.	7.	2.	63.	4	2	920	840	2.	1.	4.	57.	6	2	200	876	1.	3.	6.	51.	8	1	480
805	2.	7.	1.	43.	2	2	900	841	2.	1.	3.	37.	4	2	180	877	1.	3.	5.	31.	7	1	460
806	2.	7.	»	23.	»	2	880	842	2.	1.	2.	17.	3	2	160	878	1.	3.	4.	11.	5	1	440
807	2.	6.	7.	2.	9	2	860	843	2.	1.	»	69.	1	2	140	879	1.	3.	2.	63.	4	1	420
808	2.	6.	5.	54.	7	2	840	844	2.	»	7.	49.	»	2	120	880	1.	3.	1.	43.	2	1	400
809	2.	6.	4.	34.	6	2	820	845	2.	»	6.	28.	8	2	100	881	1.	3.	»	23.	»	1	380
810	2.	6.	3.	14.	4	2	800	846	2.	»	5.	8.	6	2	80	882	1.	2.	7.	2.	9	1	360
811	2.	6.	1.	66.	2	2	780	847	2.	»	3.	60.	5	2	60	883	1.	2.	5.	54.	7	1	340
812	2.	6.	»	46.	1	2	760	848	2.	»	2.	40.	3	2	40	884	1.	2.	4.	34.	6	1	320
813	2.	5.	7.	25.	9	2	740	849	2.	»	1.	20.	2	2	20	885	1.	2.	3.	14.	4	1	300
814	2.	5.	6.	5.	8	2	720	850	2.	»	»	»	»	2	00	886	1.	2.	1.	66.	2	1	280
815	2.	5.	4.	57.	6	2	700	851	1.	7.	6.	51.	8	1	980	887	1.	2.	»	46.	1	1	260
816	2.	5.	3.	37.	4	2	680	852	1.	7.	5.	31.	7	1	960	888	1.	1.	7.	25.	9	1	240
817	2.	5.	2.	17.	3	2	660	853	1.	7.	4.	11.	5	1	940	889	1.	1.	6.	5.	8	1	220
818	2.	5.	»	69.	1	2	640	854	1.	7.	2.	63.	4	1	920	890	1.	1.	4.	57.	6	1	200
819	2.	4.	7.	49.	»	2	620	855	1.	7.	1.	43.	2	1	900	891	1.	1.	3.	37.	4	1	180
820	2.	4.	6.	28.	8	2	600	856	1.	7.	»	23.	»	1	880	892	1.	1.	2.	17.	3	1	160
821	2.	4.	5.	8.	6	2	580	857	1.	6.	7.	2.	9	1	860	893	1.	1.	»	69.	1	1	140
822	2.	4.	3.	60.	5	2	560	858	1.	6.	5.	54.	7	1	840	894	1.	»	7.	49.	»	1	120
823	2.	4.	2.	40.	3	2	540	859	1.	6.	4.	34.	6	1	820	895	1.	»	6.	28.	8	1	100
824	2.	4.	1.	20.	2	2	520	860	1.	6.	3.	14.	4	1	800	896	1.	»	5.	8.	6	1	80
825	2.	4.	»	»	»	2	500	861	1.	6.	1.	66.	2	1	780	897	1.	»	3.	60.	5	1	60
826	2.	3.	6.	51.	8	2	480	862	1.	6.	»	46.	1	1	760	898	1.	»	2.	40.	3	1	40
827	2.	3.	5.	31.	7	2	460	863	1.	5.	7.	25.	9	1	740	899	1.	»	1.	20.	2	1	20
828	2.	3.	4.	11.	5	2	440	864	1.	5.	6.	5.	8	1	720	900	1.	»	»	»	»	1	00
829	2.	3.	2.	63.	4	2	420	865	1.	5.	4.	57.	6	1	700	901	»	7.	6.	51.	8	0	980
830	2.	3.	1.	43.	2	2	400	866	1.	5.	3.	37.	4	1	680	902	»	7.	5.	31.	7	0	960
831	2.	3.	»	23.	»	2	380	867	1.	5.	2.	17.	3	1	660	903	»	7.	4.	11.	5	0	940
832	2.	2.	7.	2.	9	2	360	868	1.	5.	»	69.	1	1	640	904	»	7.	2.	63.	4	0	920
833	2.	2.	5.	54.	7	2	340	869	1.	4.	7.	49.	»	1	620	905	»	7.	1.	43.	2	0	900
834	2.	2.	4.	34.	6	2	320	870	1.	4.	6.	28.	8	1	600	906	»	7.	»	23.	»	0	880
835	2.	2.	3.	14.	4	2	300	871	1.	4.	5.	8.	6	1	580	907	»	6.	7.	2.	9	0	860

Quantité d'ARGENT FIN, à 1000 Millièmes, nécessaire pour rehausser à 950 Millièmes (1er titre), un MARC et un KILO d'ARGENT à l'un des titres ci-dessous.

MILLIÈMES.	ARGENT FIN — Pour un Marc. Marcs.	Onces.	Gros.	Grains.	Dixièmes.	Pour un Kilo. Kilos.	Grammes.	MILLIÈMES.	ARGENT FIN — Pour un Marc. Marcs.	Onces.	Gros.	Grains.	Dixièmes.	Pour un Kilo. Kilos.	Grammes.	MILLIÈMES.	ARGENT FIN — Pour un Marc. Marcs.	Onces.	Gros.	Grains.	Dixièmes.	Pour un Kilo. Kilos.	Grammes.
908	»	6.	3.	54.	7	0	840	924	»	4.	1.	20.	2	0	520	940	»	1.	4.	57.	6	0	200
909	»	6.	4.	34.	6	0	820	925	»	4.	»	»	»	0	500	941	»	1.	3.	37.	4	0	180
910	»	6.	3.	14.	4	0	800	926	»	3.	6.	51.	8	0	480	942	»	1.	2.	17.	3	0	160
911	»	6.	1.	66.	2	0	780	927	»	3.	5.	31.	7	0	460	943	»	1.	»	69.	1	0	140
912	»	6.	»	46.	1	0	760	928	»	3.	4.	11.	5	0	440	944	»	»	7.	49.	»	0	120
913	»	5.	7.	25.	9	0	740	929	»	3.	2.	63.	4	0	420	945	»	»	6.	29.	8	0	100
914	»	5.	6.	5.	8	0	720	930	»	3.	1.	43.	2	0	400	946	»	»	5.	9.	6	0	80
915	»	5.	4.	57.	6	0	700	931	»	3.	»	23.	»	0	380	947	»	»	3.	60.	5	0	60
916	»	5.	3.	37.	4	0	680	932	»	2.	7.	2.	9	0	360	948	»	»	2.	40.	3	0	40
917	»	5.	2.	17.	3	0	660	933	»	2.	5.	54.	7	0	340	949	»	»	1.	20.	2	0	20
918	»	5.	»	69.	1	0	640	934	»	2.	4.	34.	6	0	320	950	»	»	»	»	»	0	00
919	»	4.	7.	49.	»	0	620	935	»	2.	3.	14.	4	0	300								
920	»	4.	6.	29.	8	0	600	936	»	2.	1.	66.	2	0	280								
921	»	4.	5.	9.	6	0	580	937	»	2.	»	46.	1	0	260								
922	»	4.	3.	60.	5	0	560	938	»	1.	7.	25.	9	0	240								
923	»	4.	2.	40.	3	0	540	939	»	1.	6.	5.	8	0	220								

CHAPITRE XVII.

DE LA QUANTITÉ D'ALLIAGE NÉCESSAIRE POUR DESCENDRE A 950 MILLIÈMES (1er TITRE), UN MARC ET UN KILO D'ARGENT A L'UN DES TITRES CI-DESSOUS.

MILLIÈMES.	ALLIAGE — Pour un Marc. Marcs.	Onces.	Gros.	Grains.	Dixièmes.	Pour un Kilo. Grammes.	Centigr.	MILLIÈMES.	ALLIAGE — Pour un Marc. Marcs.	Onces.	Gros.	Grains.	Dixièmes.	Pour un Kilo. Grammes.	Centigr.	MILLIÈMES.	ALLIAGE — Pour un Marc. Marcs.	Onces.	Gros.	Grains.	Dixièmes.	Pour un Kilo. Grammes.	Centigr.
1000	»	»	3.	27.	»	52	60	996	»	»	3.	7.	6	48	39	992	»	»	2.	60.	1	44	18
999	»	»	3.	22.	1	51	54	995	»	»	3.	2.	7	47	34	991	»	»	2.	55.	3	43	13
998	»	»	3.	17.	3	50	49	994	»	»	2.	69.	8	46	28	990	»	»	2.	50.	4	42	08
997	»	»	3.	12.	4	49	44	993	»	»	2.	64.	»	45	23	989	»	»	2.	45.	5	41	02

Quantité d'ALLIAGE nécessaire pour descendre à 950 Millièmes (1er titre) un MARC et un KILO d'ARGENT, à l'un des titres ci-dessous.

MILLIÈMES.	ALLIAGE Pour un Marc.					ALLIAGE Pour un Kilo.		MILLIÈMES.	ALLIAGE Pour un Marc.					ALLIAGE Pour un Kilo.		MILLIÈMES.	ALLIAGE Pour un Marc.					ALLIAGE Pour un Kilo.	
	Marcs.	Onces.	Gros.	Grains.	Dixièmes.	Grammes.	Centigr.		Marcs.	Onces.	Gros.	Grains.	Dixièmes.	Grammes.	Centigr.		Marcs.	Onces.	Gros.	Grains.	Dixièmes.	Grammes.	Centigr.
988	»	»	2.	40.	7	39	97	975	»	»	1.	49.	5	26	30	962	»	»	»	58.	3	12	62
987	»	»	2.	35.	8	38	92	974	»	»	1.	44.	6	25	24	961	»	»	»	53.	5	11	57
986	»	»	2.	30.	»	37	87	973	»	»	1.	39.	8	24	19	960	»	»	»	48.	6	10	52
985	»	»	2.	26.	1	36	82	972	»	»	1.	34.	9	23	14	959	»	»	»	43.	7	9	46
984	»	»	2.	21.	2	35	76	971	»	»	1.	30.	1	22	09	958	»	»	»	38.	9	8	41
983	»	»	2.	16.	4	34	71	970	»	»	1.	25.	2	21	04	957	»	»	»	34.	»	7	36
982	»	»	2.	11.	5	33	66	969	»	»	1.	20.	3	19	98	956	»	»	»	29.	1	6	31
981	»	»	2.	6.	7	32	61	968	»	»	1.	15.	5	18	93	955	»	»	»	24.	3	5	26
980	»	»	2.	1.	8	31	56	967	»	»	1.	10.	6	17	88	954	»	»	»	19.	4	4	20
979	»	»	1.	68.	9	30	50	966	»	»	1.	5.	8	16	83	953	»	»	»	14.	6	3	15
978	»	»	1.	64.	1	29	45	965	»	»	1.	»	9	15	78	952	»	»	»	9.	7	2	10
977	»	»	1.	59.	2	28	40	964	»	»	»	68.	»	14	72	951	»	»	»	4.	9	1	05
976	»	»	1.	54.	4	27	35	963	»	»	»	63.	2	13	67	950	»	»	»	»	»	0	00

CHAPITRE XVIII.

DE LA QUANTITÉ D'ARGENT FIN, A 1000 MILLIÈMES, NÉCESSAIRE POUR REHAUSSER A 800 MILLIÈMES (2e TITRE), UN MARC ET UN KILO D'ARGENT A L'UN DES TITRES CI-DESSOUS.

MILLIÈMES.	ARGENT FIN Pour un Marc.					ARGENT FIN Pour un Kilo.		MILLIÈMES.	ARGENT FIN Pour un Marc.					ARGENT FIN Pour un Kilo.		MILLIÈMES.	ARGENT FIN Pour un Marc.					ARGENT FIN Pour un Kilo.	
	Marcs.	Onces.	Gros.	Grains.	Dixièmes.	Kilos.	Grammes.		Marcs.	Onces.	Gros.	Grains.	Dixièmes.	Kilos.	Grammes.		Marcs.	Onces.	Gros.	Grains.	Dixièmes.	Kilos.	Grammes.
800	1.	4.	»	»	»	1	500	804	1.	5.	6.	31.	8	1	480	808	1.	5.	5.	31.	7	1	460
801	1.	5.	7.	49.	»	1	495	805	1.	5.	6.	23.	8	1	475	809	1.	5.	5.	8.	6	1	455
802	1.	5.	7.	25.	9	1	490	806	1.	5.	6.	5.	8	1	470	810	1.	5.	4.	57.	6	1	450
803	1.	5.	7.	2.	9	1	485	807	1.	5.	5.	54.	7	1	465	811	1.	5.	4.	34.	6	1	445

Quantité d'ARGENT FIN, à 1000 Millièmes, nécessaire pour rehausser à 800 Millièmes (2ᵉ titre), un MARC et un KILO d'ARGENT, à l'un des titres ci-dessous.

MILLIÈMES.	ARGENT FIN — Pour un Marc. Marcs.	Onces.	Gros.	Grains.	Dixièmes.	Pour un Kilo. Kilos.	Grammes.
512	1.	3.	4.	11.	5	1	440
513	1.	3.	3.	60.	5	1	435
514	1.	3.	3.	37.	4	1	430
515	1.	3.	3.	14.	4	1	425
516	1.	3.	2.	63.	4	1	420
517	1.	3.	2.	40.	3	1	415
518	1.	3.	2.	17.	3	1	410
519	1.	3.	1.	66.	2	1	405
520	1.	3.	1.	43.	2	1	400
521	1.	3.	1.	20.	2	1	395
522	1.	3.	»	69.	1	1	390
523	1.	3.	»	46.	1	1	385
524	1.	3.	»	23.	»	1	380
525	1.	3.	»	»	»	1	375
526	1.	2.	7.	49.	»	1	370
527	1.	2.	7.	25.	9	1	365
528	1.	2.	7.	2.	9	1	360
529	1.	2.	6.	51.	8	1	355
530	1.	2.	6.	28.	8	1	350
531	1.	2.	6.	5.	8	1	345
532	1.	2.	5.	54.	7	1	340
533	1.	2.	5.	31.	7	1	335
534	1.	2.	5.	8.	6	1	330
535	1.	2.	4.	57.	6	1	325
536	1.	2.	4.	34.	6	1	320
537	1.	2.	4.	11.	5	1	315
538	1.	2.	3.	60.	5	1	310
539	1.	2.	3.	37.	4	1	305
540	1.	2.	3.	14.	4	1	300
541	1.	2.	2.	63.	4	1	295
542	1.	2.	2.	40.	3	1	290
543	1.	2.	2.	17.	3	1	285
544	1.	2.	1.	66.	2	1	280
545	1.	2.	1.	43.	2	1	275
546	1.	2.	1.	20.	2	1	270
547	1.	2.	»	69.	1	1	265
548	1.	2.	»	46.	1	1	260
549	1.	2.	»	23.	»	1	255
550	1.	2.	»	»	»	1	250
551	1.	1.	7.	49.	»	1	245
552	1.	1.	7.	25.	9	1	240
553	1.	1.	7.	2.	9	1	235
554	1.	1.	6.	51.	8	1	230
555	1.	1.	6.	28.	8	1	225
556	1.	1.	6.	5.	8	1	220
557	1.	1.	5.	54.	7	1	215
558	1.	1.	5.	31.	7	1	210
559	1.	1.	5.	8.	6	1	205
560	1.	1.	4.	57.	6	1	200
561	1.	1.	4.	34.	6	1	195
562	1.	1.	4.	11.	5	1	190
563	1.	1.	3.	60.	5	1	185
564	1.	1.	3.	37.	4	1	180
565	1.	1.	3.	14.	4	1	175
566	1.	1.	2.	63.	4	1	170
567	1.	1.	2.	40.	3	1	165
568	1.	1.	2.	17.	3	1	160
569	1.	1.	1.	66.	2	1	155
570	1.	1.	1.	43.	2	1	150
571	1.	1.	1.	20.	2	1	145
572	1.	1.	»	69.	1	1	140
573	1.	1.	»	46.	1	1	135
574	1.	1.	»	23.	»	1	130
575	1.	1.	»	»	»	1	125
576	1.	»	7.	49.	»	1	120
577	1.	»	7.	25.	9	1	115
578	1.	»	7.	2.	9	1	110
579	1.	»	6.	51.	8	1	105
580	1.	»	6.	28.	8	1	100
581	1.	»	6.	5.	8	1	95
582	1.	»	5.	54.	7	1	90
583	1.	»	5.	31.	7	1	85
584	1.	»	5.	8.	6	1	80
585	1.	»	4.	57.	6	1	75
586	1.	»	4.	34.	6	1	70
587	1.	»	4.	11.	5	1	65
588	1.	»	3.	60.	5	1	60
589	1.	»	3.	37.	4	1	55
590	1.	»	3.	14.	4	1	50
591	1.	»	2.	63.	4	1	45
592	1.	»	2.	40.	3	1	40
593	1.	»	2.	17.	3	1	35
594	1.	»	1.	66.	2	1	30
595	1.	»	1.	43.	2	1	25
596	1.	»	1.	20.	2	1	20
597	1.	»	»	69.	1	1	15
598	1.	»	»	46.	1	1	10
599	1.	»	»	23.	»	1	05
600	1.	»	»	»	»	1	00
601	»	7.	7.	49.	»	0	995
602	»	7.	7.	25.	9	0	990
603	»	7.	7.	2.	9	0	985
604	»	7.	6.	51.	8	0	980
605	»	7.	6.	28.	8	0	975
606	»	7.	6.	5.	8	0	970
607	»	7.	5.	54.	7	0	965
608	»	7.	5.	31.	7	0	960
609	»	7.	5.	8.	6	0	955
610	»	7.	4.	57.	6	0	950
611	»	7.	4.	34.	6	0	945
612	»	7.	4.	11.	5	0	940
613	»	7.	3.	60.	5	0	935
614	»	7.	3.	37.	4	0	930
615	»	7.	3.	14.	4	0	925
616	»	7.	2.	63.	4	0	920
617	»	7.	2.	40.	3	0	915
618	»	7.	2.	17.	3	0	910
619	»	7.	1.	66.	2	0	905

Quantité d'ARGENT FIN, à 1000 Millièmes, nécessaire pour rehausser à 800 Millièmes (2e titre), un MARC et un KILO d'ARGENT à l'un des titres ci-dessous.

MILLIÈMES.	ARGENT FIN Pour un Marc.					ARGENT FIN Pour un Kilo.		MILLIÈMES.	ARGENT FIN Pour un Marc.					ARGENT FIN Pour un Kilo.		MILLIÈMES.	ARGENT FIN Pour un Marc.					ARGENT FIN Pour un Kilo.	
	Marcs.	Onces.	Gros.	Grains.	Dixièmes.	Kilos.	Grammes.		Marcs.	Onces.	Gros.	Grains.	Dixièmes.	Kilos.	Grammes.		Marcs.	Onces.	Gros.	Grains.	Dixièmes.	Kilos.	Grammes.
620	»	7.	1.	43.	2	0	900	656	»	5.	6.	5.	8	0	720	692	»	4.	2.	40.	3	0	540
621	»	7.	1.	20.	2	0	895	657	»	5.	5.	54.	7	0	715	693	»	4.	2.	17.	3	0	535
622	»	7.	»	69.	1	0	890	658	»	5.	5.	31.	7	0	710	694	»	4.	1.	66.	2	0	530
623	»	7.	»	46.	1	0	885	659	»	5.	5.	8.	6	0	705	695	»	4.	1.	43.	2	0	525
624	»	7.	»	23.	»	0	880	660	»	5.	4.	57.	6	0	700	696	»	4.	1.	20.	2	0	520
625	»	7.	»	»	»	0	875	661	»	5.	4.	34.	6	0	695	697	»	4.	»	69.	1	0	515
626	»	6.	7.	49.	»	0	870	662	»	5.	4.	11.	5	0	690	698	»	4.	»	46.	1	0	510
627	»	6.	7.	25.	9	0	865	663	»	5.	3.	60.	5	0	685	699	»	4.	»	23.	»	0	505
628	»	6.	7.	2.	9	0	860	664	»	5.	3.	37.	4	0	680	700	»	4.	»	»	»	0	500
629	»	6.	6.	51.	8	0	855	665	»	5.	3.	14.	4	0	675	701	»	3.	7.	49.	»	0	495
630	»	6.	6.	28.	8	0	850	666	»	5.	2.	63.	4	0	670	702	»	3.	7.	25.	9	0	490
631	»	6.	6.	5.	8	0	845	667	»	5.	2.	40.	3	0	665	703	»	3.	7.	2.	9	0	485
632	»	6.	5.	54.	7	0	840	668	»	5.	2.	17.	3	0	660	704	»	3.	6.	51.	8	0	480
633	»	6.	5.	31.	7	0	835	669	»	5.	1.	66.	2	0	655	705	»	3.	6.	28.	8	0	475
634	»	6.	5.	8.	6	0	830	670	»	5.	1.	43.	2	0	650	706	»	3.	6.	5.	8	0	470
635	»	6.	4.	57.	6	0	825	671	»	5.	1.	20.	2	0	645	707	»	3.	5.	54.	7	0	465
636	»	6.	4.	34.	6	0	820	672	»	5.	»	69.	1	0	640	708	»	3.	5.	31.	7	0	460
637	»	6.	4.	11.	5	0	815	673	»	5.	»	46.	1	0	635	709	»	3.	5.	8.	6	0	455
638	»	6.	3.	60.	5	0	810	674	»	5.	»	23.	»	0	630	710	»	3.	4.	57.	6	0	450
639	»	6.	3.	37.	4	0	805	675	»	5.	»	»	»	0	625	711	»	3.	4.	34.	6	0	445
640	»	6.	3.	14.	4	0	800	676	»	4.	7.	49.	»	0	620	712	»	3.	4.	11.	5	0	440
641	»	6.	2.	63.	4	0	795	677	»	4.	7.	25.	9	0	615	713	»	3.	3.	60.	5	0	435
642	»	6.	2.	40.	3	0	790	678	»	4.	7.	2.	9	0	610	714	»	3.	3.	37.	4	0	430
643	»	6.	2.	17.	3	0	785	679	»	4.	6.	51.	8	0	605	715	»	3.	3.	14.	4	0	425
644	»	6.	1.	66.	2	0	780	680	»	4.	6.	28.	8	0	600	716	»	3.	2.	63.	4	0	420
645	»	6.	1.	43.	2	0	775	681	»	4.	6.	5.	8	0	595	717	»	3.	2.	40.	3	0	415
646	»	6.	1.	20.	2	0	770	682	»	4.	5.	54.	7	0	590	718	»	3.	2.	17.	3	0	410
647	»	6.	»	69.	1	0	765	683	»	4.	5.	31.	7	0	585	719	»	3.	1.	66.	2	0	405
648	»	6.	»	46.	1	0	760	684	»	4.	5.	8.	6	0	580	720	»	3.	1.	43.	2	0	400
649	»	6.	»	23.	»	0	755	685	»	4.	4.	57.	6	0	575	721	»	3.	1.	20.	2	0	395
650	»	6.	»	»	»	0	750	686	»	4.	4.	34.	6	0	570	722	»	3.	»	69.	1	0	390
651	»	5.	7.	49.	1	0	745	687	»	4.	4.	11.	5	0	565	723	»	3.	»	46.	1	0	385
652	»	5.	7.	25.	9	0	740	688	»	4.	3.	60.	5	0	560	724	»	3.	»	23.	»	0	380
653	»	5.	7.	2.	9	0	735	689	»	4.	3.	37.	4	0	555	725	»	3.	»	»	»	0	375
654	»	5.	6.	51.	8	0	730	690	»	4.	3.	14.	4	0	550	726	»	2.	7.	49.	»	0	370
655	»	5.	6.	28.	8	0	725	691	»	4.	2.	63.	4	0	545	727	»	2.	7.	25.	9	0	365

DE 728 A 800 MILLIÈMES.

*Quantité d'***ARGENT FIN**, *à* 1000 *Millièmes, nécessaire pour descendre à* 800 *Millièmes* (2e *titre*), *un* **MARC** *et un* **KILO** *d'***ARGENT** *à l'un des titres ci-dessous.*

MILLIÈMES.	ARGENT FIN — Pour un Marc.					ARGENT FIN — Pour un Kilo.		MILLIÈMES.	ARGENT FIN — Pour un Marc.					ARGENT FIN — Pour un Kilo.		MILLIÈMES.	ARGENT FIN — Pour un Marc.					ARGENT FIN — Pour un Kilo.	
	Marcs.	Onces.	Gros.	Grains.	Dixièmes.	Kilos.	Grammes.		Marcs.	Onces.	Gros.	Grains.	Dixièmes.	Kilos.	Grammes.		Marcs.	Onces.	Gros.	Grains.	Dixièmes.	Kilos.	Grammes.
728	»	2.	7.	2.	9	0	360	753	»	1.	7.	2.	9	0	235	778	»	»	7.	2.	9	0	110
729	»	2.	6.	51.	8	0	355	754	»	1.	6.	51.	8	0	230	779	»	»	6.	51.	8	0	105
730	»	2.	6.	28.	8	0	350	755	»	1.	6.	28.	8	0	225	780	»	»	6.	28.	8	0	100
731	»	2.	6.	5.	8	0	345	756	»	1.	6.	5.	8	0	220	781	»	»	6.	5.	8	0	95
732	»	2.	5.	54.	7	0	340	757	»	1.	5.	54.	7	0	215	782	»	»	5.	54.	7	0	90
733	»	2.	5.	31.	7	0	335	758	»	1.	5.	31.	7	0	210	783	»	»	5.	31.	7	0	85
734	»	2.	5.	8.	6	0	330	759	»	1.	5.	8.	6	0	205	784	»	»	5.	8.	6	0	80
735	»	2.	4.	57.	6	0	325	760	»	1.	4.	57.	6	0	200	785	»	»	4.	57.	6	0	75
736	»	2.	4.	34.	6	0	320	761	»	1.	4.	34.	6	0	195	786	»	»	4.	34.	6	0	70
737	»	2.	4.	11.	5	0	315	762	»	1.	4.	11.	5	0	190	787	»	»	4.	11.	5	0	65
738	»	2.	3.	60.	5	0	310	763	»	1.	3.	60.	5	0	185	788	»	»	3.	60.	5	0	60
739	»	2.	3.	37.	4	0	305	764	»	1.	3.	37.	4	0	180	789	»	»	3.	37.	4	0	55
740	»	2.	3.	14.	4	0	300	765	»	1.	3.	14.	4	0	175	790	»	»	3.	14.	4	0	50
741	»	2.	2.	63.	4	0	295	766	»	1.	2.	63.	4	0	170	791	»	»	2.	63.	4	0	45
742	»	2.	2.	40.	3	0	290	767	»	1.	2.	40.	3	0	165	792	»	»	2.	40.	3	0	40
743	»	2.	2.	17.	3	0	285	768	»	1.	2.	17.	3	0	160	793	»	»	2.	17.	3	0	35
744	»	2.	1.	66.	2	0	280	769	»	1.	1.	66.	2	0	155	794	»	»	1.	66.	2	0	30
745	»	2.	1.	43.	2	0	275	770	»	1.	1.	43.	2	0	150	795	»	»	1.	43.	2	0	25
746	»	2.	1.	20.	2	0	270	771	»	1.	1.	20.	2	0	145	796	»	»	1.	20.	2	0	20
747	»	2.	»	69.	1	0	265	772	»	1.	»	69.	1	0	140	797	»	»	»	69.	1	0	15
748	»	2.	»	46.	1	0	260	773	»	1.	»	46.	1	0	135	798	»	»	»	46.	1	0	10
749	»	2.	»	23.	»	0	255	774	»	1.	»	23.	»	0	130	799	»	»	»	23.	»	0	05
750	»	2.	»	»	»	0	250	775	»	1.	»	»	»	0	125	800	»	»	»	»	»	0	00
751	»	1.	7.	49.	»	0	245	776	»	»	7.	49.	»	0	120								
752	»	1.	7.	25.	9	0	240	777	»	»	7.	25.	9	0	115								

CHAPITRE XIX.

DE LA QUANTITÉ D'ALLIAGE NÉCESSAIRE POUR DESCENDRE A 800 MILLIÈMES (2e TITRE), UN MARC ET UN KILO D'ARGENT A L'UN DES TITRES CI-DESSOUS.

DE 1000 A 905 MILLIÈMES.

MILLIÈMES.	ALLIAGE Pour un Marc.					ALLIAGE Pour un Kilo.		MILLIÈMES.	ALLIAGE Pour un Marc.					ALLIAGE Pour un Kilo.		MILLIÈMES.	ALLIAGE Pour un Marc.					ALLIAGE Pour un Kilo.	
	Marcs.	Onces.	Gros.	Grains.	Dixièmes.	Grammes.	Centigr.		Marcs.	Onces.	Gros.	Grains.	Dixièmes.	Grammes.	Centigr.		Marcs.	Onces.	Gros.	Grains.	Dixièmes.	Grammes.	Centigr.
1000	»	2.	»	»	»	250	00	968	»	1.	5.	31.	7	210	00	936	»	1.	2.	63.	4	170	00
999	»	1.	7.	66.	2	248	75	967	»	1.	5.	25.	9	208	75	935	»	1.	2.	57.	6	168	75
998	»	1.	7.	60.	5	247	50	966	»	1.	5.	20.	2	207	50	934	»	1.	2.	51.	8	167	50
997	»	1.	7.	54.	7	246	25	965	»	1.	5.	14.	4	206	25	933	»	1.	2.	46.	1	166	25
996	»	1.	7.	49.	»	245	00	964	»	1.	5.	8.	6	205	00	932	»	1.	2.	40.	3	165	00
995	»	1.	7.	43.	2	243	75	963	»	1.	5.	2.	9	203	75	931	»	1.	2.	34.	6	163	75
994	»	1.	7.	37.	4	242	50	962	»	1.	4.	69.	1	202	50	930	»	1.	2.	28.	8	162	50
993	»	1.	7.	31.	7	241	25	961	»	1.	4.	63.	4	201	25	929	»	1.	2.	23.	»	161	25
992	»	1.	7.	25.	9	240	00	960	»	1.	4.	57.	6	200	00	928	»	1.	2.	17.	3	160	00
991	»	1.	7.	20.	2	238	75	959	»	1.	4.	51.	8	198	75	927	»	1.	2.	11.	5	158	75
990	»	1.	7.	14.	4	237	50	958	»	1.	4.	46.	1	197	50	926	»	1.	2.	5.	8	157	50
989	»	1.	7.	8.	6	236	25	957	»	1.	4.	40.	3	196	25	925	»	1.	2.	»	»	156	25
988	»	1.	7.	2.	9	235	00	956	»	1.	4.	34.	6	195	00	924	»	1.	1.	66.	2	155	00
987	»	1.	6.	69.	1	233	75	955	»	1.	4.	28.	8	193	75	923	»	1.	1.	60.	5	153	75
986	»	1.	6.	63.	4	232	50	954	»	1.	4.	23.	»	192	50	922	»	1.	1.	54.	7	152	50
985	»	1.	6.	57.	6	231	25	953	»	1.	4.	17.	3	191	25	921	»	1.	1.	49.	»	151	25
984	»	1.	6.	51.	8	230	00	952	»	1.	4.	11.	5	190	00	920	»	1.	1.	43.	2	150	00
983	»	1.	6.	46.	1	228	75	951	»	1.	4.	5.	8	188	75	919	»	1.	1.	37.	4	148	75
982	»	1.	6.	40.	3	227	50	950	»	1.	4.	»	»	187	50	918	»	1.	1.	31.	7	147	50
981	»	1.	6.	34.	6	226	25	949	»	1.	3.	66.	2	186	25	917	»	1.	1.	25.	9	146	25
980	»	1.	6.	28.	8	225	00	948	»	1.	3.	60.	5	185	00	916	»	1.	1.	20.	2	145	00
979	»	1.	6.	23.	»	223	75	947	»	1.	3.	54.	7	183	75	915	»	1.	1.	14.	4	143	75
978	»	1.	6.	17.	3	222	50	946	»	1.	3.	49.	»	182	50	914	»	1.	1.	8.	6	142	50
977	»	1.	6.	11.	5	221	25	945	»	1.	3.	43.	2	181	25	913	»	1.	1.	2.	9	141	25
976	»	1.	6.	5.	8	220	00	944	»	1.	3.	37.	4	180	00	912	»	1.	»	69.	1	140	00
975	»	1.	6.	»	»	218	75	943	»	1.	3.	31.	7	178	75	911	»	1.	»	63.	4	138	75
974	»	1.	5.	66.	2	217	50	942	»	1.	3.	25.	9	177	50	910	»	1.	»	57.	6	137	50
973	»	1.	5.	60.	5	216	25	941	»	1.	3.	20.	2	176	25	909	»	1.	»	51.	8	136	25
972	»	1.	5.	54.	7	215	00	940	»	1.	3.	14.	4	175	00	908	»	1.	»	46.	1	135	00
971	»	1.	5.	49.	»	213	75	939	»	1.	3.	8.	6	173	75	907	»	1.	»	40.	3	133	75
970	»	1.	5.	43.	2	212	50	938	»	1.	3.	2.	9	172	50	906	»	1.	»	34.	6	132	50
969	»	1.	5.	37.	4	211	25	937	»	1.	2.	69.	1	171	25	905	»	1.	»	28.	8	131	25

Quantité d'ALLIAGE nécessaire pour descendre à 800 Millièmes (2e titre), un MARC et un KILO d'ARGENT à l'un des titres ci-dessous.

Millièmes.	ALLIAGE — Pour un Marc.					Pour un Kilo.		Millièmes.	ALLIAGE — Pour un Marc.					Pour un Kilo.		Millièmes.	ALLIAGE — Pour un Marc.					Pour un Kilo.	
	Marcs.	Onces.	Gros.	Grains.	Dixièmes.	Grammes.	Centigr.		Marcs.	Onces.	Gros.	Grains.	Dixièmes.	Grammes.	Centigr.		Marcs.	Onces.	Gros.	Grains.	Dixièmes.	Grammes.	Centigr.
904	»	1.	»	23.	»	130	00	869	»	»	5.	37.	4	86	25	834	»	»	2.	51.	8	42	50
903	»	1.	»	17.	3	128	75	868	»	»	5.	31.	7	85	00	833	»	»	2.	46.	1	41	25
902	»	1.	»	11.	5	127	50	867	»	»	5.	25.	9	83	75	832	»	»	2.	40.	3	40	00
901	»	1.	»	5.	8	126	25	866	»	»	5.	20.	2	82	50	831	»	»	2.	34.	6	38	75
900	»	1.	»	»	»	125	00	865	»	»	5.	14.	4	81	25	830	»	»	2.	28.	8	37	50
899	»	»	7.	66.	2	123	75	864	»	»	5.	8.	6	80	00	829	»	»	2.	23.	»	36	25
898	»	»	7.	60.	5	122	50	863	»	»	5.	2.	9	78	75	828	»	»	2.	17.	3	35	00
897	»	»	7.	54.	7	121	25	862	»	»	4.	69.	1	77	50	827	»	»	2.	11.	5	33	75
896	»	»	7.	49.	»	120	00	861	»	»	4.	63.	4	76	25	826	»	»	2.	5.	8	32	50
895	»	»	7.	43.	2	118	75	860	»	»	4.	57.	6	75	00	825	»	»	2.	»	»	31	25
894	»	»	7.	37.	4	117	50	859	»	»	4.	51.	8	73	75	824	»	»	1.	66.	2	30	00
893	»	»	7.	31.	7	116	25	858	»	»	4.	46.	1	72	50	823	»	»	1.	60.	5	28	75
892	»	»	7.	25.	9	115	00	857	»	»	4.	40.	3	71	25	822	»	»	1.	54.	7	27	50
891	»	»	7.	20.	2	113	75	856	»	»	4.	34.	6	70	00	821	»	»	1.	49.	»	26	25
890	»	»	7.	14.	4	112	50	855	»	»	4.	28.	8	68	75	820	»	»	1.	43.	2	25	00
889	»	»	7.	8.	6	111	25	854	»	»	4.	23.	»	67	50	819	»	»	1.	37.	4	23	75
888	»	»	7.	2.	9	110	00	853	»	»	4.	17.	3	66	25	818	»	»	1.	31.	7	22	50
887	»	»	6.	69.	1	108	75	852	»	»	4.	11.	5	65	00	817	»	»	1.	25.	9	21	25
886	»	»	6.	63.	4	107	50	851	»	»	4.	5.	8	63	75	816	»	»	1.	20.	2	20	00
885	»	»	6.	57.	6	106	25	850	»	»	4.	»	»	62	50	815	»	»	1.	14.	4	18	75
884	»	»	6.	51.	8	105	00	849	»	»	3.	66.	2	61	25	814	»	»	1.	8.	6	17	50
883	»	»	6.	46.	1	103	75	848	»	»	3.	60.	5	60	00	813	»	»	1.	2.	9	16	25
882	»	»	6.	40.	3	102	50	847	»	»	3.	54.	7	58	75	812	»	»	»	69.	1	15	00
881	»	»	6.	34.	6	101	25	846	»	»	3.	49.	»	57	50	811	»	»	»	63.	4	13	75
880	»	»	6.	28.	8	100	00	845	»	»	3.	43.	2	56	25	810	»	»	»	57.	6	12	50
879	»	»	6.	23.	»	98	75	844	»	»	3.	37.	4	55	00	809	»	»	»	51.	8	11	25
878	»	»	6.	17.	3	97	50	843	»	»	3.	31.	7	53	75	808	»	»	»	46.	1	10	00
877	»	»	6.	11.	5	96	25	842	»	»	3.	25.	9	52	50	807	»	»	»	40.	3	8	75
876	»	»	6.	5.	8	95	00	841	»	»	3.	20.	2	51	25	806	»	»	»	34.	6	7	50
875	»	»	6.	»	»	93	75	840	»	»	3.	14.	4	50	00	805	»	»	»	28.	8	6	25
874	»	»	5.	66.	2	92	50	839	»	»	3.	8.	6	48	75	804	»	»	»	23.	»	5	00
873	»	»	5.	60.	5	91	25	838	»	»	3.	2.	9	47	50	803	»	»	»	17.	3	3	75
872	»	»	5.	54.	7	90	00	837	»	»	2.	69.	1	46	25	802	»	»	»	11.	5	2	50
871	»	»	5.	49.	»	88	75	836	»	»	2.	63.	4	45	00	801	»	»	»	5.	8	1	25
870	»	»	5.	43.	2	87	50	835	»	»	2.	57.	6	43	75	800	»	»	»	»	»	0	00

DE LA QUANTITÉ D'ARGENT FIN, A 1000 MILLIÈMES, NÉCESSAIRE POUR REHAUSSER D'UN DENIER A L'AUTRE, UN MARC ET UN KILO D'ARGENT A L'UN DES DENIERS CI-DESSOUS (VOYEZ, POUR LA CONVERSION DES DENIERS EN MILLIÈMES, LE CHAPITRE DES DORÉS, PAGE 46).

TITRES à REHAUSSER.	ARGENT FIN Pour 1 marc.	ARGENT FIN Pour 1 kilo.	TITRES à REHAUSSER.	ARGENT FIN Pour 1 marc.	ARGENT FIN Pour 1 kilo.	TITRES à REHAUSSER.	ARGENT FIN Pour 1 marc.	ARGENT FIN Pour 1 kilo.
Deniers. Deniers.	Marcs. Onces. Gros. Grains.	Grammes. Centigr.	Deniers. Deniers.	Marcs. Onces. Gros. Grains.	Grammes. Centigr.	Deniers. Deniers.	Marcs. Onces. Gros. Grains.	Grammes. Centigr.
6 à 7	» 1. 4. 54	109 22	7 à 9	» 5. 2. 54	668 23	9 à 10	» 4. » »	500 »
6 . 8	» 4. » »	500 »	7 . 10	1. 4. » »	1500 »	9 . 11	2. » » »	2000 »
6 . 9	1. » » »	1000 »	7 . 11	4. » » »	4000 »			
6 . 10	2. » » »	2000 »				10 . 11	1. » » »	1000 »
6 à 11	3. » » »	3000 »	8 à 9	» 2. 5. »	328 12			
			8 . 10	1. » » »	1000 »			
7 . 8	» 2. » »	250 »	8 . 11	3. » » »	3000 »			

CHAPITRE XXI.

DE LA QUANTITÉ D'ALLIAGE NÉCESSAIRE POUR DESCENDRE D'UN DENIER A L'AUTRE, UN MARC ET UN KILO D'ARGENT A L'UN DES DENIERS CI-DESSOUS (VOYEZ, POUR LA CONVERSION DES DENIERS EN MILLIÈMES, LE CHAPITRE DES DORÉS, PAGE 46).

TITRES à DESCENDRE.	ALLIAGE Pour 1 marc.	ALLIAGE Pour 1 kilo.	TITRES à DESCENDRE.	ALLIAGE Pour 1 marc.	ALLIAGE Pour 1 kilo.	TITRES à DESCENDRE.	ALLIAGE Pour 1 marc.	ALLIAGE Pour 1 kilo.
Deniers. Deniers.	Marcs. Onces. Gros. Grains.	Grammes. Centigr.	Deniers. Deniers.	Marcs. Onces. Gros. Grains.	Grammes. Centigr.	MILLIÈMES. Deniers.	Marcs. Onces. Gros. Grains.	Grammes. Centigr.
12 à 11	» » 5. 60	91 16	10 à 9	» » 7. 6	110 69	950 à 11	» » 2. 24	36 47
12 . 10	» 1. 4. 60	200 33	10 . 8	» 2. » »	250 »	950 . 10	» 1. » 70	140 13
12 . 9	» 2. 2. 9	283 20	10 . 7	» 3. 3. 30	428 59	950 . 9	» 2. 1. 5	266 72
12 . 8	» 4. » »	500 »	10 . 6	» 5. 2. 43	666 09	950 . 8	» 3. 3. 15	423 15
12 à 7	» 5. 5. 34	714 34				950 à 7	» 5. » 20	629 34
12 . 6	1. » » »	1000 »	9 à 8	» 1. » »	125 »	950 . 6	» 7. 1. 44	900 20
11 . 10	» » 6 30	100 27	9 . 7	» 2. 2. 24	286 47			
11 . 9	» 1. 6. 16	222 63	9 . 6	» 4. » »	500 »	800 . 9	» » 4 20	66 54
11 à 8	» 3. » »	373 »	8 à 7	» 1. 1. 12	143 24	800 à 8	» 1. 4. 50	197 92
11 . 7	» 4. 4. 43	572 95	8 . 6	» 2. 5. 24	333 33	800 . 6	» 2. 7. 60	372 41
11 . 6	» 6. 5. 23	833 57	7 . 6	» 1. 2. 43	166 2	800 . 7	» 4. 6. 23	599 83

GUIDE

DE

L'ORFÉVRE ET DU BIJOUTIER

DANS LES VENTES AUX MONTS-DE-PIÉTÉ,

CONTENANT

Les Tarifs ou Comptes faits de toutes les opérations qui s'y font en achats d'Or et d'Argent, la Conversion des Grammes en poids de Marc et leurs valeurs d'après les différens prix de l'Once d'Or et du Marc d'Argent soit à fondre, soit avec façon, déduction faite de 3 fr. 50 c. pour cent, perçus pour les frais de vente.

CHAPITRE I.

DE LA CONVERSION DES GRAMMES EN POIDS DE MARC, ET DES DIFFÉRENTES VALEURS D'UN OU PLUSIEURS OBJETS EN OR D'APRÈS LES PRIX DE L'ONCE D'OR QUI SONT LE PLUS EN USAGE AUX MONTS-DE-PIÉTÉ, DÉDUCTION FAITE DE 3 FR. 50 CENT. POUR CENT, PERÇUS POUR LES FRAIS DE VENTE.

Il est d'usage, dans les Monts-de-Piété, de vendre en poids de gramme et sans fraction. Cette fraction est abandonnée à l'acheteur pour éviter de sa part toute réclamation.

Un objet en or mis en vente et pesant 35 grammes 6 décigrammes (1 once 1 gros 22 grains) sera déclaré ne peser que 35 grammes (1 once 1 gros 11 grains); il y a donc sur cette pesée, 11 grains de bon poids; j'ai trouvé quelquefois 15, 16 et 17 grains de bon poids, comme aussi, je ne l'ai trouvé que de 3, 4, 5 et 6 grains. Ce boni peut s'étendre de 1 à 18 grains, un gramme équivalant à 19 grains : ainsi, en ajoutant au poids accusé, le terme moyen de ce boni présumé, c'est-à-dire 8 ou 9 grains, on sera certain d'acheter dans toute sa valeur.

Exemple : on met à l'enchère un objet en or, et on le déclare peser 31 grammes; je désire l'acheter à raison de 74 fr. l'once; je cherche au tarif pour l'or le nombre 31 grammes, et sur la même ligne, à la colonne de 74 fr. l'once, je trouve 72 fr. 44 cent. valeur de 31 grammes justes, j'y ajoute 1 fr. 25 cent. pour les 9 grains de bon poids présumé, ce qui me donne un total de 73 fr. 69 cent.; je pousserai même mon enchère à quelques centimes de plus, suivant la qualité de l'or mis en vente. Ce boni de poids existe également pour les petites pesées; j'ai trouvé quelquefois 15 et 16 grains de boni sur un anneau d'or déclaré peser 2 grammes.

Toutes les fois que les pièces composant un lot mis à l'enchère sont marquées du nouveau contrôle, il est attaché à ce lot une grande carte de forme carré long indiquant quelquefois le poids de ces pièces; si, au contraire, elles sont marquées d'anciens poinçons, la carte qui y est attachée est de forme triangulaire, indiquant d'un côté le poids, et de l'autre le droit de contrôle que devra payer l'acheteur, s'il est dans l'intention de les faire marquer du contrôle actuel; de cette manière, l'acheteur voit de suite, et de loin, si le lot mis en vente est ou n'est pas marqué du contrôle nouveau, et pousse son enchère en conséquence.

Si les pièces composant un lot mis en vente sont chargées de pierres ou autres corps étrangers, et si elles sont marquées d'anciens poinçons, alors la carte triangulaire qui y est attachée n'en indique pas le poids, mais seulement les droits de contrôle à payer. Cette indication suffit pour en faire connaitre le poids approximatif; dans ce cas, le chapitre des contrôles fait connaitre que tel droit de contrôle correspond à tel poids de gramme.

Conversion des GRAMMES en poids de MARC, suivie des différentes valeurs d'un ou plusieurs objets en OR à l'un des poids ci-dessous, déduction faite des droits de vente.

GRAMMES.	CONVERSION.						DIVERSES VALEURS DU GRAMME D'APRÈS LES PRIX SUIVANS DE L'ONCE D'OR							
	Marcs.	Onces.	Gros.	Demi-Gros.	Grains.	Dixièmes.	à 70f »c	à 72f »c	à 74f »c	à 76f »c	à 78f »c	non contr. à 80f	à 84f »c	contrôlé à 88f
							fr. c.	fr. c.	fr. c.	fr. c.	fr. c.	fr. c.	fr. c.	fr. c.
1	«	«	«	«	18.	8	2 21	2 27	2 33	2 40	2 46	2 52	2 65	2 77
2	«	«	«	½	1.	6	4 42	4 54	4 67	4 80	4 92	5 05	5 30	5 55
3	«	«	«	½	20.	5	6 63	6 82	7 01	7 20	7 38	7 57	7 96	8 33
4	«	«	1.	«	5.	3	8 84	9 09	9 34	9 60	9 85	10 10	10 61	11 11
5	«	«	1.	«	22.	1	11 05	11 36	11 68	12 00	12 31	12 63	13 26	13 89
6	«	«	1.	½	5.	«	13 26	13 64	14 02	14 40	14 77	15 15	15 91	16 67
7	«	«	1.	½	23.	8	15 47	15 91	16 35	16 80	17 24	17 68	18 56	19 44
8	«	«	2.	«	6.	6	17 68	18 19	18 69	19 20	19 70	20 21	21 22	22 23
9	«	«	2.	«	23.	4	19 89	20 46	21 03	21 60	22 16	22 73	23 87	25 01
10	«	«	2.	½	8.	5	22 10	22 73	23 36	24 00	24 63	25 26	26 52	27 79
11	«	«	2.	½	27.	1	24 31	25 01	25 70	26 40	27 09	27 79	29 18	30 57
12	«	«	3.	«	9.	9	26 52	27 28	28 04	28 80	29 55	30 31	31 83	33 35
13	«	«	3.	«	28.	7	28 73	29 55	30 37	31 20	32 02	32 84	34 48	36 12
14	«	«	3.	½	11.	6	30 94	31 83	32 71	33 60	34 48	35 36	37 13	38 90
15	«	«	3.	½	30.	4	33 16	34 10	35 05	36 00	36 94	37 89	39 79	41 68
16	«	«	4.	«	13.	2	35 37	36 38	37 39	38 40	39 41	40 42	42 44	44 46
17	«	«	4.	«	32.	1	37 58	38 65	39 72	40 80	41 87	42 94	45 09	47 24
18	«	«	4.	½	14.	9	39 79	40 92	42 06	43 20	44 33	45 47	47 75	50 02
19	«	«	4.	½	33.	7	42 00	43 20	44 40	45 60	46 80	48 00	50 40	52 80
20	«	«	5.	«	16.	5	44 21	45 47	46 73	48 00	49 26	50 52	53 05	55 58
21	«	«	5.	«	35.	4	46 42	47 75	49 07	50 40	51 72	53 05	55 70	58 36
22	«	«	5.	½	18.	2	48 63	50 02	51 41	52 80	54 19	55 58	58 36	61 14
23	«	«	6.	«	1.	«	50 84	52 29	53 74	55 20	56 65	58 10	61 01	63 92
24	«	«	6.	«	19.	8	53 05	54 57	56 08	57 60	59 11	60 63	63 66	66 70
25	«	«	6.	½	2.	7	55 26	56 84	58 42	60 00	61 58	63 16	66 32	69 48
26	«	«	6.	½	21.	5	57 47	59 11	60 75	62 40	64 04	65 68	68 97	72 25
27	«	«	7.	«	4.	3	59 68	61 39	63 09	64 80	66 50	68 21	71 62	75 03
28	«	«	7.	«	23.	2	61 89	63 66	65 43	67 20	68 96	70 73	74 27	77 81
29	«	«	7.	½	6.	«	64 11	65 94	67 77	69 60	71 43	73 26	76 93	80 59
30	«	«	7.	½	24.	8	66 32	68 21	70 10	72 00	73 89	75 79	79 58	83 37
31	«	1.	«	«	7.	6	68 53	70 48	72 44	74 40	76 36	78 31	82 23	86 15
32	«	1.	«	«	26.	5	70 74	72 76	74 78	76 80	78 82	80 84	84 88	88 93
33	«	1.	«	½	9.	3	72 95	75 03	77 11	79 20	81 28	83 37	87 54	91 71
34	«	1.	«	½	28.	1	75 16	77 30	79 45	81 60	83 74	85 89	90 19	94 49
35	«	1.	1.	«	10.	9	77 37	79 58	81 79	84 00	86 21	88 42	92 84	97 27
36	«	1.	1.	«	29.	8	79 58	81 85	84 12	86 40	88 67	90 95	95 50	100 05

Conversion des GRAMMES en poids de MARC, suivie des différentes valeurs d'un ou plusieurs objets en OR à l'un des poids ci-dessous, déduction faite des droits de vente.

GRAMMES.	CONVERSION.						DIVERSES VALEURS DU GRAMME D'APRÈS LES PRIX SUIVANS DE L'ONCE D'OR							
	Marcs.	Onces.	Gros.	Demi-Gros.	Grains.	Dixièmes.	à 70f 8c	à 72f 8c	à 74f 8c	à 76f 8c	à 78f 8c	non contr. à 80f	à 84f 8c	contrôlé à 88f
							fr. c.	fr. c.	fr. c.	fr. c.	fr. c.	fr. c.	fr. c.	fr. c.
37	»	1.	1.	½	12.	6	81 79	84 15	86 46	88 80	91 13	93 47	98 15	102 83
38	»	1.	1.	½	31.	4	84 00	86 40	88 80	91 20	93 60	96 00	100 80	105 60
39	»	1.	2.	»	14.	3	86 21	88 67	91 13	93 60	96 06	98 52	103 45	108 38
40	»	1.	2.	»	33.	1	88 42	90 95	93 47	96 00	98 52	101 05	106 11	111 16
41	»	1.	2.	½	15.	9	90 63	93 22	95 81	98 40	100 99	103 58	108 76	113 94
42	»	1.	2.	½	34.	7	92 84	95 50	98 14	100 80	103 45	106 10	111 41	116 72
43	»	1.	3.	»	17.	6	95 06	97 77	100 48	103 20	105 91	108 63	114 07	119 50
44	»	1.	3.	½	»	4	97 27	100 04	102 82	105 60	108 38	111 16	116 72	122 28
45	»	1.	3.	½	19.	2	99 48	102 32	105 16	108 00	110 84	113 68	119 37	125 06
46	»	1.	4.	»	2.	»	101 69	104 59	107 49	110 40	113 30	116 21	122 02	127 84
47	»	1.	4.	»	20.	9	103 90	106 86	109 83	112 80	115 77	118 74	124 68	130 62
48	»	1.	4.	½	3.	7	106 11	109 14	112 17	115 20	118 23	121 26	127 33	133 40
49	»	1.	4.	½	22.	5	108 32	111 41	114 50	117 60	120 69	123 79	129 98	136 18
50	»	1.	5.	»	5.	4	110 53	113 69	116 84	120 00	123 16	126 32	132 64	138 96
51	»	1.	5.	»	24.	2	112 74	115 96	119 18	122 40	125 62	128 84	135 29	141 73
52	»	1.	5.	½	7.	»	114 95	118 23	121 51	124 80	128 08	131 37	137 94	144 51
53	»	1.	5.	½	25.	8	117 16	120 51	123 85	127 20	130 54	133 89	140 59	147 29
54	»	1.	6.	»	8.	7	119 37	122 78	126 19	129 60	133 01	136 42	143 25	150 07
55	»	1.	6.	»	27.	5	121 58	125 06	128 52	132 00	135 47	138 95	145 90	152 85
56	»	1.	6.	½	10.	3	123 79	127 33	130 86	134 40	137 93	141 47	148 55	155 63
57	»	1.	6.	½	29.	1	126 00	129 60	133 20	136 80	140 40	144 00	151 21	158 41
58	»	1.	7.	»	12.	»	128 22	131 88	135 54	139 20	142 86	146 53	153 86	161 19
59	»	1.	7.	»	30.	8	130 43	134 15	137 87	141 60	145 32	149 05	156 51	163 97
60	»	1.	7.	½	13.	6	132 64	136 42	140 21	144 00	147 79	151 58	159 16	166 75
61	»	1.	7.	½	32.	4	134 85	138 70	142 55	146 40	150 25	154 11	161 82	169 53
62	»	2.	»	»	15.	3	137 06	140 97	144 88	148 80	152 71	156 63	164 47	172 31
63	»	2.	»	»	34.	1	139 27	143 24	147 22	151 20	155 18	159 16	167 12	175 08
64	»	2.	»	½	16.	9	141 48	145 52	149 56	153 60	157 64	161 68	169 77	177 86
65	»	2.	»	½	35.	8	143 69	147 79	151 89	156 00	160 10	164 21	172 43	180 64
66	»	2.	1.	»	18.	6	145 90	150 07	154 23	158 40	162 57	166 74	175 08	183 42
67	»	2.	1.	½	1.	4	148 11	152 34	156 57	160 80	165 03	169 26	177 73	186 20
68	»	2.	1.	½	20.	2	150 32	154 61	158 90	163 20	167 49	171 79	180 39	188 98
69	»	2.	2.	»	3.	1	152 53	156 89	161 24	165 60	169 96	174 32	183 04	191 76
70	»	2.	2.	»	21.	9	154 74	159 16	163 58	168 00	172 42	176 84	185 69	194 54
71	»	2.	2.	½	4.	7	156 95	161 44	165 91	170 40	174 88	179 37	188 34	197 32
72	»	2.	2.	½	23.	5	159 17	163 71	168 25	172 80	177 35	181 90	191 00	200 10

Conversion des **GRAMMES** *en poids de* **MARC**, *suivie des différentes valeurs d'un ou plusieurs objets en* **OR** *à l'un des poids ci-dessous, déduction faite des droits de vente.*

GRAMMES.	CONVERSION. (Marcs. Onces. Gros. Demi-Gros. Grains. Dixièmes.)	DIVERSES VALEURS DU GRAMME D'APRÈS LES PRIX SUIVANS DE L'ONCE D'OR							
		à 70f »c	à 72f »c	à 74f »c	à 76f »c	à 78f »c	non contr. à 80f	à 84f »c	contrôlé à 88f
		fr. c.	fr. c.	fr. c.	fr. c.	fr. c.	fr. c.	fr. c.	fr. c.
73	» 2. 3. » 6. 4	161 38	165 99	170 59	175 20	179 81	184 42	193 65	202 89
74	» 2. 3. » 25. 2	163 59	168 26	172 93	177 60	182 27	186 95	196 30	205 66
75	» 2. 3. ½ 8. »	165 80	170 53	175 26	180 00	184 74	189 48	198 96	208 44
76	» 2. 3. ½ 26. 9	168 01	172 81	177 60	182 40	187 20	192 00	201 61	211 21
77	» 2. 4. » 9. 7	170 22	175 08	179 94	184 80	189 66	194 53	204 26	213 99
78	» 2. 4. » 28. 5	172 43	177 35	182 27	187 20	192 12	197 05	206 91	216 77
79	» 2. 4. ½ 11. 3	174 64	179 63	184 61	189 60	194 59	199 58	209 57	219 55
80	» 2. 4. ½ 30. 2	176 85	181 90	186 95	192 00	197 05	202 11	212 22	222 33
81	» 2. 5. » 13. »	179 06	184 17	189 28	194 40	199 51	204 63	214 87	225 11
82	» 2. 5. » 31. 8	181 27	186 45	191 62	196 80	201 98	207 16	217 53	227 89
83	» 2. 5. ½ 14. 6	183 48	188 72	193 96	199 20	204 44	209 69	220 18	230 67
84	» 2. 5. ½ 33. 5	185 69	190 99	196 29	201 60	206 90	212 21	222 83	233 45
85	» 2. 6. » 16. 3	187 90	193 27	198 63	204 00	209 37	214 74	225 48	236 23
86	» 2. 6. » 35. 1	190 12	195 54	200 97	206 40	211 83	217 27	228 14	239 01
87	» 2. 6. ½ 18. »	192 33	197 82	203 31	208 80	214 29	219 79	230 79	241 79
88	» 2. 7. » » 8	194 54	200 09	205 64	211 20	216 76	222 32	233 44	244 56
89	» 2. 7. » 19. 6	196 75	202 36	207 98	213 60	219 22	224 85	236 10	247 34
90	» 2. 7. ½ 2. 4	198 96	204 64	210 32	216 00	221 68	227 37	238 75	250 12
91	» 2. 7. ½ 21. 3	201 17	206 91	212 66	218 40	224 15	229 90	241 40	252 90
92	» 3. » » 4. 1	203 38	209 18	214 99	220 80	226 61	232 43	244 05	255 68
93	» 3. » » 22. 9	205 59	211 46	217 33	223 20	229 07	234 95	246 71	258 46
94	» 3. » ½ 5. 7	207 80	213 73	219 66	225 60	231 54	237 48	249 36	261 24
95	» 3. » ½ 24. 6	210 01	216 01	222 00	228 00	234 00	240 01	252 01	264 02
96	» 3. 1. » 7. 4	212 22	218 28	224 34	230 40	236 46	242 53	254 67	266 80
97	» 3. 1. » 26. 2	214 43	220 55	226 67	232 80	238 93	245 06	257 32	269 58
98	» 3. 1. ½ 9. 1	216 64	222 83	229 01	235 20	241 39	247 59	259 97	272 36
99	» 3. 1. ½ 27. 9	218 85	225 10	231 35	237 60	243 85	250 11	262 62	275 14
100	» 3. 2. » 10. 7	221 07	227 38	233 69	240 01	246 32	252 64	265 28	277 92
101	» 3. 2. » 29. 5	223 28	229 65	236 02	242 41	248 78	255 17	267 93	280 69
102	» 3. 2. ½ 12. 4	225 49	231 92	238 36	244 81	251 24	257 69	270 58	283 47
103	» 3. 2. ½ 31. 2	227 70	234 20	240 70	247 21	253 71	260 22	273 24	286 25
104	» 3. 3. » 14. »	229 91	236 47	243 03	249 61	256 17	262 75	275 89	289 03
105	» 3. 3. » 32. 8	232 12	238 74	245 37	252 01	258 63	265 27	278 54	291 81
106	» 3. 3. ½ 15. 7	234 33	241 02	247 71	254 41	261 10	267 80	281 19	294 59
107	» 3. 3. ½ 34. 5	236 54	243 29	250 04	256 81	263 56	270 33	283 85	297 37
108	» 3. 4. » 17. 3	238 75	245 57	252 38	259 21	266 02	272 85	286 50	300 15

Conversion des GRAMMES en poids de MARC, suivie des différentes valeurs d'un ou plusieurs objets en OR à l'un des poids ci-dessous, déduction faite des droits de vente.

GRAMMES.	CONVERSION. (Marcs. Onces. Gros. Vingt. Demi-Gros. Grains. Dixièmes.)	DIVERSES VALEURS DU GRAMME D'APRÈS LES PRIX SUIVANS DE L'ONCE D'OR							
		à 70f gc	à 72f gc	à 74f gc	à 76f gc	à 78f gc	non contr. à 80f	à 84f gc	contrôlé à 88f
		fr. c.	fr. c.	fr. c.	fr. c.	fr. c.	fr. c.	fr. c.	fr. c.
109	» 3. 4. » » 1	240 96	247 84	254 72	261 61	268 49	275 37	289 15	302 93
110	» 3. 4. ½ 19. »	243 17	250 11	257 05	264 01	270 95	277 90	291 80	305 71
111	» 3. 5. » 1. 8	245 38	252 39	259 39	266 41	273 41	280 43	294 46	308 49
112	» 3. 5. » 20. 6	247 59	254 66	261 73	268 81	275 88	282 95	297 11	311 27
113	» 3. 5. ½ 3. 5	249 80	256 93	264 06	271 21	278 34	285 48	299 76	314 04
114	» 3. 5. ½ 22. 3	252 01	259 21	266 40	273 61	280 80	288 00	302 41	316 82
115	» 3. 6. » 5. 1	254 23	261 48	268 74	276 01	283 27	290 53	305 07	319 60
116	» 3. 6. » 23. 9	256 44	263 76	271 08	278 41	285 73	293 06	307 72	322 38
117	» 3. 6. ½ 6. 8	258 65	266 03	273 41	280 81	288 19	295 58	310 37	325 16
118	» 3. 6. ½ 25. 6	260 86	268 30	275 75	283 21	290 66	298 11	313 03	327 94
119	» 3. 7. » 8. 4	263 07	270 58	278 09	285 61	293 12	300 64	315 68	330 72
120	» 3. 7. » 27. 2	265 28	272 85	280 42	288 01	295 58	303 16	318 33	333 50
121	» 3. 7. ½ 10. 1	267 49	275 12	282 76	290 41	298 05	305 69	320 98	336 28
122	» 3. 7. ½ 28. 9	269 70	277 40	285 10	292 81	300 51	308 22	323 64	339 06
123	» 4. » » 11. 7	271 91	279 67	287 43	295 21	302 97	310 74	326 29	341 84
124	» 4. » » 30. 6	274 12	281 95	289 77	297 61	305 44	313 27	328 94	344 62
125	» 4. » ½ 13. 4	276 33	284 22	292 11	300 01	307 90	315 80	331 59	347 40
126	» 4. » ½ 32. 2	278 54	286 49	294 44	302 41	310 36	318 32	334 25	350 17
127	» 4. 1. » 15. »	280 75	288 77	296 78	304 81	312 83	320 85	336 90	352 95
128	» 4. 1. » 33. 9	282 96	291 04	299 12	307 21	315 29	323 37	339 55	355 73
129	» 4. 1. ½ 16. 7	285 18	293 32	301 46	309 61	317 75	325 90	342 21	358 51
130	» 4. 1. ½ 35. 5	287 39	295 59	303 79	312 01	320 22	328 43	344 86	361 29
131	» 4. 2. » 18. 3	289 60	297 86	306 13	314 41	322 68	330 95	347 51	364 07
132	» 4. 2. ½ 1. 2	291 81	300 14	308 47	316 81	325 14	333 48	350 16	366 85
133	» 4. 2. ½ 20. »	294 02	302 41	310 80	319 21	327 61	336 01	352 82	369 63
134	» 4. 3. » 2. 8	296 23	304 68	313 14	321 61	330 07	338 53	355 47	372 41
135	» 4. 3. » 21. 7	298 44	306 96	315 48	324 01	332 53	341 06	358 12	375 19
136	» 4. 3. ½ 4. 5	300 65	309 23	317 81	326 41	335 00	343 59	360 77	377 97
137	» 4. 3. ½ 23. 3	302 86	311 51	320 15	328 81	337 46	346 11	363 43	380 75
138	» 4. 4. » 6. 1	305 07	313 78	322 49	331 21	339 92	348 64	366 08	383 53
139	» 4. 4. » 25. »	307 28	316 05	324 82	333 61	342 39	351 17	368 73	386 30
140	» 4. 4. ½ 7. 8	309 49	318 33	327 16	336 01	344 85	353 69	371 39	389 08
141	» 4. 4. ½ 26. 6	311 70	320 60	329 50	338 41	347 31	356 22	374 04	391 86
142	» 4. 5. » 9. 4	313 91	322 87	331 83	340 81	349 78	358 74	376 69	394 64
143	» 4. 5. » 28. 3	316 12	325 15	334 17	343 21	352 24	361 27	379 34	397 42
144	» 4. 5. ½ 11. 1	318 34	327 42	336 51	345 61	354 70	363 80	382 00	400 20

CHAPITRE II.

DE LA CONVERSION DES POIDS DE MARC EN POIDS DÉCIMAUX, ET DE LEURS DIFFÉRENTES VALEURS D'APRÈS LES PRIX DE L'ONCE D'OR QUI SONT LE PLUS EN USAGE DANS LES MONTS-DE-PIÉTÉ, DÉDUCTION FAITE DE 3 FR. 50 C. POUR CENT, PERÇUS POUR LES FRAIS DE VENTE.

La colonne des centigrammes représente tout à la fois les décigrammes et centigrammes; ainsi quand je dis 74 centigrammes, c'est comme si je disais 7 décigrammes 4 centigrammes.

DE 1 GRAIN A DEMI-GROS 6.

Conversion des GRAINS et DEMI-GROS en CENTIGRAMMES et GRAMMES, suivie des différentes valeurs d'un ou plusieurs objets en OR à l'un des poids ci-dessous, déduction faite des droits de vente.

POIDS de MARC.	CONVERS.		DIVERSES VALEURS DU GRAIN ET DU DEMI-GROS D'APRÈS LES PRIX SUIVANS DE L'ONCE D'OR							
	Grammes.	Centigram.	à 70f »c	à 72f »c	à 74f »c	à 76f »c	à 78f »c	à 80f »c	à 84f »c	à 88f »c
			fr. c.	fr. c.	fr. c.	fr. c.	fr. c.	fr. c.	fr. c.	fr. c.
1	»	5	0 12	0 12	0 12	0 13	0 13	0 13	0 14	0 15
2	»	10	0 23	0 24	0 25	0 25	0 26	0 27	0 28	0 29
4	»	21	0 47	0 48	0 50	0 51	0 52	0 54	0 56	0 59
6	»	31	0 70	0 72	0 75	0 76	0 78	0 81	0 84	0 88
8	»	42	0 94	0 96	1 00	1 02	1 04	1 08	1 12	1 18
10	»	53	1 17	1 20	1 23	1 27	1 30	1 35	1 40	1 47
12	»	63	1 41	1 45	1 49	1 53	1 57	1 61	1 69	1 77
14	»	74	1 64	1 69	1 74	1 78	1 83	1 88	1 97	2 06
16	»	85	1 88	1 93	1 99	2 04	2 09	2 15	2 25	2 36
18	»	95	2 11	2 17	2 24	2 29	2 35	2 42	2 53	2 65
20	1.	06	2 35	2 41	2 49	2 55	2 61	2 69	2 81	2 95
22	1.	16	2 58	2 65	2 74	2 80	2 87	2 96	3 09	3 24
24	1.	27	2 82	2 90	2 98	3 06	3 14	3 22	3 38	3 54
26	1.	38	3 05	3 14	3 23	3 31	3 40	3 49	3 66	3 83
28	1.	48	3 29	3 38	3 48	3 57	3 66	3 76	3 94	4 13
30	1.	59	3 52	3 62	3 73	3 82	3 92	4 03	4 22	4 42
32	1.	69	3 76	3 86	3 98	4 08	4 18	4 30	4 50	4 72
34	1.	80	3 99	4 10	4 23	4 33	4 44	4 57	4 78	5 01
Demi-gros.										
½ »	1.	91	4 23	4 33	4 47	4 59	4 71	4 83	5 07	5 31
½ 2	2.	01	4 46	4 59	4 72	4 84	4 97	5 10	5 35	5 60
½ 4	2.	12	4 70	4 83	4 97	5 10	5 23	5 37	5 63	5 90
½ 6	2.	23	4 93	5 07	5 22	5 33	5 49	5 64	5 91	6 19

Conversion des **DEMI-GROS, GROS, ONCES** *et* **MARCS**, *en* **CENTIGRAMMES** *et* **GRAMMES**, *suivie des différentes valeurs d'un ou plusieurs objets en* **OR**, *à l'un des poids ci-dessous, déduction faite des droits de vente.*

POIDS de MARC.	CONVERS. Grammes. Centigram.	DIVERSES VALEURS DES DEMI-GROS, GROS, ONCES ET MARCS D'APRÈS LES PRIX SUIVANS DE L'ONCE D'OR							
		à 70f »c	à 72f »c	à 74f »c	à 76f »c	à 78f »c	à 80f »c	à 84f »c	à 88f »c
		fr. c.	fr. c.	fr. c.	fr. c.	fr. c.	fr. c.	fr. c.	fr. c.
½ 8	2. 33	5 17	5 31	5 47	5 61	5 75	5 91	6 19	6 49
½ 10	2. 44	5 40	5 55	5 72	5 86	6 01	6 18	6 47	6 78
½ 12	2. 54	5 64	5 80	5 96	6 12	6 28	6 44	6 76	7 08
½ 14	2. 65	5 87	6 04	6 21	6 37	6 54	6 71	7 04	7 37
½ 16	2. 76	6 11	6 28	6 46	6 63	6 80	6 98	7 32	7 67
½ 18	2. 86	6 34	6 52	6 71	6 88	7 06	7 25	7 60	7 97
½ 20	2. 97	6 58	6 76	6 96	7 14	7 32	7 52	7 88	8 26
½ 22	3. 07	6 81	7 00	7 21	7 39	7 58	7 79	8 16	8 56
½ 24	3. 18	7 05	7 25	7 45	7 65	7 85	8 05	8 45	8 85
½ 26	3. 29	7 28	7 49	7 70	7 90	8 11	8 32	8 73	9 15
½ 28	3. 39	7 52	7 73	7 95	8 16	8 37	8 59	9 01	9 44
½ 30	3. 50	7 75	7 97	8 20	8 41	8 63	8 86	9 29	9 74
½ 32	3. 61	7 99	8 21	8 45	8 67	8 89	9 13	9 57	10 03
½ 34	3. 71	8 22	8 45	8 70	8 92	9 15	9 40	9 85	10 33
Gros.									
1	3. 82	8 45	8 70	8 94	9 18	9 42	9 66	10 14	10 63
2	7. 64	16 91	17 39	17 87	18 36	18 84	19 32	20 29	21 26
3	11. 47	25 36	26 09	26 81	27 54	28 26	28 99	30 43	31 89
4	15. 29	33 82	34 78	35 75	36 72	37 68	38 65	40 58	42 51
5	19. 12	42 27	43 48	44 69	45 90	47 10	48 31	50 72	53 14
6	22. 94	50 73	52 18	53 62	55 08	56 52	57 97	60 87	63 77
7	26. 76	59 18	60 87	62 56	64 26	65 94	67 64	71 01	74 40
Onces.									
1	30. 59	67 65	69 57	71 50	73 43	75 36	77 30	81 16	85 03
2	61. 18	135 26	139 13	143 00	146 86	150 72	154 59	162 32	170 05
3	91. 78	202 90	208 70	214 50	220 29	226 08	231 89	243 48	255 08
4	122. 37	270 53	278 26	285 99	293 72	301 44	309 18	324 64	340 10
5	152. 97	338 16	347 83	357 49	367 15	376 81	386 48	405 80	425 13
6	183. 56	405 80	417 39	428 99	440 58	452 17	463 77	486 96	510 16
7	214. 15	473 43	486 96	500 49	514 01	527 53	541 07	568 12	595 19
Marcs.									
1	244. 75	541 06	556 53	571 98	587 44	602 89	618 36	649 28	680 20
2	489. 50	1082 12	1113 06	1143 96	1174 88	1205 78	1236 72	1298 56	1360 39
3	734. 25	1623 18	1669 59	1715 94	1762 32	1808 67	1855 08	1947 84	2040 59
4	979. 01	2164 24	2226 12	2287 92	2349 76	2411 56	2473 44	2597 12	2720 78

L.

CHAPITRE III.

DES DROITS PERÇUS POUR LE CONTRÔLE DE L'OR.

Ce tarif est très utile, surtout quand les objets en or mis à l'enchère sont chargés de pierres ou autres corps étrangers. Exemple : on met à l'enchère une montre en or non revêtue du nouveau contrôle ; la carte triangulaire qui y est attachée indique le droit de contrôle qu'elle doit payer : 6 fr. 60 cent. par exemple ; je cherche ce droit sur le tarif, et je vois qu'il correspond à 30 grammes. Le bon poids, sur ces sortes d'objets, varie considérablement ; aussi, par cette raison, ne peut-on le déterminer d'une manière bien précise.

DROITS.	GRAMMES.	CONVERSION.					DROITS.	GRAMMES.	CONVERSION.					DROITS.	GRAMMES.	CONVERSION.				
fr. c.		Onces.	Gros.	Demi-Gros.	Grains.	Dixièmes.	fr. c.		Onces.	Gros.	Demi-Gros.	Grains.	Dixièmes.	fr. c.		Onces.	Gros.	Demi-Gros.	Grains.	Dixièmes.
» 22	1	»	»	»	18.	8	7 70	35	1.	1.	»	10.	9	15 18	69	2.	2.	»	3.	1
» 44	2	»	»	½	1.	6	7 92	36	1.	1.	»	29.	8	15 40	70	2.	2.	»	21.	9
» 66	3	»	»	½	20.	5	8 14	37	1.	1.	½	12.	6	15 62	71	2.	2.	½	4.	7
» 88	4	»	1.	»	3.	3	8 36	38	1.	1.	½	31.	4	15 84	72	2.	2.	½	23.	5
1 10	5	»	1.	»	22.	1	8 58	39	1.	2.	»	14.	3	16 06	73	2.	3.	»	6.	4
1 32	6	»	1.	½	5.	»	8 80	40	1.	2.	»	33.	1	16 28	74	2.	3.	»	25.	2
1 54	7	»	1.	½	23.	8	9 02	41	1.	2.	½	15.	9	16 50	75	2.	3.	½	8.	»
1 76	8	»	2.	»	6.	6	9 24	42	1.	2.	½	34.	7	16 72	76	2.	3.	½	26.	9
1 98	9	»	2.	»	25.	4	9 46	43	1.	3.	»	17.	6	16 94	77	2.	4.	»	9.	7
2 20	10	»	2.	½	8.	3	9 68	44	1.	3.	½	»	4	17 16	78	2.	4.	»	28.	5
2 42	11	»	2.	½	27.	1	9 90	45	1.	3.	½	19.	2	17 38	79	2.	4.	½	11.	3
2 64	12	»	3.	»	9.	9	10 12	46	1.	4.	»	2.	»	17 60	80	2.	4.	½	30.	2
2 86	13	»	3.	»	28.	7	10 34	47	1.	4.	»	20.	9	17 82	81	2.	5.	»	13.	»
3 08	14	»	3.	½	11.	6	10 56	48	1.	4.	½	3.	7	18 04	82	2.	5.	»	31.	8
3 30	15	»	3.	½	30.	4	10 78	49	1.	4.	½	22.	5	18 26	83	2.	5.	½	14.	6
[illegible]	16	»	4.	»	[illegible]	[illegible]	11 00	50	1.	5.	»	5.	4	18 48	84	2.	5.	½	33.	[illegible]
3 74	17	»	4.	»	32.	1	11 22	51	1.	5.	»	24.	2	18 70	85	2.	6.	»	16.	3
3 96	18	»	4.	½	14.	9	11 44	52	1.	5.	½	7.	»	18 92	86	2.	6.	»	35.	1
4 18	19	»	4.	½	33.	7	11 66	53	1.	5.	½	25.	8	19 14	87	2.	6.	½	18.	»
4 40	20	»	5.	»	16.	5	11 88	54	1.	6.	»	8.	7	19 36	88	2.	7.	»	»	8
4 62	21	»	5.	»	35.	4	12 10	55	1.	6.	»	27.	5	19 58	89	2.	7.	»	19.	6
4 84	22	»	5.	½	18.	2	12 32	56	1.	6.	½	10.	3	19 80	90	2.	7.	½	2.	4
5 06	23	»	6.	»	1.	»	12 54	57	1.	6.	½	29.	1	20 02	91	2.	7.	½	21.	3
5 28	24	»	6.	»	19.	8	12 76	58	1.	7.	»	12.	»	20 24	92	3.	»	»	4.	1
5 50	25	»	6.	½	2.	7	12 98	59	1.	7.	»	30.	8	20 46	93	3.	»	»	22.	9
5 72	26	»	6.	½	21.	5	13 20	60	1.	7.	½	13.	6	20 68	94	3.	»	½	5.	7
5 94	27	»	7.	»	4.	3	13 42	61	1.	7.	½	32.	5	20 90	95	3.	»	½	24.	6
6 16	28	»	7.	»	23.	2	13 64	62	2.	»	»	15.	3	21 12	96	3.	1.	»	7.	4
6 38	29	»	7.	½	6.	»	13 86	63	2.	»	»	34.	1	21 34	97	3.	1.	»	26.	2
6 60	30	»	7.	½	24.	8	14 08	64	2.	»	½	16.	9	21 56	98	3.	1.	½	9.	1
6 82	31	1.	»	»	7.	6	14 30	65	2.	»	½	35.	8	21 78	99	3.	1.	½	27.	9
7 04	32	1.	»	»	26.	5	14 52	66	2.	1.	»	18.	6	22 00	100	3.	2.	»	10.	7
7 26	33	1.	»	½	9.	5	14 74	67	2.	1.	½	1.	4	22 22	101	3.	2.	»	29.	5
7 48	34	1.	»	½	28.	4	14 96	68	2.	1.	½	20.	2	22 44	102	3.	2.	½	12.	4

DE LA CONVERSION DES GRAMMES EN POIDS DE MARC, ET DE LEURS DIFFÉRENTES VALEURS D'APRÈS LES PRIX DU MARC D'ARGENT QUI SONT LE PLUS EN USAGE DANS LES MONTS-DE-PIÉTÉ, DÉDUCTION FAITE DE 3 FR. 50 C. POUR CENT, PERÇUS POUR LES FRAIS DE VENTE.

Les bénéfices sont si médiocres sur les matières d'argent à fondre, qu'on se contente de quelques centimes par marc, et du bon poids présumé qui consiste en 1, 2, 3 ou 4 grammes et rarement plus, suivant la force du poids mis en vente.

On met à l'enchère 6 couverts pesant 895 grammes; je désire les acheter à raison de 50 fr. le marc; je cherche au chapitre des matières d'argent, le nombre 895 grammes, et sur la même ligne, à la colonne de 50 fr. le marc, je trouve pour mon enchère 176 fr. 66 cent., lesquels joints à 6 fr. 18 cent. qui me seront demandés pour les frais de vente, à raison de 3 fr. 50 cent. pour cent, font un total de 182 fr. 84 cent., valeur des 895 grammes, à raison de 50 fr. le marc. Mon bénéfice consistera en quelques centimes par marc sur la valeur du poids, et en 3 à 4 grammes de bon poids.

Le chapitre des matières d'argent donne la valeur du 1er titre à fondre, sur trois prix, 50 fr., 50 fr. 50 cent. et 51 fr. le marc; il eût été impossible de réunir dans un même tableau, sans nuire à sa clarté, par la quantité de colonnes que cela eût exigé, tous les prix possibles du marc d'argent, principalement ceux à fondre qui peuvent varier de 5 en 5 centimes, suivant le cours du fin.

Voici un moyen bien simple pour obtenir de suite tous les prix du marc d'argent non exprimés dans le tarif. Exemple : on met à l'enchère deux couverts d'argent pesant 251 grammes; je désire les acheter à raison de 50 fr. 55 cent. le marc; je cherche au tarif pour l'argent le nombre 251 grammes, et à la colonne 50 fr. 50 cent. qui est le prix le plus près de 50 fr. 55 cent., je trouve 50 fr. 03 cent.; comme la différence entre le prix de 50 fr. 50 cent. le marc et celui de 50 fr. 55 cent. dont j'ai besoin, est de 5 centimes, je convertis en centimes le premier chiffre 5 de la valeur 50 fr. 03 cent., il représente les 5 centimes de différence de 50 fr. 50 cent. à 50 fr. 55 cent., je les additionne avec 50 fr. 03, ce qui donne un total de 50 fr. 08 cent., valeur de 251 grammes à raison de 50 fr. 55 cent. le marc. Ainsi donc, pour ajouter à un poids quelconque une valeur de 5 centimes par marc, en plus des prix du marc d'argent portés sur le tarif, il faut d'abord chercher la valeur du poids de gramme mis à l'enchère, d'après le prix le plus rapproché de celui dont on a besoin, et convertir en centimes le premier chiffre de cette valeur, pour les additionner ensemble. Pour ajouter 10 centimes en plus, par marc, doublez la valeur du premier chiffre; pour 15 cent. en plus, triplez la valeur du premier chiffre; pour 20 cent. en plus, quadruplez la valeur du premier chiffre, et ainsi de suite, en observant de convertir en centimes les deux premiers chiffres des sommes dont les francs sont composés de trois chiffres. Exemple : on met à l'enchère 6 couverts d'argent pesant 898 grammes; je désire les acheter à raison de 50 fr. 55 cent. le marc; je cherche le nombre 898 grammes et à la colonne 50 fr. 50 cent. le marc, qui est le prix le plus près de celui dont j'ai besoin, je trouve 179 fr. 00, je convertis en centimes les deux premiers chiffres de cette somme, lesquels joints à 179 fr. 00 donnent un total de 179 fr. 17 cent. valeur des 898 grammes à raison de 50 fr. 55 cent. le marc.

A chaque lot mis en vente est attaché une carte carrée longue ou triangulaire, suivant que le lot est ou n'est pas marqué du nouveau contrôle; voyez la page 1re du chapitre premier, pour plus ample explication.

DE 1 A 36 GRAMMES.

Conversion des ***GRAMMES*** *en poids de* ***MARC****, suivie des différentes valeurs d'un ou plusieurs objets en* ***ARGENT*** *a l'un des poids ci-dessous, déduction faite des droits de vente.*

GRAMMES.	CONVERSION. (Marcs. Onces. Gros. Demi-Gros. Grains. Dixièmes.)	DIVERSES VALEURS DU GRAMME D'APRES LES PRIX SUIVANS DU MARC D'ARGENT							
		à 50f »c	à 50f 50c	à 51f »c	à 51f 50c	à 52f »c	1er Titre contrôlé 54f »c	à 54f 50c	à 55f »c
		fr. c.	fr. c.	fr. c.	fr. c.	fr. c.	fr. c.	fr. c.	fr. c.
1	» » » » 18. 8	0 19	0 19	0 20	0 20	0 20	0 21	0 21	0 21
2	» » » ½ 1. 6	0 39	0 39	0 40	0 40	0 41	0 42	0 43	0 43
3	» » » ½ 20. 5	0 59	0 59	0 60	0 60	0 61	0 63	0 64	0 65
4	» » 1. » 3. 3	0 78	0 79	0 80	0 81	0 82	0 85	0 86	0 86
5	» » 1. » 22. 1	0 98	0 99	1 00	1 01	1 02	1 06	1 07	1 08
6	» » 1. ½ 5. »	1 18	1 19	1 20	1 21	1 23	1 27	1 29	1 30
7	» » 1. ½ 23. 8	1 38	1 39	1 40	1 42	1 43	1 49	1 50	1 51
8	» » 2. » 6. 6	1 57	1 59	1 61	1 62	1 64	1 70	1 72	1 73
9	» » 2. » 25. 4	1 77	1 79	1 81	1 82	1 84	1 91	1 93	1 95
10	» » 2. ½ 8. 3	1 97	1 99	2 01	2 03	2 05	2 13	2 15	2 17
11	» » 2. ½ 27. 1	2 17	2 19	2 21	2 23	2 25	2 34	2 36	2 38
12	» » 3. » 9. 9	2 36	2 39	2 41	2 43	2 46	2 55	2 58	2 60
13	» » 3. » 28. 7	2 56	2 59	2 61	2 64	2 66	2 77	2 79	2 82
14	» » 3. ½ 11. 6	2 76	2 79	2 81	2 84	2 87	2 98	3 01	3 03
15	» » 3. ½ 30. 4	2 96	2 99	3 01	3 04	3 07	3 19	3 22	3 25
16	» » 4. » 13. 2	3 15	3 18	3 22	3 25	3 28	3 41	3 44	3 47
17	» » 4. » 32. 1	3 35	3 38	3 42	3 45	3 48	3 62	3 65	3 69
18	» » 4. ½ 14. 9	3 55	3 58	3 62	3 65	3 69	3 83	3 87	3 90
19	» » 4. ½ 33. 7	3 75	3 78	3 82	3 86	3 90	4 05	4 08	4 12
20	» » 5. » 16. 5	3 94	3 98	4 02	4 06	4 10	4 26	4 30	4 34
21	» » 5. » 35. 4	4 14	4 18	4 22	4 26	4 31	4 47	4 51	4 55
22	» » 5. ½ 18. 2	4 34	4 38	4 42	4 47	4 51	4 68	4 73	4 77
23	» » 6. » 1. »	4 53	4 58	4 63	4 67	4 72	4 90	4 94	4 99
24	» » 6. » 19. 8	4 73	4 78	4 83	4 87	4 92	5 11	5 16	5 21
25	» » 6. ½ 2. 7	4 93	4 98	5 03	5 08	5 13	5 32	5 37	5 42
26	» » 6. ½ 21. 5	5 13	5 18	5 23	5 28	5 33	5 54	5 59	5 64
27	» » 7. » 4. 3	5 32	5 38	5 43	5 48	5 54	5 75	5 80	5 86
28	» » 7. » 23. 2	5 52	5 58	5 63	5 68	5 74	5 96	6 02	6 07
29	» » 7. ½ 6. »	5 72	5 78	5 83	5 89	5 95	6 18	6 23	6 29
30	» » 7. ½ 24. 8	5 92	5 98	6 03	6 09	6 15	6 39	6 45	6 51
31	» 1. » » 7. 6	6 11	6 17	6 24	6 29	6 36	6 60	6 66	6 72
32	» 1. » » 26. 5	6 31	6 37	6 44	6 50	6 56	6 82	6 88	6 94
33	» 1. » ½ 9. 3	6 51	6 57	6 64	6 70	6 77	7 03	7 09	7 16
34	» 1. » ½ 28. 1	6 71	6 77	6 84	6 90	6 97	7 24	7 31	7 38
35	» 1. 1. » 10. 9	6 90	6 97	7 04	7 11	7 18	7 46	7 53	7 59
36	» 1. 1. » 29. 8	7 10	7 17	7 24	7 31	7 38	7 67	7 74	7 81

Conversion des GRAMMES en poids de MARC, suivie des différentes valeurs d'un ou plusieurs objets en ARGENT à l'un des poids ci-dessous, déduction faite des droits de vente.

GRAMMES.	CONVERSION.						DIVERSES VALEURS DU GRAMME D'APRÈS LES PRIX SUIVANS DU MARC D'ARGENT							
	Marcs.	Onces.	Gros.	Demi-Gros.	Grains.	Dixièmes.	à 50f »c	à 50f 50c	à 51f »c	à 51f 50c	à 52f »c	1er Titre contrôle 54f »c	à 54f 50c	à 55f »c
							fr. c.	fr. c.	fr. c.	fr. c.	fr. c.	fr. c.	fr. c.	fr. c.
37	»	1.	1.	½	12.	6	7 30	7 37	7 44	7 51	7 59	7 88	7 96	8 03
38	»	1.	1.	½	31.	4	7 50	7 57	7 65	7 72	7 80	8 10	8 17	8 24
39	»	1.	2.	»	14.	3	7 69	7 77	7 85	7 92	8 00	8 31	8 39	8 46
40	»	1.	2.	»	33.	1	7 89	7 97	8 05	8 12	8 21	8 52	8 60	8 68
41	»	1.	2.	½	15.	9	8 09	8 17	8 25	8 33	8 41	8 74	8 82	8 90
42	»	1.	2.	½	34.	7	8 29	8 37	8 45	8 53	8 62	8 95	9 03	9 11
43	»	1.	3.	»	17.	6	8 48	8 57	8 65	8 73	8 82	9 16	9 25	9 33
44	»	1.	3.	½	»	4	8 68	8 77	8 85	8 94	9 03	9 37	9 46	9 55
45	»	1.	3.	½	19.	2	8 88	8 97	9 05	9 14	9 23	9 59	9 68	9 76
46	»	1.	4.	»	2.	»	9 07	9 16	9 26	9 34	9 44	9 80	9 89	9 98
47	»	1.	4.	»	20.	9	9 27	9 36	9 46	9 55	9 64	10 01	10 11	10 20
48	»	1.	4.	½	3.	7	9 47	9 56	9 66	9 75	9 85	10 23	10 32	10 42
49	»	1.	4.	½	22.	5	9 67	9 76	9 86	9 95	10 05	10 44	10 54	10 63
50	»	1.	5.	»	5.	4	9 86	9 96	10 06	10 16	10 26	10 65	10 75	10 85
51	»	1.	5.	»	24.	2	10 06	10 16	10 26	10 36	10 46	10 87	10 97	11 07
52	»	1.	5.	½	7.	»	10 26	10 36	10 46	10 56	10 67	11 08	11 18	11 28
53	»	1.	5.	½	25.	8	10 46	10 56	10 66	10 76	10 87	11 29	11 40	11 50
54	»	1.	6.	»	8.	7	10 65	10 76	10 87	10 97	11 08	11 51	11 61	11 72
55	»	1.	6.	»	27.	5	10 85	10 96	11 07	11 17	11 28	11 72	11 83	11 94
56	»	1.	6.	½	10.	3	11 05	11 16	11 27	11 37	11 49	11 93	12 04	12 15
57	»	1.	6.	½	29.	1	11 25	11 36	11 47	11 58	11 70	12 15	12 26	12 37
58	»	1.	7.	»	12.	»	11 44	11 56	11 67	11 78	11 90	12 36	12 47	12 59
59	»	1.	7.	»	30.	8	11 64	11 76	11 87	11 98	12 11	12 57	12 69	12 80
60	»	1.	7.	½	13.	6	11 84	11 96	12 07	12 19	12 31	12 79	12 90	13 02
61	»	1.	7.	½	32.	5	12 04	12 15	12 28	12 39	12 52	13 00	13 12	13 24
62	»	2.	»	»	15.	3	12 23	12 35	12 48	12 59	12 72	13 21	13 33	13 46
63	»	2.	»	»	34.	1	12 43	12 55	12 68	12 80	12 93	13 43	13 55	13 67
64	»	2.	»	½	16.	9	12 63	12 75	12 88	13 00	13 13	13 64	13 76	13 89
65	»	2.	»	½	35.	8	12 83	12 95	13 08	13 20	13 34	13 85	13 98	14 11
66	»	2.	1.	»	18.	6	13 02	13 15	13 28	13 41	13 54	14 06	14 19	14 32
67	»	2.	1.	½	1.	4	13 22	13 35	13 48	13 61	13 75	14 28	14 41	14 54
68	»	2.	1.	½	20.	2	13 42	13 55	13 68	13 81	13 95	14 49	14 63	14 76
69	»	2.	2.	»	3.	1	13 61	13 75	13 89	14 02	14 16	14 70	14 84	14 98
70	»	2.	2.	»	21.	9	13 81	13 95	14 09	14 22	14 36	14 92	15 06	15 19
71	»	2.	2.	½	4.	7	14 01	14 15	14 29	14 42	14 57	15 13	15 27	15 41
72	»	2.	2.	½	23.	5	14 21	14 35	14 49	14 63	14 77	15 34	15 49	15 63

Conversion des GRAMMES en poids de MARC, suivie des différentes valeurs d'un ou plusieurs objets en ARGENT à l'un des poids ci-dessous, déduction faite des droits de vente.

GRAMMES.	CONVERSION. (Marcs. Onces. Gros. Demi-Gros. Grains. Dixièmes.)	DIVERSES VALEURS DU GRAMME D'APRÈS LES PRIX SUIVANS DU MARC D'ARGENT à 50f »c	à 50f 50c	à 51f »c	à 51f 50c	à 52f »c	1er Titre contrôlé 54f »c	à 54f 50c	à 55f »c
		fr. c.	fr. c.	fr. c.	fr. c.	fr. c.	fr. c.	fr. c.	fr. c.
73	» 2. 3. » 6. 4	14 40	14 55	14 69	14 85	14 98	15 56	15 70	15 84
74	» 2. 3. » 25. 2	14 60	14 75	14 89	15 05	15 18	15 77	15 93	16 06
75	» 2. 3. ½ 8. »	14 80	14 96	15 09	15 24	15 39	15 98	16 15	16 28
76	» 2. 3. ½ 26. 9	15 00	15 14	15 30	15 44	15 60	16 20	16 38	16 50
77	» 2. 4. » 9. 7	15 19	15 34	15 50	15 64	15 80	16 41	16 56	16 71
78	» 2. 4. » 28. 5	15 39	15 54	15 70	15 84	16 01	16 62	16 78	16 93
79	» 2. 4. ½ 11. 3	15 59	15 74	15 90	16 06	16 21	16 84	16 99	17 15
80	» 2. 4. ½ 30. 2	15 79	15 94	16 10	16 25	16 42	17 05	17 21	17 36
81	» 2. 5. » 13. »	15 98	16 14	16 30	16 46	16 62	17 26	17 42	17 58
82	» 2. 5. » 31. 8	16 18	16 34	16 50	16 66	16 83	17 48	17 64	17 80
83	» 2. 5. ½ 14. 6	16 38	16 54	16 70	16 86	17 03	17 69	17 86	18 01
84	» 2. 5. ½ 33. 5	16 58	16 74	16 91	17 06	17 24	17 90	18 07	18 23
85	» 2. 6. » 16. 3	16 77	16 94	17 11	17 27	17 44	18 12	18 28	18 45
86	» 2. 6. » 35. 1	16 97	17 14	17 31	17 47	17 65	18 33	18 50	18 67
87	» 2. 6. ½ 18. »	17 17	17 34	17 51	17 67	17 85	18 54	18 71	18 88
88	» 2. 7. » » 8	17 37	17 54	17 71	17 88	18 06	18 75	18 93	19 10
89	» 2. 7. » 19. 6	17 56	17 74	17 91	18 08	18 26	18 97	19 14	19 32
90	» 2. 7. ½ 2. 4	17 76	17 94	18 11	18 28	18 47	19 18	19 36	19 53
91	[illegible]	17 96	18 15	[illegible]	[illegible]	[illegible]	[illegible]	[illegible]	[illegible]
92	» 3. » » 4. 1	18 15	18 33	18 52	18 69	18 88	19 61	19 79	19 97
93	» 3. » » 22. 9	18 35	18 53	18 72	18 89	19 09	19 82	20 00	20 19
94	» 3. » ½ 5. 7	18 55	18 73	18 92	19 10	19 29	20 03	20 22	20 40
95	» 3. » ½ 24. 6	18 75	18 93	19 12	19 30	19 50	20 25	20 43	20 62
96	» 3. 1. » 7. 4	18 94	19 13	19 32	19 50	19 70	20 46	20 65	20 84
97	» 3. 1. » 26. 2	19 14	19 33	19 52	19 71	19 91	20 67	20 86	21 05
98	» 3. 1. ½ 9. 1	19 34	19 53	19 72	19 91	20 11	20 89	21 08	21 27
99	» 3. 1. ½ 27. 9	19 54	19 73	19 93	20 11	20 32	21 10	21 29	21 49
100	» 3. 2. » 10. 7	19 73	19 93	20 13	20 32	20 52	21 31	21 51	21 71
101	» 3. 2. » 29. 5	19 93	20 13	20 33	20 52	20 73	21 53	21 73	21 92
102	» 3. 2. ½ 12. 4	20 13	20 33	20 53	20 72	20 93	21 74	21 94	22 14
103	» 3. 2. ½ 31. 2	20 33	20 53	20 73	20 92	21 14	21 96	22 16	22 36
104	» 3. 3. » 14. »	20 52	20 73	20 93	21 13	21 34	22 17	22 37	22 57
105	» 3. 3. » 32. 8	20 72	20 93	21 13	21 33	21 55	22 38	22 58	22 79
106	» 3. 3. ½ 15. 7	20 92	21 13	21 33	21 53	21 75	22 59	22 80	23 01
107	» 3. 3. ½ 34. 5	21 12	21 32	21 54	21 74	21 96	22 81	23 02	23 23
108	» 3. 4. » 17. 3	21 31	21 52	21 74	21 94	22 16	23 02	23 23	23 44

Conversion des GRAMMES en poids de MARC, suivie des différentes valeurs d'un ou plusieurs objets en ARGENT à l'un des poids ci-dessous, déduction faite des droits de vente.

GRAMMES.	CONVERSION. Marcs.	Onces.	Gros.	Demi-Gros.	Grains.	Dixièmes.	DIVERSES VALEURS DU GRAMME D'APRÈS LES PRIX SUIVANS DU MARC D'ARGENT à 50f »c	à 50f 50c	à 51f »c	à 51f 50c	à 52f »c	1er Titre contrôlé 54f »c	à 54f 50c	à 55f »c
							fr. c.	fr. c.	fr. c.	fr. c.	fr. c.	fr. c.	fr. c.	fr. c.
109	»	3.	4.	½	»	1	21 51	21 72	21 94	22 14	22 37	23 25	23 45	23 66
110	»	3.	4.	½	19.	»	21 71	21 92	22 14	22 35	22 57	23 44	23 66	23 88
111	»	3.	5.	»	1.	8	21 91	22 12	22 34	22 55	22 78	23 66	23 88	24 10
112	»	3.	5.	»	20.	6	22 10	22 32	22 54	22 75	22 98	23 87	24 09	24 31
113	»	3.	5.	½	3.	5	22 30	22 52	22 74	22 96	23 19	24 08	24 31	24 53
114	»	3.	5.	½	22.	3	22 50	22 72	22 95	23 16	23 40	24 30	24 52	24 75
115	»	3.	6.	»	5.	1	22 69	22 92	23 15	23 36	23 60	24 51	24 74	24 96
116	»	3.	6.	»	23.	9	22 89	23 12	23 35	23 57	23 81	24 72	24 95	25 18
117	»	3.	6.	½	6.	8	23 09	23 32	23 55	23 77	24 01	24 94	25 17	25 40
118	»	3.	6.	½	25.	6	23 29	23 52	23 75	23 97	24 22	25 15	25 38	25 62
119	»	3.	7.	»	6.	4	23 48	23 72	23 95	24 18	24 42	25 36	25 60	25 83
120	»	3.	7.	»	27.	2	23 68	23 92	24 15	24 38	24 63	25 58	25 81	26 05
121	»	3.	7.	½	10.	1	23 88	24 12	24 35	24 58	24 83	25 79	26 03	26 27
122	»	3.	7.	½	28.	9	24 08	24 31	24 56	24 79	25 04	26 00	26 24	26 48
123	»	4.	»	»	11.	7	24 27	24 51	24 76	24 99	25 24	26 22	26 46	26 70
124	»	4.	»	»	30.	6	24 47	24 71	24 96	25 19	25 45	26 43	26 67	26 92
125	»	4.	»	½	13.	4	24 67	24 91	25 16	25 40	25 65	26 64	26 89	27 13
126	»	4.	»	½	32.	2	24 87	25 11	25 36	25 60	25 86	26 86	27 10	27 35
127	»	4.	1.	»	15.	»	25 06	25 31	25 56	25 80	26 06	27 07	27 32	27 57
128	»	4.	1.	»	33.	9	25 26	25 51	25 76	26 00	26 27	27 28	27 53	27 79
129	»	4.	1.	½	16.	7	25 46	25 71	25 97	26 21	26 47	27 50	27 75	28 00
130	»	4.	1.	½	35.	5	25 66	25 91	26 17	26 41	26 68	27 71	27 96	28 22
131	»	4.	2.	»	18.	3	25 85	26 11	26 37	26 61	26 89	27 92	28 18	28 44
132	»	4.	2.	½	1.	2	26 05	26 31	26 57	26 82	27 09	28 13	28 39	28 65
133	»	4.	2.	½	20.	»	26 25	26 51	26 77	27 02	27 30	28 35	28 61	28 87
134	»	4.	3.	»	2.	8	26 45	26 71	26 97	27 22	27 50	28 56	28 83	29 09
135	»	4.	3.	»	21.	7	26 64	26 91	27 17	27 43	27 71	28 77	29 04	29 31
136	»	4.	3.	½	4.	5	26 84	27 11	27 37	27 63	27 91	28 99	29 26	29 52
137	»	4.	3.	½	23.	3	27 04	27 30	27 58	27 83	28 12	29 20	29 47	29 74
138	»	4.	4.	»	6.	1	27 23	27 50	27 78	28 04	28 32	29 41	29 69	29 96
139	»	4.	4.	»	25.	»	27 43	27 70	27 98	28 24	28 53	29 63	29 90	30 17
140	»	4.	4.	½	7.	8	27 63	27 90	28 18	28 44	28 73	29 84	30 12	30 39
141	»	4.	4.	½	26.	6	27 83	28 10	28 38	28 65	28 94	30 05	30 33	30 61
142	»	4.	5.	»	9.	4	28 02	28 30	28 58	28 85	29 14	30 27	30 55	30 83
143	»	4.	5.	»	28.	3	28 22	28 50	28 78	29 05	29 35	30 48	30 76	31 04
144	»	4.	5.	½	11.	1	28 42	28 70	28 99	29 26	29 55	30 69	30 98	31 26

Conversion des **GRAMMES** *en poids de* **MARC**, *suivie des différentes valeurs d'un ou plusieurs objets en* **ARGENT** *à l'un des poids ci-dessous, déduction faite des droits de vente.*

GRAMMES.	CONVERSION. (Marcs. Onces. Gros. Demi-Gros. Grains. Dixièmes.)	DIVERSES VALEURS DU GRAMME D'APRÈS LES PRIX SUIVANS DU MARC D'ARGENT à 50f »c	à 50f 50c	à 51f »c	à 51f 50c	à 52f »c	1er Titre contrôlé 54f »c	à 54f 50c	à 55f »c
		fr. c.	fr. c.	fr. c.	fr. c.	fr. c.	fr. c.	fr. c.	fr. c.
145	» 4. 5. ½ 29. 9	28 62	28 90	29 19	29 46	29 76	30 91	31 19	31 48
146	» 4. 6. » 12. 8	28 81	29 10	29 39	29 66	29 96	31 12	31 41	31 69
147	» 4. 6. » 31. 6	29 01	29 30	29 59	29 87	30 17	31 33	31 62	31 91
148	» 4. 6. ½ 14. 4	29 21	29 50	29 79	30 07	30 37	31 55	31 84	32 13
149	» 4. 6. ½ 33. 2	29 41	29 70	29 99	30 27	30 58	31 76	32 05	32 35
150	» 4. 7. » 16. 1	29 60	29 90	30 19	30 48	30 79	31 97	32 27	32 56
151	» 4. 7. » 34. 9	29 80	30 10	30 39	30 68	30 99	32 19	32 48	32 78
152	» 4. 7. ½ 17. 7	30 00	30 29	30 60	30 88	31 20	32 40	32 70	33 00
153	» 5. » » » 5	30 20	30 49	30 80	31 08	31 40	32 61	32 91	33 21
154	» 5. » » 19. 4	30 39	30 69	31 00	31 29	31 61	32 82	33 13	33 43
155	» 5. » ½ 2. 2	30 59	30 89	31 20	31 49	31 81	33 04	33 34	33 65
156	» 5. » ½ 21. »	30 79	31 09	31 40	31 69	32 02	33 25	33 56	33 87
157	» 5. 1. » 3. 9	30 99	31 29	31 60	31 90	32 22	33 46	33 77	34 08
158	» 5. 1. » 22. 7	31 18	31 49	31 80	32 10	32 43	33 68	33 99	34 30
159	» 5. 1. ½ 5. 5	31 38	31 69	32 00	32 30	32 63	33 89	34 20	34 52
160	» 5. 1. ½ 24. 3	31 58	31 89	32 21	32 51	32 84	34 10	34 42	34 73
161	» 5. 2. » 7. 2	31 77	32 09	32 41	32 71	33 04	34 32	34 63	34 95
162	» 5. 2. » 26. »	31 97	32 29	32 61	32 91	33 24	34 53	34 85	35 17
163	» 5. 2. ½ [illegible]	[illegible]	[illegible]	[illegible]	[illegible]	[illegible]	34 74	[illegible]	[illegible]
164	» 5. 2. ½ 27. 6	32 37	32 69	33 01	33 32	33 66	34 96	35 28	35 60
165	» 5. 3. » 10. 5	32 56	32 89	33 21	33 52	33 86	35 17	35 49	35 82
166	» 5. 3. » 29. 3	32 76	33 09	33 41	33 73	34 07	35 38	35 71	36 04
167	» 5. 3. ½ 12. 1	32 96	33 28	33 62	33 93	34 28	35 60	35 93	36 25
168	» 5. 3. ½ 31. »	33 16	33 48	33 82	34 13	34 48	35 81	36 14	36 47
169	» 5. 4. » 13. 8	33 35	33 68	34 02	34 34	34 69	36 02	36 36	36 69
170	» 5. 4. » 32. 6	33 55	33 88	34 22	34 54	34 89	36 24	36 57	36 91
171	» 5. 4. ½ 15. 4	33 75	34 08	34 42	34 74	35 10	36 45	36 79	37 12
172	» 5. 4. ½ 34. 3	33 95	34 28	34 62	34 95	35 30	36 66	37 00	37 34
173	» 5. 5. » 17. 1	34 14	34 48	34 82	35 15	35 51	36 88	37 22	37 56
174	» 5. 5. » 35. 9	34 34	34 68	35 02	35 35	35 71	37 09	37 43	37 77
175	» 5. 5. ½ 18. 7	34 54	34 88	35 23	35 56	35 92	37 30	37 65	37 99
176	» 5. 6. » 1. 6	34 74	35 08	35 43	35 76	36 12	37 51	37 86	38 21
177	» 5. 6. » 20. 4	34 93	35 28	35 63	35 96	36 33	37 73	38 08	38 43
178	» 5. 6. ½ 3. 2	35 13	35 48	35 83	36 16	36 53	37 94	38 29	38 64
179	» 5. 6. ½ 22. 1	35 33	35 68	36 03	36 37	36 74	38 15	38 51	38 86
180	» 5. 7. » 4. 9	[illegible]	35 88	36 23	36 57	36 94	38 37	38 72	39 08

Conversion des **GRAMMES** *en poids de* **MARC**, *suivie des différentes valeurs d'un ou plusieurs objets en* **ARGENT** *à l'un des poids ci-dessous, déduction faite des droits de vente.*

GRAMMES.	CONVERSION. Marcs. Onces. Gros. Demi-Gros. Grains. Dixièmes.	DIVERSES VALEURS DU GRAMME D'APRÈS LES PRIX SUIVANS DU MARC D'ARGENT à 50f »c fr. c.	à 50f 50c fr. c.	à 51f »c fr. c.	à 51f 50c fr. c.	à 52f »c fr. c.	1er Titre contrôlé 54f »c fr. c.	à 54f 50c fr. c.	à 55f »c fr. c.
181	» 5. 7. » 23. 7	35 72	36 08	36 43	36 77	37 13	38 88	38 94	39 29
182	» 5. 7. ½ 6. 5	35 92	36 27	36 64	36 98	37 33	38 79	39 15	39 51
183	» 5. 7. ½ 25. 4	36 12	36 47	36 84	37 18	37 58	39 01	39 37	39 73
184	» 6. » » 8. 2	36 31	36 67	37 04	37 38	37 76	39 22	39 58	39 94
185	» 6. » » 27. »	36 51	36 87	37 24	37 59	37 97	39 43	39 80	40 16
186	» 6. » ½ 9. 8	36 71	37 07	37 44	37 79	38 18	39 65	40 01	40 38
187	» 6. » ½ 28. 7	36 91	37 27	37 64	37 99	38 38	39 86	40 23	40 60
188	» 6. 1. » 11. 3	37 10	37 47	37 84	38 20	38 59	40 07	40 44	40 81
189	» 6. 1. » 30. 3	37 30	37 67	38 04	38 40	38 79	40 29	40 66	41 03
190	» 6. 1. ½ 13. 2	37 50	37 87	38 23	38 60	39 00	40 50	40 87	41 25
191	» 6. 1. ½ 32. »	37 70	38 07	38 43	38 81	39 20	40 71	41 09	41 46
192	» 6. 2. » 14. 8	37 89	38 27	38 63	39 01	39 41	40 93	41 30	41 68
193	» 6. 2. » 33. 6	38 09	38 47	38 83	39 21	39 61	41 14	41 52	41 90
194	» 6. 2. ½ 16. 3	38 29	38 67	39 03	39 42	39 82	41 35	41 73	42 12
195	» 6. 2. ½ 35. 3	38 49	38 87	39 23	39 62	40 02	41 57	41 95	42 33
196	» 6. 3. » 18. 1	38 68	39 07	39 43	39 82	40 23	41 78	42 16	42 55
197	» 6. 3. ½ » 9	38 88	39 26	39 66	40 03	40 43	41 99	42 38	42 77
198	» 6. 3. ½ 19. 8	39 08	39 46	39 86	40 23	40 64	42 20	42 59	42 98
199	» 6. 4. » 2. 6	39 28	39 66	40 06	40 43	40 84	42 42	42 81	43 20
200	» 6. 4. » 21. 4	39 47	39 86	40 26	40 64	41 05	42 63	43 03	43 42
201	» 6. 4. ½ 4. 3	39 67	40 06	40 46	40 84	41 25	42 84	43 24	43 64
202	» 6. 4. ½ 23. 1	39 87	40 26	40 66	41 04	41 46	43 06	43 46	43 85
203	» 6. 5. » 5. 9	40 07	40 46	40 86	41 25	41 66	43 27	43 67	44 07
204	» 6. 5. » 24. 7	40 26	40 66	41 06	41 45	41 87	43 48	43 89	44 29
205	» 6. 5. ½ 7. 6	40 46	40 86	41 27	41 65	42 07	43 70	44 10	44 50
206	» 6. 5. ½ 26. 4	40 66	41 06	41 47	41 86	42 28	43 91	44 32	44 72
207	» 6. 6. » 9. 2	40 85	41 26	41 67	42 06	42 49	44 12	44 53	44 94
208	» 6. 6. » 28. »	41 05	41 46	41 87	42 26	42 69	44 34	44 75	45 16
209	» 6. 6. ½ 10. 9	41 25	41 66	42 07	42 47	42 90	44 55	44 96	45 37
210	» 6. 6. ½ 29. 7	41 45	41 86	42 27	42 67	43 10	44 76	45 18	45 59
211	» 6. 7. » 12. 5	41 64	42 06	42 47	42 87	43 31	44 98	45 39	45 81
212	» 6. 7. » 31. 3	41 84	42 26	42 67	43 07	43 51	45 19	45 61	46 02
213	» 6. 7. ½ 14. 2	42 04	42 45	42 88	43 28	43 72	45 40	45 82	46 24
214	» 6. 7. ½ 33. »	42 24	42 65	43 08	43 48	43 92	45 62	46 04	46 46
215	» 7. » » 15. 8	42 43	42 85	43 28	43 68	44 13	45 83	46 25	46 68
216	» 7. » » 34. 7	42 63	43 05	43 48	43 89	44 33	46 04	46 47	46 88

Conversion des **GRAMMES** *en poids de* **MARC**, *suivie des différentes valeurs d'un ou plusieurs objets en* **ARGENT** *à l'un des poids ci-dessous, déduction faite des droits de vente.*

GRAMMES.	CONVERSION. (Marcs. Onces. Gros. 1/2 Demi-Gros. Grains. Dixièmes.)	DIVERSES VALEURS DU GRAMME D'APRÈS LES PRIX SUIVANS DU MARC D'ARGENT — à 50f »c	à 50f 50c	à 51f »c	à 51f 50c	à 52f »c	1er Titre contrôlé 54f »c	à 54f 50c	à 55f »c
		fr. c.	fr. c.	fr. c.	fr. c.	fr. c.	fr. c.	fr. c.	fr. c.
217	» 7. » ½ 17.5	42 85	43 23	43 68	44 09	44 54	46 25	46 68	47 11
218	» 7. 1. » » 3	43 05	43 43	43 88	44 29	44 74	46 47	46 90	47 33
219	» 7. 1. » 19.1	43 22	43 63	44 08	44 50	44 95	46 68	47 11	47 54
220	» 7. 1. ½ 2. »	43 42	43 83	44 29	44 70	45 15	46 90	47 35	47 76
221	» 7. 1. ½ 20.8	43 62	44 03	44 49	44 90	45 36	47 11	47 54	47 98
222	» 7. 2. » 3.6	43 82	44 23	44 69	45 11	45 56	47 32	47 76	48 20
223	» 7. 2. » 22.4	44 01	44 43	44 89	45 31	45 77	47 53	47 97	48 41
224	» 7. 2. ½ 5.5	44 21	44 63	45 09	45 51	45 98	47 75	48 19	48 63
225	» 7. 2. ½ 24.1	44 41	44 83	45 29	45 72	46 18	47 96	48 40	48 85
226	» 7. 3. » 6.9	44 61	45 03	45 49	45 92	46 39	48 17	48 62	49 06
227	» 7. 3. » 25.8	44 80	45 23	45 69	46 12	46 59	48 39	48 83	49 28
228	» 7. 3. ½ 8.6	45 00	45 44	45 90	46 32	46 80	48 60	49 05	49 50
229	» 7. 3. ½ 27.4	45 20	45 64	46 10	46 53	47 00	48 81	49 26	49 72
230	» 7. 4. » 10.2	45 39	45 84	46 30	46 73	47 21	49 03	49 48	49 93
231	» 7. 4. » 29.1	45 59	46 04	46 50	46 95	47 41	49 24	49 69	50 15
232	» 7. 4. ½ 11.9	45 79	46 24	46 70	47 14	47 62	49 45	49 91	50 37
233	» 7. 4. ½ 30.7	45 99	46 44	46 90	47 34	47 82	49 67	50 12	50 58
234	» 7. 5. » 13.5	46 18	46 64	47 10	47 54	48 05	49 88	50 34	50 80
235	» 7. 5. » 32.4	46 38	46 84	47 31	47 75	48 25	50 09	50 56	51 02
236	» 7. 5. ½ 15.2	46 58	47 04	47 51	47 95	48 44	50 31	50 77	51 23
237	» 7. 5. ½ 34. »	46 78	47 24	47 71	48 15	48 64	50 52	50 99	51 45
238	» 7. 6. » 16.9	46 97	47 44	47 91	48 36	48 85	50 73	51 20	51 67
239	» 7. 6. » 35.7	47 17	47 64	48 11	48 56	49 05	50 95	51 42	51 89
240	» 7. 6. ½ 18.5	47 37	47 84	48 31	48 76	49 26	51 16	51 63	52 10
241	» 7. 7. » 1.3	47 57	48 04	48 51	48 97	49 47	51 37	51 85	52 32
242	» 7. 7. » 20.2	47 76	48 24	48 71	49 17	49 67	51 58	52 06	52 54
243	» 7. 7. ½ 3. »	47 96	48 45	48 92	49 37	49 88	51 80	52 28	52 75
244	» 7. 7. ½ 21.8	48 16	48 65	49 12	49 58	50 08	52 01	52 49	52 97
245	1. » » » 4.7	48 36	48 85	49 32	49 78	50 29	52 22	52 71	53 19
246	1. » » » 23.5	48 55	49 05	49 52	49 98	50 49	52 44	52 92	53 41
247	1. » » ½ 6.3	48 75	49 25	49 72	50 19	50 70	52 65	53 14	53 62
248	1. » » ½ 25.1	48 95	49 45	49 92	50 39	50 90	52 86	53 35	53 84
249	1. » 1. » 8. »	49 15	49 65	50 12	50 59	51 11	53 08	53 57	54 06
250	1. » 1. » 26.8	49 34	49 85	50 33	50 80	51 31	53 29	53 78	54 27
251	1. » 1. ½ 9.6	49 54	50 05	50 53	51 00	51 52	53 50	54 00	54 49
252	1. » 1. ½ 28.4	49 74	50 25	50 73	51 20	51 72	53 72	54 21	54 71

Conversion des ***GRAMMES*** *en poids de* ***MARC****, suivie des différentes valeurs d'un ou plusieurs objets en* ***ARGENT*** *à l'un des poids ci-dessous, déduction faite des droits de vente.*

GRAMMES.	CONVERSION. Marcs. Onces. Gros. Demi-Gros. Grains. Dixièmes.	DIVERSES VALEURS DU GRAMME D'APRÈS LES PRIX SUIVANS DU MARC D'ARGENT à 50f »c	à 50f 50c	à 51f »c	à 51f 50c	à 52f »c	1er Titre contrôlé 54f »c	à 54f 50c	à 55f »c
		fr. c.	fr. c.	fr. c.	fr. c.	fr. c.	fr. c.	fr. c.	fr. c.
253	1. » 2. » 11. 3	49 93	50 43	50 93	51 40	51 93	53 93	54 43	54 93
254	1. » 2. » 30. 1	50 13	50 63	51 13	51 61	52 13	54 14	54 64	55 14
255	1. » 2. ½ 12. 9	50 33	50 83	51 33	51 81	52 34	54 36	54 86	55 36
256	1. » 2. ½ 31. 7	50 53	51 03	51 53	52 01	52 54	54 57	55 07	55 58
257	1. » 3. » 14. 6	50 72	51 23	51 73	52 22	52 75	54 78	55 29	55 79
258	1. » 3. » 33. 4	50 92	51 42	51 94	52 42	52 95	55 00	55 50	56 01
259	1. » 3. ½ 16. 2	51 12	51 62	52 14	52 62	53 16	55 21	55 72	56 23
260	1. » 3. ½ 35. 1	51 32	51 82	52 34	52 83	53 36	55 42	55 93	56 45
261	1. » 4. » 17. 9	51 51	52 02	52 54	53 03	53 56	55 64	56 15	56 66
262	1. » 4. ½ » 7	51 71	52 22	52 74	53 23	53 77	55 85	56 36	56 88
263	1. » 4. ½ 19. 5	51 91	52 42	52 94	53 44	53 97	56 06	56 58	57 10
264	1. » 5. » 2. 4	52 11	52 62	53 14	53 64	54 18	56 27	56 79	57 31
265	1. » 5. » 21. 2	52 30	52 82	53 34	53 84	54 39	56 49	57 01	57 53
266	1. » 5. ½ 4. »	52 50	53 02	53 55	54 05	54 60	56 70	57 22	57 75
267	1. » 5. ½ 22. 9	52 70	53 22	53 75	54 25	54 80	56 91	57 44	57 97
268	1. » 6. » 5. 7	52 90	53 42	53 95	54 45	55 01	57 13	57 66	58 18
269	1. » 6. » 24. 5	53 09	53 62	54 15	54 66	55 21	57 34	57 87	58 40
270	1. » 6. ½ 7. 3	53 29	53 82	54 35	54 86	55 42	57 55	58 09	58 62
271	1. » 6. ½ 26. 2	53 49	54 02	54 55	55 06	55 62	57 77	58 30	58 83
272	1. » 7. » 9. »	53 69	54 22	54 75	55 27	55 83	57 98	58 52	59 05
273	1. » 7. » 27. 8	53 88	54 41	54 96	55 47	56 03	58 19	58 73	59 27
274	1. » 7. ½ 10. 6	54 08	54 61	55 16	55 67	56 24	58 41	58 95	59 49
275	1. » 7. ½ 29. 5	54 28	54 81	55 36	55 88	56 44	58 62	59 16	59 70
276	1. 1. » » 12. 3	54 47	55 01	55 56	56 08	56 65	58 83	59 38	59 92
277	1. 1. » » 31. 1	54 67	55 21	55 76	56 28	56 85	59 05	59 59	60 14
278	1. 1. » ½ 13. 9	54 87	55 41	55 96	56 48	57 06	59 26	59 81	60 35
279	1. 1. » ½ 32. 8	55 07	55 61	56 16	56 69	57 27	59 47	60 02	60 57
280	1. 1. 1. » 15. 6	55 26	55 81	56 36	56 89	57 47	59 69	60 24	60 79
281	1. 1. 1. » 34. 4	55 46	56 01	56 57	57 09	57 68	59 90	60 45	61 01
282	1. 1. 1. ½ 17. 2	55 66	56 21	56 77	57 29	57 88	60 11	60 67	61 22
283	1. 1. 2. » » 1	55 86	56 41	56 97	57 50	58 09	60 33	60 88	61 44
284	1. 1. 2. » 18. 9	56 05	56 61	57 17	57 70	58 29	60 54	61 10	61 66
285	1. 1. 2. ½ 1. 7	56 25	56 81	57 37	57 91	58 50	60 75	61 31	61 87
286	1. 1. 2. ½ 20. 6	56 45	57 01	57 57	58 11	58 70	60 96	61 53	62 09
287	1. 1. 3. » 3. 4	56 65	57 21	57 77	58 31	58 91	61 18	61 74	62 31
288	1. 1. 3. » 22. 2	56 84	57 40	57 98	58 52	59 11	61 39	61 96	62 53

Conversion des **GRAMMES** *en poids de* **MARC**, *suivie des différentes valeurs d'un ou plusieurs objets en* **ARGENT** *à l'un des poids ci-dessous, déduction faite des droits de vente.*

GRAMMES.	CONVERSION. Marcs. Onces. Gros. Demi-Gros. Grains. Dixièmes.	DIVERSES VALEURS DU GRAMME D'APRÈS LES PRIX SUIVANS DU MARC D'ARGENT à 50f »c	à 50f 50c	à 51f »c	à 51f 50c	à 52f »c	1er Titre contrôlé 54f »c	à 54f 50c	à 55f »c
		fr. c.	fr. c.	fr. c.	fr. c.	fr. c.	fr. c.	fr. c.	fr. c.
289	1. 1. 3. » 3. »	57 04	57 60	58 18	58 72	59 32	61 60	62 17	62 74
290	1. 1. 3. ½ 23. 9	57 24	57 80	58 38	58 92	59 52	61 82	62 39	62 96
291	1. 1. 4. » 6. 7	57 44	58 00	58 58	59 13	59 73	62 03	62 60	63 18
292	1. 1. 4. » 25. 5	57 63	58 20	58 78	59 33	59 93	62 24	62 82	63 39
293	1. 1. 4. ½ 8. 3	57 83	58 40	58 98	59 53	60 14	62 46	63 03	63 61
294	1. 1. 4. ½ 27. 2	58 03	58 60	59 18	59 74	60 34	62 67	63 25	63 83
295	1. 1. 5. » 10. »	58 23	58 80	59 38	59 94	60 55	62 88	63 46	64 04
296	1. 1. 5. » 28. 8	58 42	59 00	59 59	60 14	60 75	63 10	63 68	64 26
297	1. 1. 5. ½ 11. 7	58 62	59 20	59 79	60 35	60 96	63 31	63 89	64 48
298	1. 1. 5. ½ 30. 5	58 82	59 40	59 99	60 55	61 17	63 52	64 11	64 70
299	1. 1. 6. » 13. 5	59 01	59 60	60 19	60 75	61 37	63 74	64 32	64 91
300	1. 1. 6. » 32. 4	59 21	59 80	60 39	60 96	61 58	63 95	64 54	65 13
301	1. 1. 6. ½ 15. »	59 41	60 00	60 59	61 16	61 78	64 16	64 76	65 35
302	1. 1. 6. ½ 33. 8	59 61	60 20	60 79	61 36	61 99	64 38	64 97	65 56
303	1. 1. 7. » 16. 6	59 80	60 40	61 00	61 56	62 19	64 59	65 19	65 78
304	1. 1. 7. » 35. 4	60 00	60 59	61 20	61 77	62 40	64 80	65 40	66 00
305	1. 1. 7. ½ 18. 3	60 20	60 79	61 40	61 97	62 60	65 02	65 62	66 22
306	1. 2. » » 1. 1	60 40	60 99	61 60	62 17	62 81	65 23	65 83	66 43
307	1. 2. » » 19. 9	60 59	61 19	61 80	62 38	63 01	65 44	66 05	66 65
308	1. 2. » ½ 2. 8	60 79	61 39	62 00	62 58	63 22	65 65	66 26	66 87
309	1. 2. » ½ 21. 6	60 99	61 59	62 20	62 78	63 42	65 87	66 48	67 08
310	1. 2. 1. » 4. 4	61 19	61 79	62 40	62 99	63 63	66 08	66 69	67 30
311	1. 2. 1. » 23. 2	61 38	61 99	62 61	63 19	63 83	66 29	66 91	67 52
312	1. 2. 1. ½ 6. 1	61 58	62 19	62 81	63 39	64 04	66 51	67 12	67 74
313	1. 2. 1. ½ 24. 9	61 78	62 39	63 01	63 60	64 24	66 72	67 34	67 95
314	1. 2. 2. » 7. 7	61 98	62 59	63 21	63 80	64 45	66 93	67 55	68 17
315	1. 2. 2. » 26. 5	62 17	62 79	63 41	64 00	64 66	67 15	67 77	68 39
316	1. 2. 2. ½ 9. 4	62 37	62 99	63 61	64 21	64 86	67 36	67 98	68 60
317	1. 2. 2. ½ 28. 2	62 57	63 19	63 81	64 41	65 07	67 57	68 20	68 82
318	1. 2. 3. » 11. »	62 77	63 39	64 01	64 61	65 27	67 79	68 41	69 04
319	1. 2. 3. » 29. 8	62 96	63 58	64 22	64 82	65 48	68 00	68 63	69 26
320	1. 2. 3. ½ 12. 7	63 16	63 78	64 42	65 02	65 68	68 21	68 84	69 47
321	1. 2. 3. ½ 31. 5	63 36	63 98	64 62	65 22	65 89	68 43	69 06	69 69
322	1. 2. 4. » 14. 3	63 55	64 18	64 82	65 43	66 09	68 64	69 27	69 91
323	1. 2. 4. » 33. 2	63 75	64 38	65 02	65 63	66 30	68 85	69 49	70 12
324	1. 2. 4. ½ 16. »	63 95	64 58	65 22	65 83	66 50	69 07	69 70	70 34

DE 325 A 360 GRAMMES.

Conversion des GRAMMES en poids de MARC, suivie des différentes valeurs d'un ou plusieurs objets en ARGENT à l'un des poids ci-dessous, déduction faite des droits de vente.

GRAMMES.	CONVERSION. Marcs. Onces. Gros. Demi-Gros. Grains. Dixièmes.	DIVERSES VALEURS DU GRAMME D'APRÈS LES PRIX SUIVANS DU MARC D'ARGENT à 50f »c	à 50f 50c	à 51f »c	à 51f 50c	à 52f »c	1er Titre contrôlé 54f »c	à 54f 50c	à 55f »c
		fr. c.	fr. c.	fr. c.	fr. c.	fr. c.	fr. c.	fr. c.	fr. c.
325	1. 2. 4. ½ 34. 8	64 15	64 78	65 42	66 04	66 71	69 28	69 92	70 56
326	1. 2. 5. » 17. 6	64 34	64 98	65 63	66 24	66 91	69 49	70 13	70 78
327	1. 2. 5. ½ » 5	64 54	65 18	65 83	66 44	67 12	69 71	70 35	70 99
328	1. 2. 5. ½ 19. 3	64 74	65 38	66 05	66 64	67 32	69 92	70 56	71 21
329	1. 2. 6. » 2. 1	64 94	65 58	66 23	66 85	67 53	70 13	70 78	71 43
330	1. 2. 6. » 21. »	65 13	65 78	66 43	67 05	67 73	70 34	70 99	71 64
331	1. 2. 6. ½ 3. 8	65 33	65 98	66 63	67 25	67 94	70 56	71 21	71 86
332	1. 2. 6. ½ 22. 6	65 53	66 18	66 83	67 46	68 14	70 77	71 42	72 08
333	1. 2. 7. » 5. 4	65 73	66 38	67 03	67 66	68 35	70 98	71 64	72 30
334	1. 2. 7. » 24. 3	65 92	66 57	67 24	67 86	68 56	71 20	71 86	72 51
335	1. 2. 7. ½ 7. 1	66 12	66 77	67 44	68 07	68 76	71 41	72 07	72 73
336	1. 2. 7. ½ 25. 9	66 32	66 97	67 64	68 27	68 97	71 62	72 29	72 95
337	1. 3. » » 8. 7	66 52	67 17	67 84	68 47	69 17	71 84	72 50	73 16
338	1. 3. » » 27. 6	66 71	67 37	68 04	68 68	69 38	72 05	72 72	73 38
339	1. 3. » ½ 10. 4	66 91	67 57	68 24	68 88	69 58	72 26	72 93	73 60
340	1. 3. » ½ 29. 2	67 11	67 77	68 44	69 08	69 79	72 48	73 15	73 82
341	1. 3. 1. » 12. 1	67 31	67 97	68 63	69 29	69 99	72 69	73 36	74 03
342	1. 3. 1. » 30. 9	67 50	68 17	68 83	69 49	70 20	72 90	73 58	74 25
343	1. 3. 1. ½ 13. 7	67 70	68 37	69 05	69 69	70 40	73 12	73 79	74 47
344	1. 3. 1. ½ 32. 5	67 90	68 57	69 23	69 90	70 61	73 33	74 01	74 69
345	1. 3. 2. » 15. 4	68 09	68 77	69 43	70 10	70 81	73 54	74 22	74 90
346	1. 3. 2. » 34. 2	68 29	68 97	69 63	70 30	71 02	73 76	74 44	75 12
347	1. 3. 2. ½ 17. »	68 49	69 17	69 83	70 51	71 22	73 97	74 65	75 34
348	1. 3. 2. ½ 35. 8	68 69	69 37	70 06	70 71	71 43	74 18	74 87	75 56
349	1. 3. 3. » 18. 7	68 88	69 56	70 26	70 91	71 63	74 40	75 08	75 77
350	1. 3. 3. ½ 1. 5	69 08	69 76	70 46	71 12	71 84	74 61	75 30	75 99
351	1. 3. 3. ½ 20. 3	69 28	69 96	70 66	71 32	72 04	74 82	75 51	76 21
352	1. 3. 4. » 3. 1	69 48	70 16	70 86	71 52	72 25	75 03	75 73	76 42
353	1. 3. 4. » 22. »	69 67	70 36	71 06	71 72	72 46	75 25	75 94	76 64
354	1. 3. 4. ½ 4. 8	69 87	70 56	71 26	71 93	72 66	75 46	76 16	76 86
355	1. 3. 4. ½ 23. 6	70 07	70 76	71 46	72 13	72 87	75 67	76 37	77 07
356	1. 3. 5. » 6. 5	70 27	70 96	71 67	72 33	73 07	75 89	76 59	77 29
357	1. 3. 5. » 25. 3	70 46	71 16	71 87	72 54	73 28	76 10	76 80	77 51
358	1. 3. 5. ½ 8. 1	70 66	71 36	72 07	72 74	73 48	76 31	77 02	77 72
359	1. 3. 5. ½ 26. 9	70 86	71 56	72 27	72 94	73 69	76 53	77 23	77 94
360	1. 3. 6. » 9. 8	71 06	71 76	72 47	73 15	73 89	76 74	77 45	78 16

Conversion des **GRAMMES** *en poids de* **MARC**, *suivie des différentes valeurs d'un ou plusieurs objets en* **ARGENT** *à l'un des poids ci-dessous, déduction faite des droits de vente.*

GRAMMES.	CONVERSION. Marcs. Onces. Gros. Demi-Gros. Grains. Dixièmes.	DIVERSES VALEURS DU GRAMME D'APRÈS LES PRIX SUIVANS DU MARC D'ARGENT à 50f »c	à 50f 50c	à 51f »c	à 51f 50c	à 52f »c	1er Titre contrôlé 54f »c	à 54f 50c	à 55f »c
		fr. c.	fr. c.	fr. c.	fr. c.	fr. c.	fr. c.	fr. c.	fr. c.
361	1. 3. 6. » 28. 6	71 25	71 96	72 67	73 35	74 10	76 96	77 66	78 38
362	1. 3. 6. ½ 11. 4	71 45	72 16	72 87	73 55	74 30	77 17	77 88	78 59
363	1. 3. 6. ½ 30. 2	71 65	72 36	73 07	73 76	74 51	77 38	78 09	78 81
364	1. 3. 7. » 13. 1	71 84	72 55	73 28	73 96	74 71	77 59	78 31	79 03
365	1. 3. 7. » 31. 9	72 04	72 75	73 48	74 16	74 92	77 81	78 52	79 24
366	1. 3. 7. ½ 14. 7	72 24	72 95	73 68	74 37	75 12	78 02	78 74	79 46
367	1. 3. 7. ½ 33. 6	72 44	73 15	73 88	74 57	75 33	78 23	78 96	79 68
368	1. 4. » » 16. 4	72 63	73 35	74 08	74 77	75 53	78 45	79 17	79 90
369	1. 4. » » 35. 2	72 83	73 55	74 28	74 97	75 74	78 66	79 39	80 11
370	1. 4. » ½ 18. »	73 03	73 75	74 48	75 18	75 94	78 87	79 60	80 33
371	1. 4. 1. » » 9	73 23	73 95	74 69	75 38	76 15	79 09	79 82	80 55
372	1. 4. 1. » 19. 7	73 42	74 15	74 89	75 58	76 35	79 30	80 03	80 76
373	1. 4. 1. ½ 2. 5	73 62	74 35	75 09	75 79	76 56	79 51	80 25	80 98
374	1. 4. 1. ½ 21. 3	73 82	74 55	75 29	75 99	76 77	79 72	80 46	81 20
375	1. 4. 2. » 4. 2	74 02	74 75	75 49	76 20	76 97	79 94	80 68	81 42
376	1. 4. 2. » 23. »	74 21	74 95	75 69	76 40	77 18	80 15	80 89	81 63
377	1. 4. 2. ½ 5. 8	74 41	75 15	75 89	76 60	77 38	80 36	81 11	81 85
378	1. 4. 2. ½ 24. 7	74 61	75 35	76 09	76 80	77 59	80 58	81 32	82 07
379	1. 4. 3. » 7. 5	74 81	75 54	76 30	77 01	77 79	80 79	81 54	82 28
380	1. 4. 3. » 26. 3	75 00	75 74	76 50	77 21	78 00	81 00	81 75	82 50
381	1. 4. 3. ½ 9. 1	75 20	75 94	76 70	77 41	78 20	81 22	81 97	82 72
382	1. 4. 3. ½ 28. »	75 40	76 14	76 90	77 62	78 41	81 43	82 18	82 94
383	1. 4. 4. » 10. 8	75 60	76 34	77 10	77 82	78 61	81 64	82 40	83 15
384	1. 4. 4. » 29. 6	75 79	76 54	77 30	78 02	78 82	81 86	82 61	83 37
385	1. 4. 4. ½ 12. 5	75 99	76 74	77 50	78 23	79 02	82 07	82 83	83 59
386	1. 4. 4. ½ 31. 3	76 19	76 94	77 70	78 43	79 23	82 28	83 04	83 80
387	1. 4. 5. » 14. 1	76 39	77 14	77 91	78 63	79 43	82 50	83 26	84 02
388	1. 4. 5. » 32. 9	76 58	77 34	78 11	78 84	79 64	82 71	83 47	84 24
389	1. 4. 5. ½ 15. 8	76 78	77 54	78 31	79 04	79 84	82 92	83 69	84 46
390	1. 4. 5. ½ 34. 6	76 98	77 74	78 51	79 24	80 05	83 14	83 90	84 67
391	1. 4. 6. » 17. 4	77 17	77 94	78 71	79 45	80 25	83 35	84 12	84 89
392	1. 4. 6. ½ » 3	77 37	78 14	78 91	79 65	80 46	83 56	84 33	85 11
393	1. 4. 6. ½ 19. 1	77 57	78 34	79 11	79 85	80 67	83 78	84 55	85 32
394	1. 4. 7. » 1. 9	77 77	78 53	79 32	80 06	80 87	83 99	84 76	85 54
395	1. 4. 7. » 20. 7	77 96	78 73	79 52	80 26	81 08	84 20	84 98	85 76
396	1. 4. 7. ½ 3. 5	78 16	78 93	79 72	80 46	81 28	84 41	85 19	85 98

Conversion des GRAMMES en poids de MARC, suivie des différentes valeurs d'un ou plusieurs objets en ARGENT à l'un des poids ci-dessous, déduction faite des droits de vente.

GRAMMES.	CONVERSION. (Marcs. Onces. Gros. Demi-Gros. Grains. Dixièmes.)	DIVERSES VALEURS DU GRAMME D'APRÈS LES PRIX SUIVANS DU MARC D'ARGENT à 50f «c	à 50f 50c	à 51f «c	à 51f 50c	à 52f «c	1er Titre contrôlé 54f «c	à 54f 50c	à 55f «c
		fr. c.	fr. c.	fr. c.	fr. c.	fr. c.	fr. c.	fr. c.	fr. c.
397	1. 4. 7. ½ 22. 4	78 36	79 13	79 92	80 67	81 49	84 63	85 41	86 19
398	1. 5. « « 5. 2	78 56	79 33	80 12	80 87	81 69	84 84	85 62	86 41
399	1. 5. « « 24. «	78 75	79 53	80 32	81 07	81 90	85 05	85 84	86 63
400	1. 5. « ½ 6. 9	78 95	79 73	80 52	81 28	82 10	85 27	86 06	86 84
401	1. 5. « ½ 25. 7	79 15	79 93	80 72	81 48	82 31	85 48	86 27	87 06
402	1. 5. 1. « 8. 5	79 35	80 13	80 92	81 68	82 51	85 69	86 49	87 28
403	1. 5. 1. « 27. 3	79 54	80 33	81 13	81 88	82 72	85 91	86 70	87 49
404	1. 5. 1. ½ 10. 2	79 74	80 53	81 33	82 09	82 92	86 12	86 92	87 71
405	1. 5. 1. ½ 29. «	79 94	80 73	81 53	82 29	83 13	86 33	87 13	87 93
406	1. 5. 2. « 11. 8	80 14	80 93	81 73	82 49	83 33	86 55	87 35	88 14
407	1. 5. 2. « 30. 6	80 33	81 13	81 93	82 70	83 54	86 76	87 56	88 36
408	1. 5. 2. ½ 13. 5	80 53	81 33	82 13	82 90	83 75	86 97	87 78	88 58
409	1. 5. 2. ½ 32. 3	80 73	81 53	82 34	83 10	83 95	87 19	87 99	88 80
410	1. 5. 3. « 15. 1	80 93	81 72	82 54	83 31	84 16	87 40	88 21	89 01
411	1. 5. 3. « 34. «	81 12	81 92	82 74	83 51	84 36	87 61	88 42	89 23
412	1. 5. 3. ½ 16. 8	81 32	82 12	82 94	83 71	84 57	87 83	88 64	89 45
413	1. 5. 3. ½ 35. 6	81 52	82 32	83 14	83 92	84 77	88 04	88 85	89 67
414	1. 5. 4. « 18. 4	81 71	82 52	83 34	84 12	84 98	88 25	89 07	89 88
415	1. 5. 4. ½ 1. 3	81 91	82 72	83 54	84 32	85 18	88 47	89 28	90 10
416	1. 5. 4. ½ 20. 1	82 11	82 92	83 74	84 53	85 39	88 68	89 50	90 32
417	1. 5. 5. « 2. 9	82 31	83 12	83 95	84 73	85 59	88 89	89 71	90 53
418	1. 5. 5. « 21. 7	82 50	83 32	84 15	84 93	85 80	89 10	89 93	90 75
419	1. 5. 5. ½ 4. 6	82 70	83 52	84 35	85 14	86 01	89 32	90 14	90 97
420	1. 5. 5. ½ 23. 4	82 90	83 72	84 55	85 34	86 21	89 53	90 36	91 19
421	1. 5. 6. « 6. 2	83 10	83 92	84 75	85 54	86 41	89 74	90 57	91 40
422	1. 5. 6. « 25. «	83 29	84 12	84 95	85 75	86 62	89 96	90 79	91 62
423	1. 5. 6. ½ 7. 8	83 49	84 32	85 15	85 95	86 82	90 17	91 00	91 84
424	1. 5. 6. ½ 26. 7	83 69	84 52	85 35	86 15	87 03	90 38	91 22	92 05
425	1. 5. 7. « 9. 5	83 89	84 71	85 56	86 36	87 23	90 60	91 43	92 27
426	1. 5. 7. « 28. 4	84 08	84 91	85 76	86 56	87 44	90 81	91 65	92 49
427	1. 5. 7. ½ 11. 2	84 28	85 11	85 96	86 76	87 65	91 02	91 86	92 71
428	1. 5. 7. ½ 30. «	84 48	85 31	86 16	86 96	87 85	91 24	92 08	92 92
429	1. 6. « « 12. 8	84 68	85 51	86 36	87 17	88 06	91 45	92 29	93 14
430	1. 6. « « 31. 7	84 87	85 71	86 56	87 37	88 26	91 66	92 51	93 36
431	1. 6. « ½ 14. 5	85 07	85 91	86 76	87 57	88 47	91 88	92 72	93 57
432	1. 6. « ½ 33. 3	85 27	86 11	86 97	87 78	88 67	92 09	92 94	93 79

Conversion des **GRAMMES** *en poids de* **MARC**, *suivie des différentes valeurs d'un ou plusieurs objets en* **ARGENT** *à l'un des poids ci-dessous, déduction faite des droits de vente.*

GRAMMES.	CONVERSION. Marcs.	Onces.	Gros.	Demi-Gros.	Grains.	Dixièmes.	DIVERSES VALEURS DU GRAMME D'APRÈS LES PRIX SUIVANS DU MARC D'ARGENT — à 50f »c	à 50f 50c	à 51f »c	à 51f 50c	à 52f »c	1er Titre contrôlé 54f »c	à 54f 50c	à 55f »c
							fr. c.	fr. c.	fr. c.	fr. c.	fr. c.	fr. c.	fr. c.	fr. c.
433	1.	6.	1.	»	16.	1	85 47	86 31	87 17	87 98	88 88	92 30	93 13	94 01
434	1.	6.	1.	»	35.	»	85 66	86 51	87 37	88 18	89 08	92 52	93 37	94 23
435	1.	6.	1.	½	17.	8	85 86	86 71	87 57	88 39	89 29	92 73	93 59	94 44
436	1.	6.	2.	»	»	6	86 06	86 91	87 77	88 59	89 49	92 94	93 80	94 66
437	1.	6.	2.	»	19.	5	86 25	87 11	87 97	88 79	89 70	93 16	94 02	94 87
438	1.	6.	2.	½	2.	3	86 45	87 31	88 17	89 00	89 90	93 37	94 23	95 09
439	1.	6.	2.	½	21.	1	86 65	87 51	88 37	89 20	90 11	93 58	94 45	95 31
440	1.	6.	3.	»	3.	9	86 85	87 70	88 58	89 40	90 31	93 79	94 66	95 53
441	1.	6.	3.	»	22.	8	87 04	87 90	88 78	89 61	90 52	94 01	94 88	95 75
442	1.	6.	3.	½	5.	6	87 24	88 10	88 98	89 81	90 72	94 22	95 09	95 96
443	1.	6.	3.	½	24.	4	87 44	88 30	89 18	90 01	90 93	94 43	95 31	96 18
444	1.	6.	4.	»	7.	3	87 64	88 50	89 38	90 22	91 13	94 65	95 52	96 40
445	1.	6.	4.	»	26.	1	87 83	88 70	89 58	90 42	91 34	94 86	95 74	96 61
446	1.	6.	4.	½	8.	9	88 03	88 90	89 78	90 62	91 55	95 07	95 95	96 83
447	1.	6.	4.	½	27.	7	88 23	89 10	89 99	90 83	91 75	95 29	96 17	97 05
448	1.	6.	5.	»	10.	6	88 43	89 30	90 19	91 03	91 96	95 50	96 38	97 26
449	1.	6.	5.	»	29.	4	88 62	89 50	90 39	91 23	92 16	95 71	96 60	97 48
450	1.	6.	5.	½	12.	2	88 82	89 70	90 59	91 44	92 37	95 93	96 81	97 70
451	1.	6.	5.	½	31.	»	89 02	89 90	90 79	91 64	92 57	96 14	97 03	97 92
452	1.	6.	6.	»	13.	9	89 22	90 10	90 99	91 84	92 78	96 35	97 24	98 13
453	1.	6.	6.	»	32.	7	89 41	90 30	91 19	92 04	92 98	96 57	97 46	98 35
454	1.	6.	6.	½	15.	5	89 61	90 50	91 39	92 25	93 19	96 78	97 67	98 57
455	1.	6.	6.	½	34.	4	89 81	90 69	91 60	92 45	93 39	96 99	97 89	98 78
456	1.	6.	7.	»	17.	2	90 01	90 89	91 80	92 65	93 60	97 21	98 10	99 00
457	1.	6.	7.	½	»	»	90 20	91 09	92 00	92 86	93 80	97 42	98 32	99 22
458	1.	6.	7.	½	18.	8	90 40	91 29	92 20	93 06	94 01	97 63	98 53	99 44
459	1.	7.	»	»	1.	7	90 60	91 49	92 40	93 26	94 21	97 85	98 75	99 65
460	1.	7.	»	»	20.	5	90 79	91 69	92 60	93 47	94 42	98 06	98 96	99 87
461	1.	7.	»	½	3.	3	90 99	91 89	92 80	93 67	94 62	98 27	99 18	100 09
462	1.	7.	»	½	22.	1	91 19	92 09	93 01	93 87	94 83	98 48	99 39	100 30
463	1.	7.	1.	»	5.	»	91 39	92 29	93 21	94 08	95 04	98 70	99 61	100 52
464	1.	7.	1.	»	23.	8	91 58	92 49	93 41	94 28	95 24	98 91	99 82	100 74
465	1.	7.	1.	½	6.	6	91 78	92 69	93 61	94 48	95 45	99 12	100 04	100 96
466	1.	7.	1.	½	25.	4	91 98	92 89	93 81	94 69	95 65	99 34	100 25	101 17
467	1.	7.	2.	»	8.	3	92 18	93 09	94 01	94 89	95 86	99 55	100 47	101 39
468	1.	7.	2.	»	27.	1	92 37	93 29	94 21	95 09	96 06	99 76	100 69	101 61

Conversion des GRAMMES en poids de MARC, suivie des différentes valeurs d'un ou plusieurs objets en ARGENT à l'un des poids ci-dessous, déduction faite des droits de vente.

GRAMMES.	CONVERSION. Marcs. Onces. Gros. Demi-Gros. Grains. Dixièmes.	DIVERSES VALEURS DU GRAMME D'APRÈS LES PRIX SUIVANS DU MARC D'ARGENT à 50f »c	à 50f 50c	à 51f »c	à 51f 50c	à 52f »c	1er Titre contrôlé 54f »c	à 54f 50c	à 55f »c
		fr. c.	fr. c.	fr. c.	fr. c.	fr. c.	fr. c.	fr. c.	fr. c.
469	1. 7. 2. ½ 9. 9	92 57	93 49	94 41	95 30	96 27	99 98	100 90	101 82
470	1. 7. 2. ½ 28. 8	92 77	93 69	94 62	95 50	96 47	100 19	101 12	102 04
471	1. 7. 3. » 11. 6	92 97	93 89	94 82	95 70	96 68	100 40	101 33	102 26
472	1. 7. 3. » 30. 4	93 16	94 08	95 02	95 91	96 88	100 62	101 55	102 48
473	1. 7. 3. ½ 13. 2	93 36	94 28	95 22	96 11	97 09	100 83	101 76	102 69
474	1. 7. 3. ½ 32. 1	93 56	94 48	95 42	96 31	97 29	101 04	101 98	102 91
475	1. 7. 4. » 14. 9	93 76	94 68	95 62	96 52	97 50	101 26	102 19	103 13
476	1. 7. 4. » 33. 7	93 95	94 88	95 82	96 72	97 70	101 47	102 41	103 34
477	1. 7. 4. ½ 16. 5	94 15	95 08	96 02	96 92	97 91	101 68	102 62	103 56
478	1. 7. 4. ½ 35. 4	94 35	95 28	96 23	97 12	98 11	101 90	102 84	103 78
479	1. 7. 5. » 18. 2	94 55	95 48	96 43	97 33	98 32	102 11	103 05	104 00
480	1. 7. 5. ½ 1. »	94 74	95 68	96 63	97 53	98 52	102 32	103 27	104 21
481	1. 7. 5. ½ 19. 9	94 94	95 88	96 83	97 73	98 73	102 54	103 48	104 43
482	1. 7. 6. » 2. 7	95 14	96 08	97 03	97 94	98 94	102 75	103 70	104 65
483	1. 7. 6. » 21. 5	95 33	96 28	97 23	98 14	99 14	102 96	103 91	104 86
484	1. 7. 6. ½ 4. 3	95 53	96 48	97 43	98 34	99 35	103 17	104 13	105 08
485	1. 7. 6. ½ 23. 2	95 73	96 67	97 64	98 55	99 55	103 39	104 34	105 30
486	1. 7. 7. » 6. »	95 93	96 87	97 84	98 75	99 76	103 60	104 56	105 52
487	1. 7. 7. » 24. 8	96 12	97 07	98 04	98 95	99 96	103 81	104 77	105 73
488	1. 7. 7. ½ 7. 6	96 32	97 27	98 24	99 15	100 17	104 03	104 99	105 95
489	1. 7. 7. ½ 26. 5	96 52	97 47	98 44	99 36	100 37	104 24	105 20	106 17
490	2. » » » 9. 3	96 72	97 67	98 64	99 56	100 58	104 45	105 42	106 38
491	2. » » » 28. 1	96 91	97 87	98 84	99 77	100 78	104 67	105 63	106 60
492	2. » » ½ 10. 9	97 11	98 07	99 04	99 97	100 99	104 88	105 85	106 82
493	2. » » ½ 29. 8	97 31	98 27	99 25	100 17	101 19	105 09	106 06	107 04
494	2. » 1. » 12. 6	97 51	98 47	99 45	100 38	101 40	105 31	106 28	107 25
495	2. » 1. » 31. 4	97 70	98 67	99 65	100 58	101 60	105 52	106 49	107 47
496	2. » 1. ½ 14. 3	97 90	98 87	99 85	100 78	101 81	105 73	106 71	107 69
497	2. » 1. ½ 33. 1	98 10	99 07	100 05	100 99	102 01	105 95	106 92	107 90
498	2. » 2. » 15. 9	98 30	99 27	100 25	101 19	102 22	106 16	107 14	108 12
499	2. » 2. » 34. 7	98 49	99 47	100 45	101 39	102 42	106 37	107 35	108 34
500	2. » 2. ½ 17. 6	98 69	99 67	100 65	101 60	102 63	106 59	107 57	108 56
501	2. » 3. » » 4	98 89	99 86	100 86	101 80	102 84	106 80	107 79	108 77
502	2. » 3. » 19. 2	99 08	100 06	101 06	102 00	103 04	107 01	108 00	108 99
503	2. » 3. ½ 2. »	99 28	100 26	101 26	102 20	103 25	107 23	108 22	109 21
504	2. » 3. ½ 20. 9	99 48	100 46	101 46	102 41	103 45	107 44	108 43	109 42

Conversion des ***GRAMMES*** *en poids de* ***MARC****, suivie des différentes valeurs d'un ou plusieurs objets en* ***ARGENT*** *à l'un des poids ci-dessous, déduction faite des droits de vente.*

GRAMMES.	CONVERSION. Marcs. Onces. Gros. Demi-Gros. Grains. Dixièmes.	DIVERSES VALEURS DU GRAMME D'APRÈS LES PRIX SUIVANS DU MARC D'ARGENT à 50f »c	à 50f 50c	à 51f »c	à 51f 50c	à 52f »c	1er Titre contrôlé 54f »c	à 54f 50c	à 55f »c
		fr. c.	fr. c.	fr. c.	fr. c.	fr. c.	fr. c.	fr. c.	fr. c.
505	2. » 4. » 3. 7	99 63	100 66	101 66	102 61	103 66	107 63	108 63	109 64
506	2. » 4. » 22. 5	99 87	100 86	101 86	102 81	103 86	107 86	108 86	109 86
507	2. » 4. ½ 5. 4	100 07	101 06	102 06	103 02	104 07	108 08	109 08	110 07
508	2. » 4. ½ 24. 2	100 27	101 26	102 27	103 22	104 27	108 29	109 29	110 28
509	2. » 5. » 7. »	100 47	101 46	102 47	103 42	104 48	108 50	109 51	110 51
510	2. » 5. » 23. 8	100 66	101 66	102 67	103 63	104 68	108 72	109 72	110 72
511	2. » 5. ½ 8. 7	100 86	101 86	102 87	103 83	104 89	108 93	109 94	110 94
512	2. » 5. ½ 27. 3	101 06	102 06	103 07	104 03	105 09	109 14	110 15	111 16
513	2. » 6. » 10. 5	101 26	102 26	103 27	104 24	105 30	109 36	110 37	111 38
514	2. » 6. » 29. 1	101 45	102 46	103 47	104 44	105 50	109 57	110 58	111 59
515	2. » 6. ½ 12. »	101 65	102 66	103 68	104 64	105 71	109 78	110 80	111 81
516	2. » 6. ½ 30. 8	101 85	102 85	103 88	104 83	105 91	110 00	111 01	112 03
517	2. » 7. » 13. 6	102 05	103 05	104 08	105 03	106 12	110 21	111 23	112 25
518	2. » 7. » 32. 3	102 24	103 25	104 28	105 23	106 32	110 42	111 44	112 46
519	2. » 7. ½ 15. 3	102 44	103 45	104 48	105 46	106 53	110 64	111 66	112 68
520	2. » 7. ½ 34. 1	102 64	103 65	104 68	105 66	106 74	110 85	111 87	112 90
521	2. 1. » » 16. 9	102 84	103 85	104 88	105 86	106 94	111 06	112 09	113 11
522	2. 1. » » 35. 8	103 03	104 05	105 08	106 07	107 15	111 28	112 30	113 33
523	2. 1. » ½ 18. 6	103 23	104 25	105 29	106 27	107 35	111 49	112 52	113 55
524	2. 1. 1. » 1. 4	103 43	104 45	105 49	106 47	107 56	111 70	112 73	113 77
525	2. 1. 1. » 20. 2	103 62	104 65	105 69	106 68	107 76	111 92	112 95	113 98
526	2. 1. 1. ½ 3. 1	103 82	104 85	105 89	106 88	107 97	112 13	113 16	114 20
527	2. 1. 1. ½ 21. 9	104 02	105 05	106 09	107 08	108 17	112 34	113 38	114 42
528	2. 1. 2. » 4. 7	104 22	105 25	106 29	107 28	108 38	112 55	113 59	114 63
529	2. 1. 2. » 23. 5	104 41	105 45	106 49	107 49	108 58	112 77	113 81	114 85
530	2. 1. 2. ½ 6. 4	104 61	105 65	106 69	107 69	108 79	112 98	114 02	115 07
531	2. 1. 2. ½ 25. 2	104 81	105 84	106 90	107 89	108 99	113 19	114 24	115 29
532	2. 1. 3. » 8. »	105 01	106 04	107 10	108 10	109 20	113 41	114 45	115 50
533	2. 1. 3. » 26. 9	105 20	106 24	107 30	108 30	109 40	113 62	114 67	115 72
534	2. 1. 3. ½ 9. 7	105 40	106 44	107 50	108 50	109 61	113 83	114 89	115 94
535	2. 1. 3. ½ 28. 6	105 60	106 64	107 70	108 71	109 81	114 05	115 10	116 16
536	2. 1. 4. » 11. 5	105 80	106 84	107 90	108 91	110 02	114 26	115 32	116 37
537	2. 1. 4. » 30. 2	105 99	107 04	108 10	109 11	110 22	114 47	115 53	116 59
538	2. 1. 4. ½ 13. »	106 19	107 24	108 31	109 32	110 43	114 69	115 75	116 81
539	2. 1. 4. ½ 31. 8	106 39	107 44	108 51	109 52	110 64	114 90	115 96	117 03
540	2. 1. 5. » 14. 7	106 59	107 64	108 71	109 72	110 84	115 11	116 18	117 24

Conversion des **GRAMMES** *en poids de* **MARC**, *suivie des différentes valeurs d'un ou plusieurs objets en* **ARGENT** *à l'un des poids ci-dessous, déduction faite des droits de vente.*

GRAMMES.	CONVERSION. Marcs.	Onces.	Gros.	Demi-Gros.	Grains.	Décimes.	DIVERSES VALEURS DU GRAMME D'APRÈS LES PRIX SUIVANS DU MARC D'ARGENT — à 50f »c	à 50f 50c	à 51f »c	à 51f 50c	à 52f »c	1er Titre contrôlé 54f »c	à 54f 50c	à 55f »c
							fr. c.	fr. c.	fr. c.	fr. c.	fr. c.	fr. c.	fr. c.	fr. c.
541	2.	1.	5.	»	33.	5	106 78	107 84	108 91	109 95	111 05	115 33	116 39	117 46
542	2.	1.	5.	½	16.	3	106 98	108 04	109 11	110 15	111 25	115 54	116 61	117 67
543	2.	1.	5.	½	35.	1	107 18	108 24	109 31	110 35	111 46	115 75	116 82	117 89
544	2.	1.	6.	»	18.	»	107 38	108 44	109 51	110 54	111 66	115 97	117 04	118 11
545	2.	1.	6.	½	»	8	107 57	108 64	109 71	110 74	111 87	116 18	117 25	118 32
546	2.	1.	6.	½	19.	6	107 77	108 84	109 92	110 94	112 07	116 39	117 47	118 54
547	2.	1.	7.	»	2.	4	107 97	109 05	110 12	111 15	112 28	116 61	117 68	118 76
548	2.	1.	7.	»	21.	3	108 16	109 23	110 32	111 35	112 48	116 82	117 90	118 98
549	2.	1.	7.	½	4.	1	108 36	109 43	110 52	111 55	112 69	117 03	118 11	119 19
550	2.	1.	7.	½	22.	9	108 56	109 63	110 72	111 76	112 89	117 24	118 33	119 41
551	2.	2.	»	»	5.	8	108 76	109 83	110 92	111 96	113 10	117 46	118 54	119 63
552	2.	2.	»	»	24.	6	108 95	110 03	111 12	112 16	113 30	117 67	118 76	119 85
553	2.	2.	»	½	7.	4	109 15	110 23	111 33	112 36	113 51	117 88	118 97	120 06
554	2.	2.	»	½	26.	2	109 35	110 43	111 53	112 57	113 71	118 10	119 19	120 28
555	2.	2.	1.	»	9.	1	109 55	110 63	111 73	112 77	113 92	118 31	119 40	120 50
556	2.	2.	1.	»	27.	9	109 74	110 83	111 93	112 97	114 12	118 52	119 62	120 71
557	2.	2.	1.	½	10.	7	109 94	111 03	112 13	113 18	114 33	118 74	119 83	120 93
558	2.	2.	1.	½	29.	5	110 14	111 23	112 33	113 38	114 54	118 95	120 05	121 15
559	2.	2.	2.	»	12.	4	110 34	111 43	112 53	113 58	114 74	119 16	120 26	121 37
560	2.	2.	2.	»	31.	2	110 53	111 63	112 73	113 79	114 95	119 38	120 48	121 58
561	2.	2.	2.	½	14.	»	110 73	111 83	112 94	113 99	115 15	119 59	120 69	121 80
562	2.	2.	2.	½	32.	8	110 93	112 02	113 14	114 19	115 36	119 80	120 91	122 02
563	2.	2.	3.	»	15.	7	111 13	112 22	113 34	114 40	115 56	120 02	121 12	122 23
564	2.	2.	3.	»	34.	5	111 32	112 42	113 54	114 60	115 77	120 23	121 34	122 45
565	2.	2.	3.	½	17.	3	111 52	112 62	113 74	114 80	115 97	120 44	121 55	122 67
566	2.	2.	4.	»	»	2	111 72	112 82	113 94	115 01	116 18	120 66	121 77	122 88
567	2.	2.	4.	»	19.	»	111 92	113 02	114 14	115 21	116 38	120 87	121 98	123 10
568	2.	2.	4.	½	1.	8	112 11	113 22	114 35	115 41	116 59	121 08	122 20	123 32
569	2.	2.	4.	½	20.	6	112 31	113 42	114 55	115 62	116 79	121 30	122 41	123 54
570	2.	2.	5.	»	3.	5	112 51	113 62	114 75	115 82	117 00	121 51	122 63	123 75
571	2.	2.	5.	»	22.	3	112 70	113 82	114 95	116 02	117 20	121 72	122 84	123 97
572	2.	2.	5.	½	5.	1	112 90	114 02	115 15	116 23	117 41	121 93	123 06	124 19
573	2.	2.	5.	½	23.	9	113 10	114 22	115 35	116 43	117 61	122 15	123 27	124 40
574	2.	2.	6.	»	6.	8	113 30	114 42	115 55	116 63	117 82	122 36	123 49	124 62
575	2.	2.	6.	»	25.	6	113 49	114 62	115 75	116 84	118 03	122 57	123 71	124 84
576	2.	2.	6.	½	8.	4	113 69	114 81	115 96	117 04	118 23	122 79	123 92	125 06

Conversion des **GRAMMES** *en poids de* **MARC**, *suivie des différentes valeurs d'un ou plusieurs objets en* **ARGENT** *à l'un des poids ci-dessous, déduction faite des droits de vente.*

GRAMMES.	CONVERSION.						DIVERSES VALEURS DU GRAMME D'APRÈS LES PRIX SUIVANS DU MARC D'ARGENT							
	Marcs.	Onces.	Gros.	Demi-Gros.	Grains.	Dixièmes.	à 50f »c	à 50f 50c	à 51f »c	à 51f 50c	à 52f »c	1er titre contrôlé 54f »c	à 54f 50c	à 55f »c
							fr. c.	fr. c.	fr. c.	fr. c.	fr. c.	fr. c.	fr. c.	fr. c.
577	2.	2.	6.	½	27.	3	113 89	115 01	116 16	117 24	118 44	123 00	124 14	125 27
578	2.	2.	7.	»	10.	1	114 08	115 21	116 36	117 44	118 64	123 21	124 35	125 49
579	2.	2.	7.	»	28.	9	114 28	115 41	116 56	117 65	118 85	123 43	124 57	125 71
580	2.	2.	7.	½	11.	7	114 48	115 61	116 76	117 85	119 05	123 64	124 78	125 92
581	2.	2.	7.	½	30.	6	114 68	115 81	116 96	118 05	119 26	123 86	125 00	126 14
582	2.	3.	».	»	13.	4	114 88	116 01	117 16	118 26	119 46	124 07	125 21	126 36
583	2.	3.	».	»	32.	2	115 07	116 21	117 36	118 46	119 67	124 28	125 43	126 58
584	2.	3.	».	½	15.	1	115 27	116 41	117 57	118 66	119 87	124 49	125 64	126 79
585	2.	3.	».	½	33.	9	115 47	116 61	117 77	118 87	120 08	124 71	125 86	127 01
586	2.	3.	1.	»	16.	7	115 67	116 81	117 97	119 07	120 28	124 92	126 07	127 23
587	2.	3.	1.	»	35.	5	115 86	117 01	118 17	119 27	120 49	125 13	126 29	127 44
588	2.	3.	1.	½	18.	4	116 06	117 21	118 37	119 48	120 69	125 35	126 50	127 66
589	2.	3.	2.	»	1.	2	116 26	117 41	118 57	119 68	120 90	125 56	126 72	127 88
590	2.	3.	2.	»	20.	»	116 46	117 61	118 77	119 88	121 10	125 77	126 93	128 10
591	2.	3.	2.	½	2.	8	116 65	117 80	118 98	120 09	121 31	125 99	127 15	128 31
592	2.	3.	2.	½	21.	7	116 85	118 00	119 18	120 29	121 51	126 20	127 36	128 53
593	2.	3.	3.	»	4.	5	117 05	118 20	119 38	120 49	121 72	126 41	127 58	128 75
594	2.	3.	3.	»	23.	3	117 24	118 40	119 58	120 70	121 93	126 62	127 79	128 96
595	2.	3.	3.	½	6.	2	117 44	118 60	119 78	120 90	122 13	126 84	128 01	129 18
596	2.	3.	3.	½	25.	»	117 64	118 80	119 98	121 10	122 34	127 05	128 22	129 40
597	2.	3.	4.	»	7.	8	117 84	119 00	120 18	121 31	122 54	127 26	128 44	129 62
598	2.	3.	4.	»	26.	6	118 03	119 20	120 38	121 51	122 75	127 48	128 65	129 83
599	2.	3.	4.	½	9.	5	118 23	119 40	120 59	121 71	122 95	127 69	128 87	130 05
600	2.	3.	4.	½	28.	3	118 43	119 60	120 79	121 92	123 16	127 90	129 08	130 27
601	2.	3.	5.	»	11.	1	118 63	119 80	120 99	122 12	123 36	128 12	129 30	130 48
602	2.	3.	5.	»	29.	9	118 82	120 00	121 19	122 32	123 57	128 33	129 51	130 70
603	2.	3.	5.	½	12.	8	119 02	120 20	121 39	122 52	123 77	128 54	129 73	130 92
604	2.	3.	5.	½	31.	6	119 22	120 40	121 59	122 73	123 98	128 76	129 95	131 14
605	2.	3.	6.	»	14.	4	119 42	120 60	121 79	122 93	124 18	128 97	130 16	131 35
606	2.	3.	6.	»	33.	2	119 61	120 80	122 00	123 13	124 39	129 18	130 38	131 57
607	2.	3.	6.	½	16.	1	119 81	120 99	122 20	123 34	124 59	129 40	130 59	131 79
608	2.	3.	6.	½	34.	9	120 01	121 19	122 40	123 54	124 80	129 61	130 81	132 00
609	2.	3.	7.	»	17.	7	120 21	121 39	122 60	123 74	125 00	129 82	131 02	132 22
610	2.	3.	7.	½	».	6	120 40	121 59	122 80	123 95	125 21	130 04	131 24	132 44
611	2.	3.	7.	½	19.	4	120 60	121 79	123 00	124 15	125 41	130 25	131 45	132 66
612	2.	4.	».	»	2.	2	120 80	121 99	123 20	124 36	125 62	130 46	131 67	132 87

Conversion des ***GRAMMES*** *en poids de* ***MARC****, suivie des différentes valeurs d'un ou plusieurs objets en* ***ARGENT*** *à l'un des poids ci-dessous, déduction faite des droits de vente.*

GRAMMES.	CONVERSION. Marcs. Onces. Gros. Demi-Gros. Grains. Dixièmes.	DIVERSES VALEURS DU GRAMME D'APRÈS LES PRIX SUIVANS DU MARC D'ARGENT à 50f »c	à 50f 50c	à 51f »c	à 51f 50c	à 52f »c	1er Titre contrôlé 54f »c	à 54f 50c	à 55f »c
		fr. c.	fr. c.	fr. c.	fr. c.	fr. c.	fr. c.	fr. c.	fr. c.
613	2. 4. » » 21. »	121 00	122 19	123 40	124 56	125 83	130 68	131 88	133 09
614	2. 4. » ½ 3. 9	121 19	122 39	123 61	124 76	126 03	130 89	132 10	133 31
615	2. 4. » ½ 22. 7	121 39	122 59	123 81	124 96	126 24	131 10	132 31	133 52
616	2. 4. 1. » 5. 5	121 59	122 79	124 01	125 17	126 44	131 31	132 53	133 74
617	2. 4. 1. » 24. 3	121 78	122 99	124 21	125 37	126 65	131 53	132 74	133 96
618	2. 4. 1. ½ 7. 2	121 98	123 19	124 41	125 57	126 85	131 74	132 96	134 18
619	2. 4. 1. ½ 26. »	122 18	123 39	124 61	125 78	127 06	131 95	133 17	134 39
620	2. 4. 2. » 8. 8	122 38	123 59	124 81	125 98	127 26	132 17	133 39	134 61
621	2. 4. 2. » 27. 7	122 57	123 79	125 02	126 18	127 47	132 38	133 60	134 83
622	2. 4. 2. ½ 10. 5	122 77	123 98	125 22	126 39	127 67	132 59	133 82	135 04
623	2. 4. 2. ½ 29. 3	122 97	124 18	125 42	126 59	127 88	132 81	134 03	135 26
624	2. 4. 3. » 12. 1	123 17	124 38	125 62	126 79	128 08	133 02	134 25	135 48
625	2. 4. 3. » 31. »	123 56	124 58	125 82	127 00	128 29	133 23	134 46	135 70
626	2. 4. 3. ½ 13. 8	123 36	124 78	126 02	127 20	128 49	133 45	134 68	135 91
627	2. 4. 3. ½ 32. 6	123 76	124 98	126 22	127 40	128 70	133 66	134 89	136 13
628	2. 4. 4. » 15. 4	123 96	125 18	126 42	127 60	128 90	133 87	135 11	136 35
629	2. 4. 4. » 34. 3	124 15	125 38	126 63	127 81	129 11	134 09	135 32	136 56
630	2. 4. 4. ½ 17. 1	124 35	125 58	126 83	128 01	129 32	134 30	135 54	136 78
631	2. 4. 4. ½ 35. 9	124 55	125 78	127 03	128 21	129 52	134 51	135 75	137 00
632	2. 4. 5. » 18. 7	124 75	125 98	127 23	128 42	129 73	134 73	135 97	137 21
633	2. 4. 5. ½ 1. 6	124 94	126 18	127 43	128 62	129 93	134 94	136 18	137 43
634	2. 4. 5. ½ 20. 4	125 14	126 38	127 63	128 82	130 14	135 15	136 40	137 65
635	2. 4. 6. » 3. 2	125 34	126 58	127 83	129 03	130 34	135 37	136 62	137 87
636	2. 4. 6. » 22. 1	125 54	126 78	128 03	129 23	130 55	135 58	136 83	138 08
637	2. 4. 6. ½ 4. 9	125 73	126 97	128 24	129 43	130 75	135 79	137 05	138 30
638	2. 4. 6. ½ 23. 7	125 93	127 17	128 44	129 64	130 96	136 00	137 26	138 52
639	2. 4. 7. » 6. 5	126 13	127 37	128 64	129 84	131 16	136 22	137 48	138 73
640	2. 4. 7. » 25. 4	126 33	127 57	128 84	130 04	131 37	136 43	137 69	138 95
641	2. 4. 7. ½ 8. 2	126 52	127 77	129 04	130 25	131 57	136 64	137 91	139 17
642	2. 4. 7. ½ 27. »	126 72	127 97	129 24	130 45	131 78	136 86	138 12	139 39
643	2. 5. » » 9. 9	126 92	128 17	129 44	130 65	131 98	137 07	138 34	139 60
644	2. 5. » » 28. 7	127 11	128 37	129 64	130 86	132 19	137 28	138 55	139 82
645	2. 5. » ½ 11. 5	127 31	128 57	129 84	131 06	132 39	137 50	138 77	140 04
646	2. 5. » ½ 30. 3	127 51	128 77	130 05	131 26	132 60	137 71	138 98	140 25
647	2. 5. 1. » 13. 2	127 71	128 97	130 25	131 47	132 80	137 92	139 20	140 47
648	2. 5. 1. » 32. »	127 90	129 17	130 45	131 67	133 01	138 14	139 41	140 69

DE 649 A 684 GRAMMES.

Conversion des **GRAMMES** *en poids de* **MARC**, *suivie des différentes valeurs d'un ou plusieurs objets en* **ARGENT** *à l'un des poids ci-dessous, déduction faite des droits de vente.*

GRAMMES.	CONVERSION.						DIVERSES VALEURS DU GRAMME D'APRÈS LES PRIX SUIVANS DU MARC D'ARGENT															
	Marcs.	Onces.	Gros.	Demi-Gros.	Grains.	Dixièmes.	à 50f »c		à 50f 50c		à 51f »c		à 51f 50c		à 52f »c		1er Titre contrôlé 54f »c		à 54f 50c		à 55f »c	
							fr.	c.	fr.	c.	fr.	c.	fr.	c.	fr.	c.	fr.	c.	fr.	c.	fr.	c.
649	2.	5.	1.	½	14.	8	128	10	129	37	130	65	131	87	133	22	138	35	139	65	140	91
650	2.	5.	1.	½	33.	6	128	30	129	57	130	86	132	08	133	42	138	56	139	86	141	12
651	2.	5.	2.	»	16.	5	128	50	129	77	131	06	132	28	133	63	138	78	140	06	141	34
652	2.	5.	2.	»	35.	3	128	69	129	96	131	26	132	48	133	83	138	99	140	27	141	56
653	2.	5.	2.	½	18.	1	128	89	130	16	131	46	132	68	134	04	139	20	140	49	141	77
654	2.	5.	3.	»	1.	»	129	09	130	36	131	66	132	89	134	24	139	42	140	70	141	99
655	2.	5.	3.	»	19.	8	129	29	130	56	131	86	133	09	134	45	139	63	140	92	142	21
656	2.	5.	3.	½	2.	6	129	48	130	76	132	06	133	29	134	65	139	84	141	13	142	43
657	2.	5.	3.	½	21.	4	129	68	130	96	132	26	133	50	134	86	140	06	141	35	142	64
658	2.	5.	4.	»	4.	3	129	88	131	16	132	46	133	70	135	06	140	27	141	56	142	86
659	2.	5.	4.	»	23.	1	130	08	131	36	132	66	133	90	135	27	140	48	141	78	143	08
660	2.	5.	4.	½	5.	9	130	27	131	56	132	87	134	11	135	47	140	69	141	99	143	29
661	2.	5.	4.	½	24.	7	130	47	131	76	133	07	134	31	135	68	140	91	142	21	143	51
662	2.	5.	5.	»	7.	6	130	67	131	96	133	27	134	51	135	88	141	12	142	42	143	73
663	2.	5.	5.	»	26.	4	130	86	132	16	133	47	134	72	136	09	141	33	142	64	143	95
664	2.	5.	5.	½	9.	2	131	06	132	36	133	67	134	92	136	29	141	55	142	85	144	16
665	2.	5.	5.	½	28.	1	131	26	132	56	133	87	135	12	136	50	141	76	143	07	144	38
666	2.	5.	6.	»	10.	9	131	46	132	76	134	07	135	33	136	70	141	97	143	28	144	60
667	2.	5.	6.	»	29.	7	131	65	132	96	134	28	135	53	136	91	142	19	143	50	144	81
668	2.	5.	6.	½	12.	5	131	85	133	16	134	48	135	73	137	12	142	40	143	72	145	03
669	2.	5.	6.	½	31.	4	132	05	133	36	134	68	135	94	137	32	142	61	143	93	145	25
670	2.	5.	7.	»	14.	2	132	25	133	56	134	88	136	14	137	53	142	83	144	15	145	47
671	2.	5.	7.	»	33.	»	132	44	133	76	135	08	136	34	137	73	143	04	144	36	145	68
672	2.	5.	7.	½	15.	8	132	64	133	95	135	28	136	55	137	94	143	25	144	58	145	90
673	2.	5.	7.	½	34.	7	132	84	134	15	135	48	136	75	138	14	143	47	144	79	146	12
674	2.	6.	»	»	17.	5	133	04	134	35	135	68	136	95	138	35	143	68	145	01	146	33
675	2.	6.	»	½	»	3	133	23	134	55	135	89	137	16	138	55	143	89	145	22	146	55
676	2.	6.	»	½	19.	1	133	43	134	75	136	09	137	36	138	76	144	11	145	44	146	77
677	2.	6.	1.	»	2.	»	133	63	134	95	136	29	137	56	138	96	144	32	145	65	146	99
678	2.	6.	1.	»	20.	8	133	83	135	15	136	49	137	76	139	17	144	53	145	87	147	20
679	2.	6.	1.	½	3.	6	134	02	135	35	136	69	137	97	139	37	144	75	146	08	147	42
680	2.	6.	1.	½	22.	5	134	22	135	55	136	89	138	17	139	58	144	96	146	30	147	64
681	2.	6.	2.	»	5.	3	134	42	135	75	137	09	138	37	139	78	145	17	146	51	147	85
682	2.	6.	2.	»	24.	1	134	61	135	94	137	30	138	58	139	99	145	38	146	73	148	07
683	2.	6.	2.	½	6.	9	134	81	136	14	137	50	138	78	140	19	145	60	146	94	148	29
684	2.	6.	2.	½	25.	8	135	01	136	34	137	70	138	98	140	40	145	81	147	16	148	51

Conversion des GRAMMES en poids de MARC, suivie des différentes valeurs d'un ou plusieurs objets en ARGENT à l'un des poids ci-dessous, déduction faite des droits de vente.

GRAMMES.	CONVERSION. Marcs. Onces. Gros. Demi-Gros. Grains. Dixièmes.	DIVERSES VALEURS DU GRAMME D'APRÈS LES PRIX SUIVANS DU MARC D'ARGENT à 50f »c	à 50f 50c	à 51f »c	à 51f 50c	à 52f »c	1er Titre contrôlé 54f »c	à 54f 50c	à 55f »c
		fr. c.	fr. c.	fr. c.	fr. c.	fr. c.	fr. c.	fr. c.	fr. c.
685	2. 6. 3. » 8. 6	135 21	136 54	137 90	139 19	140 60	146 02	147 37	148 72
686	2. 6. 3. » 27. 4	135 40	136 74	138 10	139 39	140 81	146 24	147 59	148 94
687	2. 6. 3. ½ 10. 2	135 60	136 94	138 30	139 59	141 02	146 45	147 80	149 16
688	2. 6. 3. ½ 29. 1	135 80	137 14	138 50	139 80	141 22	146 66	148 02	149 37
689	2. 6. 4. » 11. 9	136 00	137 34	138 70	140 00	141 43	146 88	148 23	149 59
690	2. 6. 4. » 30. 7	136 19	137 54	138 91	140 20	141 63	147 09	148 45	149 81
691	2. 6. 4. ½ 13. 6	136 39	137 74	139 11	140 41	141 84	147 30	148 66	150 03
692	2. 6. 4. ½ 32. 4	136 59	137 94	139 31	140 61	142 04	147 52	148 88	150 24
693	2. 6. 5. » 15. 2	136 79	138 14	139 51	140 81	142 25	147 73	149 09	150 46
694	2. 6. 5. » 34. »	136 98	138 34	139 71	141 02	142 45	147 94	149 31	150 68
695	2. 6. 5. ½ 16. 9	137 18	138 54	139 91	141 22	142 66	148 16	149 52	150 89
696	2. 6. 5. ½ 35. 7	137 38	138 74	140 11	141 42	142 86	148 37	149 74	151 11
697	2. 6. 6. » 18. 5	137 58	138 95	140 32	141 63	143 07	148 58	149 95	151 33
698	2. 6. 6. ½ 1. 3	137 77	139 15	140 52	141 83	143 27	148 80	150 17	151 54
699	2. 6. 6. ½ 20. 2	137 97	139 35	140 72	142 03	143 48	149 01	150 38	151 76
700	2. 6. 7. » 3. »	138 17	139 55	140 92	142 24	143 68	149 22	150 60	151 98
701	2. 6. 7. » 21. 8	138 37	139 75	141 12	142 44	143 89	149 44	150 82	152 20
702	2. 6. 7. ½ 4. 6	138 56	139 95	141 32	142 64	144 09	149 65	151 03	152 41
703	2. 6. 7. ½ 23. 5	138 76	140 15	141 52	142 84	144 30	149 86	151 25	152 63
704	2. 7. » » 6. 3	138 96	140 35	141 72	143 05	144 51	150 07	151 46	152 85
705	2. 7. » » 25. 1	139 16	140 55	141 93	143 25	144 71	150 29	151 68	153 06
706	2. 7. » ½ 8. »	139 35	140 75	142 13	143 45	144 92	150 50	151 89	153 28
707	2. 7. » ½ 26. 8	139 55	140 95	142 33	143 66	145 12	150 71	152 11	153 50
708	2. 7. 1. » 9. 6	139 75	141 15	142 53	143 86	145 33	150 93	152 32	153 72
709	2. 7. 1. » 28. 4	139 94	141 35	142 73	144 06	145 53	151 14	152 54	153 93
710	2. 7. 1. ½ 11. 3	140 14	141 55	142 93	144 27	145 74	151 35	152 75	154 15
711	2. 7. 1. ½ 30. 1	140 34	141 75	143 13	144 47	145 94	151 57	152 97	154 37
712	2. 7. 2. » 12. 9	140 54	141 95	143 33	144 67	146 15	151 78	153 18	154 58
713	2. 7. 2. » 31. 7	140 73	142 12	143 54	144 88	146 35	151 99	153 40	154 80
714	2. 7. 2. ½ 14. 6	140 93	142 32	143 74	145 08	146 56	152 21	153 61	155 02
715	2. 7. 2. ½ 33. 4	141 13	142 52	143 94	145 28	146 76	152 42	153 83	155 24
716	2. 7. 3. » 16. 2	141 33	142 72	144 14	145 49	146 97	152 63	154 04	155 45
717	2. 7. 3. » 35. 1	141 52	142 92	144 34	145 69	147 17	152 85	154 26	155 67
718	2. 7. 3. ½ 17. 9	141 72	143 12	144 54	145 89	147 38	153 06	154 47	155 89
719	2. 7. 4. » » 7	141 92	143 32	144 74	146 10	147 58	153 27	154 69	156 10
720	2. 7. 4. » 19. 5	142 12	143 52	144 94	146 30	147 79	153 49	154 90	156 32

Conversion des GRAMMES *en poids de* MARC, *suivie des différentes valeurs d'un ou plusieurs objets en* ARGENT *à l'un des poids ci-dessous, déduction faite des droits de vente.*

GRAMMES.	CONVERSION.						DIVERSES VALEURS DU GRAMME D'APRÈS LES PRIX SUIVANS DU MARC D'ARGENT							
	Marcs.	Onces.	Gros.	Demi-Gros.	Grains.	Dixièmes.	à 50f »c	à 50f 50c	à 51f »c	à 51f 50c	à 52f »c	1er Titre [illegible] 54f »c	à 54f 50c	à 55f »c
							fr. c.	fr. c.	fr. c.	fr. c.	fr. c.	fr. c.	fr. c.	fr. c.
721	2.	7.	4.	½	2.	4	142 31	143 72	145 13	146 50	147 99	153 70	155 12	156 54
722	2.	7.	4.	½	21.	2	142 51	143 92	145 33	146 71	148 20	153 91	155 33	156 76
723	2.	7.	5.	»	4.	»	142 71	144 12	145 53	146 91	148 41	154 13	155 55	156 97
724	2.	7.	5.	»	22.	8	142 91	144 32	145 73	147 11	148 61	154 34	155 76	157 19
725	2.	7.	5.	½	5.	7	143 10	144 52	145 95	147 32	148 82	154 55	155 98	157 41
726	2.	7.	5.	½	24.	5	143 30	144 72	146 15	147 52	149 02	154 76	156 19	157 62
727	2.	7.	6.	»	7.	5	143 50	144 92	146 35	147 72	149 23	154 98	156 41	157 84
728	2.	7.	6.	»	26.	2	143 69	145 11	146 56	147 92	149 43	155 19	156 62	158 06
729	2.	7.	6.	½	9.	»	143 89	145 31	146 76	148 13	149 64	155 40	156 84	158 28
730	2.	7.	6.	½	27.	8	144 09	145 51	146 96	148 33	149 84	155 62	157 05	158 49
731	2.	7.	7.	»	10.	6	144 29	145 71	147 16	148 53	150 05	155 83	157 27	158 71
732	2.	7.	7.	»	29.	3	144 48	145 91	147 36	148 74	150 25	156 04	157 48	158 93
733	2.	7.	7.	½	12.	3	144 68	146 11	147 56	148 94	150 46	156 26	157 70	159 14
734	2.	7.	7.	½	31.	1	144 88	146 31	147 76	149 14	150 66	156 47	157 92	159 36
735	3.	»	»	»	13.	9	145 08	146 51	147 97	149 35	150 87	156 68	158 13	159 58
736	3.	»	»	»	32.	8	145 27	146 71	148 17	149 55	151 07	156 90	158 35	159 80
737	3.	»	»	½	15.	6	145 47	146 91	148 37	149 75	151 28	157 11	158 56	160 01
738	3.	»	»	½	34.	4	145 67	147 11	148 57	149 96	151 48	157 32	158 78	160 23
739	3.	»	1.	»	17.	3	145 87	147 31	148 77	150 16	151 69	157 54	158 99	160 45
740	3.	»	1.	½	»	1	146 06	147 51	148 97	150 36	151 89	157 75	159 21	160 66
741	3.	»	1.	½	18.	9	146 26	147 71	149 17	150 57	152 10	157 96	159 42	160 88
742	3.	»	2.	»	1.	7	146 46	147 91	149 37	150 77	152 31	158 18	159 64	161 10
743	3.	»	2.	»	20.	6	146 66	148 10	149 58	150 97	152 51	158 39	159 85	161 32
744	3.	»	2.	½	3.	4	146 85	148 30	149 78	151 18	152 72	158 60	160 07	161 53
745	3.	»	2.	½	22.	2	147 05	148 50	149 98	151 38	152 92	158 82	160 28	161 75
746	3.	»	3.	»	5.	»	147 25	148 70	150 18	151 58	153 13	159 03	160 50	161 97
747	3.	»	3.	»	23.	9	147 45	148 90	150 38	151 79	153 33	159 24	160 71	162 18
748	3.	»	3.	½	6.	7	147 64	149 10	150 58	151 99	153 54	159 46	160 93	162 40
749	3.	»	3.	½	25.	5	147 84	149 30	150 78	152 19	153 74	159 67	161 14	162 62
750	3.	»	4.	»	8.	4	148 04	149 50	150 98	152 40	153 95	159 88	161 36	162 84
751	3.	»	4.	»	27.	2	148 23	149 70	151 19	152 60	154 15	160 09	161 57	163 05
752	3.	»	4.	½	10.	»	148 43	149 90	151 39	152 80	154 36	160 31	161 79	163 27
753	3.	»	4.	½	28.	8	148 63	150 10	151 59	153 00	154 56	160 52	162 00	163 49
754	3.	»	5.	»	11.	7	148 83	150 30	151 79	153 21	154 77	160 73	162 22	163 70
755	3.	»	5.	»	30.	5	149 02	150 50	151 99	153 41	154 97	160 95	162 43	163 92
756	3.	»	5.	½	13.	3	149 22	150 70	152 19	153 61	155 18	161 16	162 65	164 14

Conversion des GRAMMES en poids de MARC, suivie des différentes valeurs d'un ou plusieurs objets en ARGENT à l'un des poids ci-dessous, déduction faite des droits de vente.

GRAMMES.	CONVERSION. Marcs. Onces. Gros. Demi-Gros. Grains. Dixièmes.	DIVERSES VALEURS DU GRAMME D'APRÈS LES PRIX SUIVANS DU MARC D'ARGENT à 50f »c	à 50f 50c	à 51f »c	à 51f 50c	à 52f »c	1er Titre contrôlé 54f »c	à 54f 50c	à 55f »c
		fr. c.	fr. c.	fr. c.	fr. c.	fr. c.	fr. c.	fr. c.	fr. c.
757	3. » 5. ½ 32. 1	149 42	150 90	152 39	153 82	155 39	161 37	162 86	164 36
758	3. » 6. » 15. »	149 62	151 09	152 60	154 02	155 59	161 59	163 08	164 57
759	3. » 6. » 33. 8	149 81	151 29	152 80	154 22	155 79	161 80	163 29	164 79
760	3. » 6. ½ 16. 6	150 01	151 49	153 00	154 43	156 00	162 01	163 51	165 01
761	3. » 6. ½ 35. 3	150 21	151 69	153 20	154 63	156 21	162 23	163 72	165 22
762	3. » 7. » 18. 3	150 41	151 89	153 40	154 83	156 41	162 44	163 94	165 44
763	3. » 7. ½ 1. 1	150 60	152 09	153 60	155 04	156 62	162 65	164 16	165 66
764	3. » 7. ½ 19. 9	150 80	152 29	153 80	155 24	156 82	162 87	164 37	165 87
765	3. 1. » » 2. 8	151 00	152 49	154 00	155 44	157 03	163 08	164 58	166 09
766	3. 1. » » 21. 6	151 20	152 69	154 21	155 65	157 25	163 29	164 80	166 31
767	3. 1. » ½ 4. 4	151 39	152 89	154 41	155 85	157 44	163 51	165 02	166 53
768	3. 1. » ½ 23. 2	151 59	153 09	154 61	156 06	157 64	163 72	165 24	166 74
769	3. 1. 1. » 6. 1	151 79	153 29	154 81	156 26	157 85	163 93	165 45	166 96
770	3. 1. 1. » 24. 9	151 99	153 49	155 01	156 46	158 05	164 14	165 66	167 18
771	3. 1. 1. ½ 7. 7	152 18	153 69	155 21	156 66	158 26	164 36	165 88	167 39
772	3. 1. 1. ½ 26. 5	152 38	153 89	155 41	156 87	158 46	164 57	166 09	167 61
773	3. 1. 2. » 9. 4	152 58	154 08	155 62	157 07	158 67	164 78	166 31	167 83
774	3. 1. 2. » 28. 2	152 77	154 28	155 82	157 27	158 87	165 00	166 52	168 05
775	3. 1. 2. ½ 11. »	152 97	154 48	156 02	157 48	159 08	165 21	166 74	168 26
776	3. 1. 2. ½ 29. 9	153 17	154 68	156 22	157 68	159 28	165 42	166 95	168 48
777	3. 1. 3. » 12. 7	153 37	154 88	156 42	157 88	159 49	165 64	167 17	168 70
778	3. 1. 3. » 31. 5	153 56	155 08	156 62	158 08	159 70	165 85	167 38	168 91
779	3. 1. 3. ½ 14. 3	153 76	155 28	156 82	158 29	159 90	166 06	167 60	169 13
780	3. 1. 3. ½ 33. 2	153 96	155 48	157 02	158 49	160 11	166 28	167 81	169 35
781	3. 1. 4. » 16. »	154 16	155 68	157 23	158 69	160 31	166 49	168 03	169 57
782	3. 1. 4. » 34. 8	154 35	155 88	157 43	158 90	160 52	166 70	168 24	169 78
783	3. 1. 4. ½ 17. 7	154 55	156 08	157 63	159 10	160 72	166 92	168 46	170 00
784	3. 1. 5. » » 5	154 75	156 28	157 83	159 30	160 93	167 13	168 67	170 22
785	3. 1. 5. » 19. 3	154 95	156 48	158 03	159 51	161 13	167 34	168 89	170 43
786	3. 1. 5. ½ 2. 1	155 14	156 68	158 23	159 71	161 34	167 56	169 10	170 65
787	3. 1. 5. ½ 21. »	155 34	156 88	158 43	159 91	161 54	167 77	169 32	170 87
788	3. 1. 6. » 3. 8	155 54	157 07	158 64	160 12	161 75	167 98	169 53	171 09
789	3. 1. 6. » 22. 6	155 74	157 27	158 84	160 32	161 95	168 20	169 75	171 30
790	3. 1. 6. ½ 5. 4	155 93	157 47	159 04	160 52	162 16	168 41	169 96	171 52
791	3. 1. 6. ½ 24. 3	156 13	157 67	159 24	160 73	162 36	168 62	170 18	171 74
792	3. 1. 7. » 7. 1	156 33	157 87	159 44	160 93	162 57	168 83	170 39	171 96

Conversion des GRAMMES en poids de MARC, suivie des différentes valeurs d'un ou plusieurs objets en ARGENT à l'un des poids ci-dessous, déduction faite des droits de vente.

GRAMMES.	CONVERSION.						DIVERSES VALEURS DU GRAMME D'APRÈS LES PRIX SUIVANS DU MARC D'ARGENT							
	Marcs.	Onces.	Gros.	Demi-Gros.	Grains.	Dixièmes.	à 50f »c	à 50f 50c	à 51f »c	à 51f 50c	à 52f »c	1er Titre contrôlé 54f »c	à 54f 50c	à 55f »c
							fr. c.	fr. c.	fr. c.	fr. c.	fr. c.	fr. c.	fr. c.	fr. c.
793	3.	1.	7.	»	23.	9	156 53	158 07	159 64	161 15	162 77	169 05	170 61	172 17
794	3.	1.	7.	½	8.	8	156 72	158 27	159 84	161 34	162 98	169 26	170 82	172 39
795	3.	1.	7.	½	27.	6	156 92	158 47	160 04	161 54	163 18	169 47	171 04	172 61
796	3.	2.	»	»	10.	4	157 12	158 67	160 23	161 74	163 39	169 69	171 25	172 82
797	3.	2.	»	»	29.	2	157 31	158 87	160 43	161 95	163 60	169 90	171 47	173 04
798	3.	2.	»	½	12.	1	157 51	159 07	160 63	162 15	163 80	170 11	171 68	173 26
799	3.	2.	»	½	30.	9	157 71	159 27	160 83	162 35	164 01	170 33	171 90	173 47
800	3.	2.	1.	»	13.	7	157 91	159 47	161 03	162 56	164 21	170 54	172 12	173 69
801	3.	2.	1.	»	32.	5	158 10	159 67	161 23	162 76	164 42	170 75	172 33	173 91
802	3.	2.	1.	½	15.	4	158 30	159 87	161 43	162 96	164 62	170 97	172 55	174 13
803	3.	2.	1.	½	34.	2	158 50	160 07	161 66	163 16	164 83	171 18	172 76	174 34
804	3.	2.	2.	»	17.	»	158 70	160 26	161 86	163 37	165 03	171 39	172 98	174 56
805	3.	2.	2.	»	35.	9	158 89	160 46	162 06	163 57	165 24	171 61	173 19	174 78
806	3.	2.	2.	½	18.	7	159 09	160 66	162 26	163 77	165 44	171 82	173 41	174 99
807	3.	2.	3.	»	1.	5	159 29	160 86	162 46	163 98	165 65	172 03	173 62	175 21
808	3.	2.	3.	»	20.	3	159 49	161 06	162 66	164 18	165 85	172 25	173 84	175 43
809	3.	2.	3.	½	3.	2	159 68	161 26	162 86	164 38	166 06	172 46	174 05	175 65
810	3.	2.	3.	½	22.	»	159 88	161 46	163 06	164 59	166 26	172 67	174 27	175 86
811	3.	2.	4.	»	4.	8	160 08	161 66	163 27	164 79	166 47	172 89	174 48	176 08
812	3.	2.	4.	»	23.	6	160 28	161 86	163 47	164 99	166 67	173 10	174 70	176 30
813	3.	2.	4.	½	6.	5	160 47	162 06	163 67	165 20	166 88	173 31	174 91	176 51
814	3.	2.	4.	½	25.	3	160 67	162 26	163 87	165 40	167 08	173 52	175 13	176 73
815	3.	2.	5.	»	8.	1	160 87	162 46	164 07	165 60	167 29	173 74	175 34	176 95
816	3.	2.	5.	»	26.	9	161 07	162 66	164 27	165 81	167 50	173 95	175 56	177 16
817	3.	2.	5.	½	9.	8	161 26	162 86	164 47	166 01	167 70	174 16	175 77	177 38
818	3.	2.	5.	½	28.	6	161 46	163 05	164 67	166 21	167 91	174 38	175 99	177 60
819	3.	2.	6.	»	11.	4	161 66	163 25	164 88	166 42	168 11	174 59	176 20	177 82
820	3.	2.	6.	»	30.	3	161 86	163 45	165 08	166 62	168 32	174 80	176 42	178 03
821	3.	2.	6.	½	13.	1	162 05	163 65	165 28	166 82	168 52	175 02	176 63	178 25
822	3.	2.	6.	½	31.	9	162 25	163 85	165 48	167 03	168 73	175 23	176 85	178 47
823	3.	2.	7.	»	14.	7	162 45	164 05	165 68	167 23	168 93	175 44	177 06	178 69
824	3.	2.	7.	»	33.	6	162 64	164 25	165 88	167 43	169 14	175 66	177 28	178 90
825	3.	2.	7.	½	16.	4	162 84	164 45	166 08	167 64	169 34	175 87	177 49	179 12
826	3.	2.	7.	½	35.	2	163 04	164 65	166 29	167 84	169 55	176 08	177 71	179 34
827	3.	3.	»	»	18.	»	163 24	164 85	166 49	168 04	169 75	176 30	177 92	179 55
828	3.	3.	»	½	»	9	163 43	165 05	166 69	168 24	169 96	176 51	178 14	179 77

Conversion des **GRAMMES** *en poids de* **MARC**, *suivie des différentes valeurs d'un ou plusieurs objets en* **ARGENT** *à l'un des poids ci-dessous, déduction faite des droits de vente.*

GRAMMES.	CONVERSION. (Marcs. Onces. Gros. ½ Demi-Gros. Grains. Dixièmes.)	DIVERSES VALEURS DU GRAMME D'APRÈS LES PRIX SUIVANS DU MARC D'ARGENT à 50f »c	à 50f 50c	à 51f »c	à 51f 50c	à 52f »c	1er Titre contrôlé 54f »c	à 54f 50c	à 55f »c
		fr. c.	fr. c.	fr. c.	fr. c.	fr. c.	fr. c.	fr. c.	fr. c.
829	3. 3. » ½ 19. 7	163 63	165 23	166 89	168 43	170 16	176 72	178 35	179 99
830	3. 3. 1. » 2. 8	163 83	165 43	167 09	168 65	170 37	176 94	178 57	180 20
831	3. 3. 1. » 21. 4	164 03	165 63	167 29	168 85	170 57	177 15	178 78	180 42
832	3. 3. 1. ½ 4. 2	164 22	165 83	167 49	169 06	170 78	177 36	179 00	180 64
833	3. 3. 1. ½ 23. »	164 42	166 03	167 69	169 26	170 98	177 58	179 21	180 86
834	3. 3. 2. » 5. 8	164 62	166 24	167 90	169 46	171 19	177 79	179 43	181 07
835	3. 3. 2. » 24. 7	164 82	166 44	168 10	169 67	171 40	178 00	179 65	181 29
836	3. 3. 2. ½ 7. 5	165 01	166 64	168 30	169 87	171 60	178 21	179 86	181 51
837	3. 3. 2. ½ 26. 5	165 21	166 84	168 50	170 07	171 81	178 43	180 08	181 72
838	3. 3. 3. » 9. 1	165 41	167 04	168 70	170 28	172 01	178 64	180 29	181 94
839	3. 3. 3. » 28. »	165 61	167 24	168 90	170 48	172 22	178 85	180 51	182 16
840	3. 3. 3. ½ 10. 8	165 80	167 44	169 10	170 68	172 42	179 07	180 72	182 38
841	3. 3. 3. ½ 29. 6	166 00	167 64	169 31	170 89	172 63	179 28	180 94	182 59
842	3. 3. 4. » 12. 3	166 20	167 84	169 51	171 09	172 83	179 49	181 15	182 81
843	3. 3. 4. » 31. 3	166 39	168 04	169 71	171 29	173 04	179 71	181 37	183 03
844	3. 3. 4. ½ 14. 1	166 59	168 24	169 91	171 50	173 24	179 92	181 58	183 24
845	3. 3. 4. ½ 32. 9	166 79	168 44	170 11	171 70	173 45	180 13	181 80	183 46
846	3. 3. 5. » 15. 8	166 99	168 64	170 31	171 90	173 66	180 35	182 01	183 68
847	3. 3. 5. » 34. 6	167 18	168 84	170 51	172 11	173 86	180 56	182 23	183 90
848	3. 3. 5. ½ 17. 4	167 38	169 04	170 71	172 31	174 06	180 77	182 44	184 11
849	3. 3. 6. » » 2	167 58	169 25	170 92	172 51	174 27	180 99	182 66	184 33
850	3. 3. 6. » 19. 1	167 78	169 45	171 12	172 72	174 47	181 20	182 87	184 55
851	3. 3. 6. ½ 1. 9	167 97	169 65	171 32	172 92	174 68	181 41	183 09	184 76
852	3. 3. 6. ½ 20. 7	168 17	169 85	171 52	173 12	174 89	181 63	183 30	184 98
853	3. 3. 7. » 3. 6	168 37	170 05	171 72	173 32	175 09	181 84	183 52	185 20
854	3. 3. 7. » 22. 4	168 57	170 25	171 92	173 53	175 30	182 05	183 73	185 42
855	3. 3. 7. ½ 5. 2	168 76	170 45	172 12	173 73	175 50	182 27	183 95	185 63
856	3. 3. 7. ½ 24. »	168 96	170 65	172 33	173 93	175 71	182 48	184 16	185 85
857	3. 4. » » 6. 9	169 16	170 85	172 53	174 14	175 91	182 69	184 38	186 07
858	3. 4. » » 25. 7	169 36	171 05	172 73	174 34	176 12	182 90	184 59	186 28
859	3. 4. » ½ 8. 5	169 55	171 25	172 93	174 54	176 32	183 12	184 81	186 50
860	3. 4. » ½ 27. 3	169 75	171 45	173 13	174 75	176 53	183 33	185 02	186 72
861	3. 4. 1. » 10. 2	169 95	171 65	173 33	174 95	176 73	183 54	185 24	186 94
862	3. 4. 1. » 29. »	170 15	171 85	173 53	175 15	176 94	183 76	185 45	187 15
863	3. 4. 1. ½ 11. 8	170 34	172 05	173 73	175 36	177 14	183 97	185 67	187 37
864	3. 4. 1. ½ 30. 7	170 54	172 22	173 94	175 56	177 35	184 18	185 88	187 59

Conversion des **GRAMMES** *en poids de* **MARC**, *suivie des différentes valeurs d'un ou plusieurs objets en* **ARGENT** *à l'un des poids ci-dessous, déduction faite des droits de vente.*

GRAMMES.	CONVERSION. (Marcs. Onces. Gros. Demi-Gros. Grains. Dixièmes.)	DIVERSES VALEURS DU GRAMME D'APRÈS LES PRIX SUIVANS DU MARC D'ARGENT							
		à 50f »c	à 50f 50c	à 51f »c	à 51f 50c	à 52f »c	1er Titre contrôlé 54f »c	à 54f 50c	à 55f »c
		fr. c.	fr. c.	fr. c.	fr. c.	fr. c.	fr. c.	fr. c.	fr. c.
865	3. 4. 2. » 15. 3	170 74	172 42	174 14	175 76	177 58	184 40	186 10	187 80
866	3. 4. 2. » 32. 3	170 93	172 62	174 34	175 97	177 76	184 61	186 31	188 02
867	3. 4. 2. ½ 15. 1	171 13	172 82	174 54	176 17	177 96	184 83	186 53	188 24
868	3. 4. 2. ½ 34. »	171 33	173 02	174 74	176 37	178 17	185 04	186 75	188 46
869	3. 4. 3. » 16. 8	171 53	173 22	174 94	176 58	178 37	185 25	186 96	188 67
870	3. 4. 3. » 35. 6	171 72	173 42	175 14	176 78	178 58	185 46	187 18	188 89
871	3. 4. 3. ½ 18. 4	171 92	173 62	175 34	176 98	178 79	185 68	187 39	189 11
872	3. 4. 4. » 1. 3	172 12	173 82	175 54	177 19	178 99	185 89	187 61	189 32
873	3. 4. 4. » 20. 1	172 32	174 02	175 75	177 39	179 20	186 10	187 82	189 54
874	3. 4. 4. ½ 2. 9	172 51	174 22	175 95	177 59	179 40	186 32	188 04	189 76
875	3. 4. 4. ½ 21. 8	172 71	174 42	176 15	177 80	179 61	186 53	188 25	189 98
876	3. 4. 5. » 4. 6	172 91	174 62	176 35	178 00	179 81	186 74	188 47	190 19
877	3. 4. 5. » 23. 4	173 11	174 82	176 55	178 20	180 02	186 96	188 68	190 41
878	3. 4. 5. ½ 6. 2	173 30	175 01	176 75	178 40	180 22	187 17	188 90	190 63
879	3. 4. 5. ½ 25. 1	173 50	175 21	176 96	178 61	180 43	187 38	189 11	190 84
880	3. 4. 6. » 7. 9	173 70	175 41	177 16	178 81	180 63	187 60	189 33	191 06
881	3. 4. 6. » 26. 7	173 90	175 61	177 36	179 01	180 84	187 81	189 54	191 28
882	3. 4. 6. ½ 9. 5	174 09	175 81	177 56	179 22	181 04	188 02	189 76	191 49
883	3. 4. 6. ½ 28. 4	174 29	176 01	177 76	179 42	181 25	188 23	189 97	191 71
884	3. 4. 7. » 11. 2	174 49	176 21	177 96	179 62	181 45	188 45	190 19	191 93
885	3. 4. 7. » 30. »	174 69	176 41	178 16	179 83	181 66	188 66	190 40	192 15
886	3. 4. 7. ½ 12. 8	174 88	176 61	178 36	180 03	181 86	188 87	190 62	192 36
887	3. 4. 7. ½ 31. 7	175 08	176 81	178 57	180 23	182 07	189 09	190 83	192 58
888	3. 5. » » 14. 5	175 28	177 01	178 77	180 44	182 27	189 30	191 05	192 80
889	3. 5. » » 33. 3	175 47	177 21	178 97	180 64	182 48	189 51	191 26	193 01
890	3. 5. » ½ 16. 2	175 67	177 41	179 17	180 84	182 69	189 73	191 48	193 23
891	3. 5. » ½ 35. »	175 87	177 61	179 37	181 05	182 89	189 94	191 69	193 45
892	3. 5. 1. » 17. 8	176 07	177 81	179 57	181 25	183 10	190 15	191 91	193 67
893	3. 5. 1. ½ » 6	176 26	178 01	179 77	181 45	183 30	190 37	192 12	193 88
894	3. 5. 1. ½ 19. 5	176 46	178 20	179 98	181 66	183 51	190 58	192 34	194 10
895	3. 5. 2. » 2. 3	176 66	178 40	180 18	181 86	183 71	190 79	192 55	194 32
896	3. 5. 2. » 21. 1	176 86	178 60	180 38	182 06	183 92	191 01	192 77	194 53
897	3. 5. 2. ½ 3. 9	177 05	178 80	180 58	182 27	184 12	191 22	192 98	194 76
898	3. 5. 2. ½ 22. 8	177 25	179 00	180 78	182 47	184 33	191 43	193 20	194 97
899	3. 5. 3. » 5. 6	177 45	179 20	180 98	182 67	184 53	191 65	193 41	195 19
900	3. 5. 3. » 24. 4	177 65	179 40	181 18	182 88	184 74	191 86	193 63	195 40

Conversion des GRAMMES *en poids de* MARC, *suivie des différentes valeurs d'un ou plusieurs objets en* ARGENT *à l'un des poids ci-dessous, déduction faite des droits de vente.*

GRAMMES.	CONVERSION.						DIVERSES VALEURS DU GRAMME D'APRÈS LES PRIX SUIVANS DU MARC D'ARGENT															
	Marcs.	Onces.	Gros.	Demi-Gros.	Grains.	Dixièmes.	à 50f »c		à 50f 50c		à 51f »c		à 51f 50c		à 52f »c		1er Titre contrôlé 54f »c		à 54f 50c		à 55f »c	
							fr.	c.	fr.	c.	fr.	c.	fr.	c.	fr.	c.	fr.	c.	fr.	c.	fr.	c.
901	3.	5.	3.	½	7.	3	177	84	179	60	181	38	183	08	184	94	192	07	193	85	195	62
902	3.	5.	3.	½	26.	1	178	04	179	80	181	59	183	28	185	13	192	28	194	06	195	84
903	3.	5.	4.	»	8.	9	178	24	180	00	181	79	183	48	185	33	192	50	194	28	196	06
904	3.	5.	4.	»	27.	7	178	44	180	20	181	99	183	69	185	56	192	71	194	49	196	27
905	3.	5.	4.	½	10.	6	178	63	180	40	182	19	183	89	185	76	192	92	194	71	196	49
906	3.	5.	4.	½	29.	4	178	83	180	60	182	39	184	09	185	97	193	14	194	92	196	71
907	3.	5.	5.	»	12.	2	179	03	180	80	182	59	184	30	186	17	193	35	195	14	196	92
908	3.	5.	5.	»	31.	»	179	23	181	00	182	79	184	50	186	38	193	56	195	35	197	14
909	3.	5.	5.	½	13.	9	179	42	181	20	182	99	184	70	186	58	193	78	195	57	197	36
910	3.	5.	5.	½	32.	7	179	62	181	39	183	20	184	91	186	79	193	99	195	78	197	57
911	3.	5.	6.	»	15.	5	179	82	181	59	183	40	185	11	187	00	194	20	196	00	197	79
912	3.	5.	6.	»	34.	3	180	01	181	79	183	60	185	31	187	20	194	42	196	21	198	01
913	3.	5.	6.	½	17.	2	180	21	181	99	183	80	185	52	187	41	194	63	196	43	198	23
914	3.	5.	7.	»	»	»	180	41	182	19	184	00	185	72	187	61	194	84	196	64	198	44
915	3.	5.	7.	»	18.	8	180	61	182	39	184	20	185	92	187	82	195	06	196	86	198	66
916	3.	5.	7.	½	1.	7	180	80	182	59	184	40	186	13	188	02	195	27	197	07	198	88
917	3.	5.	7.	½	20.	5	181	00	182	79	184	61	186	33	188	23	195	48	197	29	199	09
918	3.	6.	»	»	3.	3	181	20	182	99	184	81	186	53	188	43	195	70	197	50	199	31
919	3.	6.	»	»	22.	1	181	40	183	19	185	01	186	74	188	64	195	91	197	72	199	53
920	3.	6.	»	½	5.	»	181	59	183	39	185	21	186	94	188	84	196	12	197	93	199	75
921	3.	6.	»	½	23.	8	181	79	183	59	185	41	187	14	189	05	196	34	198	15	199	96
922	3.	6.	1.	»	6.	6	181	99	183	79	185	61	187	35	189	25	196	55	198	36	200	18
923	3.	6.	1.	»	25.	4	182	19	183	99	185	81	187	55	189	46	196	76	198	58	200	40
924	3.	6.	1.	½	8.	3	182	38	184	19	186	01	187	75	189	66	196	97	198	79	200	61
925	3.	6.	1.	½	27.	1	182	58	184	38	186	22	187	96	189	87	197	19	199	01	200	83
926	3.	6.	2.	»	9.	9	182	78	184	58	186	42	188	16	190	08	197	40	199	22	201	05
927	3.	6.	2.	»	28.	8	182	98	184	78	186	62	188	36	190	28	197	61	199	44	201	27
928	3.	6.	2.	½	11.	6	183	17	184	98	186	82	188	56	190	49	197	83	199	65	201	48
929	3.	6.	2.	½	30.	4	183	37	185	18	187	02	188	77	190	69	198	04	199	87	201	70
930	3.	6.	3.	»	13.	2	183	57	185	38	187	22	188	97	190	90	198	25	200	08	201	92
931	3.	6.	3.	»	32.	1	183	77	185	58	187	42	189	17	191	10	198	47	200	30	202	14
932	3.	6.	3.	½	14.	9	183	96	185	78	187	63	189	38	191	31	198	68	200	51	202	35
933	3.	6.	3.	½	33.	7	184	16	185	98	187	83	189	58	191	51	198	89	200	73	202	57
934	3.	6.	4.	»	16.	5	184	36	186	18	188	03	189	78	191	72	199	11	200	94	202	79
935	3.	6.	4.	»	35.	4	184	56	186	38	188	23	189	99	191	92	199	32	201	16	203	00
936	3.	6.	4.	½	18.	2	184	75	186	58	188	43	190	19	192	13	199	53	201	38	203	22

*Conversion des **GRAMMES** en poids de **MARC**, suivie des différentes valeurs d'un ou plusieurs objets en **ARGENT** à l'un des poids ci-dessous, déduction faite des droits de vente.*

GRAMMES.	CONVERSION.						DIVERSES VALEURS DU GRAMME D'APRÈS LES PRIX SUIVANS DU MARC D'ARGENT							
	Marcs.	Onces.	Gros.	Demi-Gros.	Grains.	Divisions.	à 50f »c	à 50f 50c	à 51f »c	à 51f 50c	à 52f »c	1er Titre contrôlé 54f »c	à 54f 50c	à 55f »c
							fr. c.	fr. c.	fr. c.	fr. c.	fr. c.	fr. c.	fr. c.	fr. c.
937	3.	6.	5.	»	1.	»	184 95	186 78	188 63	190 39	192 35	199 75	201 59	203 44
938	3.	6.	5.	»	19.	9	185 15	186 98	188 83	190 60	192 54	199 96	201 81	203 65
939	3.	6.	5.	½	2.	7	185 34	187 18	189 03	190 80	192 74	200 17	202 02	203 87
940	3.	6.	5.	½	21.	5	185 54	187 37	189 24	191 00	192 95	200 39	202 24	204 09
941	3.	6.	6.	»	4.	3	185 74	187 57	189 44	191 21	193 15	200 60	202 45	204 31
942	3.	6.	6.	»	23.	2	185 94	187 77	189 64	191 41	193 36	200 81	202 67	204 52
943	3.	6.	6.	½	6.	»	186 13	187 97	189 84	191 61	193 56	201 03	202 88	204 74
944	3.	6.	6.	½	24.	8	186 33	188 17	190 04	191 82	193 77	201 24	203 10	204 96
945	3.	6.	7.	»	7.	7	186 53	188 37	190 24	192 02	193 98	201 45	203 31	205 17
946	3.	6.	7.	»	26.	3	186 73	188 57	190 44	192 22	194 18	201 66	203 53	205 39
947	3.	6.	7.	½	9.	3	186 92	188 77	190 65	192 43	194 39	201 88	203 74	205 61
948	3.	6.	7.	½	28.	1	187 12	188 97	190 85	192 63	194 59	202 09	203 96	205 82
949	3.	7.	»	»	11.	»	187 32	189 17	191 05	192 83	194 80	202 30	204 17	206 04
950	3.	7.	»	»	29.	8	187 52	189 37	191 25	193 04	195 00	202 52	204 39	206 26
951	3.	7.	»	½	12.	6	187 71	189 57	191 45	193 24	195 21	202 73	204 60	206 48
952	3.	7.	»	½	31.	4	187 91	189 77	191 65	193 44	195 41	202 94	204 82	206 69
953	3.	7.	1.	»	14.	3	188 11	189 97	191 85	193 64	195 62	203 16	205 03	206 91
954	3.	7.	1.	»	33.	1	188 31	190 17	192 06	193 85	195 82	203 37	205 25	207 13
955	3.	7.	1.	½	15.	9	188 50	190 36	192 26	194 05	196 03	203 58	205 46	207 34
956	3.	7.	1.	½	34.	7	188 70	190 56	192 46	194 25	196 23	203 80	205 68	207 56
957	3.	7.	2.	»	17.	6	188 90	190 76	192 66	194 46	196 44	204 01	205 89	207 78
958	3.	7.	2.	½	»	4	189 09	190 96	192 86	194 66	196 64	204 22	206 11	208 00
959	3.	7.	2.	½	19.	2	189 29	191 16	193 06	194 86	196 85	204 44	206 32	208 21
960	3.	7.	3.	»	2.	1	189 49	191 36	193 26	195 07	197 05	204 65	206 54	208 43
961	3.	7.	3.	»	20.	9	189 69	191 56	193 46	195 27	197 26	204 86	206 75	208 65
962	3.	7.	3.	½	3.	7	189 88	191 76	193 66	195 47	197 46	205 08	206 97	208 86
963	3.	7.	3.	½	22.	3	190 08	191 96	193 87	195 68	197 67	205 29	207 18	209 08
964	3.	7.	4.	»	5.	4	190 28	192 16	194 07	195 88	197 88	205 50	207 40	209 30
965	3.	7.	4.	»	24.	2	190 48	192 36	194 27	196 08	198 08	205 72	207 61	209 52
966	3.	7.	4.	½	7.	»	190 67	192 56	194 47	196 29	198 29	205 93	207 83	209 73
967	3.	7.	4.	½	25.	8	190 87	192 76	194 67	196 49	198 49	206 14	208 04	209 95
968	3.	7.	5.	»	8.	7	191 07	192 96	194 87	196 69	198 70	206 35	208 26	210 17
969	3.	7.	5.	»	27.	5	191 27	193 16	195 07	196 90	198 90	206 57	208 48	210 38
970	3.	7.	5.	½	10.	3	191 46	193 36	195 28	197 10	199 11	206 78	208 69	210 60
971	3.	7.	5.	½	29.	2	191 66	193 55	195 48	197 30	199 31	206 99	208 91	210 82
972	3.	7.	6.	»	12.	»	191 86	193 75	195 68	197 51	199 52	207 21	209 12	211 04

Conversion des GRAMMES en poids de MARC, suivie des différentes valeurs d'un ou plusieurs objets en ARGENT à l'un des poids ci-dessous, déduction faite des droits de vente.

GRAMMES.	CONVERSION. Marcs. Onces. Gros. Demi-Gros. Grains. Dixièmes.	DIVERSES VALEURS DU GRAMME D'APRÈS LES PRIX SUIVANS DU MARC D'ARGENT à 50f »c	à 50f 50c	à 51f »c	à 51f 50c	à 52f »c	1er Titre contrôlé 54f »c	à 54f 50c	à 55f »c
		fr. c.	fr. c.	fr. c.	fr. c.	fr. c.	fr. c.	fr. c.	fr. c.
973	3. 7. 6. » 30. 8	192 06	193 93	196 88	197 71	199 73	207 42	209 34	211 23
974	3. 7. 6. ½ 13. 6	192 25	194 13	196 08	197 91	199 93	207 63	209 55	211 47
975	3. 7. 6. ½ 32. 5	192 45	194 33	196 28	198 12	200 13	207 85	209 77	211 69
976	3. 7. 7. » 13. 3	192 63	194 53	196 48	198 32	200 34	208 06	209 98	211 90
977	3. 7. 7. » 34. 1	192 83	194 73	196 68	198 52	200 54	208 27	210 20	212 12
978	3. 7. 7. ½ 16. 9	193 04	194 93	196 89	198 72	200 75	208 49	210 41	212 34
979	3. 7. 7. ½ 34. 8	193 24	195 13	197 09	198 93	200 95	208 70	210 63	212 56
980	4. » » » 13. 6	193 44	195 33	197 29	199 13	201 16	208 91	210 84	212 77
981	4. » » ½ 1. 4	193 63	195 53	197 49	199 33	201 36	209 13	211 06	212 99
982	4. » » ½ 20. 5	193 83	195 73	197 69	199 54	201 57	209 34	211 27	213 21
983	4. » 1. » 3. 1	194 03	195 93	197 89	199 74	201 78	209 55	211 49	213 42
984	4. » 1. » 21. 9	194 23	196 13	198 09	199 94	201 98	209 77	211 70	213 64
985	4. » 1. ½ 4. 7	194 42	196 34	198 30	200 15	202 19	209 98	211 92	213 86
986	4. » 1. ½ 23. 6	194 62	196 54	198 50	200 35	202 39	210 19	212 13	214 08
987	4. » 2. » 6. 4	194 82	196 74	198 70	200 55	202 60	210 41	212 35	214 29
988	4. » 2. » 25. 2	195 02	196 94	198 90	200 76	202 80	210 62	212 56	214 51
989	4. » 2. ½ 8. »	195 21	197 14	199 10	200 96	203 01	210 83	212 78	214 73
990	4. » 2. ½ 26. 9	195 41	197 34	199 30	201 16	203 21	211 04	212 99	214 94
991	4. » 3. » 9. 7	195 61	197 54	199 50	201 37	203 42	211 26	213 21	215 16
992	4. » 3. » 28. 5	195 81	197 74	199 70	201 57	203 62	211 47	213 42	215 38
993	4. » 3. ½ 11. 4	196 00	197 94	199 91	201 77	203 83	211 68	213 64	215 60
994	4. » 3. ½ 30. 2	196 20	198 14	200 11	201 98	204 03	211 90	213 85	215 81
995	4. » 4. » 13. »	196 40	198 34	200 31	202 18	204 24	212 11	214 07	216 03
996	4. » 4. » 31. 8	196 60	198 54	200 51	202 38	204 44	212 32	214 28	216 25
997	4. » 4. ½ 14. 7	196 79	198 74	200 71	202 59	204 65	212 54	214 50	216 46
998	4. » 4. ½ 33. 5	196 99	198 94	200 91	202 79	204 85	212 75	214 71	216 68
999	4. » 5. » 16. 3	197 19	199 14	201 11	202 99	205 06	212 96	214 93	216 90
Kilog.									
1	4. » 5. » 35. 1	197 39	199 34	201 32	203 20	205 27	213 18	215 15	217 12
2	8. 1. 2. ½ 34. 5	394 78	398 68	402 64	406 40	410 54	426 36	430 30	434 24
3	12. 2. » » 33. 4	592 17	598 02	603 96	609 60	615 81	639 54	645 45	651 36
4	16. 2. 5. ½ 32. 6	789 56	797 36	805 28	812 80	821 08	852 72	860 60	868 48
5	20. 3. 3. » 31. 7	986 95	996 70	1006 60	1016 00	1026 35	1065 90	1075 75	1085 60
6	24. 4. » ½ 30. 9	1184 34	1196 04	1207 92	1219 20	1231 62	1279 08	1290 90	1302 72
7	28. 4. 6. » 30. »	1381 73	1395 38	1409 24	1422 40	1436 89	1492 26	1506 05	1519 84
8	32. 5. 5. ½ 29. 2	1579 12	1594 72	1610 56	1625 60	1642 12	1705 44	1721 20	1736 96

CHAPITRE V.

DE LA CONVERSION DES POIDS DE MARC EN POIDS DÉCIMAUX, ET DE LEURS DIFFÉRENTES VALEURS D'APRÈS LES PRIX DU MARC D'ARGENT QUI SONT LE PLUS EN USAGE DANS LES MONTS-DE-PIÉTÉ, DÉDUCTION FAITE DE 3 FR. 50 C. POUR CENT, PERÇUS POUR LES FRAIS DE VENTE.

La colonne des centigrammes représente tout à la fois les décigrammes et centigrammes; ainsi quand je dis 74 centigrammes, c'est comme si je disais 7 décigrammes 4 centigrammes.

DE 1 GRAIN A 4 GROS.

Conversion des GRAINS, DEMI-GROS et GROS en CENTIGRAMMES et GRAMMES, suivie des différentes valeurs d'un ou plusieurs objets en ARGENT à l'un des poids ci-dessous, déduction faite des droits de vente.

POIDS de MARC.	CONVERS.		DIVERSES VALEURS DES GRAINS, DEMI-GROS ET GROS D'APRÈS LES PRIX SUIVANS DU MARC D'ARGENT							
	Grammes.	Centigram.	à 50f »c	à 50f 50c	à 51f »c	à 51f 50c	à 52f »c	1er Titre contr.-de 54f »c	à 54f 50c	à 55f »c
			fr. c.	fr. c.	fr. c.	fr. c.	fr. c.	fr. c.	fr. c.	fr. c.
1	»	5	0 1	0 1	0 1	0 1	0 1	0 1	0 1	0 1
2	»	10	0 2	0 2	0 2	0 2	0 2	0 2	0 2	0 2
3	»	16	0 3	0 3	0 3	0 3	0 3	0 3	0 3	0 3
4	»	21	0 4	0 4	0 4	0 4	0 4	0 4	0 4	0 4
5	»	26	0 5	0 5	0 5	0 5	0 5	0 5	0 5	0 5
6	»	31	0 6	0 6	0 6	0 6	0 6	0 6	0 6	0 6
12	»	63	0 12	0 12	0 12	0 13	0 13	0 13	0 13	0 13
18	»	95	0 18	0 19	0 19	0 19	0 19	0 20	0 20	0 20
24	1	27	0 25	0 25	0 25	0 26	0 26	0 27	0 27	0 27
30	1	59	0 31	0 31	0 31	0 32	0 32	0 33	0 34	0 34
Demi-gros.										
½ »	1	91	0 37	0 38	0 38	0 39	0 39	0 40	0 41	0 41
½ 6	2	23	0 43	0 44	0 44	0 45	0 45	0 47	0 47	0 48
½ 12	2	54	0 50	0 50	0 50	0 52	0 52	0 54	0 54	0 55
½ 18	2	86	0 56	0 57	0 57	0 58	0 58	0 60	0 61	0 62
½ 24	3	18	0 62	0 63	0 63	0 63	0 65	0 67	0 68	0 69
½ 30	3	50	0 68	0 69	0 69	0 71	0 71	0 74	0 75	0 76
Gros.										
1	3	82	0 75	0 76	0 77	0 78	0 78	0 81	0 82	0 83
2	7	64	1 51	1 52	1 54	1 56	1 57	1 63	1 64	1 66
3	11	47	2 26	2 28	2 31	2 34	2 35	2 44	2 46	2 49
4	15	30	3 02	3 04	3 08	3 11	3 14	3 26	3 29	3 32

Conversion des ***GROS, ONCES*** *et* ***MARCS*** *en* ***CENTIGRAMMES*** *et* ***GRAMMES,*** *suivie des différentes valeurs d'un ou plusieurs objets en* ***ARGENT*** *à l'un des poids ci-dessous, déduction faite des droits de vente.*

POIDS de MARC.	CONVERS.		DIVERSES VALEURS DES GROS, ONCES ET MARCS D'APRÈS LES PRIX SUIVANS DU MARC D'ARGENT							
	Grammes.	Centigram.	à 50f »c	à 50f 50c	à 51f »c	à 51f 50c	à 52f »c	1er Titre contrôlé 54f »c	à 54f 50c	à 55f »
			fr. c.	fr. c.	fr. c.	fr. c.	fr. c.	fr. c.	fr. c.	fr. c.
5	19	12	3 77	3 84	3 83	3 89	3 92	4 07	4 41	4 15
6	22	94	4 33	4 57	4 62	4 67	4 71	4 89	4 93	4 98
7	26	76	5 28	5 35	5 39	5 45	5 49	5 70	5 75	5 81
Onces.										
1	30	59	6 04	6 10	6 16	6 22	6 28	6 52	6 58	6 64
2	61	18	12 08	12 20	12 32	12 44	12 56	13 04	13 16	13 28
3	91	78	18 12	18 30	18 48	18 66	18 84	19 56	19 74	19 92
4	122	37	24 16	24 40	24 64	24 88	25 12	26 09	26 33	26 57
5	152	97	30 20	30 50	30 80	31 10	31 40	32 61	32 91	33 21
6	183	56	36 24	36 60	36 96	37 32	37 68	39 13	39 49	39 85
7	214	15	42 28	42 70	43 12	43 54	43 96	45 65	46 07	46 49
Marcs.										
1	244	75	48 31	48 80	49 28	49 76	50 24	52 18	52 66	53 14
2	489	50	96 62	97 60	98 56	99 52	100 48	104 35	105 32	106 28
3	734	25	144 93	146 40	147 84	149 28	150 72	156 53	157 98	159 42
4	979	01	193 24	195 20	197 12	299 04	200 96	208 70	210 64	212 56
5	1223	76	241 55	244 00	246 40	348 80	251 20	260 88	263 30	265 70

FIN.

www.ingramcontent.com/pod-product-compliance
Ingram Content Group UK Ltd.
Pitfield, Milton Keynes, MK11 3LW, UK
UKHW022059260726
13993UKWH00001B/214